中国社会科学院文库
哲学宗教研究系列
The Selected Works of CASS
Philosophy and Religion

中国社会科学院创新工程学术出版资助项目

中国社会科学院文库 · 哲学宗教研究系列
The Selected Works of CASS · Philosophy and Religion

马克思主义哲学形态史

A HISTORY OF MARXIST PHILOSOPHY'S FORMATION

吴元梁 主编　　魏小萍 副主编　　李涛 主编助理

第六卷 马克思主义哲学的中国化形态（下）：
中国特色社会主义理论体系哲学思想

本卷 欧阳英 著

中国社会科学出版社

图书在版编目(CIP)数据

马克思主义哲学形态史. 第六卷, 马克思主义哲学的中国化形态. 下:
中国特色社会主义理论体系哲学思想/欧阳英著. —北京: 中国社会
科学出版社, 2018.3
　ISBN 978 - 7 - 5203 - 2077 - 1

　Ⅰ.①马…　Ⅱ.①欧…　Ⅲ.①马克思主义哲学—发展—研究—中国
Ⅳ.①B0 - 0②B27

　中国版本图书馆 CIP 数据核字(2018)第 027550 号

出 版 人	赵剑英	
责任编辑	王　琪　黄燕生	
责任校对	朱妍洁	
责任印制	王　超	

出　　版	中国社会科学出版社
社　　址	北京鼓楼西大街甲 158 号
邮　　编	100720
网　　址	http://www.csspw.cn
发 行 部	010 - 84083685
门 市 部	010 - 84029450
经　　销	新华书店及其他书店

印刷装订	北京君升印刷有限公司
版　　次	2018 年 3 月第 1 版
印　　次	2018 年 3 月第 1 次印刷

开　　本	710×1000　1/16
印　　张	27.5
字　　数	465 千字
定　　价	108.00 元

《中国社会科学院文库》出版说明

　　《中国社会科学院文库》（全称为《中国社会科学院重点研究课题成果文库》）是中国社会科学院组织出版的系列学术丛书。组织出版《中国社会科学院文库》，是我院进一步加强课题成果管理和学术成果出版的规范化、制度化建设的重要举措。

　　建院以来，我院广大科研人员坚持以马克思主义为指导，在中国特色社会主义理论和实践的双重探索中做出了重要贡献，在推进马克思主义理论创新、为建设中国特色社会主义提供智力支持和各学科基础建设方面，推出了大量的研究成果，其中每年完成的专著类成果就有三四百种之多。从现在起，我们经过一定的鉴定、结项、评审程序，逐年从中选出一批通过各类别课题研究工作而完成的具有较高学术水平和一定代表性的著作，编入《中国社会科学院文库》集中出版。我们希望这能够从一个侧面展示我院整体科研状况和学术成就，同时为优秀学术成果的面世创造更好的条件。

　　《中国社会科学院文库》分设马克思主义研究、文学语言研究、历史考古研究、哲学宗教研究、经济研究、法学社会学研究、国际问题研究七个系列，选收范围包括专著、研究报告集、学术资料、古籍整理、译著、工具书等。

中国社会科学院科研局

2006 年 11 月

总序一　关于我们进行的马克思主义哲学形态史研究

吴元梁（中国社会科学院哲学研究所研究员）

一

我们为什么要把形态分析引入马克思主义哲学史研究？

首先，因为马克思和恩格斯当年在谈论或讨论哲学发展时引入了形态分析，哲学形态这个概念实际上是他们提出和使用的。

马克思和恩格斯从事理论写作的时候，生物学有了很大的发展，生物形态学也已经初步形成。恩格斯关于生物学中的形态还做了专门的论述，他说："整个有机界在不断地证明形式和内容的同一或不可分离。形态学的现象和生理学的现象、形态和机能是互相制约的。形态（细胞）的分化决定物质分化为肌肉、皮肤、骨骼、表皮等等，而物质的分化又决定分化了的形态。"① 受生物形态学的影响，马克思和恩格斯把"形态"概念、"形态分析"方法引入社会、历史和精神领域的研究中。马克思说："'现代社会'就是存在于一切文明国度中的资本主义社会，它或多或少地摆脱了中世纪的杂质，或多或少地由于每个国度的特殊的历史发展而改变了形态，或多或少地有了发展。"② 马克思和恩格斯明确提出和使用了"社会形式""经济形态"和"经济的社会形态"的概念，恩格斯说："在商品生产和单个交换以前出现的一切形式的氏族公社同未来的社会主义社会

① 《马克思恩格斯全集》第20卷，人民出版社1971年版，第650页。
② 《马克思恩格斯选集》第3卷，人民出版社2012年版，第373页。

只有一个共同点，就是一定的东西即生产资料由一定的集团共同所有和共同使用。但是单单这一个共同特性并不会使较低的社会形式能够从自己本身产生出未来的社会主义社会，后者是资本主义社会的最独特的最后产物。每一种特定的经济形态都应当解决它自己的、从它本身产生的问题；如果要去解决另一种完全不同的经济形态的问题，那是十分荒谬的。这一点对于俄国的公社，也同对于南方斯拉夫人的扎德鲁加、印度的氏族公社或者任何其他以生产资料公有为特点的蒙昧时期或野蛮时期的社会形式一样，是完全适用的。"① 马克思还说："动物遗骸的结构对于认识已经绝种的动物的机体有重要的意义，劳动资料的遗骸对于判断已经消亡的经济的社会形态也有同样重要的意义。各种经济时代的区别，不在于生产什么，而在于怎样生产，用什么劳动资料生产。劳动资料不仅是人类劳动力发展的测量器，而且是劳动借以进行的社会关系的指示器。"② 马克思和恩格斯在分析人类社会发展史的过程中还使用了原生态、次生态等概念以说明社会形态的发展和演变。马克思说："农业公社既然是原生的社会形态的最后阶段，所以它同时也是向次生形态过渡的阶段，即以公有制为基础的社会向以私有制为基础的社会的过渡。不言而喻，次生形态包括建立在奴隶制上和农奴制上的一系列社会。"③ 马克思和恩格斯在进行经济分析过程中还提出和使用了商品形态和价值形态的概念和分析。马克思指出，存在商品形态的变化。④ 马克思还说，"一切商品都用金来计量它们的价值，从而使金成为它们的使用形态的想象的对立面，成为它们的价值形态。金成为实在的货币，是因为商品通过它们的全面让渡使金成为它们的实际转换或转化的使用形态，从而使金成为它们的实际的价值形态。商品在它的价值形态上蜕掉了它的自然形成的使用价值的一切痕迹，蜕掉了创造它的那种特殊有用劳动的一切痕迹，蛹化为无差别的人类劳动的同样的社会化身"⑤。

　　马克思和恩格斯还将形态概念引入政治领域，提出了"国家发展形态"的概念，恩格斯说："雅典人国家的产生乃是一般国家形成的一种非

① 《马克思恩格斯选集》第4卷，人民出版社2012年版，第312—313页。
② 《马克思恩格斯选集》第2卷，人民出版社2012年版，第172页。
③ 《马克思恩格斯选集》第3卷，人民出版社2012年版，第836页。
④ 参见《马克思恩格斯选集》第2卷，人民出版社2012年版，第136页。
⑤ 《马克思恩格斯文集》第5卷，人民出版社2009年版，第130—131页。

常典型的例子，一方面，因为它的形成过程非常纯粹，没有受到任何外来的或内部的暴力干涉——庇西特拉图的篡位为时很短，并未留下任何痕迹——，另一方面，因为它使一个具有很高发展形态的国家，民主共和国，直接从氏族社会中产生的；最后，因为我们是充分知道这个国家形成的一切重要详情的。"①

马克思和恩格斯还把形态概念和形态分析引入意识、思想、文化领域。马克思说："意识的改革只在于使世界认清本身的意识，使它从迷梦中惊醒过来，向它说明它的行动的意义。我们的全部任务只能是赋予宗教问题和哲学问题以适合于自觉的人的形态，像费尔巴哈在批判宗教时所做的那样。"② 恩格斯用形态概念谈论过基督教："这篇作品给我们描绘出形态最不发展时的基督教，这种形态的基督教对于 4 世纪时有着完备的教条和神话的国教的关系……"③

马克思和恩格斯在分析哲学发展时也明确地使用了形态概念和形态分析。马克思和恩格斯在分析辩证法发展史时认为辩证哲学经历了不同形态的演变。恩格斯指出："如果理论自然科学家愿意较为仔细地研究一下辩证哲学在历史上有过的各种形态，那么上述过程可以大大缩短。在这些形态中，有两种形态对现代的自然科学可以格外有益"④；"第一种是希腊哲学。在这种哲学中，辩证思维还以原始的朴素的形式出现，还没有受到令人迷醉的障碍的干扰，这些障碍是 17 和 18 世纪的形而上学——英国的培根和洛克，德国的沃尔弗——为自己设置的，并且由此就堵塞了自己从认识个别到认识整体，到洞察普遍联系的道路"⑤；"辩证法的第二种形态恰好离德国的自然科学家最近，这就是从康德到黑格尔的德国古典哲学"⑥。马克思还将辩证法分为神秘形态和合理形态："辩证法，在其神秘形式上，成了德国的时髦东西，因为它似乎使现存事物显得光彩。辩证法，在其合理形态上，引起资产阶级及其空论主义的代言人的恼怒和恐怖，因为辩证法在对现存事物的肯定的理解中同时包含对现存事物的否定的理解，

---

① 《马克思恩格斯选集》第 4 卷，人民出版社 2012 年版，第 134 页。
② 《马克思恩格斯全集》第 1 卷，人民出版社 1956 年版，第 418 页。
③ 《马克思恩格斯选集》第 4 卷，人民出版社 2012 年版，第 353 页。
④ 《马克思恩格斯选集》第 3 卷，人民出版社 2012 年版，第 876 页。
⑤ 同上。
⑥ 同上书，第 877 页。

即对现存事物的必然灭亡的理解；辩证法对每一种既成的形式都是从不断的运动中，因而也是从它的暂时性方面去理解；辩证法不崇拜任何东西，按其本质来说，它是批判的和革命的。"① 恩格斯同样认为唯心主义和唯物主义在其发展的过程中也经历着形态的演变："像唯心主义一样，唯物主义也经历了一系列的发展阶段。甚至随着自然科学领域中每一个划时代的发现，唯物主义也必然要改变自己的形式；而自从历史也得到唯物主义的解释以后，一条新的发展道路也在这里开辟出来了。"②

根据上述分析，我们完全可以说，马克思和恩格斯实际上提出了"哲学形态"的概念并进行了哲学形态分析。这就是我们提出对马克思主义哲学发展史进行形态分析的一个极其重要的根据。

其次，总结和反思改革开放之后马克思主义哲学界所发生的学术争论，也使我们走上了探索马克思主义哲学形态史的研究道路。

改革开放之后，在解放思想社会潮流的推动下，马克思主义哲学界也冲破了"两个凡是"的禁锢，进行哲学理论上的拨乱反正，反思毛泽东晚年错误的哲学根源和哲学表现，进而又进一步反思了斯大林在《联共（布）党史简明教程》第四章第二节所建构起来的哲学模式（后来被称为"斯大林哲学模式"）。随着对"斯大林哲学模式"的反思，马克思主义哲学界出现了分化，形成了实践唯物主义学派和辩证唯物主义学派，两派进行了长期激烈的争论。两派都认为自己的观点和体系是马克思主义的，而指责对方为非马克思主义的。实践唯物主义学派指责辩证唯物主义所讲的唯物主义实际上是马克思主义之前的旧唯物主义、敌视人的唯物主义，辩证唯物主义学派指责实践唯物主义所讲的实践实际上是唯心主义的实践观。直到今天，这场争论很难说哪一方取得了完全的胜利，似乎还将继续下去。但是，可以肯定的是，这场争论对马克思主义哲学研究事业起到了巨大的、积极的推动作用。这场争论促使学者们去思考、去研究、去创新。甚至在对马克思主义哲学本质的理解上，除了上述两大学派之外，还有各种不同的甚至彼此对立的理解，如认为马克思主义哲学是哲学人本主义，是广义的历史唯物主义，是对资本主义的社会批判哲学等。这在改革开放之前是根本不可能出现的。过去，无论是我国改革开放以前还是苏联

---

① 《马克思恩格斯选集》第 2 卷，人民出版社 2012 年版，第 94 页。

② 《马克思恩格斯选集》第 4 卷，人民出版社 2012 年版，第 234 页。

斯大林时期，"唯我独马"，马克思主义的解释权在党的领导人手里。在党内路线斗争胜利的领导人手里。从马克思和恩格斯，到列宁和斯大林，到毛泽东，被称为"正统"的"马克思主义传统"，在这个正统之外的，或者被称为"非马克思主义"，或者被称为"反马克思主义"。毫无疑问，这种一源单传的观点不但禁锢了学者的思想，更不利于马克思主义的发展。因此，对马克思主义哲学的多元化理解是改革开放之后出现的新现象，是学术界思想解放的结果和成果。当我们从这种对马克思主义哲学多元化理解的现实出发去回顾马克思主义哲学发展史和传播史的时候，会发现原来在马克思主义哲学产生之后就出现了多元化的理解和发展，马克思主义哲学本身的传播和发展的历史过程是"一源多流"的过程，而过去传统的"一源一流"正统观点被历史证明是站不住脚的，是错误的。从"一源一流"的马克思主义哲学史观到"一源多流"的马哲史观的转变，也推动我们发现和选择了从形态分析这个角度，用形态的演变来解释"多流"现象比较贴切。

最后，是为了将学术界已经开始的事业坚持做下去，通过形态研究推动马克思主义哲学的理论创新，推动马克思主义哲学当代形态的形成和构建。

我们在《马克思主义哲学形态的演变》一书的"序言"中已经说明，哲学所马哲片开展马克思主义哲学形态研究是在1995年学科调查过程中形成和提出的。但当我们着手了解学术界相关研究时发现，在我们之前，已有学者开始了这种研究。"广东马克思主义哲学史界一些同志在1988年7月提出了马克思主义哲学体系的发展经历了原生形态、次生形态、再次生形态的观点等。这些观点内涵还表述了这样的基本思想：马克思主义哲学是从无产阶级解放与人类解放的立场和视角，去研究、总结社会实践和为社会实践服务，去认识世界和改造世界的。而以无产阶级解放运动实践为中心的社会实践具有鲜明的社会历史性，不同时代、不同国家、不同民族的社会实践具有不同的特点。因而各个时代、各个国家的马克思主义哲学所面临的具体任务、研究的基本课题、确定的理论内容都必然具有自己的特色，由此形成马克思主义哲学发展的多样化形态。马克思主义哲学的多样化形态，从纵向顺序来看，先有马克思、恩格斯创立的新唯物主义（或称实践的唯物主义）作为原生形态的主体，接着有以马克思、恩格斯的新唯物主义为直接的理论来源的次生形态，然后有以某个次生形态为主要的理论来源的再次生形态，等等；从横向排列来看，由于社会的经济、政治、思想、文化条件和个体的条件的不同，原生形态、次生形态、再次生形态等又包含各有特色的若干具体形态。但是，马克思主义哲学的多样化形态在本质上是一致的，差异主要在于各自不同的侧重点及其体系。坚持一般性和特殊性的统一，是科学地理解马克思主义哲学发展多样性的关键。"① 根据上述思想，广东马克思主义哲学史研究会组织策划和出版了"马克思主义哲学体系的形成和发展"专著系列，而高齐云的《马克思主义哲学原生形态探微》就是这个专著系列中的一部重要著作。高齐云在第一编绪论中论述了马克思主义哲学体系发展的多样化形态，研究马克思主义哲学原生形态的方法论问题；第二编论述了创立马克思主义哲学原生形态的基本逻辑体系；第三编论述了马克思主义哲学原生形态若干主要范畴、理论的演进；第四编论述了捍卫、完善马克思主义哲学原生形态。广东马克思主义哲学史研究会策划的上述专著系列及高齐云的这本专著开启了我国马克思主义哲学史形态研究的先河。他们的成果成了我们的起点，又激励着我们要在他们研究成果的基础上进行新的研究和探索。

相关研究成果还应提到苏州大学教授王金福所著的《马克思的哲学在理解中的命运——对马克思主义哲学史的解释学考察》一书。他写道："解释学为我们研究马克思主义哲学发展史提供了一种新的视野，在这种视野中，马克思主义哲学史也可以看作是马克思主义哲学理解史，马克思哲学的命运，就是在理解中的命运。马克思创立的马克思主义哲学，只有经过理解，才能得到传播、发展并为现实生活服务。"他还写道："现代哲学解释学正确地揭示，理解总是在一定历史条件下的理解，必然具有相对的、历史的、有限的、开放的性质；只要理解，理解总是不同，不仅理解和理解的对象会有所不同，而且不同理解者之间的理解也会有所不同。这就可以理解，为什么马克思主义哲学创立一个半世纪以来，人们对马克思主义哲学会有各种不同的理解，没有一种理解能够被看作是马克思主义哲学的完全正确的理解。"② 在这种思想的指导下，他的这部专著把马克

① 高齐云：《马克思主义哲学原生形态探微》，广东人民出版社1998年版，"总序"第2页。

② 王金福：《马克思的哲学在理解中的命运——对马克思主义哲学史的解释学考察》，苏州大学出版社2003年版，"序"第2页。

思主义哲学发展史写成了理解史。他依次论述了马克思哲学的自我理解、对马克思主义哲学的"辩证唯物主义"理解、对马克思主义哲学的狭义"历史唯物主义"理解、对马克思主义哲学的"实践唯物主义"理解、对马克思主义哲学的"超越"的"实践哲学"理解、对马克思主义哲学的"人道主义"理解。该著作关于毛泽东对马克思主义哲学理解的论述很精彩独到，既有新的说法，又能做到实事求是。作者写道，作为对马克思主义哲学的一种理解方式，毛泽东的哲学思想总体上仍然是"辩证唯物主义"或"辩证唯物主义和历史唯物主义"的，他不仅在名称上仍然把马克思主义哲学叫做"辩证唯物论"或"辩证唯物论和历史唯物论"，而且在一系列重要问题上，和恩格斯以来的"辩证唯物主义"理解是一致的，从文本依据来说，也主要是依据恩格斯和列宁的经典著作。但是毛泽东对马克思主义哲学的理解有自己的特色，就是十分重视实践观在马克思主义哲学中的地位。虽然他并没有对马克思的有关文本做出专门解释，但是他的实际思想，在不少方面非常接近马克思。可以说，毛泽东的哲学思想是在"辩证唯物主义"理解方式内向马克思的以科学实践观为核心的新唯物主义的一次返回、接近。该著作设立的节标题就是"在'辩证唯物主义'理解框架内向马克思'实践唯物主义'哲学的回归"①。可以看到，王金福通过理解的具体性、多样性、相对性、开放性展示了马克思主义哲学自产生之后"一源多流"的历史过程，这实际上展示了马克思主义哲学产生后所经历的形态演变。

实际上，改革开放之后，马克思主义哲学理论界拨乱反正也好，返本开新也好，对传统认为正统的辩证唯物主义或辩证唯物主义和历史唯物主义的哲学模式的反思、争论也好，都表现出马克思主义哲学理论界渴望跟随改革开放的实践大潮，通过研究新问题、提出新观点、形成新理论，使马克思主义哲学理论有一个新的发展、有一个全新的面貌，这股解放思想、开拓创新的思潮发展到一定阶段就使理论界提出了建构马克思主义哲学的新体系和新形态的要求和主张。我国改革开放之后，马克思主义哲学研究的发展过程，就是解放思想、开拓创新的过程，就是探索马克思主义哲学新体系、建构马克思主义哲学新形态的过程。我们之所以开展形态研

① 王金福：《马克思的哲学在理解中的命运——对马克思主义哲学史的解释学考察》，苏州大学出版社 2003 年版，第 272 页。

究，就是为了推进这种探索和建构的过程。

二

怎样才能正确有效地进行形态分析？这还得从形态概念和形态学说起。

形态概念和形态分析，首先起源于生物学。作为生物学的一个分支学科，生物形态学把生物有机体作为一个整体，研究其形态的形成及发展的规律性。后来这种形态分析被引入诗歌、文学和语言的研究，形成了"文艺形态学"和"语言形态学"。后来又被引入数学研究领域，形成了"数学形态学"，是一门建立在格论和拓扑学基础之上的图像分析学科，是数学形态学图像处理的基本理论。

在《辞源》中，形态一词被定义为形状神态。以唐代张彦远《历代名画记九》为例：冯绍正"尤善鹰鹘鸡雉，尽其形态，嘴眼脚爪毛彩俱妙"[1]。在后来的字典中，形态被定义为事物在一定条件下的表现形式、事物的形状或表现。[2]

形状也好，表现形式也好，都是事物存在的外在方面。哲学上有内容和形式、本质和现象之分，我们可以直观地将形态归属于形式、现象的系列和层次，是事物的外在的具体的存在方式。所以，马克思和恩格斯说"现在，形式已经变化了，不过本质依然是一样的"[3]。这就是说，本质是事物存在的内在规定性，形态则是事物存在的外在表现，即形态是事物内在本质的外在表现。本质的内在规定性规定了事物存在的质的界限，具有相同的内在规定性，就属于同一类事物。但同一类事物在外在的存在形态上是不同的。这样，就可以根据形态的不同在事物存在的亚层次上对事物进行再划分。从形态是事物的具体的、现实的存在来看，形态就是内容和形式、本质和现象、内在规定性和外在表现性的统一，就是内容、本质、内在规定性通过形式、现象、外在表现而展现的具体的现实的存在。这样

---

① 广东、广西、湖南、河南辞源修订组，商务印书馆辞源编辑部编：《辞源》（修订本，全两册），商务印书馆1983年修订版，第1061页。

② 中国社会科学院语言研究所词典编辑室编：《现代汉语词典》（第6版），商务印书馆2012年版，第1459页。

③ 《马克思恩格斯选集》第2卷，人民出版社2012年版，第74页。

理解下的形态就比形式、现象、表现显得更为具体、更为现实，在这个意义上的形态是与规定相对而言的，也许我们可以把事物规定和形态存在看作一对哲学范畴。随着对形态的认识和深入，人们发现事物的存在形态往往是由一系列要素及要素之间的结构决定和制约的，要素及要素结构的变化导致了形态的变化。通过对要素及要素结构变化的分析揭示形态变化的规律性，在许多学科中就产生了形态分析方法。就是在这种科学和学术发展的背景下，形成了哲学形态概念和哲学形态分析方法。

　　哲学就是人们以最抽象的概念把握世界和人生的一种方式，是人们在解决生存和发展的重大问题时所形成的最基本的思想、观念，是系统化、理论化了的世界观和方法论。哲学形态则是哲学问题借以解决、哲学思想借以实现的不同层次的形式和方法的总和，是哲学内容和哲学形式的有机统一。哲学形成、实现和发展过程的各种要素制约着哲学形态的形成和演变。所谓哲学形态分析，就是要揭示影响、制约哲学形态的各种要素，就是要分析各种要素对哲学形态是怎样产生影响的，就是要揭示哲学形态随着要素变化而演变的规律性。

　　人们面临的生存和发展中的重大问题在哲学的产生和发展中起着重大的作用，人们之所以需要哲学，就是为解决所面临的这种重大问题的。马克思指出："一个时代的迫切问题，有着和任何在内容上有根据的因而也是合理的问题共同的命运：主要的困难不是答案，而是问题。因此，真正的批判要分析的不是答案，而是问题。正如一道代数方程式只要题目出得非常精确周密就能解出来一样，每个问题只要已成为现实的问题，就能得到答案。世界史本身，除了用新问题来回答和解决老问题之外，没有别的方法。因此，每个时代的谜语是容易找到的。这些谜语都是该时代的迫切问题，如果说在答案中个人的意图和见识起着很大作用，因此，需要用老练的眼光才能区别什么属于个人，什么属于时代，那么相反，问题却是公开的、无所顾忌的、支配一切个人的时代之声。问题是时代的格言，是表现时代自己内心状态的最实际的呼声。"① 人类面临的问题是具体的、历史的，不同的时代有着不同的问题，同一时代的不同地区、不同民族、不同国家面临的问题也是不同的。回答不同的问题，自然会形成不同形态的哲学。

----

① 《马克思恩格斯全集》第 1 卷，人民出版社 1995 年版，第 203 页。

人们并不是以某种零知识状态提出和分析面临的实际问题的，而总是在某种知识背景下开始其认识活动的。这种知识背景在某种程度上制约着人们对问题的发现和解决。哲学的产生和发展也是如此。哲学家之所以是哲学家，就是因为他系统掌握了前人的哲学成果，具有哲学的眼光和进行哲学理论思维的能力，能够从人类面临的重大实际问题中提炼出哲学问题。哲学家对哲学问题的分析和解决的过程是他掌握的哲学理论与他要解决的哲学问题之间相互作用的过程，既是他应用既有哲学理论分析和解决哲学问题的过程，也是他根据面临的哲学问题对既有哲学理论的一种检验过程。在既有的哲学理论不能确当地分析和解决哲学问题的情况下，他会根据面临的哲学问题对既有理论做出某种理解、解读，甚至是批判，并在批判过程中提出和创造新的哲学理论，从而实现在哲学的层次上用哲学的方式解决面临的哲学问题，推动哲学的发展。因此，哲学家所具有的哲学知识背景对他的哲学创造及所创造出的哲学形态产生着重大的影响。恩格斯说得好：“每一个时代的理论思维，包括我们这个时代的理论思维，都是一种历史的产物，它在不同的时代具有完全不同的形式，同时具有完全不同的内容。因此，关于思维的科学，也和其他各门科学一样，是一种历史的科学，是关于人的思维的历史发展的科学。”①

作为系统化和理论化的世界观和方法论，哲学不是各种观点、见解的机械集合，而是各种观点、思想、理论有机关联形成的一个具有内在结构的逻辑体系。成熟的哲学总是表现为一个完整的思想体系，这个思想体系还会表现为由若干概念、范畴组成的理论逻辑体系。黑格尔认为：“哲学若没有体系，就不能成为科学。没有体系的哲学理论，只能表示个人主观的特殊心情，它的内容必定是偶然的。哲学的内容，只有作为全体中的有机环节，才能得到正确的证明，否则便只能是无根据的假设或个人主观的确信而已。”② 可见，哲学思想体系及表达阐述这种思想体系的概念、范畴与由概念、范畴组成的逻辑体系就构成一定哲学的存在形态。理论观点的变化，思想内容的变化，概念、范畴及由概念、范畴组成的逻辑体系的变化，都意味着哲学形态的变化，意味着哲学的发展。

一般地说马克思反对哲学体系、理论体系，恐怕并不正确。马克思在

---

① 《马克思恩格斯选集》第 4 卷，人民出版社 2012 年版，第 873—874 页。

② ［德］黑格尔：《小逻辑》，贺麟译，商务印书馆 1980 年版，第 56 页。

《资本论》的研究和写作过程中，采取了极其严肃的、一丝不苟的科学态度，所构建的《资本论》的理论逻辑体系之严密、之精美，逻辑性和历史性之间的高度一致，从《资本论》出版至今，一直为人们惊叹不已。正如列宁所指出的："虽说马克思没有遗留下'逻辑'（大写字母的），但他遗留下《资本论》的逻辑，应当充分地利用这种逻辑来解决这一问题。在《资本论》中，唯物主义的逻辑、辩证法和认识论［不必要三个词：它们是同一个东西］都应用于一门科学，这种唯物主义从黑格尔那里吸收了全部有价值的东西并发展了这些有价值的东西。"① 但是，马克思对于当时德国理论界在黑格尔的影响下，动不动就创造一个哲学体系的那种学风、对那样出现在德国理论舞台上的种种哲学体系或体系哲学持坚决、尖锐、明确的反对态度。马克思指出，"任何真正的哲学都是自己时代精神的精华，因此，必然会出现这样的时代：那时哲学不仅在内部通过自己的内容，而且在外部通过自己的表现，同自己时代的现实世界接触并相互作用。那时，哲学不再是同其他各特定体系相对的特定体系，而变成面对世界的一般哲学，变成当代世界的哲学。各种外部表现证明，哲学正获得这样的意义，哲学正变成文化的活的灵魂，哲学正在世界化，而世界正在哲学化"；马克思还指出，"哲学思想冲破了令人费解的、正规的体系外壳，以世界公民的姿态出现在世界上"②。显而易见，马克思论述了一种关于哲学存在形态的全新理解。在他看来，哲学不应该存在于脱离现实的体系之中，而应该存在于现实世界中，是世界的哲学，是"世界公民"。马克思在自己的研究中，明显地重问题、重内容，轻体系。他和恩格斯一起合作撰写的《德意志意识形态批判》现在被认为是第一次系统地提出和论述了新历史观，但那是在批判青年黑格尔派的过程中阐述的，在阐述过程中，他们也没有想要构建一个新历史观的体系。马克思还写过《关于费尔巴哈的提纲》，比较系统地论述了他的新唯物主义的思想。他在《〈政治经济学批判〉序言》里经典地论述了由生产力、生产关系（经济基础）、上层建筑所构成的唯物史观的社会结构理论，他还曾经计划过系统论述一下自己的哲学思想，但这个设想还是被各种问题研究挤掉了。所以，马克思的哲学思想存在于他一生的研究过程之中，存在于他写下的全

① 《列宁全集》第 55 卷，人民出版社 1990 年版，第 290 页。
② 《马克思恩格斯全集》第 1 卷，人民出版社 1995 年版，第 220 页。

部文本中，除了几篇集中的哲学文献，大量地存在于政治经济学的研究中、社会历史的研究中、人类学的研究中。马克思的哲学既以新历史观、新唯物主义、合理形态的辩证法的形态而存在，也以资本哲学、经济哲学、社会哲学、历史哲学、人类学哲学的形态而存在。因此，马克思的哲学虽有完整的思想体系，但没有形成一个由一系列概念范畴组成的完整的严密的逻辑体系。这既是马克思哲学的优点，同时也是某种缺点和不足。恩格斯也反对当时德国理论界存在的构造体系的风气。他批评地指出，最不起眼的哲学博士，甚至大学生，动辄就要创造一个完整的"体系"。他公开声明，他写作《反杜林论》的目的并不是以另一种体系去同杜林先生的"体系"相对立。不过，恩格斯紧接着表示，"希望读者也不要忽略我所提出的各种见解之间的内在联系。我现在已有充分的证据，表明我在这方面的工作不是完全没有成效的"①。大概看到马克思全身心地投入政治经济学领域的研究，恩格斯就将自己的研究领域锁定为哲学领域，并认为这是他同马克思之间的分工。他长期开展了自然辩证法研究，写下了大量的论文、札记。后来的普列汉诺夫和列宁在继承恩格斯哲学成果的基础上，明确地建构了马克思主义哲学的"辩证唯物主义"或"辩证唯物主义和历史唯物主义"的体系，恩格斯也被后人认定为是这种体系的首创者。

马克思在《关于费尔巴哈的提纲》中指出："哲学家们只是用不同的方式解释世界，问题在于改变世界。"② 马克思还说："对实践的唯物主义者即共产主义者来说，全部问题都在于使现存世界革命化，实际地反对并改变现存的事物。"③ 这就是说，马克思认为他的哲学不是以往那种只是解释世界的哲学，而是一种改变世界的哲学。因此，他特别重视他的哲学与现实世界的关系、与无产阶级及人类解放斗争实践的关系。在他看来，哲学把无产阶级当做自己的物质武器，而无产阶级则把哲学当做自己的精神武器。在马克思和恩格斯看来，他们所创造的这种哲学的真正主体就是从事改变世界现实实践的无产阶级及广大人民群众。马克思和恩格斯总是把自己的理论创造同无产阶级及人类的解放斗争紧密结合在一起，随着他

---

① 《马克思恩格斯选集》第 3 卷，人民出版社 2012 年版，第 380 页。
② 《马克思恩格斯选集》第 1 卷，人民出版社 2012 年版，第 136 页。
③ 同上书，第 155 页。

们的理论的传播和发展，马克思主义哲学后来成为从事科学社会主义运动的无产阶级及其政党的指导思想和理论基础。马克思主义哲学和无产阶级及人类解放斗争实践的这种关系、它在无产阶级及人类解放斗争实践中的这种地位，对它的存在形态产生了重大影响，无论它的理论形态还是实践形态，都与那种不与人类解放实践发生直接关系的"书斋哲学""学院哲学"存在着根本的区别。随着马克思主义哲学的广泛传播，不同地区、不同国家、不同民族在政治、经济、文化等方面所存在的各种社会历史条件都对马克思主义哲学的内容和形式产生着影响，甚至形成着不同的马克思主义哲学的存在形态。随着无产阶级革命的胜利和国家政权的获得，马克思主义哲学不仅获得了执政党指导思想的存在形态，而且还获得了在国家政治生活中处于统治地位的官方哲学的存在形态。在这些社会主义国家，由于马克思主义哲学专业研究机构和队伍的建立、形成，出现了作为研究对象的马克思主义哲学学术存在形态。马克思主义哲学作为执政党的指导思想的政治存在形态，是一元的、统一的；作为研究对象的马克思主义哲学学术形态可以有不同的观点和理解，是多元的。此外，为了教育宣传，在党和国家的组织下，编辑出版了哲学教科书，形成了马克思主义哲学教科书体系的存在形态；为了在广大群众中普及，出现了马克思主义哲学大众化的存在形态。

　　总而言之，哲学形态就是哲学内容和哲学形式的有机统一。哲学形态分析就是要分析哲学内容是怎样通过不同层次的形式得到形成、实现和发展的。前面的论述表明，哲学问题本身，用来分析哲学问题的哲学知识，分析和解决哲学问题过程中所形成的哲学的观点、思想、理论，用来表达理论内容的哲学概念、范畴及由概念、范畴组成的逻辑体系，表达概念范畴的话语体系，哲学在人们实践活动中发生作用的方式，还有不同时代、不同地区、不同国家、不同民族的社会历史条件等，都会在不同层次、以不同形式对哲学形态产生影响。我们之所以选择哲学形态分析，就是因为哲学形态分析比哲学内容分析、哲学体系分析更丰富、更全面。以往的马克思主义哲学史分析只从哲学内容上、从理论观点上分析马克思主义哲学的发展变化，如说列宁、毛泽东在哲学理论观点上如何丰富和发展了马克思主义哲学等。后来出现的哲学体系分析，比理论内容的分析要丰富了一些，除了进行理论观点的分析外，还从表达理论内容的概念范畴构成的逻辑体系进行分析，把马克思主义哲学发展史不仅描述为观点、理论、内容的变化过程，也描述为概念、范畴构成的逻辑体系的更迭变化的过程，如把马克思主义哲学发展过程描述为后人通过对马克思哲学思想的不同解读形成不同体系的过程。可以看到，无论是理论内容的分析还是逻辑体系的分析，都还只停留在哲学的理论层面，可是正如我们在前面已经指出的，马克思特别重视他的哲学的实践层面、实践形态。因此，只有哲学形态分析，才能在包括理论内容分析、逻辑体系分析的同时还包括马克思主义哲学实践形态的分析。另外，从开拓创新的角度讲，理论内容分析限于理论观点上的创新，逻辑体系分析限于概念、范畴组成的逻辑体系上的创新，也可能限于原有的概念范畴体系的更新或重新排列，而形态分析可以让我们不受原有的理论内容、原有的概念范畴逻辑体系的限制，在运用马克思主义哲学基本的立场、观点和方法分析当下面临的时代问题、中国问题、群众问题的过程中形成包括新内容、新概念、新范畴、新体系在内的马克思主义哲学的新的存在形态。我们就是要通过分析，揭示马克思主义哲学是在一些什么样因素的影响下，发生了存在形态的演变；我们还要对这种演变的程度做出分析和评估；还要讨论形态的演变对马克思主义哲学的存在和发展产生了怎样的影响，从马克思主义哲学的历史演变过程中可以发现什么样的规律，可以总结出什么样的有价值的经验教训。当然，我们的研究最后归结到一个问题，那就是要回答今天我们究竟要不要建构马克思主义哲学的当代形态及怎样建构这种新形态。

三

我们之所以开展马克思主义哲学形态研究的二期工程，是因为觉得一期工程的研究成果《马克思主义哲学形态的演变》虽然在结项时受到了好评，但我们还是觉得不理想、不成熟。一是形态分析这个角度和特点还是没有得到集中、成熟的体现，人们还是在问：马克思主义哲学史的形态分析角度与过去的马克思主义哲学史的写法究竟有什么区别？形态分析与理论内容分析、体系分析究竟区别在什么地方？我们二期工程的研究就是要回答和解决这类问题。二是一期工程的历史覆盖面还不理想，历史时期、国家地域、人物流派没有写到的情况很多，二期工程就是要进一步扩大论述的覆盖面。三是我们之所以开展哲学形态研究，就是觉得哲学形态分析可以为我们提供更为解放的理论讨论的平台和空间，就是为了推动马克思主义哲学当代学术形态的构建，但一期工程只讨论了建构马克思主义哲学新形态的方法论问题，现在的二期工程希望拿出我们自己所建构的新的学术形态，至少提出马克思主义哲学中国化的当代学术问题。

2012 年曾对各卷提出了下述要求、希望和想法：

第一卷，尽量减少马克思主义哲学研究传统争论的影响，要进一步突出形态研究这个角度，深入分析马克思在哲学存在形态上所实现的革命，要进一步分析马克思（包括恩格斯）哲学思想的存在形态，要总结出马克思哲学思想存在形态的若干特征，要多层次、多方面地展现马克思的哲学思想。

第二卷，对 20 世纪 30 年代苏联哲学界的学术争论情况作更详细的分析，更深入地分析辩证唯物主义哲学形态的形成过程及其历史作用，要进一步分析随着历史条件的变化，30 年代建构辩证唯物主义形态的历史局限性。对斯大林逝世到苏联解体之间 30 多年苏联学术界为推进马克思主义哲学研究和形态创新所进行的研究和讨论，要进行更深入的介绍、分析、评述，不要因为苏联的解体，对学术界的努力一概否定，当然教训是应该总结的。要增加苏联解体后马克思主义哲学在俄罗斯的存在形态的内容。

第三卷和第四卷，不要停留于介绍西方马克思主义各家各流派的观点，要从哲学存在形态的角度进行阐述、分析、评述。比如，哪些哲学家、哲学流派在阐述马克思主义哲学的过程中形成了新的存在形态？哪些哲学家、哲学流派虽然在探索但还没有形成成熟的哲学形态？卢卡奇的社会存在本体论、哈贝马斯的交往理论、法兰克福学派的社会批判算不算形成了马克思主义哲学的新形态？总之，我们进行的是形态研究，一定要紧紧抓住形态研究这个主题。在对各家各派形态进行评价之后，还要研究马克思主义哲学形态在西方演变的特点和规律，比如讨论为什么演变？为什么演变成了这个形态而不是另一个形态？为什么在西方不同国家、地区、不同时期出现了不同的形态？他们改变马克思主义哲学存在形态想解决什么问题？

第五卷，要从马克思主义哲学中国化的角度对毛泽东哲学思想进行进一步的分析和总结，要论述毛泽东是怎样将马克思主义哲学的唯物论、辩证法、唯物史观中国化的，比如，如何将马克思主义阶级分析方法中国化、马克思主义社会形态理论中国化、马克思主义革命理论中国化、马克思主义社会主义改造理论中国化的，以及对中国社会主义建设道路的探索，等等。对于这个历史过程中学术界的相关探讨还可以进一步深化和展开。

第六卷，要对邓小平、江泽民、胡锦涛的思想及整个时期党中央的重要文献进行认真的发掘、梳理、分析，要把他们在哲学上或带有哲学性质的新观点、新提法、新论述发掘出来，更加系统地论述中国特色社会主义哲学思想的内容和形态特征。要进一步进行中国特色社会主义哲学思想与传统的马克思主义哲学思想的比较研究，除了肯定一脉相承之外，还要着重研究所实现的开拓和创新。要总结出中国共产党哲学指导思想在改革开放以来所实现的变化，如从革命哲学变为建设哲学，从利益对立、一方吃掉一方的哲学变为利益相关、互利共赢的哲学，从强调不平衡、斗争性、革命、质变、飞跃是辩证法的实质和核心的哲学到强调平衡、协调、和谐、统一的辩证法哲学，从批判人性论的哲学变为强调人权、以人为本的哲学，从强调广义的世界发展观、社会历史观到提出科学发展观，从强调两点论、重点论的要素分析到强调有机论、整体论、系统论、系统工程论，等等。

第七卷，要写党的十一届三中全会提倡改革开放30多年来我国马克思主义哲学界在实践标准大讨论的基础上，在党的解放思想、实事求是思想路线指引下，先是批判"四人帮"的唯心论和形而上学谬论，纠正毛泽东晚年错误理论中哲学上的片面性，继而是围绕马克思主义哲学的苏联模式展开讨论，出现了返本开新的研究思潮。学者们从我国改革开放、社会主义现代化建设实践出发，从时代特征出发，研究当代科学技术革命、当代外国哲学思潮、我国古代哲学文化，进而开拓创新，提出新课题、新观点，尝试建构新体系、新形态。可以说，改革开放30多年来马克思主义哲学学术史，就是哲学界学者们探索构建马克思主义哲学中国化当代学术形态的历史。学术界对此进行了一些回顾和总结，但还很不够，值得我们认真深入地进行。在回顾梳理的基础上，要总结出构建马克思主义哲学中国化当代学术形态的方法论理论。

第八卷，实在地构建出马克思主义哲学中国化的当代学术形态，或至少写出马克思主义哲学中国化的当代学术问题。写出一本具有社科院特点的马克思主义哲学原理，是哲学所马哲片学者30年来的一个理想和追求，但一直没有实现，希望这次在年轻学者手里实现。

当时明确说明，上述要求是建议而不是指令，只是提供给大家参考的。还说，至于大家在自己的研究和写作上，我们还是主张解放思想、独立思考、开拓创新、文责自负。

在课题研究过程中，我们将原有的8卷本写作计划调整为6卷本。

2013年11月底结项时，6卷本各卷作者自述了二期工程完成的成果与一期相应部分进行比较的创新之处：

第一卷作者杨学功写道：

本卷书名为"马克思主义哲学的原生形态研究"，内容是马克思和恩格斯的哲学思想及其比较。之所以在书名上添加"研究"二字，是为了突出本书的以下特色，即本书不是单纯按照时间线索泛泛地概述马克思和恩格斯不同时期的哲学思想，而是重点探讨一个多世纪以来关于马恩哲学思想研究中一系列存在争议的理论问题。因此，本书具有马克思和恩格斯哲学思想研究之反思的性质。换言之，不仅要研究马克思和恩格斯的哲学思想本身，而且要对以前关于他们的哲学思想的研究进行再研究。

本书在量和质两个方面都比吴元梁主编《马克思主义哲学形态的演变》（两卷本）（中国社会科学出版社2010年版）一书中的相关部分有了很大改观。具体表现在：

一是字数超过数倍，从原来的10万字左右，扩充到50万字以上。

二是结构改变了，全书分为以下三编："上编 马克思的哲学思想"；"中编 恩格斯的哲学思想"；"下编 马恩哲学思想之比较"。各编的章节设置也与原稿全然不同。

三是内容方面，除"全书导论"未做大的修改外，其他部分只是少量利用了原稿的内容，绝大部分为新写。即使是利用原稿相关内容的，也做了很大修改。各章节的叙述和分析更加具体细致，突出了马恩哲学思想发展各阶段的特点，并且着重从形态意义上概括了马恩哲学思想的差异。这种差异主要不是性质上的差别，而是侧重点和风格的不同。

四是在文献资料方面，不仅重点利用了马克思和恩格斯的原著（包括部分 MEGA^2 的新文献），而且有分析和选择地借用了西方马克思主义和西方马克思学关于马恩哲学思想的研究成果。

综上所述，无论是从形式还是内容上看，本书都是一部新著，而非原书的简单重复。

第二卷作者李涛写道：

与"马克思主义哲学形态研究"课题的结项成果——《马克思主义哲学形态的演变》的相关部分相比较，《马克思主义哲学形态在俄国、苏联和当代俄罗斯的演变》主要创新之处体现在以下几点：

一是字数从原来的约25万字增加到约35万字。

二是对原有内容大部分进行了修订和补充，小部分进行了重写。在"马克思主义哲学形态研究"课题结项后，笔者又参与了中央"马克思主义理论研究和建设工程"重点教材《马克思主义哲学史》的写作，这一经历使笔者收获颇丰。在这次课题写作过程中，对原有内容的修订和补充主要体现在两个方面：一是对某些观点和提法的修改；二是力求使理论内容和文字表达更加规范化。还有一些部分进行了重写。例如，对第五章"苏联后斯大林时期（1953—1986）的马克思主义哲学形态"的第一节"后斯大林时期苏联的政治和社会生活与马克思主义哲学的新变化"中的许多内容进行了改写。

三是增加了一个附录——外国人名、译名对照表，约8000字。该工作也耗费了大量的时间和精力。

四是应课题主持人的要求，为了反映当代俄罗斯的马克思主义哲学研究状况，大幅增加了"马克思主义哲学形态在当代俄罗斯的演变"这一部分的内容，字数由原来的约1700字增加到现在的约2.5万字。

第三卷作者刘文旋写道：

此次结项稿与一期工程的主要区别是：增加了一个长篇导论和三章新内容；相应地去掉了一期工程本部分中最后一章中的两个小节（移到第四卷中写），并把全书分为上、下两篇，上篇是对西方马克思主义作为一种马克思主义哲学形态的总体描述，下篇则是对西方马克思主义的典型形态的具体研究。结果是，此次结项稿与一期工程在结构上有了很大的不同。

此次结项稿《马克思主义哲学形态在西方的演变（上）：西方马克思主义》的新意主要体现在上篇的内容上，这一篇完全是新增加的。增加这一篇是为了更好地从"形态"这个角度出发，加强对西方马克思主义作为一种马克思主义哲学形态的整体把握。具体来说，这一篇首先是从西方马克思主义的界定、西方马克思主义发展的主要脉络来说明它的形态性质和主要特点；对经典马克思主义的社会历史特点进行了比较细致的刻画，从而加强了西方马克思主义与经典马克思主义的比较，并在这种比较中说明西方马克思主义的形态特征；增加了对西方马克思主义与其产生的社会、历史背景之间关系的研究，从西方马克思主义的历史—地理分布、西方马克思主义的政治关联性及其形成原因来确定西方马克思主义的形态特征；增加了对西方马克思主义的形态转变的论述，从西方马克思主义哲学形态转变的内在因素、西方马克思主义哲学的文风特点、西方马克思主义的文化关联、西方马克思主义哲学的主题转换等方面说明西方马克思主义哲学的形成原因、形成过程和形态特征。

第四卷作者贺翠香写道：

《马克思主义哲学形态在西方的演变（下）：西方新马克思主义》的新意体现在以下几个方面：

首先，这个下卷本是全新的内容。与传统西方马克思主义卷比较，本卷主要涵盖了 20 世纪 70 年代以后至今的各种新马克思主义形态。这是一期工程所没有的内容。一期工程涉及的主要是 20 世纪 20—70 年代的西方马克思主义诸形态。而此次结项稿则包括后现代主义的马克思主义、生态学的马克思主义、女权主义的马克思主义、后马克思主义、后现代的文化马克思主义、分析的马克思主义、市场社会主义、法国批判主义及最新的社会批判理论思想。这些新马克思主义哲学形态是西方近 50 年以来活跃在欧美国家左翼学术界的主要内容，也是长期以来西方左翼学者竞相争论的热点、前沿问题。

其次，本卷立足于"哲学形态"的角度，试图勾画出每一个新马克思主义的哲学形态外貌，尤其是在这些新马克思主义与传统马克思主义的渊源、关系方面，下足了功夫，希望在厘清继承或断裂、补充或修正的关系基础上，把握新马克思主义诸形态的理论细节。

最后，本卷在每一章和每一节后面，都附有简要的评析和总结。在叙述和阐释各种新马克思主义哲学形态内容的基础上，力图客观地给予评析、定位，做到史论结合，给读者一个清晰的"新马克思主义哲学形态"图谱。

第五卷作者徐素华写道：

本卷《马克思主义哲学的中国化形态（上）：毛泽东哲学思想》和已经出版的一期研究成果相比，主要有两个特点：

一是对一期研究成果中的七章进行了修改补充。主要是在一期研究成果的基础上，补充了更全面的史料、进一步展开了作者的观点、增加了当前有关这些问题讨论中的不同见解，从而使这七章的内容更加充实可靠，在文字表述上也更加明白顺畅。

二是新写了四章，这是一期研究成果中没有的内容。其中一章是马克思主义哲学中国化形态的理论源头和属性，主要阐明了马克思主义哲学中国化形态的理论定位和理论谱系，回答了在这个问题上的各种质疑。另三章分别是毛泽东是如何使马克思主义的社会形态学说中国化的、毛泽东是如何把马克思主义阶级斗争理论中国化的、毛泽东是如何把马克思主义阶级分析方法中国化的。这三章是在前面思想史研究的基础上展开的以问题为中心的深度研究，也是新意比较集中的章节。这三章所涉及的问题都属于马克思主义哲学中国化的重点——历史唯物论的范畴，也都是毛泽东哲学思想研究中争论比较大、比较敏感的问题，作者努力历史地、客观地分析毛泽东在这些问题上的成功和失误，提出自己的看法。

第六卷作者欧阳英写道：

上次研究时，由于还没有提出中国特色社会主义理论体系概念，因此，就总体来看，只是就邓小平理论、"三个代表"重要思想做出了具体的研究。这次研究，由于中国特色社会主义理论体系概念已经提出，因此，是就该体系的整体的哲学思想加以研究。因此，是与上次研究迥然不同的研究。无论是从书稿的整体构架上，还是从思想的具体理解与说明上，都与上次研究有着很大区别。应该说，这次研究是一次关于中国特色社会主义理论体系哲学思想的系统性疏理、整理与研究。

2013 年 12 月 27 日举行了结项评审会，五位评审组成员参加了会议，评审组组长陈筮泉主持了会议。结项成果受到了评审组成员的高度评价。

陈筮泉指出，《马克思主义哲学形态史》把马克思主义哲学史研究和发展当代马克思主义哲学统一起来，寻求马克思主义哲学发展的规律性，认真总结马克思主义哲学在发展过程中的经验教训。不仅注重哲学思想本身的历史，更注重理论解决现实问题的发展史，研究马克思主义哲学的形态演变和发展趋势。这是当前马克思主义哲学史学科建设的一项重要任务，也是实现马克思主义哲学理论创新的必然要求。《马克思主义哲学形态史》是本书主编和各卷著者十多年来马克思主义哲学形态史研究成果的概括和总结，是目前国内一部资料较为详尽、内容较为系统全面的马克思主义哲学形态史著作。

李景源指出，本成果的学术创新有以下几个方面：

一是始终突出马克思主义哲学形态问题的考察。第一卷在导论中对哲学的形态和马克思主义哲学的原生形态问题进行了专门的探讨。第三、四卷对西方马克思主义哲学形态进行了深入的理论阐述和全方位的考察。第六卷导论中，对如何正确把握马克思主义哲学形态中国化问题，从五个方面进行了探索。这些探讨从总体上彰显了形态问题的确是一种哲学史研究的新范式。

二是这是一部学术性很强的研究性著作，其理论价值值得重视。第五卷围绕毛泽东哲学思想的形成和发展，对中国化形态发生的文化背景、形成的独特条件进行了考察，揭示了中国化形态形成的文化和历史机制。作者还用三章篇幅分别论述了毛泽东是如何把社会形态学说、阶级斗争学说以及阶级分析方法中国化的。这些探索发前人所未发，极有启发意义和学术价值。

三是本成果始终关注与哲学形态相关的重大理论问题。各卷不回避疑难问题，敢于碰难点问题，给人留下深刻印象。如第二卷对如何评价马克思主义哲学的苏联化形态给予了历史性的关注。作者对斯大林哲学思想的贡献和问题给予了实事求是的分析，而且在结论部分对如何评价马克思主义哲学的苏联形态、它的功过是非，给出了自己的看法。

李德顺指出，本书是国内第一部以马克思主义哲学形态史为题的科研成果著作，在视野完整、眼界开阔、内容专业、历史和逻辑感充分等方面，具有开创意义和示范作用。全书立意明确，结构完整，框架合理，资料丰富，考据认真，态度客观，取向积极，使用资料和语言规范，为实现本项目科研目标奠定了坚实基础。

梁树发指出，该课题具有突出的特色和优点，主要有以下方面：

一是对马克思的哲学思想即马克思主义哲学原生形态做了充分阐述，反映出作者对马克思哲学的深厚研究基础。

二是对俄国和苏联的马克思主义哲学形态做了详尽深入的分析与阐述，既有哲学思想内容，又有重要哲学事件的评述，还有对马克思主义哲学发展的经验教训的总结。

三是对西方马克思主义哲学形态的起源做了详尽考察，有新材料、新视角、新认识，深刻揭示了西方马克思主义形成的必然性。

四是对中国特色社会主义理论体系的哲学思想做了初步探索和研究，视野较为广阔，提供了独特的分析视角。

丰子义指出，开展马克思主义哲学"形态学"的研究，这是马克思主义哲学研究的一个新课题。虽然近年来学界有涉及马克思主义哲学的形态问题，但鲜有代表性的成果问世，因而研究近于空白。该课题专就马克思主义哲学形态史进行研究，在该领域具有开创性的意义，这对于深化马克思主义哲学研究，进而推进当代中国马克思主义发展，具有重要的理论价值和现实意义。

该成果总体来看，具有这样几个特点：一是按照逻辑与历史相一致的原则，对马克思主义哲学形态史作了详细梳理。六卷本的论述，使这一发展史得到了清晰而系统的描述，再现了这一发展史的进程。二是忠实于文本，力求反映马克思主义哲学形态演变的原貌。为此，著者们收集和采用了目前国内外有关的大量材料，论据比较充分。三是坚持史与论相结合的原则，以史带论。通过史的研究，力求对马克思主义哲学研究中的一些重大理论问题做出文本解释，给以理论上的透彻解读。四是视野比较开阔，力求反映和吸收国内外有关马克思主义哲学形态演变的新成果、新方法，因而研究具有前沿性。特别是对马克思主义哲学中国化的研究，具有明显的现实感。总体来看，这是目前国内外马克思主义哲学形态史研究的一大力作。

评审组经过无记名投票，一致通过了结项，将成果评为优秀。评审组成员还就结项后的修改提出了宝贵建议。在结项和统稿过程中，周穗明研究员参加了第三、四两卷的评审和统稿。

结项后，课题组全体成员进行了认真修改。同时，还新增了第七卷——《马克思主义哲学的当代中国学术形态》，作者是孙伟平、崔唯航、周丹、杨洪源、周广友。至此，《马克思主义哲学形态史》确定为7卷本。

在马克思主义哲学形态史研究的立项、运行、结项、成书过程中，除了课题组全体成员齐心协力的努力之外，我们还得到了哲学所领导、院科研局的鼎力支持，出版过程中得到了中国社会科学出版社赵剑英社长、黄燕生编审、冯春凤编审以及各卷责任编辑和相关工作人员的全力支持。在此，我们一并表示感谢。对于马克思主义哲学形态史，我们虽然进行了两期工程的研究，但在付梓之时，还是觉得我们的研究很不完善，请学界同仁不吝指教。

2014 年 2 月 15 日

总序二 马克思主义哲学形态的分类及其原则

魏小萍（中国社会科学院哲学研究所研究员）

由吴元梁研究员主持的中国社会科学院重大课题"马克恩主义哲学形态史"研究，是 2008 年 10 月结项的"马克思主义哲学形态演变"课题的二期工程。该课题在院科研局和哲学所几任领导的关注和支持下得以立项，在哲学所马克思主义哲学片部分科研人员的集体合作和共同努力下得以顺利完成。

马克思主义基本理论自 19 世纪 40 年代中期诞生至今，从最初在创始人那里的萌芽、形成到逐渐在欧洲乃至世界范围的传播，始终有其鲜明的政治使命，与无产阶级的解放事业息息相关。马克思主义哲学思想是马克思主义理论的核心成分，横跨五大洲、纵越三个世纪，自产生以来就与人类的历史发展息息相关，在人类的思想实践和行动实践中历经了 170 年的风风雨雨。这 100 多年来，人们在不同的历史时代、历史境遇中用行动书写着马克思主义哲学的发展史，用笔墨总结、归纳、反思着马克思主义哲学的发展进程。我们没有细数过在世界上究竟有多少种语言撰写了多少种版本的马克思主义哲学发展史，但是马克思主义哲学在全球不同时代、不同地理环境、不同政治经济背景、不同学术背景、不同处境中的丰富存在状况，触发着人们从存在形态上对其进行梳理和把握的要求。在某种程度上可以说，"马克思主义哲学形态史研究"课题，正是应这一要求而产乁的。

一 如何界定马克思主义哲学诸形态

何为哲学形态？这是人们尝试着从哲学形态的视角开始去把握马克思

主义哲学在当今世界的丰富发展历程首先要面对的问题。对此我们的理解或许是:形态不是一种固定的范式,据此可以去框定马克思主义哲学在不同时代语境中的存在状况;形态不是一种固定的模式,一个半世纪以来的马克思主义哲学发展特征都可以照此来裁剪;形态更不是一把尺子,用来划定不同时代背景下的马克思主义哲学发展状况。

哲学形态是什么?我们还是先来看看人们是如何以哲学形态为名,对马克思主义哲学所进行的分类。

(1)以苏联教科书体系为基础,人们对马克思主义哲学的定性为辩证唯物主义与历史唯物主义,苏联解体以后,相当一部分学者建议用历史唯物主义取代辩证唯物主义与历史唯物主义,更有一部分学者提出用实践唯物主义取代历史唯物主义,这一方面是为了更加彻底地摆脱苏联模式,另一方面是为了强调马克思主义哲学的实践特征。这里从形态的视角来看,就已经具有了三种不同的形态。这种区分是从总体上对马克思主义哲学的把握,并没有考虑到不同地域的差异,如西方马克思主义的存在等。

(2)以马克思主义创始人马克思和恩格斯的哲学思想为基础进行的区分,如马克思主义哲学的原生形态(马克思和恩格斯)、次生形态(苏联)、衍生形态(西方马克思主义等)、再生形态(马克思主义哲学中国化)。这种区分方式突出了马克思主义哲学存在的政治地域差异。

(3)以马克思主义哲学的存在范围、功能为基础来把握的特征,如马克思主义哲学的大众形态、学术形态。大众形态和学术形态的区分,严格来说,是针对中国马克思主义哲学界的现实情况而提出来的。马克思主义哲学大众化以在广大的人民群众中间普及、宣传马克思主义哲学为宗旨,其主要载体为各种不同层次的马克思主义哲学新型教科书,由此形成了马克思主义哲学的大众形态。与此不同,历史的变迁、时代的进展,一方面对马克思主义某些理论提出了种种挑战,另一方面却屡屡印证了马克思主义对资本主义的批判。

如何结合时代语境的变迁、应对诸种理论上的挑战,这不仅要求学者们熟知当代各种理论的最新发展动态、基本社会现实的变化状况,更要求学者们以马克思和恩格斯的经典文本为基础对马克思主义理论进行更加准确和确切的理解,《马克思恩格斯全集》历史考证版(MEGA^2)的出版,为人们更加准确地理解和把握马克思和恩格斯的哲学思想开辟了一个新的途径,促使马克思主义哲学研究向纵深拓展。这些研究工作,显然是大众化使命所难以应对的，正是面对这种情况，人们提出了与马克思主义哲学大众形态有所不同的学术形态概念。与大众形态侧重于马克思主义哲学的普及、宣传不同，学术形态强调研究资料的客观性、科学性、可信性，突出科学理性的分析性和逻辑性。

（4）以马克思主义哲学改造世界的实践作用为基础，对马克思主义哲学进行政治形态与学术形态的区分，前者侧重于马克思主义哲学的现实指导作用，后者侧重于对马克思主义哲学的学术研究和探索。在这一意义上对马克思主义哲学不同形态的区分，让我们不禁想起中国哲学史上长期存在着的知与行之间的矛盾关系。正如后者一样，两者之间存在着难以分割的辩证关系，强调马克思主义哲学在实践中发展并且对实践具有指导作用，在某种程度上与实践唯物主义的形态似乎不谋而合。我们在这里需要加以说明的是，实践唯物主义观点可以从两个角度进行解读：其一是马克思主义哲学在实践中的形成与发展和实践着的唯物主义者，其二是以人类实践活动为界来理解世界的实践唯物主义观点，这是两种不同的哲学观点，不可等而视之。对马克思主义哲学进行政治哲学形态的解说，与实践着的唯物主义观点比较接近。

（5）以马克思主义哲学的历史阶段、政治背景为基础来把握马克思主义哲学的存在和发展状况，如马克思主义创始人的哲学思想、苏东马克思主义哲学教科书体系、西方马克思主义、新马克思主义（合并苏东新马克思主义和西方马克思主义之后）、后马克思主义（Post-Marxism）、马克思主义之后（After-Marxism）、马克思主义中国化。这一划分方法与第二种把握方式类似，但是更加细化。

这里除了人们所熟知的前三种形态，新马克思主义是一个综合概念，人们用来统称西方马克思主义与苏东马克思主义哲学教科书体系之后、又与后马克思主义哲学不同的各类马克思主义哲学形态，如分析的马克思主义似乎可以归入新马克思主义形态的范畴。所谓的后马克思主义显然在学术渊源上与后现代主义有着密切的理论关联性，在一定意义上又是现实社会经济发展在后工业社会阶段的反映。

马克思主义之后是与后马克思主义完全不同的一种流派，它不是在一定意义上否定马克思，而是回到马克思。严格来说，马克思主义之后是针对苏联马克思主义哲学教科书体系而言的，强调从苏联教科书体系返回马克思的文本，以马克思的文本为基础来解读马克思主义的哲学思想，这一流派在一定程度上存在着将马克思与恩格斯区别对待的倾向，认为苏联的马克思主义哲学教科书体系主要以恩格斯的文本为基础，故而提出回到马克思的口号。

马克思主义哲学中国化形态体现的是马克思主义哲学在中国传播与发展的历史，其丰富的历史发展进程与独特的马克思主义哲学实践历程，足以形成一种颇具开创性的马克思主义哲学形态。近 100 年以来，中国学者在传播、实践和研究马克思主义理论的过程中，积累了丰富的经验、教训，毛泽东哲学思想、邓小平理论、科学发展观、"三个代表"重要思想是马克思主义哲学中国化形态的集中体现。除此之外，众多学者的探索与研究，尤其是改革开放以后，一方面结合中国的实践，一方面以全球背景为基础的研究视野，形成了与西方世界不同的、具有历史独特性的马克思主义哲学研究路径，这些都是马克思主义哲学中国化的成果。

（6）在众多解说中，最为简化的一种是马克思主义哲学发展趋势是一源多流的，这种说法试图用一与多的关系来涵盖马克思主义哲学创始人的哲学思想与林林总总的当代马克思主义哲学存在形态之间的关系。这种解说的特点是涵盖面广，但是过于笼统，显然不能具体地体现当今马克思主义哲学存在状况的丰富性。

二　表现形态的多样性与基本内容的统一性

面对马克思主义哲学一个半世纪以来几乎遍及全球的丰富发展历程，人们尝试着对其进行分类、把握、分析、研究，除了传统意义上的哲学史，哲学形态或许是另一种把握方式，虽然很难说是最好的方式，但却是一种似乎可行的对马克思主义哲学的丰富历程进行分类与研究的方式。

然而，上面诸多形态分类方法说明，人们实际上并没有形成统一的可以套用于一切情况的哲学形态分类模式。但是在所有的分类方法中，我们都可以看到这样一些基本因素：第一，时代背景，以纵向的历史维度为尺度。第二，学术背景，以横向的、不同地域的同一哲学语境或者同一地域的不同哲学语境为尺度，如分析的马克思主义在英美世界的存在，存在主义的马克思主义、结构主义的马克思主义、马克思主义批判理论、后马克思主义等在欧洲大陆以不同哲学语境为基础的表现形态。第三，社会、政治背景，当代资本主义体制中的马克思主义理论处于非主流意识形态状态，这种状态中的马克思主义哲学，主要展示的是其批判功能；在传统社会主义和改革实践中的社会主义体制中的马克思主义理论处于主流意识形态状态，这种状态中的马克思主义哲学主要展示的是其凝聚大众的功能、建设和发展社会主义的功能。

当我们从形态上对马克思主义哲学进行分类时，我们切不可忽略形态乃形式，在英文和德文中它们含义相同①，中文的翻译根据具体情况，有时取形态概念，有时取形式概念。如果说形态还有形而上之意，那么形式，我们都知道，是相对于内容而言的。正是从这一相对的意义上来看，我们说，虽然形态有所不同，但是马克思主义哲学的核心内容、基本精神仍然具有内在的一致性、连贯性，无论马克思主义哲学是以存在主义、结构主义、分析哲学、批判理论或者后现代主义的形式出现，同样无论马克思主义哲学是在资本主义社会以非主流的意识形态出现，还是在社会主义社会以主流的意识形态出现，其基本内容、基本精神是统一的。

正因如此，哲学形态是抓手，马克思主义哲学的基本内容和基本精神是灵魂。对马克思主义哲学从形态上的把握，是为了对不同时代、不同语境、不同地域、不同学术背景和政治背景下的马克思主义哲学从其表现形式和特征上进行分类，把握其所关注的现实社会问题在这些不同背景条件下的不同表现。

一个半世纪以来，历史的变迁、世界局势的变化、社会的发展已经向人们充分展示了马克思主义哲学思想与现实社会发展变化之间的呼应关系。从北半球来看，20世纪的两次世界大战使人类文明饱受了战争带来的摧残与创伤，虽然在战争中一批社会主义国家得以产生，但是战争的残酷性和破坏性使得暴力革命作为一种改变资本主义的路径，在西方世界已不再被大部分马克思主义学者所追随。不过这并不意味着人们就此远离了马克思主义对资本主义的批判并且摒弃了改变资本主义社会的要求，与此相反，人们从更加具体、更加不同的侧面，结合变化了的现实社会，去理解马克思主义理论的批判意义。

这样的研究又可以从两个方面来分析：一方面，与马克思和恩格斯本人的情况有所不同，学术界的马克思主义追随者、研究者大多具有一定的政治学、哲学和社会学的职业背景。这其中，从哲学方面展开的思考与研

---

① 英文为 form，德文为 die Gestalt，可译为汉语"形式"或者"形态"。

究在很大程度上受着其哲学语境的影响，但是不同语境中的问题意识具有同一时代境遇中的相互关联性，如第二次世界大战以后不同哲学语境中对人道主义、人性问题的研究与讨论，同时是存在主义、结构主义马克思主义哲学研究的主要问题。马克思主义学者们围绕着这些问题讨论它们在马克思和恩格斯那里的体现和具体含义。另一方面，这样的研究除了针对现实资本主义社会的弊端，还从理论反思的层面展开，法兰克福批判理论就是沿着这样的路径而发展的，既将批判指向现实社会中的种种资本主义弊端，又将批判指向批判理论自身形成的哲学基础。

20 世纪 80 年代末的苏东剧变与中国的改革开放，将马克思主义哲学的自由与平等、公平与正义问题突出了出来。分析的马克思主义开始从道德规范的角度批判资本主义社会，从而发生了批判视角由唯物史观领域向道德领域的转向，但是，在某种程度上我们可以说，这一转向主要发生在与自由主义理论的论争之中。而分析的马克思主义的这种转向在某种程度上与法兰克福学派批判理论的规范语境发生了某种重合，与此同时，我们看到，解构主义或者后结构主义都从不同的知识侧面展开了对这些问题的研究，因此，与其说这是一种偶然的巧合，不如说正是共同的现实背景所突出出来的共同问题，使得不同哲学形态下的不同哲学语境形成了可以彼此交流的共同话题。

产生于后工业基础上的后马克思主义，也是一种独特的马克思主义哲学存在形态，从哲学语境来说受着后现代主义的影响，从现实境遇来说与后工业时代现实社会发生的变化有着密切的关联性。这样的变化包括：社会阶级结构的变化——科学与技术的发展使得产业工人在数量上减少；劳动价值形成机制的变化——这本来就是一个极为复杂的哲学、社会学、经济学问题，随着信息技术的发展，这一问题更加复杂了，但是问题本身并不因为人们的认知困境而消失，问题是存在的，在某种程度上，我们可以说，除了马克思的剩余价值理论，至今还没有哪一种理论尝试着对这一问题进行同样认真的、具有科学意义的解释；晚期资本主义自身的调节机制，无论从政治上还是从经济上来看，为缓和资本主义固有的基本矛盾做出了很大努力，但是这些矛盾依然存在，后马克思主义在看到了马克思主义的某些理论与现实社会的变化不再相容的同时，对这些固有矛盾的依然存在似乎估计不足。

马克思主义之后的概念大体说来包含着两种马克思主义学术流派，第一种是批判苏联那种正统的或者教条主义体系的马克思主义哲学，提出回归马克思的概念。认为苏联教科书体系的马克思主义哲学模式与马克思本人的哲学思想有着很大的距离，因为其所赖以形成的版本基础，除了列宁的，主要是恩格斯的，而非马克思的，更带有苏联的解读特征。这一流派将恩格斯的哲学思想与马克思的哲学思想加以区别，强调马克思哲学思想的生命力及其与现实世界的相关性，尤其是 20 世纪末资本逻辑在全球的进展。但是这一流派似乎忽略了苏联模式的马克思主义哲学教科书与当时苏联模式的社会主义体制之间的关联性。

从某种程度上来说，恩格斯与马克思在研究领域的分工，以及恩格斯对马克思哲学思想的解读和宣传，是这一流派观点之所以会产生的原因。这种观点虽然在苏东剧变以后呼声更加强大，并且影响到中国学界，但是其渊源实际上在 20 世纪早期就已经形成了。

与此相关但又有所区别的是马克思和恩格斯经典文本研究学派的形成，这一学派之所以与马克思主义之后的学派相关，是因为两者之间存在着共同的摆脱苏联教科书体系的要求，对于前者来说，那种将马克思主义哲学一般化、普遍化和绝对化的解读模式，反而遮蔽了马克思哲学思想中那种研究和批判现实的问题意识；对于后者来说，始于 19 世纪 20 年代，继发于 19 世纪 70 年代，并且在苏东剧变发生以后以国际版的规模继续存在的《马克思和恩格斯全集》历史考证版第一版、第二版的概念，尤其是第二版，对苏联马克思主义哲学教科书体系所赖以形成的版本基础提出了质疑。以考证版本为基础重新解读和研究马克思主义的哲学思想，形成了另一种马克思主义之后的学术流派，除了马克思主义哲学的经典文本《德意志意识形态》，这一流派的另一个主要研究领域是以历史考证版第二版为依据对马克思的政治经济学批判思想及其重要文本《资本论》的研究。学者们从对该版本的阅读和研究中，试图寻找一些长期争论不休而又极具现实意义的经济学—哲学问题的答案。

马克思主义之后的这两种学术流派可能还难以说已经形成了自身的哲学形态，但是相对于后马克思主义哲学形态来说，它们显然具有鲜明的哲学理论对比价值，体现着马克思哲学思想研究的一种更加科学和客观的发展要求。

综上所述，马克思主义哲学诸多形态的客观存在，是其一个半世纪以来在世界范围内丰富历程的体现。这些形态的表现形式和语境虽然不同，但是不同形态所涉及的具体内容与问题意识都是围绕着马克思主义基本理论而展开的，体现的是其基本精神和原则。因此，马克思主义哲学的表现形态终归只是抓手，其面向变化发展中的现实社会的基本理论及其问题意识，解决问题的基本原则，乃是马克思主义哲学研究的核心内容。随着20 世纪末的全球化发展进程，出现了不同语境的相互交融与问题意识的趋近。这一新的发展趋势将在马克思主义哲学形态的变化中体现出来，同时问题意识的趋近，促使着不同语境中共同话题的产生，因而，在"一源多流"的发展趋势中，又存在着九九归一的发展因素。未来，我们将继续追踪、研究马克思主义哲学形态的最新发展动态。

2014 年 6 月

目　　录

导　　论

　　马克思主义哲学形态中国化不是一个简单的历史事件，也不是一个简单的历史结论，而是一个长期的历史过程，是与中国共产党人积极推进马克思主义在中国的发展事业紧密相连的。经过历史的磨砺，马克思主义哲学形态中国化逐步具有了丰富的思想内涵与理论意义：它既是命题，又是经验；既是思想指南，又是行动方法；既是理论体系，又是事实；既是中国的，又是世界的。当然，也因为如此，所以，我们应该看到要想正确把握马克思主义哲学形态中国化并不能只是单视域的，而必须是多视域的统一。准确地说，正确把握马克思主义哲学形态中国化总体上说应该包括经验、范畴、理论、方法论与世界性等六大视域。马克思主义哲学形态中国化是六大视域下的思想统一，因此，马克思主义哲学形态中国化研究应该主要围绕着六大视域而展开，这也是我们在研究马克思主义哲学形态中国化过程中必须认真对待的要点。

　　就目前来看，马克思主义哲学形态中国化主要包括两个重要阶段：一个是创立的阶段；另一个是推进的阶段。毛泽东哲学思想是马克思主义哲学形态中国化创立阶段的重要成果与重要标志，中国特色社会主义理论体系的哲学思想是马克思主义哲学形态中国化推进阶段的重要成果与重要标志。毛泽东哲学思想主要解决的是马克思主义哲学"能不能"与中国实际相结合，以及"能不能"成为中国的马克思主义哲学的问题；中国特色社会主义理论体系的哲学思想主要解决的是马克思主义哲学"如何"实现理论上的与时俱进，以及"如何"在中国继续发展下去的问题。由于面临的哲学任务不同，中国特色社会主义理论体系的哲学思想一定要立足于其自身来研究它的思想，把握它的特点。

一　正确把握马克思主义哲学形态中国化

马克思主义哲学形态中国化是静态与动态的统一。从静态上看，它是几代中国共产党人集体智慧的结晶；从动态上看，它是已存续了近一个世纪的长期的历史发展过程，与中国共产党人推进马克思主义哲学在中国的发展事业保持着不可分割的内在联系。但是，就目前来看，究竟什么是马克思主义哲学形态中国化，人们的界说却是不尽相同的。有人说所谓马克思主义哲学形态中国化就是把马克思主义哲学植根于中国的优秀文化之中，就是"中国作风""中国气派"；有人说所谓马克思主义哲学形态中国化是马克思主义普遍真理与中国具体实际相结合的产物；有人说所谓马克思主义哲学形态中国化就是马克思主义哲学民族化；还有人说所谓马克思主义哲学形态中国化就是运用马克思主义哲学解决中国革命、建设和改革的实际问题；也有人说所谓马克思主义哲学形态中国化就是把中国革命、建设和改革的实践经验和历史经验提升为哲学理论……其实，面对关于马克思主义哲学形态中国化诸多不同的界说，如果我们用视域及视域差异的视角来加以解释，可能能够理出其中的头绪。

所谓"视域"（Horizon），通常是指一个人的视力范围，因而它是与主体有着紧密关系的能力。任何视域都是有限的，即使它不为事物所阻挡，它的最大范围也就是天地相交的地方，即地平线。所以在德文中，"视域"和"地平线"是同一个词。但"视域"又可以说是开放无限的：随着主体的运动，"视域"可以相应地延伸；对于主体来说，"视域"的边界是永远无法达到的。"视域"的有限性与被感知的实在性有关，"视域"的无限性与未被感知的可能性有关。从现象学的角度来看，所谓视域就是一个人在其中进行认识、领会或理解的构架或视野。对象的本质是客观的，视域是主观的，但是本质的主观呈现却是通过视域得以实现的，所以视域在认识本质的过程中起到了至关重要的作用。由于不同的视域能够感知到不同的本质，因此，当人们用不同的术语来界定马克思主义哲学形态中国化本质时，实际上所反映出来的又是视域上的差异。就今天看来，认识马克思主义哲学形态中国化本质的视域大致体现为"六位一体"，其所深入呈现的是马克思主义哲学形态中国化本质的多重性。

第一，从经验视域看马克思主义哲学形态中国化。

　　从经验视域出发，马克思主义哲学形态中国化的本质是经验的总结。与从书斋中走出来的思想不同，马克思主义哲学形态中国化是中国共产党人的革命与建设实践经验的高度总结。邓小平在党的十二次全国代表大会的开幕词中明确强调："把马克思主义的普遍真理同我国的具体实际结合起来，走自己的道路，建设有中国特色的社会主义，这就是我们总结长期历史经验得出的基本结论。"① 作为历史经验的总结，马克思主义哲学形态中国化包括两层重要含义：一层是从实践上看，它表明了马克思主义哲学形态中国化是中国共产党人领导的革命与建设的重要的实践经验总结；另一层是从理论上看，它表明了马克思主义哲学形态中国化是中国共产党人党内同教条主义与经验主义做斗争的重要的理论经验总结。

　　从历史上看，中国革命曾经因为在"马克思主义中国化"方面缺乏自觉而两次面临失败的危机，中国建设也曾因为在"马克思主义中国化"方面的失误而两次发生重大的挫折。从民主革命到社会主义，中国共产党在"马克思主义中国化"问题上经历了两次从不成熟到成熟的发展过程，而这一过程的存在从一个侧面鲜明地表明，马克思主义哲学形态中国化始终是与中国共产党人的革命与建设实践的经验总结分不开的。

　　同教条主义与经验主义做斗争，一直是马克思主义哲学形态中国化进程中的一条重要发展线索。毛泽东井冈山时期的《反对本本主义》，以及延安时期的《实践论》《矛盾论》，都是在同教条主义与经验主义做斗争的过程中留下的经典论著。以往，对于《反对本本主义》与《实践论》，人们均分别强调了二者问世重要的认识论意义。其实，进一步说，从理论论证的角度来看这两部著作是互补性的。在《反对本本主义》中，对于当时严重存在的教条主义，毛泽东通过强调"没有调查，没有发言权"，"你对于某个问题没有调查，就停止你对于某个问题的发言权"②，从而使人们充分看到的是调查研究的重要性。由于教条主义分子曾讥讽毛泽东的"没有调查就没有发言权"这句名言是"狭隘经验论"③，所以，在《实践论》中，毛泽东进一步通过科学的阐释实践范畴，明确指出社会实践就是人们"根据于一定的思想、理论、计划、方案以从事于变革客观现

---

① 《邓小平文选》第 3 卷，人民出版社 1993 年版，第 3 页。
② 《毛泽东选集》第 1 卷，人民出版社 1991 年版，第 109 页。
③ 同上书，第 214 页。

实的"①活动，从而使人们看到理论的重要性。因此，《反对本本主义》与《实践论》这两部书之间实际上形成了理论上的互补关系，使人们看到了实践与理论是互不可缺的相互依存关系，这也就是毛泽东在《实践论》结尾中所说的："我们的结论是主观和客观、理论和实践、知和行的具体的历史的统一，反对一切离开具体历史的'左'的或右的错误思想。"②

1941年5月19日毛泽东在延安高级干部会议上做了题为《改造我们的学习》的报告，严厉批判了"主观主义学风"，延安整风由此正式拉开序幕。毛泽东形象地描述了主观主义的主要特征："闭塞眼睛捉麻雀"，"瞎子摸鱼"，"粗枝大叶，夸夸其谈，满足于一知半解"。对于主观主义，毛泽东是深恶痛绝的，他把这种极坏的作风，看作共产党的大敌，认为它"是工人阶级的大敌，是人民的大敌，是民族的大敌，是党性不纯的一种表现"③。党的十一届三中全会之后，邓小平曾经指出："一个党，一个国家，一个民族，如果一切从本本出发，思想僵化，迷信盛行，那它就不能前进，它的生机就停止了，就要亡党亡国。"④ 在此，反对本本主义与教条主义任务的严峻性，已上升到否则会"亡党亡国"的高度来加以认识。

第二，从范畴视域看马克思主义哲学形态中国化。

1938年4月，艾思奇在学术界率先提出"马克思主义哲学中国化"概念，并做了明确的阐释。⑤ 在《哲学的现状和任务》一文中，艾思奇指出："现在需要来一个哲学研究的中国化、现实化的运动。"⑥ 哲学的通俗化运动，揭开了哲学神秘的面纱，使人们在日常生活中感悟哲学的意趣，有极大的意义，但这只是哲学中国化、现实化的初步，通俗化并不完全等于中国化、现实化。而且因为没有做到中国化、现实化，所以也不能够充分地通俗化。他结合当时中国处于抗日战争的现实指出，要围绕抗日战争这个时代主题，发动大家来一个哲学研究的中国化、现实化。"这不是书

---

① 《毛泽东选集》第1卷，人民出版社1991年版，第295页。

② 同上书，第296页。

③ 《毛泽东选集》第3卷，人民出版社1991年版，第800页。

④ 《邓小平文选》第3卷，人民出版社1994年版，第143页。

⑤ 参见王伟光《论艾思奇对马克思主义哲学中国化的重要贡献》，《哲学研究》2008年第7期。

⑥ 《艾思奇文集》第1卷，人民出版社1981年版，第387页。

斋课堂里的运动，不是滥用公式的运动，是要从各部门的抗战动员的经验中吸取哲学的养料，发展哲学的理论。然后才把这发展的哲学理论拿来应用，指示我们的思想行动。"① 这个运动要"以抗战的实践为依归"并"把辩证法唯物论做运动中心"②。1940 年 2 月，在《论中国的特殊性》一文中，艾思奇还进一步从马克思主义哲学学理的科学性出发系统地论述了马克思主义哲学中国化的内在依据，强调具体把握、应用和创造性地实践马克思主义的重要性。③

　　1938 年 10 月，在党的六届六中全会上，毛泽东第一次提出"马克思主义中国化"命题，这是将艾思奇的"马克思主义哲学中国化"命题提升到最为一般性高度的重大举措。无论是从马克思主义哲学中国化角度还是从马克思主义中国化角度来看，这都是一个重大的思想历史事件。毛泽东指出："马克思主义必须和我国的具体特点相结合并通过一定的民族形式才能实现。马克思列宁主义的伟大力量，就在于它是和各个国家具体的革命实践相联系的。对于中国共产党说来，就是要学会把马克思列宁主义的理论应用于中国的具体的环境。""离开中国特点来谈马克思主义，只是抽象的空洞的马克思主义。……因此，使马克思主义在中国具体化，使之在其每一表现中带着必须有的中国的特性，即是说，按照中国的特点去应用它，成为全党亟待了解并亟须解决的问题。……洋八股必须废止，空洞抽象的调头必须少唱，教条主义必须休息，而代之以新鲜活泼的、为中国老百姓所喜闻乐见的中国作风和中国气派。"④ 在这里马克思主义中国化的具体内涵得到明确表达。但是，"马克思主义中国化"作为命题的正式定立是在党的六届七中全会上。经过多次反复的解释与强调，到六届七中全会结束时，推进并实现"马克思主义中国化"最终成为全党的共识。

　　"马克思主义中国化"作为命题在中国的发展并不顺利。20 世纪 50 年代初在正式出版《毛泽东选集》时，毛泽东将 1938 年提出的"马克思主义中国化"改为"马克思主义在中国的具体化"。据查证，自 20 世纪 60 年代初开始，"马克思主义中国化"的提法一度被正式废止，直至 20

---

　　① 《艾思奇文集》第 1 卷，人民出版社 1981 年版，第 387 页。

　　② 同上书，第 388 页。

　　③ 参见雍涛《李达与马克思主义哲学中国化——纪念李达诞辰 115 周年》，《马克思主义研究》2006 年第 8 期。

　　④ 《毛泽东选集》第 2 卷，人民出版社 1991 年版，第 534 页。

世纪 80 年代之后才开始重新使用。尽管其中的原因是复杂的，有来自国际方面的压力，也有来自自身的思想认识，但有一点可能是较为明确的，这就是：这种中止与重启的过程反映出，作为一个命题，"马克思主义中国化"在中国共产党人心目中有着极重的分量；中国共产党人并不只是将"马克思主义中国化"简单地作为一个提法来看待，而是认为这个命题的成立不仅需要丰富的实践经验作为支持，而且还需要充分发展的理论作为基础。1949 年 3 月 13 日，毛泽东在党的七届二中全会上做总结时说道，"马克思主义的普遍真理与中国革命的具体实践的统一，这样提法较好，应该这样提法"①。又说，不要把他与马、恩、列、斯并列。如果平列起来一提，似乎我们自己有了一套，只是请马、恩、列、斯来做陪客，这样不好，我们请他们是做先生的，我们做学生。② 毛泽东的这段讲话讲出了后来为什么不提马克思主义中国化的重要原因。党的十一届三中全会以后，随着马克思主义在中国确实有了新的更大的发展，完全可以说"我们自己有了一套"，因此"马克思主义中国化"概念开始广泛使用。

列宁指出，范畴好比"是帮助我们认识和掌握自然现象之网的网上纽结"③，由此可见，"马克思主义中国化"作为命题而提出的重要意义是不容忽视的。"马克思主义中国化"作为命题而提出，不仅是马克思主义中国化思想发展史上的重要成果，同时也是马克思主义哲学形态中国化发展史上的重大思想成果，它不仅标志着中国共产党人在为马克思主义与马克思主义哲学注入中国特色的进程中由最初的自发开始走向理性的自觉，同时也意味着自此在马克思主义中国化与马克思主义哲学形态中国化问题上有了更为明确的范畴性视域。

1937 年春夏，毛泽东在延安的抗日军事政治大学（简称"抗大"）讲授哲学，同时编著《辩证法唯物论（讲授提纲）》（简称"讲授提纲"）。《实践论》《矛盾论》（简称"两论"）是其中的两节。修订后收入《毛泽东选集》的"两论"，是毛泽东哲学思想的代表作，是马克思主义哲学史和 20 世纪中国哲学史的标志性著作，因而成为国内外诸多毛泽东

---

①　《毛泽东文集》第 5 卷，人民出版社 1996 年版，第 259 页。

②　参见石仲泉《马克思主义哲学形态中国化与世界眼光》，《中共中央党校学报》2011 年第 2 期。

③　《列宁全集》第 55 卷，人民出版社 1990 年版，第 78 页。

研究者的研究对象。《实践论》与《矛盾论》写作于 1937 年春夏，因此，严格来说，无论是从艾思奇提出"马克思主义哲学中国化"还是从毛泽东提出"马克思主义中国化"的角度来看，"两论"都起到了重要的帮助作用，因为它们的问世极大地增强了中国共产党人实现马克思主义哲学中国化与马克思主义中国化的理论信心。1939 年至 1942 年，毛泽东对新民主主义理论做出了较为系统的概括与总结，先后撰写了《中国革命与中国共产党》《〈共产党人〉发刊词》《新民主主义论》《改造我们的学习》《整顿党的作风》《反对党八股》等一系列重要理论文章。这些理论成果反映了毛泽东在推进马克思主义哲学形态中国化的进程中已进入自觉的理论创新阶段，它们不仅科学地回答了中国革命的一系列基本问题，而且在许多方面把马克思主义哲学发展到一个新的理论高度，无论是从认识论角度，还是从唯物史观角度，都可以看到毛泽东对于马克思主义哲学的新发展。

第三，从理论视域看马克思主义哲学形态中国化。

经历近百年的发展，马克思主义哲学形态中国化已在中国共产党人不懈努力下从最初的艰难起步，发展到今天的逐渐成熟。前面提到最早提出马克思主义哲学中国化的是艾思奇，不过应当看到的是，在艾思奇那里，马克思主义哲学形态中国化已不是一个简单的概念，而是有着具体内涵的。他认为马克思主义哲学形态中国化就是"把辩证法唯物论的实际应用于中国"，"根据中国自己的现实材料，在中国自己的地盘上，来发展辩证法唯物论的世界观，使它更能够成为改造中国、争取中华民族独立解放的锐利的方法论武器"。[①] 就今天来看，马克思主义哲学形态中国化已取得了十分伟大的理论成果，其中包括毛泽东哲学思想、邓小平哲学思想、"三个代表"重要思想的哲学思想、科学发展观的哲学思想，等等。因此，从理论视域出发，可以看到，与处于倡导马克思主义哲学形态中国化的毛泽东时代不同，马克思主义哲学形态中国化目前已是一个自成一体的理论体系。而且从世界范围来看，它已成为世界马克思主义哲学思想发展史中的理论样本，是世界马克思主义哲学理论的重要组成部分。党的十八大报告中"三个自信"的提出鲜明反映出中国共产党人对于马克思主义哲学形态中国化这一重大理论成果有着充分的理论自信。

---

① 《艾思奇文集》第 1 卷，人民出版社 1981 年版，第 554、563 页。

20 世纪 50 年代末，毛泽东曾指出："马克思这些老祖宗的书，必须读，他们的基本原理必须遵守，这是第一。但是，任何国家的共产党，任何国家的思想界，都要创造新的理论，写出新的著作，产生自己的理论家，来为当前的政治服务，单靠老祖宗是不行的。只有马克思和恩格斯，没有列宁，不写出《两个策略》等著作，就不能解决一九〇五年和以后出现的新问题。单有一九〇八年的《唯物主义和经验批判主义》，还不足以对付十月革命前后发生的新问题。适应这个时期革命的需要，列宁就写了《帝国主义论》、《国家与革命》等著作。列宁死了，又需要斯大林写出《论列宁主义基础》和《论列宁主义的几个问题》这样的著作，来对付反对派，保卫列宁主义。我们在第二次国内战争末期和抗战初期写了《实践论》、《矛盾论》，这些都是适应于当时的需要而不能不写的。现在，我们已经进入社会主义时代，出现了一系列的新问题，如果单有《实践论》、《矛盾论》，不适应新的需要，写出新的著作，形成新的理论，也是不行的。"[①] 毛泽东的这段话是对中国共产党人必须将马克思主义哲学形态中国化的理论创新坚持不懈地进行下去的告诫。

第四，从指导思想视域看马克思主义哲学形态中国化。

从指导思想的视域出发，可以看到，在中国之所以需要提出"马克思主义中国化"这个关键性的命题，不仅是因为历史经验需要中国共产党人做出这样的鲜明的概括与总结，还是因为中国共产党人无论在实践上抑或在理论上都需要将"马克思主义中国化"作为指导思想。在此，马克思主义中国化已成为精神符号，它要求中国共产党人不能将马克思主义中国化仅仅当作一种提法或口号，而是无论在实践中还是在理论上都需要积极践行马克思主义中国化。

"马克思主义中国化"作为指导思想的最初确立是在党的七大《党章》中。党的七大通过的《党章》第一次明确指出："中国共产党，以马克思列宁主义的理论与中国革命的实践之统一的思想——毛泽东思想，作为自己一切工作的指针，反对任何教条主义或经验主义的偏向。"[②] 刘少奇在七大上做的《关于修改党章的报告》的总纲的第二部分，专门论述

---

① 《毛泽东文集》第 8 卷，人民出版社 1999 年版，第 109 页。

② 中央档案馆编：《中共中央文件选集》第 15 册，中共中央党校出版社 1991 年版，第 115页。

了党的指导思想问题，并对毛泽东思想内涵做了精辟论述。刘少奇从三个层面上界定了毛泽东思想。首先，认为"毛泽东思想，就是马克思列宁主义的理论与中国革命的实践之统一的思想，就是中国的共产主义，中国的马克思主义"①。其次，强调"毛泽东思想，就是马克思主义在目前时代的殖民地、半殖民地、半封建国家民族民主革命中的继续发展，就是马克思主义民族化的优秀典型"②。最后，指出"马克思主义的理论与帝国主义时代无产阶级革命的实践及俄国革命的实践相结合，曾经产生了俄国的布尔什维主义，列宁主义。而列宁主义，不但曾经指导俄国人民获得了彻底的解放，而且指导了与正在指导着世界人民去获得解放。作为马克思、恩格斯、列宁、斯大林的学生，毛泽东同志所做的，也正是以马克思列宁主义的理论与中国革命的实践相结合，便产生了中国的共产主义——毛泽东思想"③。七大《党章》和《关于修改党章的报告》对党的指导思想的规定和论述，一方面表明党已将毛泽东思想作为党的指导思想加以正式确立，另一方面也表明马克思主义中国化本身业已被提升到党的指导思想的高度来加以认识，因为毛泽东思想是"中国化的马克思主义"，也就是说是马克思主义中国化的具体表现形态。

中国共产党人将"马克思主义中国化"作为指导思想，标志着中国共产党人在马克思主义中国化问题上开始走向成熟。通过将"马克思主义中国化"作为指导思想，马克思主义哲学形态中国化也成为中国共产党人的思想上的理论自觉。大量的马克思主义哲学中国化的理论成果，都是这种理论自觉的思想结晶。邓小平总是强调：解决中国社会主义现代化建设这样一个历史大问题，"这决不是改头换面地抄袭旧书本所能完成的工作，而是要费尽革命思想家心血的崇高的创造性的科学工作"④。他认为："我们是历史唯物主义者，研究和解决任何问题都离不开一定的历史条件"，"时间不同了，条件不同了，对象不同了，因此解决问题的方法也不同"。⑤ 由此可见，尽管"马克思主义中国化"是中国共产党人重要的指导思想，但在实际中却需要从具体的时间、条件、对象出发，在具体

---

① 《刘少奇选集》上卷，人民出版社1981年版，第333页。
② 同上。
③ 同上书，第334—335页。
④ 《邓小平文选》第2卷，人民出版社1994年版，第180页。
⑤ 同上书，第119页。

的历史条件下具体地解决马克思主义哲学形态中国化的问题。只有这样，马克思主义哲学形态中国化才会真正落到实处，才会在与时俱进中得到充实、发展与完善，这也是中国特色社会主义理论体系哲学思想建立起来的重要思想前提。

第五，从方法论视域看马克思主义哲学形态中国化。

马克思主义哲学形态中国化落实到方法论上，就是强调马克思主义普遍原理必须同具体实践相结合。因此，从方法论视域出发，马克思主义哲学形态中国化的重要本质就在于，它必须坚决反对以教条主义或经验主义的方式对待马克思主义哲学在中国的运用与发展，大力提倡马克思主义普遍原理同具体实践相结合。关于这一点，毛泽东在《整顿党的作风》中所做的描述是极其形象而到位的，他指出："马克思列宁主义理论和中国革命实际，怎样互相联系呢？拿一句通俗的话来讲，就是'有的放矢'。'矢'就是箭，'的'就是靶，放箭要对准靶。马克思列宁主义和中国革命的关系，就是箭和靶的关系。有些同志却在那里'无的放矢'，乱放一通，这样的人就容易把革命弄坏。有些同志则仅仅把箭拿在手里搓来搓去，连声赞曰：'好箭！好箭！'却老是不愿意放出去。这样的人就是古董鉴赏家，几乎和革命不发生关系。马克思列宁主义之箭，必须用了去射中国革命之的。这个问题不讲明白，我们党的理论水平永远不会提高，中国革命也永远不会胜利。"[1] 1961 年，毛泽东在党的八届九中全会上更明确地指出：马列主义中国化"无非是把马克思主义、列宁主义的普遍真理和中国革命的实际相结合"，"各国具体的历史、具体的传统、具体的文化都不同，应该区别对待，应该允许把马克思列宁主义具体化，也就是说把马克思列宁主义的普遍真理和本国革命的具体实践相结合"[2]。1983 年 3 月，胡耀邦在纪念马克思逝世 100 周年大会上的报告中，讲到马克思主义与具体实际相结合的原则时指出：马克思主义的"生命力"就在于它"同各个时代和各个国家的具体革命实践相结合"[3]。

延安整风运动发起后，在总结共产国际与中国革命关系的经验教训时，毛泽东明确强调了马克思主义哲学形态中国化对于中国革命的意义，

① 《毛泽东选集》第 3 卷，人民出版社 1991 年版，第 819—820 页。

② 吴冷西：《十年论战》，中央文献出版社 1999 年版，第 450—451 页。

③ 《十二大以来重要文献选编》（上），人民出版社 1986 年版，第 294 页。

他指出："革命不能输出，亦不能输入，而只能由每个民族内部的发展所引起。这是马克思列宁主义者从来所阐发的真理，中国共产党的实践，完全把这个真理证明了。"[①] 中国共产党近年来所进行的整风运动，"就是要使马克思列宁主义这一革命科学更进一步地和中国革命实践、中国历史、中国文化相结合起来"[②]。在此，毛泽东进一步提出了马克思主义哲学形态中国化的民族化过程。准确地说，马克思主义普遍原理与中国具体实际相结合，既是"民族化"的过程，也是一般与个别相结合的过程。因此，如果说民族化是马克思主义哲学形态中国化的重要表现形式的话，那么，应当看到的是，正是在方法论的视域下，马克思主义哲学形态中国化能够在"民族化"之外而被增添更具一般性的方法论本质，也就是说，它除了是中华民族的，还是一种具有一般方法论意义的重要的马克思主义哲学思想形态。马克思主义哲学形态中国化是一般与个别相结合的具有普遍性的方法论模式，体现在政治、经济、文化等多个实践领域的方方面面，是成型的方法，是成功的方法。

　　无论是马克思主义中国化，还是马克思主义哲学形态中国化，都是在马克思主义普遍原理与中国国情相结合的过程中实现的。但是，应当看到的是，这种"结合"并不是一劳永逸的，而是必须做到始终坚持。以社会主义时期的深刻教训来说明。毛泽东是伟大的马克思主义者，他在同党内"左"倾、右倾机会主义的斗争中，在中国革命的艰苦斗争和摸索中，把马克思主义与中国革命的实践结合起来，取得了中国革命的伟大胜利，因此奠定了他在当代中国历史上伟大崇高的地位。但毋庸讳言，毛泽东晚年确实犯了严重的错误，特别是 20 世纪 50 年代后期经济生活的困难和 60 年代中期开始的持续十年之久的"文化大革命"，酿成了严重的政治危机和经济危机。国内外许多人都议论毛泽东的错误，但是，应当看到的是，其中一个很重要的原因就在于，尽管毛泽东深刻认识到马克思主义普遍原理同中国国情相结合的重要性，但是他却没有看清这种结合是一个动态的过程，需要在充分认清中国国情是不断变化的情况下将马克思主义普遍原理同中国国情进行动态的结合与发展，而不能进行"想当然的"或机械性的结合与发展。

---

　　① 《中共中央文件选集》第 14 册，中共中央党校出版社 1992 年版，第 40 页。
　　② 《毛泽东文集》第 3 卷，人民出版社 1996 年版，第 23 页，注释。

　　进入社会主义建设时期之后，主要矛盾和革命任务变了，加上对社会主义经济建设的规律缺乏了解，毛泽东虽然对社会主义建设规律做过探索、尝试，写出了《论十大关系》和《关于正确处理人民内部矛盾的问题》等重要文献，但终究由于他对国内外阶级斗争形势的错误分析和认识，以及在经济建设方面的急于求成，使得他在对马克思主义与中国社会主义建设的具体实践相结合、探索一条中国社会主义建设道路进行尝试时走错了方向：在经济建设中照搬过去革命年代的成功经验，违背经济规律，夸大党和群众的主观意志与精神力量的能动作用；在经济建设受挫以后，又把精力转向阶级斗争，"以阶级斗争为纲"，进行"无产阶级专政下的继续革命"，这就背离了中国国情，背离了马克思主义的基本原理和基本原则。从晚年毛泽东的错误中，我们看出一条线索，这就是他没有像民主革命时期那样重视用马克思主义与中国国情的结合来解决中国的问题。一方面，晚年毛泽东在已经变化了的历史条件和国情背景面前，搬用革命战争年代的经验来搞建设，而不是去从理论上深入探索在新的历史条件下如何将马克思主义与中国社会主义建设的实践结合起来并形成新的结论，其结果必然是在实践中遭受挫折和失败；另一方面，晚年毛泽东也搞了很多新的理论"创造"，但往往脱离中国的国情，脱离群众的愿望和要求，过分理想主义。晚年毛泽东自己以为是发展了马克思主义，是新"创造"，但实际上是一种"乌托邦"，这就不可避免地要被历史所否定。毛泽东领导的新民主主义革命的经验是马克思主义原理与中国具体情况相结合的成功结晶，是极其宝贵的财富，如果正确地运用，把它与社会主义时期的具体情况相结合，这些经验对于社会主义建设也会发挥积极作用。如果不是"结合"，而是盲目搬用，那就会产生消极甚至破坏的作用。

　　第六，从世界性视域看马克思主义哲学形态中国化。

　　对于马克思主义哲学形态中国化作为成功的世界性范例的积极肯定，是从世界性视域看马克思主义哲学形态中国化的重要结果。马克思主义哲学形态中国化，绝不是与世隔绝，脱离世界文明轨道，自我封闭，搞狭隘的民族主义或"地域性的共产主义"。因此，面对中国新民主主义革命的成功完成以及中国特色社会主义道路的成功开辟，我们可以把马克思主义哲学形态中国化作为成功的世界性范例积极地充实到世界马克思主义哲学思想发展史中，使之成为马克思主义哲学理论能够与各国具体的文化实际相结合的真实例证。

中国共产党人要想正确地坚持马克思主义哲学形态中国化，就必须有世界性视域。马克思主义哲学形态中国化并不是狭隘的民族主义，世界性视域是马克思主义哲学形态中国化的基本要求。在将马克思主义普遍原理运用到中国革命的实际时，毛泽东的世界性视域起到了重要作用。1935年12月毛泽东在中央红军到达陕北后不久召开的党的活动分子会议上所做的报告中，针对日本帝国主义加紧侵略中国、中华民族危机进一步加深的时局向与会者指出："自从帝国主义这个怪物出世之后，世界的事情就联成一气了，要想割开也不可能了。"① 在《新民主主义论》等著作中，毛泽东进一步地将中国革命看成是世界革命的一部分。没有对国际形势与国际关系的正确认识，就不可能正确地观察和解决每个国家与民族的问题。毛泽东关于新民主主义革命的理论，既是建立在对中国国情的科学认识基础上，也是建立在对中国革命所处世界形势的正确认识基础上。目前随着全球化时代的到来，世界性视域已成为我们把握当代世界历史的理论自觉。对于这一点，邓小平的论断是十分精辟的："现在的世界是开放的世界"，"中国的发展离不开世界"。② 从世界性视域来看，我们需要强调马克思主义哲学形态中国化作为成功的世界性范例的重要意义。应当看到的是，尽管是个案，但是马克思主义哲学形态中国化在中国的成功却可以有力地告诉世人，马克思主义并不是书本中的教条，而是能够与各国具体的文化实际相结合的普遍真理。

二　正确理解中国特色社会主义理论体系哲学思想的历史地位

原来，对于毛泽东哲学思想与中国特色社会主义理论体系哲学思想之间的区别，人们更多强调的只是它们所需要解决的现实问题是有所不同的。例如，人们通常指出，20世纪初，新生的中国共产党领导中国人民进行革命斗争，所面临的首要任务是要正确回答"什么是新民主主义革命，怎样进行新民主主义革命"这一时代性的重大课题。在领导中国革命和建设的过程中，以毛泽东为核心的中央领导集体，坚持从中国的实际

① 《毛泽东选集》第1卷，人民出版社1991年版，第161页。
② 《邓小平文选》第3卷，人民出版社1993年版，第64、78页。

出发，创新马克思主义，成功实现了马克思主义基本原理与中国革命具体实际相结合的第一次历史性飞跃——创立了毛泽东哲学思想，第一次成功地完成了马克思主义哲学的中国化。党的十一届三中全会之后，当代中国共产党人科学回答了"什么是社会主义和怎样建设社会主义""建设什么样的党和怎样建设党""为什么发展、为谁发展、靠谁发展、实现什么样的发展、怎样发展"等一系列重大的实践和理论问题，形成了包括邓小平理论、"三个代表"重要思想以及科学发展观等重大战略思想在内的中国特色社会主义理论体系哲学思想，成功实现并不断推进马克思主义哲学形态中国化的第二次历史性飞跃。

其实，从历史的角度来看，马克思主义哲学形态中国化实际上可以区分为两个重要阶段：一个是创立阶段，另一个是推进阶段。明确这两个阶段的存在，不仅可以帮助我们更进一步地理解毛泽东哲学思想与中国特色社会主义理论体系哲学思想之间的区别，同时也可以帮助我们更准确地把握中国特色社会主义理论体系哲学思想的历史地位与历史特点。马克思主义哲学形态中国化创立阶段与推进阶段属于两个不同的历史阶段，因此，尽管它们都关涉马克思主义哲学形态中国化问题，但是，它们不仅所直接关注的问题是有所不同的，同时所选择的思维模式也是不一样的。就今天看来，马克思主义哲学形态中国化已是一个客观的现实，但是，在马克思主义哲学形态中国化创立阶段，马克思主义哲学能否实现中国化却是作为一个需要解决的重大问题而出现的。马克思主义哲学形态中国化的创立不仅是一个需要在实践中解决的问题，同时也是一个理论创新的问题。从与教条主义与经验主义做斗争的角度来看，在马克思主义哲学形态中国化的创立阶段，马克思主义哲学究竟"能不能"实现中国化的问题，是摆在人们面前必须在理论上明确加以解决的重要问题。因此，从思维模式的选择上看，人们当时更多地选择的是论证性的思维模式，也就是说，用理论论证的方式证明马克思主义普遍真理与中国实际相结合是具有可行性的，是行得通的。这也就是为什么在毛泽东那里讲道理式的论证性文章比较多的主要原因，无论是《反对本本主义》，还是《实践论》《矛盾论》《自由是必然的认识和世界的改造》《人的正确思想是从哪里来的?》等论著，都反映出这种特点。进入马克思主义哲学形态中国化的推进阶段之后，由于已经解决了马克思主义哲学形态中国化的可行性问题，因此，人们关注的主要问题已转变为马克思主义哲学形态中国化如何"继续地"发展下去的问题，人们所选择的思维模式主要是"运用"模式。这也就是为什么邓小平理论通常被解释为"运用哲学"的主要原因。毛泽东哲学思想是马克思主义哲学形态中国化创立阶段的标志性成果，中国特色社会主义理论体系哲学思想是马克思主义哲学形态中国化推进阶段的标志性成果，它们共同构筑了马克思主义哲学形态中国化的理论体系，而且这个理论体系还会随着马克思主义哲学形态中国化的不断深入而继续发展下去。

马克思主义哲学形态中国化推进阶段主要包括三个部分：第一个部分是前阶段，其中包括毛泽东哲学思想在推进马克思主义哲学形态中国化过程中的重要贡献；第二个部分是现阶段，其中包括中国特色社会主义理论体系哲学思想已有的成果；第三个部分是后阶段，其中包括未来的马克思主义哲学形态中国化的重大成果。作为马克思主义哲学形态中国化推进阶段的标志性成果，中国特色社会主义理论体系哲学思想是继往开来的。它既是对毛泽东哲学思想的继承，又是对毛泽东哲学思想的超越与发展，同时也是未来马克思主义哲学形态中国化成果的必要准备。因此，人们既需要结合毛泽东哲学思想来理解中国特色社会主义理论体系哲学思想，同时又应当看到中国特色社会主义理论体系哲学自身的相对独立性；人们既需要看到中国特色社会主义理论体系哲学思想与毛泽东哲学思想之间的区别，又需要把它们视为一个完整的思想整体，将它们视为马克思主义哲学形态中国化两个不可缺少的重要组成部分。

从中国特色社会主义理论体系哲学思想特殊的历史地位出发可以看到，作为马克思主义哲学形态中国化推进阶段的重要成果，中国特色社会主义理论体系哲学思想有两个特点是极为突出并且应该引起人们高度重视的：第一个特点是，由于中国特色社会主义理论体系哲学思想与毛泽东哲学思想之间在面对马克思主义哲学形态中国化问题的着眼点上存在着重大区别，它所关注的是如何开创马克思主义哲学形态中国化的新的发展局面问题，因此，不断实现理论创新是其第一理论要务，也构成了其最为基本的特点。这一点无论是从改革开放之初对"两个凡是"的反对，还是从21世纪伊始党中央便明确提出"与时俱进是马克思主义的理论品质"上，都能清晰可见。第二个特点是，对于中国特色社会主义理论体系哲学思想来说，开创马克思主义哲学形态中国化发展的新局面必须是紧跟时代的，因此，"解放思想、实事求是"是其必须坚持的基本准则。这一点从改革开放之初"解放思想，实事求是"就作为重要指导思想提出中清晰可见。

正是基于上述两个特点的存在，所以人们必须注意到的是，包含在中国特色社会主义理论体系哲学思想中的邓小平哲学思想、"三个代表"重要思想的哲学思想与科学发展观的哲学思想等思想内容相互之间既有联系，又是各自成篇的。它们均是紧跟时代的与时俱进的理论创新成果，一味地将它们不加区别地加以研究，既会抹杀它们各自的理论光芒，也会影响它们的运用与发展。

三　本书研究的方法论说明

前面我们不仅深入分析了把握马克思主义哲学形态中国化的多重视域，同时也具体分析了中国特色社会主义理论体系哲学思想在马克思主义哲学形态中国化发展史中的重要历史地位。正是基于上面两种不同的分析，所以本书所确立的研究方法论主要包括两点重要内容。

第一，在研究中国特色社会主义理论体系哲学思想时，必须注重"一"与"多"的统一。

所谓"一"主要是指将中国特色社会主义理论体系哲学思想中所包含的重要思想内容作为一个整体加以研究。也就是说，将邓小平哲学思想、"三个代表"重要思想的哲学思想以及科学发展观的哲学思想作为一个整体加以研究，既尊重它们各自的独立性，又不将它们各自的理论意义割裂开来加以理解。所谓"多"主要是指对中国特色社会主义理论体系哲学思想中所包含的重要思想进行多视域有针对性的研究。马克思主义哲学形态中国化是六大视域下的思想统一，而根据这一点，应该看到的是，作为马克思主义哲学形态中国化的重要组成部分，中国特色社会主义理论体系哲学思想的研究，应注重多视域性，同时这种多视域性必须是有针对性的。例如，从范畴视域出发，我们可以更加深入地把握"摸着石头过河"命题重大的思想理论内涵与意义；从经验视域出发，我们可以更加深入地看到邓小平理论的"应用哲学"特点；从指导思想视域出发，我们可以充分理解"三个代表"重要思想的政治思想指导意义；从方法论视域出发，我们可以更加明确地强调科学发展观所具有的重大的方法论意义；从理论视域出发，我们可以清楚地看到中国特色社会主义理论体系哲学思想作为理论体系的完整性与创新性；从世界性视域出发，我们可以明确指出中国特色社会主义理论体系是世界马克思主义哲学思想体系中的重要组成部分。

第二，在研究中国特色社会主义理论体系哲学思想时，必须注重"历史"与"现实"的统一。

前面提到，在马克思主义哲学形态中国化的发展历史中，中国特色社会主义理论体系哲学思想具有承上启下的重要作用。因此，在研究中国特色社会主义理论体系哲学思想时我们更应该注重的是"历史"与"现实"相统一的方法。在这里所谓"历史"与"现实"相统一，包含两层含义：第一层，在把握中国特色社会主义理论体系哲学思想与毛泽东哲学思想之间的关系时，力求做到历史与现实的统一。第二层，在把握中国特色社会主义理论体系哲学思想内部存在的各个不同思想体系时，力求做到历史与现实的统一。在前一层含义中主要强调的是，毛泽东哲学思想与中国特色社会主义理论体系哲学思想之间存在着前后相继的关系，所以，我们须在尊重毛泽东哲学思想这一重大的历史性的前提性存在的情况下，去深入理解中国特色社会主义理论体系哲学思想的现实的理论意义。在此不能犯否定历史的历史虚无主义错误。在后一层含义中主要强调的是，中国特色社会主义理论体系哲学思想内部所存在的各个不同的思想体系之间也存在着前后相继的关系，所以，一定要做到尊重历史与理解现实相结合。也就是说，既不能让历史的成就迷住了我们理解现实的视线，也不能盲目地用现实的发展去否定历史的经验。在此同样不能犯历史虚无主义错误。

第一章 "摸着石头过河"与中国特色社会主义理论体系

目前中国改革开放进入攻坚阶段，许多无法回避的困难与问题摆在人们的面前。回头看在改革开放过程中影响较大的一些思想、观点、方法与理论，"摸着石头过河"当在其中。就目前看来，"摸着石头过河"可能是中国改革开放过程中流传最广、影响最大的命题，也是认识最不统一、歧义最多的命题。有人说，中国的改革开放是"摸着石头过河"，说明中国改革开放没有理论指导，走到哪儿算哪儿；有人说，中国的改革开放是"摸着石头过河"，摸不着石头掉河里淹死；也有人说，中国的改革开放是"摸着石头过河"，但摸石头的手是被控制的，不是想往哪儿摸就往哪儿摸；有人认为，用"摸着石头过河"来指导社会主义实践，必然会陷入"盲人骑瞎马，夜半临深池"的境地；如此等等。这些观点，有的否定了中国改革开放需要理论指导，有的流露出一种悲观失望的情绪，有的则表现出对改革开放前景的迷茫。当然，正是在众多充满质疑的声音中，如何更加正确地把握"摸着石头过河"的内涵、本质与意义等问题，也更迫切地提到了学术界与理论界的议事日程上来。

据考证，邓小平并没有直接提出"摸着石头过河"思想，甚至没有明确地说过"摸着石头过河"这个概念，他只是曾经对陈云提出该概念表示了直接的赞同。由此可见，"摸着石头过河"思想是开放性的，这一点也意味着我们应以开放的态度去深入地反思其在中国特色社会主义理论体系建设中所具有的特殊地位。尽管"摸着石头过河"最早是由陈云在20世纪50年代提出的，但一直以来人们理解"摸着石头过河"的主要切入点是改革开放，普遍认为"摸着石头过河"对于中国新时期改革开放具有极其重要的意义，它指明了中国新时期改革开放的探索性、试验性与创新性。① 中国特色社会主义道路是没有前人的经验与理论可供参考的崭新道路，"摸着石头过河"的确立在这种情况下显然尤为重要。因此，倘若我们从中国特色社会主义理论体系建立的视角出发去重新认识"摸着石头过河"的意义的话，则不难进一步看到，该思想的正式确立在中国特色社会主义理论体系建设过程中具有基石的作用。

中国特色社会主义道路是中国特色社会主义理论体系建立、发展与完善的现实客观基础，"摸着石头过河"的确立以不可置疑的方式凸显了中国特色社会主义道路的探索性，指明了中国特色社会主义理论体系建立、发展与完善的探索性、创新性与过程性。"摸着石头过河"既是一种精神与态度，也是一种认识论、世界观与方法论，甚至是一个完整的理论体系。它表明了中国共产党人有着敢为人先、自觉探索中国特色社会主义道路的精神、态度与决心，提示着中国共产党人必须拥有敢于摸索的认识论、世界观与方法论，标志着中国特色社会主义理论体系体现出的最基本特征是以实践为先导的理论创新。凭借着"摸着石头过河"的精神，中国共产党人在中国特色社会主义道路上勇于不断尝试；以"摸着石头过河"为行动的指南，中国共产党人正在走出一条中国特色社会主义道路；以"摸着石头过河"为思想基石，中国共产党人在中国特色社会主义理论体系建设上大胆尝试、勇于创新，取得了重大思想突破，涌现出邓小平理论、"三个代表"重要思想与科学发展观等一大批杰出的理论成果。今后，无论从精神、认识、方法还是思想层面，"摸着石头过河"对于中国共产党人来说都是极为重要的，因为无论是中国特色社会主义道路还是中国特色社会主义理论体系建设，都是无前人经验与理论可供借鉴的，行动上探索性的先行是一种必然的选择。中国共产党人永远不会停止乃至放弃在探索中发展中国特色社会主义道路与中国特色社会主义理论体系建设的步伐。

一 "摸着石头过河"的问世

"摸着石头过河"是中国共产党人集体智慧的结晶，它最初是由陈云在 20 世纪 50 年代初提出的。20 世纪 80 年代初，邓小平对陈云提出的

---

① 参见牛保良、付英《改革与"摸着石头过河"考析》，《传承》2008 年第 12 期。

"摸着石头过河"方法表示了完全赞同。对于中国共产党人来说，中国特色社会主义建设实践是一项前无古人的事业，既不可能在马列主义本本上找到现成答案，也没有任何现成的实践经验可以照搬照抄，所以需要"摸着石头过河"。

（一）"摸着石头过河"的最初提出

提起"摸着石头过河"，大部分人都认为这是邓小平的一个重要思想。但是如果查阅邓小平的所有讲话和文稿，却找不出邓小平究竟在什么地方说过"摸着石头过河"这句话。从现在能够查阅到的资料来看，"摸着石头过河"最早是由陈云提出的。1950 年 4 月 7 日，陈云在政务院第 27 次政务会议的发言中指出："物价涨不好，跌亦对生产不好。……要摸着石头过河，稳当点好。"①

从陈云文稿看，陈云关于"摸着石头过河"至少还讲过五次。② 在开国之初的经济恢复中，怎样才能既发挥资本主义工商业者的积极性，又让他们接受国营经济的领导，走上社会主义改造的道路？陈云在提出并采取加工订货、统购包销的具体形式之外，还提出了"摸着石头过河"的方法。1951 年 7 月 20 日，陈云就工商业联合会如何发挥协助人民政府和指导工商业者的作用时指出："办法也应该稳妥，这叫摸着石头过河。搞急了是要出毛病的。毛毛草草而发生错误和稳稳当当而慢一点相比较，我们宁可采取后者。尤其是处理全国经济问题，更须注意这点。慢两三个月天不会塌，怕什么。"③ 这是第一次。

第二次是 1961 年 3 月 6 日。陈云听取化工部汇报，针对小型和中型的合成氨厂指出：在没有过关之前，要一个一个地试验，但"海阔天空，搞多了就不行"。他要求把试验研究和推广应用区别开来："一方面试验研究要敢想敢说敢做，另一方面，具体做必须从实际出发，要摸着石头过河。""推广必须是成熟的东西。"④

第三次是 1980 年 12 月 16 日。陈云在中央工作会议上说："我们要改

---

① 《陈云年谱》（中），中央文献出版社 2000 年版，第 44 页。
② 参见曹应旺《"摸着石头过河"——陈云正确处理目标与步骤关系的方法》，《中国行政管理》2005 年第 8 期。
③ 《陈云文选》第 2 卷，人民出版社 1995 年版，第 152 页。
④ 《中国化工报》1995 年 4 月 17 日。

革，但是步子要稳。因为我们的改革，问题复杂，不能要求过急。改革固然要靠一定的理论研究、经济统计和经济预测，更重要的还是要从试点着手，随时总结经验，也就是要'摸着石头过河'。开始时步子要小，缓缓而行。"① 正是在这次会议 12 月 25 日的闭幕会上，邓小平明确表示完全同意陈云的讲话，并说：陈云的"这个讲话在一系列问题上正确地总结了我国三十一年来经济工作的经验教训，是我们今后长期的指导方针"②。

第四次是 1984 年 6 月 30 日。陈云在中共中央对外联络部反映美国国务院经济研究中心顾问爱德乐对我国财经工作提出两条意见的内部材料上批示：有经历的外国人也是摸着石头过河，所有外国资本家都是如此。凡属危险项目，他们不搞，宁吃利息。这是一个千真万确的道理。

第五次是 1988 年 5 月 12 日。陈云在杭州同浙江省负责人谈话时指出：做工作，不能只想快。慢一点，稳一点，少走弯路，走弯路的损失比慢一点的损失多。有人批评说"摸着石头过河"不对，但没有讲出道理来。"九溪十八涧"，总要摸着石头过，总要下河去试一试。"摸着石头过河"，这话没有错。"摸着石头过河"，是强调在向目标前进时要有步骤，要一步一步、扎扎实实地前进。骐骥一跃，不能十步。不从实际情况出发，不顾条件，企图一步登天，结果只能"欲速不达"，事与愿违。

（二）"摸着石头过河"经历从工作方法到改革开放指导方针的发展过程

从陈云的论述来看，"摸着石头过河"是他的一个重要思想。但是，总的说来，在陈云那里"摸着石头过河"主要是以工作方法的形式出现的。因此，对于"摸着石头过河"，人们应该充分注意到其所经历的由工作方法到改革开放的指导方针的发展过程。它在改革开放初期作为改革开放的指导方针脱颖而出。

"摸着石头过河"是陈云做财经工作的一条重要方法。"摸着石头过河"并不是不重视目标。凡事预则立，不预则废。确立国家发展近期、中期、长期的战略目标，无疑是非常重要的。陈云是经济战略家，向来重视从战略上着眼考虑全局性、长远的目标问题。确立变农业国为工业国逐

---

① 《陈云文选》第 3 卷，人民出版社 1995 年版，第 279 页。
② 《邓小平文选》第 2 卷，人民出版社 1994 年版，第 354 页。

步实现国家工业化的目标,确立逐步实现对农业、手工业、资本主义工商业社会主义改造的目标,确立建设社会主义现代化的目标,确立国民生产总值翻两番实现小康社会的目标,确立经济体制改革的目标,等等,陈云都是重要参与者和谋划者之一。然而,由于在党和国家最高决策层中的分工,陈云主要的不是思考中长期的目标问题,而是集中思考近期目标和当前最急迫的问题。在战略上总体来看,陈云主要思考的不是目标问题,而是步骤问题;不是做什么的问题,而是怎么做的问题。

前面提到,对于陈云在 1980 年 12 月 16 日中央工作会议上的讲话,邓小平不仅明确表示完全同意,而且还说:陈云同志的讲话"是我们今后长期的指导方针"。应当说,邓小平对于陈云讲话的定调是带有根本性的。他在肯定陈云讲话精神的同时,已将"摸着石头过河"上升到改革开放的指导方针的高度来加以认识。因此,关于"摸着石头过河",我们应当看到其经历了一个由工作方法到改革开放指导方针的转变过程。而且,从它最终作为改革开放指导方针提出的角度来看,在此邓小平的作用是功不可没的。

在改革开放之初,邓小平就提醒人们:"我们搞四个现代化和改革、开放,以后还会遇到风险、困难,包括我们自己还会犯错误。中国是这么大的国家,我们做的事是前人没有做过的。中国有自己的特点,所以我们只能按中国的实际办事,别人的经验可以借鉴,但不能照搬。搞改革完全是一件新的事情,难免会犯错误,但我们不能怕,不能因噎废食,不能停步不前。胆子还是要大,没有胆量搞不成四个现代化。"① 在这里,邓小平特别强调了在改革中要放开胆子去干的重要性。邓小平甚至明确指出:"我们现在所干的事业是一项新事业,马克思没有讲过,我们的前人没有做过,其他社会主义国家也没有干过,所以,没有现成的经验可学。我们只能在干中学,在实践中摸索。"② 在此,他进一步强调了中国的改革事业的开创性,因此只能"在干中学,在实践中摸索"。他还指出:"我们现在做的事都是一个试验。对我们来说,都是新事物,所以要摸索前进。"③ "改革开放胆子要大一些,敢于试验,不能像小脚女人一样。看准

---

① 《邓小平文选》第 3 卷,人民出版社 1993 年版,第 229 页。

② 同上书,第 258—259 页。

③ 同上书,第 174 页。

了的,就大胆地试,大胆地闯。"① "大胆地试,大胆地闯。农村改革是如此,城市改革也应如此。"② 这些论述都是对在改革开放中大胆探索的强调。由此看来,在改革的探索性问题上,邓小平的思路和陈云是完全一致的。

1981 年 3 月 24 日,陈云在同邓小平谈到《关于建国以来党的若干历史问题的决议》稿的修改时说:"建议中央提倡学习,主要是学习马克思主义哲学,重点是学习毛泽东同志的哲学著作。"陈云还讲道:他学习毛泽东的哲学著作,"受益很大"③。两天后,邓小平在同《关于建国以来党的若干历史问题的决议》起草小组负责人谈话中不仅充分地肯定了陈云的上述看法,并且还进一步指出:"现在我们的干部中很多人不懂哲学,很需要从思想方法、工作方法上提高一步。"④ 当时,有人认为,改革开放是一条涉及政治、经济、文化等广泛领域的"大河",要靠科学论证、统一规划才成,靠"摸着石头过河"不成。陈云得知这些议论后说:"有人批评说'摸着石头过河'不对,但没有讲出道理来。'九溪十八涧',总要摸着石头过,总要下河去试一试。'摸着石头过河',这话没有错。"⑤ 这段论述充分表明了陈云对于改革开放中"摸着石头过河"这种做法的肯定。

在改革开放的历史进程中,邓小平对全党提出的许多鼓励、要求和告诫,都是对"摸着石头过河"的一种引申。例如,他说:"一开始就自以为是,认为百分之百正确,没那么回事,我就从来没有那么认为。每年领导层都要总结经验,对的就坚持,不对的赶快改,新问题出来抓紧解决。"⑥ "开放不简单,比开放更难的是改革,必须有秩序地进行。所谓有秩序,就是既大胆又慎重,要及时总结经验,稳步前进。"⑦ "胆子要大,步子要稳。所谓胆子要大,就是坚定不移地搞下去;步子要稳,就是发现

---

① 《邓小平文选》第 3 卷,人民出版社 1993 年版,第 372 页。
② 同上书,第 374 页。
③ 《邓小平文选》第 2 卷,人民出版社 1994 年版,第 303 页。
④ 同上。
⑤ 《陈云年谱》下,北京文献出版社 2000 年版,第 412—413 页。
⑥ 《邓小平文选》第 3 卷,人民出版社 1993 年版,第 372 页。
⑦ 同上书,第 199 页。

问题赶快改。"① 针对速度问题,他认为:"速度过高,带来的问题不少,对改革和社会风气也有不利影响,还是稳妥一点好。"② 多年来,许多中外学者在评价中国改革开放的实践时,都赞扬这一战略取得了巨大成功。从上面引述的邓小平的话可以看出,在这种改革开放的实践战略中,"摸着石头过河"的指导意义是功不可没的。

(三)"摸着石头过河"经历从内涵单一到丰富的发展过程

前面讲到,"摸着石头过河"经历了由工作方法到改革开放指导方针的发展过程。其实应当看到的是,正是在这个过程中,"摸着石头过河"经历了内涵单一到内涵丰富的发展过程。从前面的介绍中可以看到,陈云在 20 世纪 50 年代提到"摸着石头过河"时都是与强调"稳妥"联系在一起。如"要'摸着石头过河',稳当点为好";"办法也应该稳妥,这叫摸着石头过河。搞急了是要出毛病的";等等。但是,在 20 世纪 80 年代,当陈云再次提到"摸着石头过河"时,他所强调的是在勇于尝试的同时做到稳扎稳打。如"改革固然要靠一定的理论研究、经济统计和经济预测,更重要的还是要从试点着手,随时总结经验,也就是要'摸着石头过河'。开始时步子要小,缓缓而行";"有人批评说'摸着石头过河'不对,但没有讲出道理来。'九溪十八涧',总要摸着石头过";"'九溪十八涧',总要摸着石头过,总要下河去试一试。'摸着石头过河',这话没有错。'摸着石头过河',是强调在向目标前进时要有步骤,要一步一步、扎扎实实地前进";等等。

在中国共产党人那里,对于"摸着石头过河"内涵的解读不是一次性到位的,而是经历了一个发展过程。最初对于"摸着石头过河"的理解更多的是强调"稳妥",这一点充分说明在新中国成立之初中国人民社会主义建设热情空前高潮、冒进思想不断泛滥的情况下,陈云作为一位冷静的思想家,更为客观地看到了在实践中稳妥的重要性。因此,当时在他那里,"摸着石头过河"的内涵主要是围绕"稳妥"展开的。但是,随着中国社会在 20 世纪 80 年代进入改革开放新时期,"摸着石头过河"的内涵除了强调"稳妥"之外,又增添了"勇于尝试"这一新内容,这也就

---

① 《邓小平文选》第 3 卷,人民出版社 1993 年版,第 118 页。
② 同上书,第 143 页。

是陈云所说的"'九溪十八涧',总要摸着石头过,总要下河去试一试"。由此可见,通过重温中国共产党人对于"摸着石头过河"内涵解读的历程,可以看到,"摸着石头过河"内涵在逐渐的演进中最终体现出的是"稳扎稳打"与"勇于尝试"的辩证统一,也就是说是"稳"与"进"的辩证统一。

邓小平曾经反复强调在发展过程中应该保持稳与进的辩证统一。例如,他在1988年先后两次谈到这一点。在6月7日,他提出:"我们的改革有很大的风险,但很有希望成功。有了这样的信心,才能有恰当的决策。我总是鼓励我们的同志更大胆一些。关键是两条。第一条就是要同人民一起商量着办事,决心要坚定,步骤要稳妥,还要及时总结经验,改正不妥当的方案和步骤,不使小的错误发展成为大的错误。第二条就是要在改革过程中,保持生产有较好的发展,不要勉强追求太高的速度,当然太低了也不行。过去十年的发展速度不算低,如果今后这些年也保持比较好的速度,我们深化改革的风险就小得多了。"① 在10月5日会见肯尼亚总统丹尼尔·阿拉普·莫伊时又指出:"讲发展,第一要有一个长期的战略设想,第二每走一步都要小心谨慎。既要大胆,坚持现行的方针和政策,又要步伐稳妥。要求过急,往往是犯大错的根源。"② 总的来说,如果从哲学上对"摸着石头过河"思想加以概括的话,那么可以看到,所谓"摸着石头过河"的基本内涵主要是指,在没有现成理论与经验指导的情况下,人们要勇于进行实践探索,但同时也要避免盲目性实践,必须做到边实践边总结,从而使探索性实践始终保持"稳"与"进"的统一。

(四)"摸着石头过河"开启中国特色社会主义道路探索新篇章

新中国成立后,中国共产党人便开始了社会主义道路的探索之路。但是可以说在1978年党的十一届三中全会之前,在这种探索活动中失败多于成功、教训多于经验。特别是"文化大革命"中大搞"无产阶级专政下继续革命",这就完全违背了党的八大制定的正确路线与方针,极大挫伤了人们对于社会主义及其道路的信心。当然在这里需要特别提到的是,这种探索活动之所以出现曲折前进的情况,也是与中国共产党人一直力求

---

① 《邓小平文选》第3卷,人民出版社1993年版,第268页。

② 《邓小平年谱(1975—1997)》(下),中央文献出版社2004年版,第1253页。

在模仿已有的社会主义发展模式基础上发展中国的社会主义道路分不开的。"苏联模式"的简单照搬或沿袭就是典型的事例。尽管"苏联模式"在新中国成立之初，确实起到促进经济发展、稳固政治的作用，但是一旦离开那个特定时期和背景，其弊端也便暴露无遗。因此，应当说，进入改革开放新时期之后，中国共产党人将"摸着石头过河"确定为指导方针，对于中国特色社会主义道路的探索是带有根本性的。作为一种精神力量，它表明了中国共产党人勇于摆脱"苏联模式"长期以来的束缚、敢于在自己的摸索中寻求中国特色社会主义道路的决心。当然也正是基于这一点，所以，对于"摸着石头过河"，我们应当从揭开中国特色社会主义道路探索新篇章的高度来认识其意义。只有这样，我们才能不再简单地纠缠于"摸着石头过河"这句话在外在表现形式上的直观性、直白性、简单性与单一性，而是从更深层次上去领会其内涵与精神实质。

首先，"摸着石头过河"确立了明确的前进目标，即"过河"，具体来说，就是建设中国特色社会主义。近代以来，先进的中国人就一直在苦苦探索"中国向何处去"的问题，却没有找到前进的目标。中国共产党人经过半个多世纪成功与挫折的探索，最终举起中国特色社会主义伟大旗帜，这是我们前进的目标。如果没有这个目标，我们就可能会在"河"的一边绕圈子，使改革开放事业停滞不前；就可能因看不到"石头"盲目下"河"而被淹死，使改革开放事业受到挫折；就可能因放弃可能解决问题的路径或经验而向其他方向去努力，使改革开放事业走弯路。

其次，"摸着石头过河"解决了"过河"的基点，即"石头"，这个"石头"就是实践。应该说，全面推进改革开放，建设和发展中国特色社会主义，是中国共产党人的伟大创造。在这个过程中，没有现成的理论或模式可资利用，没有成熟的经验或方案可以借鉴。不论是在30多年前的改革开放之初，还是在改革开放已走过30多年艰辛历程的今天，面对新情况与新问题，以及解决新情况与新问题，都是中国共产党人需要直面的实际。在这种状况下，中国共产党人所能够做的就是，以"三个有利于"为根本判断标准，以当代中国社会先进生产力发展要求为依据，发扬毛泽东提倡的"亲口尝梨子"的精神，坚持邓小平倡导的"大胆地试、大胆地闯"的理念，一切从当今世界和中国的国情出发，敢于走新路，敢于走前人没有走过的路，坚持和发展中国特色社会主义。

再次，"摸着石头过河"强调了"过河"的基本方法，即"摸"，用毛泽东实践思想来说，就是实践——认识——再实践——再认识，循环往复，螺旋式上升的过程。这就要求我们在改革开放的过程中，要走一步看一步，看一步走一步，胆子要大，步子要稳；这就要求我们在实践中大胆探索、总结新经验，形成新认识，概括新理论，用理论指导新实践；这就要求我们鼓励创新，宽容失误，同时要建立科学合理的纠错机制；这就要求我们特别注意，"摸"的主体是广大人民群众，要调动广大人民群众的积极性，把人民群众的发明创造加以概括、总结、提高和推广，使之成为人民群众普遍而自觉的活动。

最后，"摸着石头过河"告诉我们一个重要的方法论原则是，改革开放必须要有科学理论的指导。邓小平指出："过去搞民主革命，要适合中国情况，走毛泽东同志开辟的农村包围城市的道路。现在搞建设，也要适合中国情况，走出一条中国式的现代化道路。"① "摸着石头过河"，反对简单模仿别人的经验和方案，反对盲目照搬书本和模式，但这决不意味着我们不需要研究改革开放的基本理论，决不意味着中国改革开放不需要科学理论的指导。恰恰相反，"摸着石头过河"，更加需要在"摸"的过程中不断总结经验，提升认识，阐明思想，形成科学理论，并在科学理论指导下开展进一步的实践活动。否则，就难免走上为了"摸着石头过河"而"摸着石头过河"的歧途。甚至会因为瞎摸乱闯而呛水乃至被淹死，使社会主义改革开放事业受到挫折。

二 "摸着石头过河"与"实践唯物主义"

尽管"摸着石头过河"作为改革开放指导方针的提出在中国特色社会主义道路的探索过程中具有举足轻重的地位这一点是不争的事实，但是，人们长期以来却常常对其理论地位持模棱两可的态度：在承认其所具有的思想解放意义的同时，又因为其在外在表现形式上的直观性与直白性而羞于正面肯定其重要的理论地位，甚至有学者撰文认为，它是一种"无奈的选择"②。当然，如果从理论自身的角度来看，上述情况的出现主

---

① 《邓小平文选》第二卷，人民出版社1994年版，第163页。
② 曾银慧：《无奈的选择与启示——也谈邓小平的"摸着石头过河"》，《湖北成人教育学院学报》2009年第7期。

要是由于对"摸着石头过河"缺乏深入的理论分析所造成的。

党的十一届三中全会前后，中国理论界与学术界围绕实践标准展开了史无前例的大讨论。关于实践标准问题的大讨论虽是一个哲学问题，但绝不只是一场理论是非之争，而是在思想上、政治上、理论上最根本的拨乱反正。实践标准问题讨论的最大意义在于，树立了实践标准的权威，解决了改革开放和建设中国特色社会主义的思想路线问题。如果说实践标准"涉及到了我国的社会主义今后将怎样发展"①，是从思想认识上解决应该走中国特色社会主义道路的话，那么，应该看到的是，自20世纪80年代中期开始的"实践唯物主义"大讨论，则是力求从实践本身特征出发解决中国特色社会主义道路应该如何立足于实践而得到发展的重要理论尝试。

从20世纪80年代中期起，我国学术界围绕着"实践唯物主义"是不是马克思主义哲学本质展开了激烈的争论。而且，这场争论至今仍没有停止，关于马克思主义哲学的本质究竟是"实践唯物主义"还是"辩证唯物主义"的争论目前还可以在一些刊物上零星看到。关于"实践唯物主义"的大讨论，使人们看到了实践范畴走出认识领域，而在更大领域内得到发展的可能。其实，就今天来看，这场看似只是纯粹理论讨论的大争论，实际上牵涉"摸着石头过河"的理论基础问题，因为从本质上说，"实践唯物主义"可以从"摸着石头过河"的理论基础的高度来加以认识。

（一）关于"实践唯物主义"的本质分析

在我国，"实践唯物主义"与马克思主义哲学本质关系问题的争论已持续了将近30年。尽管仍无定论，但是，在这个过程中，无论是对马克思主义哲学本质的认识，还是关于"实践唯物主义"本质的认识，都逐渐走向深入与成熟。原来对马克思主义哲学本质简单地以"辩证唯物主义"与"历史唯物主义"来指称的做法，由于添加了"实践唯物主义"这一新维度已经有所改变。如此一来，关于马克思主义哲学本质的认识也变得更加丰富与完善。

无论是"实践唯物主义"还是"辩证唯物主义"，都是马克思主义哲

---

① 邢贲思：《真理标准问题讨论及其启示》，《求是》2008年第11期。

学本质的组成部分，它们之间并不存在谁更根本的问题，执意在它们之间分出谁更根本，只会使关于马克思主义哲学本质的认识出现以偏概全的情况。从本质上说，"实践唯物主义"与"辩证唯物主义"的区别在于它们分属于不同的认识层面。辩证唯物主义是关于客观世界的整体性、一般性、存在论的把握，它所力求强调的是唯物主义与辩证法之间的内在联系；辩证唯物主义是一个完整的世界观，可以涵盖世界的过去、现在和未来。实践唯物主义是关于人类客观世界的特殊性认识，它所力求强调的是唯物主义与实践之间的内在联系；实践唯物主义无法涵盖整个世界的过去、现在和未来，只适用于人类产生之后，而且只适用于人的活动所及的范围。在现实生活中，任何一般性的认识都不可能取代特殊性的认识，任何特殊性的认识也不可能取代一般性的认识。这就是通常意义上所说的"共相"与"个相"之间的关系，即中国古代哲学中"白马非马"悖论的再现。

对于马克思来说，辩证唯物主义只是对黑格尔辩证唯心主义颠倒的反映。因此，将辩证唯物主义以明确的形式阐述出来，并不是以独创性见长的马克思的兴趣所在。如此一来，当恩格斯明确强调辩证唯物主义与历史唯物主义是马克思主义哲学本质时，实际上是将在马克思眼中曾经有意隐去的内容明朗化。这一点也只有作为马克思合作者的恩格斯能够做到。所以，人们并不能因为马克思没有提及"辩证唯物主义"一词，而认为辩证唯物主义在马克思那里是不存在的。

在马克思那里"实践唯物主义"是体现其创见性的重要思想，因此，也是其主要兴趣所在。当然，也正因为如此，关于"实践唯物主义"的许多认识结论是马克思哲学思想中重要的闪光点。"实践唯物主义"是马克思为表达自己哲学的本质特征，以区别于其他一切形态的哲学所使用的概念。就其本质而言，"实践唯物主义"这一概念初步形成于《1844年经济学哲学手稿》，在《神圣家族》和《关于费尔巴哈的提纲》中得到了进一步的规定，在《德意志意识形态》中以内容和形式相统一的方式正式亮相。

在《1844年经济学哲学手稿》中，马克思通过阐述共产主义概念表述了自己哲学思想的精华，并用"实践人道主义"这一术语来表达自己哲学思想的本质特征。他指出："共产主义作为私有财产的扬弃就是要求归还真正人的生命即人的财产，就是实践的人道主义的生成一样。"① "这种共产主义，作为完成了的自然主义，等于人道主义，而作为完成了的人道主义，等于自然主义。"②

在《神圣家族》中，马克思以人类发展为坐标来重新思考哲学史，以是否"敌视人"来重新划分唯物主义的形态，并在此基础上进一步规定了"实践唯物主义"概念的内涵。按照《神圣家族》的观点，随着实证科学脱离形而上学并"给自己划定了独立的活动范围"③，"正是在这个时候，实在的东西和尘俗的事物却开始吸引人们的全部注意力"④，"形而上学"，即以追溯宇宙的本原为目的、对世界做抽象的本体论研究的传统哲学失去了它自身的光环和积极意义，传统的唯物主义也显得"片面了"，能够代表时代精神的新哲学将是"为思辨本身的活动所完善化并和人道主义相吻合的唯物主义"⑤，"形而上学将永远屈服于"⑥ 这种唯物主义。这里的"思辨"是指黑格尔辩证法。因此，"为思辨本身的活动所完善化并和人道主义相吻合的唯物主义"这个命题具有双重意义：一方面表明马克思已明确使用"唯物主义"这一术语来表达自己哲学的特征；另一方面又表明了马克思的唯物主义与传统唯物主义的区别，即马克思的唯物主义吸取了辩证法并和人道主义相结合，而传统唯物主义却排斥辩证法并"变得漠视人了"⑦。

《关于费尔巴哈的提纲》以"新唯物主义"为题，从本体论、认识论、历史观等多方面进一步规定了"实践唯物主义"概念的内涵。按照《关于费尔巴哈的提纲》的观点，新唯物主义是改变世界的哲学，它立足于"社会的人类"，从"感性的人的活动"，从实践、主体方面去理解人的思维、人的社会和人的世界，新唯物主义与唯心主义以及旧唯物主义（包括费尔巴哈唯物主义）的本质区别在于：唯心主义和旧唯物主义都不理解实践活动及其意义，因而它们或者"抽象地发展了"人的能动性，

---

① 《马克思恩格斯文集》第 1 卷，人民出版社 2009 年版，第 216 页。
② 同上书，第 185 页。
③ 同上书，第 329 页。
④ 同上。
⑤ 同上书，第 327 页。
⑥ 同上。
⑦ 同上书，第 331 页。

或者忽视了人的主体性；而新唯物主义则是把现实世界"理解为实践活动的唯物主义"①。这里，不仅"实践唯物主义"概念的内涵得到了较为明确的规定，而且"实践唯物主义"这一术语也是呼之欲出了。

"实践唯物主义"概念的内涵是在《德意志意识形态》中得到基本而又准确规定的；"实践唯物主义"这一术语也是在《德意志意识形态》中才首次明确而又正式提出的。当马克思与恩格斯明确指出"对实践的唯物主义者即共产主义者来说，全部问题都在于使现存世界革命化，实际地反对并改变现存的事物"②时，科学的概念和表达概念的术语之间达成了统一。③马克思在《德意志意识形态》之后确实再没有讲过"实践唯物主义"这个名称，但是他始终坚持人的实践是整个现实世界的基础的论断。1879—1880年，马克思在他逝世三年前，在《评阿·瓦格纳的〈政治经济学教科书〉》一书中写道："在一个学究教授看来，人对自然的关系首先并不是实践的即以活动为基础的关系，而是理论的关系。""人们决不是首先'处在这种对外界物的理论关系中'。正如任何动物一样，他们首先要吃、喝等等，也就是说，并不'处在'某一种关系中，而是积极地活动，通过活动来取得一定的外界物，从而满足自己的需要。"④现实世界以人的实践为基础，而关于现实世界的根本观念以实践论为基础，这就是马克思哲学的基本观念。概括地说，在马克思那里，实践唯物主义主要体现出以下特征。

第一，实践唯物主义的研究对象是人类实践活动。纵览哲学史不难看到，每一种哲学用以解释世界并构造其理论体系的依据就是这种哲学的研究对象。当费尔巴哈哲学力图以"现实的人"为依据来解释世界并构造体系时，它就"将人连同作为人的基础的自然当作哲学唯一的，普遍的，最高的对象"⑤。当马克思在《关于费尔巴哈的提纲》中把目光转向"现存世界"时，他就同时在寻找解释和把握"现存世界"的依据，并以此作为新哲学的研究对象。这个依据在《德意志意识形态》中终于被发现，

---

① 《马克思恩格斯文集》第1卷，人民出版社2009年版，第506页。

② 同上书，第527页。

③ 参见杨耕《"实践唯物主义"概念的由来及其与"辩证唯物主义"的关系》，《北京社会科学》1998年第1期。

④ 《马克思恩格斯全集》第19卷，人民出版社1963年版，第405页。

⑤ 《费尔巴哈哲学著作选集》上卷，商务印书馆1984年版，第184页。

这就是人类实践活动。按照《德意志意识形态》的观点，实践唯物主义就是要"描述人们实践活动和实际发展过程"①。换言之，实践唯物主义的研究对象就是人类实践活动，其首要任务就是揭示人类实践活动的一般规律，从而以哲学思维的形式从总体上、于动态中再现人类实践活动及其过程。

第二，实践唯物主义的基本内容是建立以"实践"为建构原则的唯物主义。依寓于世界之中，置身于世界之中，活动于世界之中，这是人的本质特征，而实践正是人以主体地位来改造世界并使之适应人的发展的自主活动，它内在地包含着人与自然、人与社会、人与自我的关系，而这三种关系恰恰构成了"现存世界"的基本关系。可以说，人类实践活动是"现存世界"的缩影。实践唯物主义正是通过人类实践活动来反观"现存世界"，并以"实践"为原则来建构世界观，从而在对实践活动的全面把握中求得对人与世界关系的总体把握。因此，实践唯物主义不仅是一种实践观，更重要的是一种世界观。按照《德意志意识形态》的观点，"我们的出发点是从事实际活动的人"②。所以，这种以"实践"为建构原则的世界观又是以"从事实际活动的人"为原点范畴，同时以改变世界、"使现存世界革命化"为思维坐标的。原点范畴、思维坐标和建构原则的不同，使实践唯物主义构成一个新的哲学空间。这种唯物主义是一种"新世界观"，是围绕"实践"范畴展开的。

第三，"实践唯物主义"突出了主体的能动作用，但又反对将其予以片面的夸大。实践是以人为主体的变革现实世界的能动的、自觉的活动，也是人区别于其他一切物的根本标志。所以，强调实践在唯物主义哲学中的重要地位，就必然要同时肯定主体的作用，特别是主体的主观能动性。正因为如此，马克思把对事物没有"当做感性的人的活动，当做实践去理解"，同时表述为"不是从主体方面去理解"③。但是，"实践唯物主义"又反对把主体及其能动性绝对化，特别反对将之说成可以完全摆脱客观物质世界制约的东西，换句话说，它首先应该是"唯物主义"的。马克思在《关于费尔巴哈的提纲》中，就曾尖锐地批评了那种"只是抽

---

① 《马克思恩格斯文集》第1卷，人民出版社2009年版，第526页。
② 同上书，第525页。
③ 同上书，第499页。

象地发展了"① 人的能动方面的唯心主义错误。其实，实践本来就是主体与客体、主观与客观的矛盾运动过程。离开客体、客观讲主体或主观的能动性，就如同离开主体、主观的能动性谈客体、客观世界对人类社会发展的作用一样，是不可思议的。若没有物质和物质的活动，单纯观念的东西是不能存在的，而且如马克思在《神圣家族》中所指出的，即使在生产劳动中，人也"没有创造物质本身。甚至人创造物质的这种或那种生产能力，也只是在物质本身预先存在的条件下才能进行"②。所以，实践唯物主义既坚持唯物主义，又强调实践的重要地位；既讲尊重客观现实的实际，又讲充分发挥主观或主体的能动性。

第四，实践唯物主义的重要职能是为改造世界提供认识原则与实践方法论上的指导。按照《德意志意识形态》的观点，对于实践唯物主义来说，"全部问题都在于使现存世界革命化"③。因此，实践唯物主义所关注的不是宇宙本体以及"整个世界"的"普遍联系"，正如恩格斯后来所指出的那样："一旦对每一门科学都提出要求，要它们弄清它们自己在事物以及关于事物的知识的总联系中的地位，关于总联系的任何特殊科学就是多余的了。"④ 从根本上说，实践唯物主义关注的是"现存世界"的本体以及人类实践活动的一般规律，从而为人们改造世界并"使现存世界革命化"提供认识原则与方法论，而方法在本质上不过是人们对对象本身规律的自觉运用。

第五，实践唯物主义与辩证唯物主义并行不悖。马克思从来没有对自己的哲学思想做过系统、全面的阐述，因而他也没有建立起将辩证唯物主义和实践唯物主义统一起来的完整体系。但是，这两种思想在他那里并不存在矛盾，因为它们是从不同的认识层次对客观世界的观察与解释。当与有神论包括黑格尔哲学进行论战时，他与恩格斯一样，所展现的是自然辩证法和辩证唯物主义世界观；当在人的问题以及社会历史问题上批判旧唯物主义和青年黑格尔派的唯心主义时，他手中的武器是实践唯物主义⑤。

---

① 《马克思恩格斯文集》第 1 卷，人民出版社 2009 年版，第 503 页。
② 《马克思恩格斯全集》第 2 卷，人民出版社 1957 年版，第 58 页。
③ 《马克思恩格斯文集》第 1 卷，人民出版社 2009 年版，第 527 页。
④ 《马克思恩格斯文集》第 3 卷，人民出版社 2009 年版，第 543—545 页。
⑤ 实践唯物主义是马克思的包括自然界、人类社会和人本身的发展规律在内的唯物主义历史观，我们所熟悉的历史唯物主义只是这一历史观的一个组成部分。

只是因为实践唯物主义受到马克思本人的高度重视，做了大量论述，而且的确与众不同，成为他的哲学思想的标志，人们称他为实践唯物主义者。辩证唯物主义和实践唯物主义在马克思那里没有矛盾，但是它们能不能统一起来，能不能在两者统一的基础上建立起一个马克思的哲学体系，有待进一步研究。不过无论如何，把两者看作相互矛盾甚至是相互对立的，不符合马克思的思想，也是不能成立的。

在对实践唯物主义的宣传中，以往人们常常只突出马克思在《关于费尔巴哈的提纲》中对旧唯物主义的批判，强调马克思的"实践"概念主张从人、主体和实践出发解释世界。这当然确实是马克思的思想，但它并不是马克思"实践"概念内涵的全部。[①] 马克思的"实践"概念既批判旧唯物主义，也用唯物主义批判唯心主义，批判它脱离了客观物质存在的制约来谈人的主体性。在批判旧唯物主义不从实践、主体方面出发理解世界之后，马克思指出："因此，和唯物主义相反，唯心主义却把能动的方面抽象地发展了，当然，唯心主义是不知道现实的、感性的活动本身的。"[②] 马克思充分肯定物质存在对人的实践活动的制约。首先，人的实践活动总是在一定的客观条件下进行的，对实践者来说，这些条件是不以他的意志为转移的客观存在。例如，马克思指出："人们不能自由选择自己的生产力——这是他们的全部历史的基础，因为任何生产力都是一种既得的力量，以往的活动的产物。"[③] 其次，马克思充分肯定法国启蒙思想家关于"人是环境的产物"的思想。关于自然环境的影响，他强调地理环境的作用[④]，强调环境决定着人的感觉能力、实践能力的发展[⑤]；关于社会环境的作用，马克思的名言——人的本质在其现实性上"是一切社会关系的总和"，就是集中体现。最后，人作为主体，他的实践活动所体现的能动性、创造性能否变为现实，也即他的实践活动能否取得成功，是由客观物质存在决定的——"人的思维是否具有客观的［gegenst ndliche］真理性，这不是一个理论的问题，而是一个实践的问题。人应该在实践中

---

① 参见安启念《辩证唯物主义还是实践唯物主义——再读马克思》，《学术月刊》2011 年第 3 期。

② 《马克思恩格斯文集》第 1 卷，人民出版社 2009 年版，第 499 页。

③ 《马克思恩格斯文集》第 10 卷，人民出版社 2009 年版，第 43 页。

④ 参见［德］马克思、恩格斯《德意志意识形态》，人民出版社 2003 年版，第 11 页。

⑤ 参见［德］马克思《1844 年经济学哲学手稿》，人民出版社 2000 年版，第 87 页。

证明自己思维的真理性，即自己思维的现实性和力量，自己思维的此岸性。"① 由于一方面强调实践活动中人的主体性、能动性，另一方面强调这种实践活动又受物质存在的制约，体现了人的受动性，所以马克思的"实践"概念是人的能动与受动的统一，人和自然的统一。例如，他认为工业，也即人类的物质生产活动，是最重要的实践活动，但是"在工业中向来就有那个很著名的'人和自然的统一'"②。他甚至称自己的哲学思想"既不同于唯心主义，也不同于唯物主义，同时又是把这二者结合起来的真理"③。在这里问题已经很清楚了：辩证唯物主义和实践唯物主义之所以似乎是矛盾甚至对立的，正是由于我们在阐述实践唯物主义时只看到实践的能动性、主体性，忽视了它的受动性、客体性，对它做了片面的解释。这样的解释当然有唯心主义之嫌，当然与辩证唯物主义是无法统一的。

第六，历史唯物主义是实践唯物主义向纵深发展的重要结果。一段时间以来，关于历史唯物主义与实践唯物主义之间的关系问题引起了学者们的广泛兴趣。有学者提出，在对马克思主义哲学总体性质的理解上，不仅需要从物质本体论走向实践唯物主义，而且需要进一步从实践唯物主义走向历史唯物主义。"马克思的新唯物主义是历史唯物主义，它是实践唯物主义的基础，也是马克思主义认识论的基础。"④ 还有学者提出，马克思的历史唯物主义并不是把已经准备好的唯物主义"运用于"历史领域中的结果，而是马克思的整个实践唯物主义的本质属性。⑤ 还有学者认为，把实践唯物主义和辩证唯物主义对立起来，并用前者取代后者，是不妥当的；而"把实践唯物主义基本上看成历史观是符合马克思当时的思想的"⑥。

西方马克思主义理论家科尔施曾指出：马克思当然承认"外部自然界的优先地位"，但是，马克思的唯物主义中的自然"并不表现在任何处

---

① 《马克思恩格斯文集》第 1 卷，人民出版社 2009 年版，第 503—504 页。
② 同上书，第 529 页。
③ 同上书，第 209 页。
④ 刘福森：《从实践唯物主义到历史唯物主义》，《理论探讨》2001 年第 6 期。
⑤ 参见邓晓芒《建构马克思的实践唯物主义体系》，《学术月刊》2004 年第 2 期。
⑥ 黄枬森：《不能把实践唯物主义和辩证唯物主义对立起来》，《天津社会科学》1988 年第 4 期。

于历史与社会之外的自然要素……而表现在甚至已'历史地被改变了自然界'，或者更确切地说，表现在具有历史与社会特征的、物质生产的发展"。也正因为这样，"马克思伊始以社会范畴去理解自然界。物质的自然界并不是直接影响世界历史，而是间接地作为一个伊始不仅在人与自然之间，而且同时也在人与人之间发生的、物质生产过程"①。由此，科尔施甚至批评马克思、恩格斯的后继者不理解马克思主义哲学的理论特质，而是把马克思主义哲学看作一种脱离人类实践和历史的一般唯物主义。另一位西方马克思主义理论家葛兰西也曾强调："拿一个极普通的词'历史唯物主义'来说，重音应该放在头一个词——'历史'上，而不是具有形而上学根源的第二个词上，这一点一直被人所遗忘。"② 这里，他所指的"历史"的内涵，就是人类实践活动及其发展。

其实如果仔细分析一下，我们可以发现，历史唯物主义是对实践唯物主义的展开说明，是将实践唯物主义所揭示的实践原理向整个历史领域推广的结果。因此，对于历史唯物主义，我们应该更加关注的是实践唯物主义对其所具有的基础意义。

在《神圣家族》中，马克思和恩格斯针对鲍威尔等青年黑格尔派把自我意识看作历史发展动力的观点，指出："思想本身根本不能实现什么东西。思想要得到实现，就要有使用实践力量的人。"③ 在此，他们把历史看成群众的实践活动的历史，认为人是由其工业状况和经济状况决定的，粗糙的物质生产是历史的发源地。这表明，在《神圣家族》中马克思和恩格斯开始超出费尔巴哈的抽象人性论，已经为建立新世界观奠定了基础。马克思与恩格斯在《德意志意识形态》中曾经特别强调指出：实践唯物主义"绝不提供可以适用于各个历史时代的药方或公式"，相反，它要研究"每个时代的个人的现实生活过程和活动"④。由此可见，对于实践唯物主义来说，它所针对的是具体的历史时代，而不是历史的一般。当然，这也就意味着，人们虽然不应该在实践唯物主义那里去寻求关于历史的一般性认识，但却应该对实践唯物主义所力图揭示的各个具体历史时

---

① ［德］科尔施：《卡尔·马克思》，王南湜、荣新海译，重庆出版社1993年版，第112—113页。

② ［意］葛兰西：《葛兰西文选1916—1935》，人民出版社1992年版，第538页。

③ 《马克思恩格斯文集》第1卷，人民出版社2009年版，第320页。

④ 同上书，第526页。

代的特殊规律持尊重的态度。而且这也是实践唯物主义的生命力所在。

《在马克思墓前的讲话》中，恩格斯明确指出历史唯物主义是马克思的两大发现之一（马克思的两大发现包括历史唯物主义和剩余价值学说）。其实，应当看到的是，当马克思通过人和人的活动来了解历史时，他不仅超越了传统的唯心史观，而且他的历史唯物主义思想也是建筑在实践唯物主义基础之上的。在马克思那里，实践唯物主义是其历史唯物主义思想的重要起点，而历史唯物主义则是实践唯物主义本质内涵在历史领域中的实现。这种实现是带有根本性的，它使马克思建立了以生产力的发展为起点，通过社会基本矛盾的运动来说明社会发展的动力、社会变革的一般过程和规律的完整的唯物史观体系。

（二）"摸着石头过河"的理论基础是"实践唯物主义"

"摸着石头过河"是反映以邓小平为核心的中国共产党第二代领导集体在没有先例可循的情况下，奋力开创改革开放新征程的重要思想。它用生动的比喻把实践先行、勇于实践的道理简明化、大众化，使人们易于掌握。"摸着石头过河"浅显易懂，高度概括，这是老一辈革命家的智慧表现。毛泽东在半殖民地半封建的新民主主义革命时期，用"星星之火，可以燎原"，来表达中国革命从农村包围城市到最终夺取政权的独特道路；进入改革开放新时期，邓小平、陈云又经常强调"摸着石头过河"，目的是用这样既形象又好记的名言，激励全党面对改革开放这个崭新实践，一切从实际出发，大胆实践，稳妥前进。当然，也正因为"摸着石头过河"刻意强调的是实践先行、大胆实践、勇于实践的思想，因此，它与"实践唯物主义"之间也有着必然的联系。

前面我们深入分析了实践唯物主义的本质。应当注意的是，关于"实践唯物主义"与马克思主义哲学本质之间内在联系问题争论的毫无定论，不仅对于"实践唯物主义"的深入发展产生了影响，而且也对人们用"实践唯物主义"分析"摸着石头过河"的理论基础产生了影响。但是，随着人们对于"实践唯物主义"本质的日益认清以及对于"实践唯物主义"提法的日益接受，积极探寻"摸着石头过河"与"实践唯物主义"之间的内在联系，不妨为一种重要尝试。

作为马克思主义哲学本质的组成部分，"实践唯物主义"具有理论基础的意义，因此，我们可以从理论基础的角度来阐发实践唯物主义对于

"摸着石头过河"的重要意义,总体上可以从以下三个方面来对此加以展开说明。

首先,实践唯物主义对于实践以唯物主义的方式加以强调,使人们对于"摸着石头过河"的唯物主义意义上的实践探索内涵有了更加深入的理解。

马克思哲学是改造世界的革命哲学,这是马克思哲学与解释世界的(非革命的)哲学的根本区别。而要改革世界,就要实际地作用和改变现在的世界,因而关于实际地作用和改变现存世界的实践学说就成为马克思哲学的理论基础和根本特色。马克思哲学的实践学说形成于对旧哲学终结时期黑格尔思辨唯心主义和费尔巴哈直观唯物主义的批判和继承。马克思批判了黑格尔唯心主义的虚假立场,但抓住了劳动、实践的能动性和否定的辩证法;马克思批判了费尔巴哈唯物主义的直观性质,但赞同他的唯物主义的一般立场和把人引入唯物主义的举动。当马克思把思维的能动性赋予人并把人的实践与唯物主义相结合时,他就形成了实践唯物主义的新哲学。

强调实践的重要性并不是实践唯物主义的专利。从马克思之前的哲学史上看,无论是最早的亚里士多德还是后来的康德,都曾经对于实践理性进行过深入的分析;黑格尔甚至直接涉及"抽象的精神劳动"。而且后者正是马克思在《1844年经济学哲学手稿》中明确加以批判过的。与以往关于实践问题认识不同的是,在实践唯物主义那里,物质第一性是必须坚持的基本原则。因此,在对"摸着石头过河"的基本精神实质加以把握时,人们首先必须正视的应是物质第一性原则。"摸着石头过河"强调实践,但却是立足于物质第一性原则的,倘若人们只注意在"摸着石头过河"中所包含的实践内涵而忽略了物质第一性原则,只会在实践中碰壁。因此,借助实践唯物主义,我们可以对"摸着石头过河"实践内涵的唯物主义基础有更加深刻的认识。

邓小平在总结始于20世纪70年代末80年代初的改革开放之所以取得如此巨大成就时,曾经有句名言:"我们改革开放的成功,不是靠本本,而是靠实践,靠实事求是。"[①] 如果立足于马克思思想的话,邓小平在这里通过结合"实事求是"来理解"实践"一词,真正体现出了实践

---

①　《邓小平文选》第3卷,人民出版社1993年版,第382页。

唯物主义的精神实质。任何实践都不应抛开物质第一性原则来进行。倘若抛开了物质第一性原则，在客观上势必会导致"人有多大胆，地有多大产""只怕做不到，不怕想不到"之类的"主观臆想型实践"的出现，甚至会造成自然资源、社会资源以及人的精力等的巨大浪费。

其次，实践唯物主义对于实践的历史发展基础意义的强调，使人们对于"摸着石头过河"的唯物史观意义上的实践探索内涵有了更加深入的理解。

实践的连续不断的过程就形成实践的社会历史，当马克思用实践唯物主义去观察实践的社会历史时，发现了唯物史观的伟大原理。如果说生产是实践的基本形式，那么，生产力的水平就体现了人类实践的水平；人们在生产中又形成了以财产所有制和分配形式为主体的生产关系；生产关系的总和形成社会的经济基础，在这一基础上则耸立着政治上层建筑和各种思想意识形态。生产力的发展决定生产关系的性质，并形成相应的上层建筑和意识形态；同时，上层建筑和意识形态对生产关系，生产关系对生产力，也以其与之适应与否而具有促进和阻碍的作用。唯物史观的发现，为人类通过改造世界的实践活动而实现自由全面的发展，提供了切实可行的道路和方法。

马克思的《神圣家族》是以驳斥鲍威尔及其同伙的历史观为中心内容的。文章伊始就明确指出鲍威尔是在"实践和历史中胡言乱语"，他们用"'自我意识'即'精神'代替现实的个体的人"，"这种原则的最终目的就是要通过变'批判'本身为某种超经验的力量的办法使自己得以确立"。[①] 马克思甚至质问道："难道批判的批判以为，只要它把人对自然界的理论关系和实践关系，把自然科学和工业排除在历史运动之外，它就能达到，哪怕只是初步达到对历史现实的认识吗？难道批判的批判以为，它不把比如说某一历史时期的工业，即生活本身的直接的生产方式认识清楚，它就能真正地认清这个历史时期吗？"[②] 也正是从这种质问中可以看到马克思在这里特别强调了两点：第一点，重视作为工业和生活本身的生产方式，对这一概念的进一步分析，就易得出物质生产这一范畴。第二点，从历史中理解实践，特别是把实践理解为某一历史时期的工业和生活

---

① 《马克思恩格斯全集》第 2 卷，人民出版社 1957 年版，第 7 页。
② 《马克思恩格斯文集》第 1 卷，人民出版社 2009 年版，第 350 页。

本身的直接生产方式。这就意味着，在现实的历史分析中，马克思明确地放弃了一般的实践范畴，而通过对物质生活的生产方式进行考察，从而揭示了社会历史的运动发展过程。

重视实践的唯物史观基础，从根本上说主要包括两层含义：第一层含义是要重视实践的社会历史基础；第二层含义是要重视生产力对于社会历史发展的重要作用。因此，从唯物史观的角度来看，"摸着石头过河"的基本内涵应该涉及关注人民群众的集体实践活动与发展生产力两方面内容。只有在关注上述两方面内容的前提下，"摸着石头过河"作为一种思想认识，才能在社会历史实践中起指导作用；作为一种实践活动，才能真正在社会历史发展中发挥作用，成为推动社会历史发展的动力。否则会出现的情况是，当"摸着石头过河"作为一种思想认识时，非但不能指导人们的实践活动，反而会成为一种戏说；当"摸着石头过河"作为一种实践活动时，非但不能成为社会历史的改造活动，反而只会被人们视为一种游戏。

最后，实践唯物主义对于实践的人本主义意义的强调，使人们对于"摸着石头过河"的"以人为本"意义上的实践探索内涵有了更加深入的理解。

前面我们提到马克思在《1844年经济学哲学手稿》中通过阐述共产主义概念表述了自己哲学思想的精华，并用"实践人道主义"这一术语来表达自己哲学思想的本质特征。马克思在这里提出的"实践人道主义"包括两层含义：第一，实践人道主义的实质是唯物主义和人道主义的统一。按照马克思当时的观点，人道主义强调人本身、人的价值和尊严，然而却忽视了人直接的是自然存在物。黑格尔的唯心主义是抽象形式下实质上的人道（本）主义，它强调了人的能动性并深刻地研究了人的对象化活动的辩证法，然而却否认了对象化活动主体和对象首先是一种自然的物质存在。自然主义，即传统的唯物主义肯定了人是自然的物质存在以及自然界的"优先地位"，然而却忽视了人的能动性，不理解人类世界以至现实的人本身都是人的实践活动的结果和产物。人道主义和自然主义，或者说，唯心主义和传统的唯物主义各执一端，都没有真正理解现实的人和人类世界。因此，新的哲学必须肯定自然界的客观存在性和优先性，同时强调人本身、人的价值和尊严，以人及其活动为中心、本位来理解和说明世界。正是在这个意义上，马克思认为，新的哲学，即实践人道主义"既不同于唯心主义，也不同于唯物主义，同时又是把这二者结合起来的真理"，是一种"彻底的自然主义或人道主义"①。换言之，实践人道主义既不是片面强调自然，也不是片面强调人的学说，而是继承了以往唯物主义和人道主义的成果，并使二者在新的基础上统一起来的新的哲学形态。第二，实践人道主义关注的焦点是改变事物的现状。与费尔巴哈的"理论人道主义"不同，马克思的实践人道主义主张通过主体的现实活动扬弃私有财产，改变对象世界的异化状态。在马克思看来，私有财产的本质不在物的形态本身，而是在主体方面的异化之中。扬弃私有财产必须抓住本质，即它是主体对人本身自我异化的扬弃。所以，实践人道主义把扬弃私有财产看作"人的自我异化的扬弃"。实践人道主义因此成为一种"完成了的人道主义"②。"实践人道主义"提法可被视为马克思实践唯物主义的雏形，③ 所以，严格地说，从"实践人道主义"提法中我们不仅看到马克思实践唯物主义的最初表现形式，同时也看到其实践唯物主义与人本主义之间的内在联系是十分紧密的。马克思的"唯物主义"（materialismus）既不是立足于唯心主义的主观意识之上，也不是立足于旧唯物主义的抽象物质（materie）之上，而是立足于感性活动这种具有丰富的现实内容的"质料"（materie）之上。而思想、观念、意识只是人们的"物质活动""物质交往""物质行动"等的产物，所以"意识［das Bewuβtsein］在任何时候都只能是被意识到了的存在［das bewuβteein］，而人们的存在就是他们的现实生活过程"④。正是在物质这种作为与意识"形式"相对的感性"质料"的意义上，物质决定精神，存在决定意识，或者说不是意识决定生活，而是生活决定意识。马克思强调说，这种考察方式的前提是"有血有肉的""从事实际活动的人"，"是处在现实的、可以通过经验观察到的、在一定条件下进行的发展过程中的人。只要描绘出这个能动的生活过程，历史就不再像那些本身还是抽象的经验主义者所认为的那样，是一些僵死的事实的汇集，也不再像唯心主义者所认为的那样，是想象的主

---

① 《马克思恩格斯文集》第 1 卷，人民出版社 2009 年版，第 209 页。

② 同上书，第 185 页。

③ 参见杨耕《"实践唯物主义"概念的由来及其与"辩证唯物主义"的关系》，《北京社会科学》1998 年第 1 期。

④ 《马克思恩格斯文集》第 1 卷，人民出版社 2009 年版，第 525 页。

体的想象活动"①。可见，马克思的唯物主义与以往一切旧唯物主义（包括古代朴素的唯物主义、近代机械的和自然科学的唯物主义、费尔巴哈的直观的唯物主义）的本质不同之处正在于，它的出发点是在能动的、自由自觉的感性活动中创造着历史的人，而不是与人和人的活动抽象对立着的那种僵死的"物质"对象。因此，马克思的实践唯物主义本身具有强烈的人本主义色彩。

总体上说，马克思实践唯物主义的人本主义特点可以从三个方面来加以阐释：第一，希望解决人的异化问题是马克思提出实践唯物主义的最初出发点，也是马克思实践唯物主义人本主义特点的重要体现所在。第二，马克思所理解的实践是现实的人和现实的人类社会的现实本质，它表明了人的本质的两个方面，一是"劳动创造了人本身"②，二是人的本质"在其现实性上，它是一切社会关系的总和"③。所以，马克思的实践唯物主义是立足于现实的人和现实的人类社会的唯物主义，是唯物主义的人本主义。第三，马克思不仅认为"对实践的唯物主义者即共产主义者来说，全部问题都在于使现存世界革命化，实际地反对并改变现存的事物"④，同时还主张共产主义社会将是"一个更高级的、以每一个人的全面而自由的发展为基本原则的社会形式"⑤。通过将这两个方面结合起来可以看到，马克思实践唯物主义所体现出的最为根本的人本主义特点就在于，它最终追求的是在改变现存事物的过程中实现"每个人的全面而自由的发展"。

从最初强调解决人的异化，到后来提出应该实现"每个人的全面而自由的发展"，马克思实践唯物主义始终体现出"以人为本"的人本主义特点。当我们由此出发分析"摸着石头过河"时便可以看到，"摸着石头过河"的人本主义意义上的实践探索内涵应该包括"以人为本"这一重要内容与尺度。只有在"以人为本"的前提下进行"摸着石头过河"的社会主义实践活动，才能够保证社会主义事业向着更加有利于人民群众的方向发展。

---

① 《马克思恩格斯文集》第 1 卷，人民出版社 2009 年版，第 525—526 页。
② 《马克思恩格斯文集》第 9 卷，人民出版社 2009 年版，第 550 页。
③ 《马克思恩格斯文集》第 1 卷，人民出版社 2009 年版，第 505 页。
④ 同上书，第 527 页。
⑤ 《马克思恩格斯文集》第 5 卷，人民出版社 2009 年版，第 683 页。

三 "摸着石头过河"是认识论、世界观与方法论的统一

前面我们深入分析了"摸着石头过河"与实践唯物主义之间的内在联系。其实，作为一种有着深厚理论基础的重要思想，"摸着石头过河"不仅与认识论相连，而且还与世界观与方法论相连。简单地说，它是认识论、世界观与方法论的统一。

（一）从认识论角度看，"摸着石头过河"是毛泽东实践思想的新应用

毛泽东指出：实践是人们"根据于一定的思想、理论、计划、方案以从事于变革客观现实"①的活动。在他看来，所谓实践就是人们有目的地改造客观现实的活动。而在对认识与实践这两种不同类型的能动性进行区别的过程中，毛泽东还进一步将实践更明确地规定为"主观见之于客观"的活动。他指出："思想等等是主观的东西，做或行动是主观见之于客观的东西，都是人类特殊的能动性。"因此，通过毛泽东的努力，人们充分地认识到实践活动是有别于认识活动的相对独立的活动，它是"主观见之于客观"的活动，是内部性和外部性的统一。而正是有鉴于实践既具有内部性又具有外部性，因而人们既不能仅侧重于其内部性去把握它，也不能仅侧重于其外部性去把握它。

如果说毛泽东的实践思想更多的是从认识与实践、行与知的关系中去解析实践、行的本质与特点的话，那么可以说"摸着石头过河"更多的是从实践、行本身去解析它们的本质与特点。因此，从认识论的角度看，"摸着石头过河"更多地显现出单一性与抽象性，这也可以说是该思想一直受到诟病的主要原因所在。其实应当看到的是，抽去了"知"的"行"毫无疑问在现实中是绝不存在的，但是，指导行的"知"与"行"之间会出现不一致性。指导行的知包含了认识论不同层次上的知。以过河为例，虽然河的深度、哪里有石头可以踩等这些具体知识，过河者并没有掌握，但过河者还是知道河中的石头是可以踩着过河的，过河者知道只要摸

---

① 《毛泽东选集》第 1 卷，人民出版社 1991 年版，第 295 页。

着石头就可以过河，过河者还知道眼前这条河是客观存在于他前面的，他必须过河才能达到彼岸。所以，摸着石头过河确实包含着丰富的认识论思想。也就是说，当我们面对不掌握其中具体知识的对象时，我们的行也并不是没有任何知识的指导，而是可以用较为一般的方法论知识来指导，即还是有一定的方法论理论来指导的。当然，尽管如此，但此时我们始终可以清楚看到的是，知与行之间的不一致性是存在的。当指导行的"知"与"行"之间存在着不一致性时，人们需要通过保持行的摸索性才能实现知与行的统一，这也就是"摸着石头过河"所刻意强调的内容。因此，当我们说"摸着石头过河"是毛泽东实践思想的新应用时，主要就在于力求指明，通过将毛泽东实践概念中所应包含的"探索性""摸索性"内容用一种非常明了的形式表达出来，"摸着石头过河"使人们对毛泽东"实践、认识、再实践、再认识"这句名言有了更深刻的体会。透过"摸着石头过河"，人们可以深入地看到，人们的认识之所以要经历"实践、认识、再实践、再认识"这样一个过程，就在于在实践与认识存在着不一致性的情况下，人们需要通过进行大量的探索性、摸索性的实践活动来实现认识，达成实践与认识的一致性。这也就是毛泽东在《实践论》的结尾中所说的："通过实践而发现真理，又通过实践而证实真理和发展真理。从感性认识而能动地发展到理性认识，又从理性认识而能动地指导革命实践，改造主观世界和客观世界。实践、认识、再实践、再认识，这种形式，循环往复以至无穷，而实践和认识之每一循环的内容，都比较地进到了高一级的程度。这就是辩证唯物论的全部认识论，这就是辩证唯物论的知行统一观。"①

　　如果细分的话可以看到，处于认识与实践关系中的实践实际上分为两大类：一类是印证性实践。即先有了一定的思想、观点与理论，然后进行实践，以论证这些思想、观点与理论。如科学实验一般就属于这类实践。另一类是摸索性实践。即尽管有明确的实践目的，但是却没有现存的具体的思想、观点与理论作为指导，在这种情况下，只有通过进行大量的探索性与摸索性实践活动才能实现对客观世界规律的认识，总结并概括出思想、观点与理论，从而为进一步的实践服务。如社会实践、历史实践等一般就属于这类实践。准确地说，"摸着石头过河"就属于专门针对后一种

---

①　《毛泽东选集》第 1 卷，人民出版社 1991 年版，第 296—297 页。

实践活动而展开的实践思想,因此,它的特殊意义是不容置疑的。而且也正是基于此,我们可以进一步说"摸着石头过河"是有着自身认识论价值的重要思想。

在毛泽东时代其面临的中心问题是马克思主义理论与中国革命的具体实践相结合的问题。也正是在这种情况下,毛泽东讲实践,主要围绕如何使马克思主义理论在具体实践中与中国革命相结合以及如何使与中国革命相结合的马克思主义理论在实践中得以正确运用等问题而展开,因此,在他那里更多地涉及的是实践的"主观见之于客观"的特性,这也是他的《实践论》的精髓所在。在《实践论》中,毛泽东明确说道:"在马克思主义看来,理论是重要的,它的重要性充分地表现在列宁说过的一句话:'没有革命的理论,就不会有革命的运动。'然而马克思主义看重理论,正是,也仅仅是,因为它能够指导行动。"① 在这里,他强调了理论的重要性就在于能够服务于实践,指导人们的行动。

进入改革开放新时期之后,中国共产党人面临的现实问题是在社会主义建设实践方面总体上说没有任何现成的模式可以套用,这便意味着我们不仅需要坚持马克思主义的与时俱进,同时也需要用新的实践思想来指导中国改革开放社会主义建设实践,"摸着石头过河"正是在这种背景下应运而生。前面我们提到邓小平在改革开放之初就提醒道:"我们现在所干的事业是一项新事业,马克思没有讲过,我们的前人没有做过,其他社会主义国家也没有干过,所以,没有现成的经验可学。我们只能在干中学,在实践中摸索。"② 这段论述所表明的是,社会主义建设是全新的事业,探索度更大,所以只能退到从一般的方法论原则上对面临的对象进行全面的实践性探索。因此,可以说,作为一种承上启下的新的实践思想,"摸着石头过河"并不是对毛泽东实践思想的背离,而是对它的新的应用与发展,其主要意义在于从一般的方法论原则上将摸索性实践活动从毛泽东所描述的一般性实践活动中凸显出来,从而使人们能够实现有针对地解决在摸索性实践活动中所需要面对的一系列实践问题。

---

① 《毛泽东选集》第 1 卷,人民出版社 1991 年版,第 292 页。
② 《邓小平文选》第 3 卷,人民出版社 1993 年版,第 258—259 页。

（二）从世界观角度看，"摸着石头过河"是实践唯物主义的继承与发展

前面我们对"摸着石头过河"的实践唯物主义思想基础进行了展开分析。但是应当看到的是，随着改革开放以及中国社会主义建设实践的日益深入，围绕"摸着石头过河"而展开的中国化实践唯物主义思想体系已经逐渐建构起来。它们体现了对于马克思实践唯物主义的继承与发展，并且正在积极引导中国的社会主义建设实践活动。总体来说，围绕"摸着石头过河"而展开的中国化的实践唯物主义思想体系主要包括以下三方面内容。

1. "解放思想，实事求是"

"解放思想，实事求是"是围绕"摸着石头过河"而展开的中国化实践唯物主义思想体系的基本出发点。它不仅是中国共产党的思想路线和邓小平理论的精髓，而且也是与马克思实践唯物主义的哲学路线、哲学精神一脉相承的。思想路线就是化为指导思想并体现在行动中的哲学路线。邓小平以对马克思主义哲学精神的深刻把握和科学理解，在新的历史条件下，全面深入地阐述了这一思想路线，体现出一种高超的哲学智慧。①

"实事求是"是毛泽东思想的核心命题。毛泽东在阐发马克思主义哲学的过程中，曾赋予中国古代成语"实事求是"以全新的马克思主义的解释。"'实事'就是客观存在着的一切事物，'是'就是客观事物的内部联系，即规律性，'求'就是我们去研究。"② 经毛泽东的倡导，实事求是成为中国共产党人探索中国革命成功之路的哲学方法论基础。但是，20世纪50年代后期，毛泽东背离了他所倡导的实事求是的思想路线，陷入了主观主义，大谈"人有多大胆，地有多大产"。当时毛泽东甚至曾与李达为这个口号展开过争论。

"文化大革命"期间，党的实事求是思想路线遭受到最为严重的破坏。粉碎"四人帮"后，又出现了"两个凡是"的思想禁锢。针对这种情况，重新出来工作的邓小平领导全党首先从思想上拨乱反正，恢复实事求是的思想路线。他指出，实事求是，是无产阶级世界观的基础，是马克

---

① 参见杨贵华《论解放思想实事求是的实践唯物主义内涵》，《内蒙古社会科学》（汉文版）2000年第2期。

② 《毛泽东选集》第3卷，人民出版社1991年版，第801页。

思主义的思想基础，是毛泽东思想的出发点、根本点。过去我们搞革命所取得的一切胜利，是靠实事求是；现在我们要实现四个现代化，同样要靠实事求是。基于对革命和建设历史经验的总结，党的十一届三中全会又把实事求是与一切从实际出发、理论联系实际、在实践中检验和发展真理联系起来，使之构成一个有机整体，深化了关于实事求是的理解，突出了这一命题的实践唯物主义含义。实事求是首先要一切从实际出发，把客观实际情况作为我们认识和解决问题的出发点。搞社会主义建设"不靠本本，而靠实践"。建设有中国特色社会主义既不能从书本里找答案，也不能照搬外国模式，而必须从中国的国情出发，从社会主义初级阶段这个最大的实际出发。这是彻底唯物主义的根本要求。

理论联系实际，这是实事求是的途径。任何事物都是现象和本质的统一体，要从"实事"中求"是"，就必须以理论为指导对客观事物及其规律做出科学的概括。在中国革命和建设中，就要坚持马克思主义普遍真理与中国的实际相结合，用马克思主义的立场、观点、方法来研究和解决中国的现实问题，做到"学马列要精，要管用"。在实践中检验和发展真理，这是实事求是的保证。以实践作为检验认识是否具有真理性的客观标准，这是马克思实践唯物主义认识论的一个核心观点。"判定认识或理论之是否真理，不是依主观上觉得如何而定，而是依客观上社会实践的结果如何而定。真理的标准只能是社会的实践。"[1] 1978 年关于"实践是检验真理唯一标准"的大讨论，确立了实践标准的权威，为重新恢复实事求是的思想路线扫清了障碍，也为实事求是思想路线提供了新的理论支撑点。

解放思想是马克思实践唯物主义的重要原则，也是实事求是的前提和保证。把解放思想与实事求是结合起来，这是邓小平对党的思想路线的重大发展。马克思主义哲学认为，认识是主体以实践为基础对客体的观念把握。作为能动的认识主体，人的精神条件在认识活动中有着重要的作用。认识的结果不仅要受到客观对象和实践活动的制约，而且要受到人自身的精神条件（包括精神状态、知识结构、思维方式、价值观念等）的影响。主体的精神条件在认识过程中的作用具有两重性。积极和解放的思想状态和科学的思维方式是获得正确认识的主观条件，而消极僵化的思想状态则

---

[1] 《毛泽东选集》第 1 卷，人民出版社 1991 年版，第 284 页。

阻碍着人们全面深入地认识世界。因此，要做到实事求是必须以"解放思想"领先，破除消极僵化的思想状态。邓小平指出："我们讲解放思想，是指在马克思主义指导下打破习惯势力和主观偏见的束缚，研究新情况，解决新问题。"① 可见，解放思想从根本上说就是思想观念的转变、思维方式的转变。在邓小平理论中，解放思想和实事求是又是辩证统一的。一方面，基于对历史经验的哲学反思，强调解放思想是实事求是的前提和保证；另一方面，又用实事求是规范解放思想。因为解放思想不是随心所欲，不是主观妄想。解放思想是有前提的，既要在实事求是的前提下来进行，又要达到实事求是的目的。"解放思想，就是使思想和实际相符合，使主观和客观相符合，就是实事求是。"② 更为重要的是，解放思想和实事求是又都必须以实践为基础。实践在发展，人们的思想观念则往往具有相对的稳定性，表现一定的思维定式，这就容易导致主观认识与客观实际相脱离。只有从实践出发，尊重实践，才能冲破一切不适合新情况的清规戒律、条条框框，使思想不断获得解放。只有确立实践的权威，支持实践是检验真理的唯一标准，才能不断调整主客观之间的关系，使之达到具体的历史的统一，才能真正做到实事求是。解放思想、实事求是内在地包含着马克思主义实践第一的观点。

"解放思想，实事求是"作为新时期党的思想路线和邓小平理论的精髓，不仅有着深刻的实践唯物主义的思想内涵，而且集中体现了这一新世界观的基本精神。以实践为基本观点的马克思主义哲学是科学性和革命性的辩证统一。科学性作为马克思主义哲学的基本特征体现于方法论上，就是要人们以客观态度对待事物，对待人的实践活动。这种科学的客观态度正是我们党倡导的实事求是的态度、求真务实的作风。革命性作为马克思主义哲学的重要特征，也体现在方法论上。它不承认任何绝对不变的事物和终极真理，而要求我们解放思想、开动脑筋，发挥主观能动性，以超越现实的进取精神不断地开拓创新。可见，解放思想、实事求是与马克思实践唯物主义的哲学精神是完全一致的。解放思想与实事求是的统一正是马克思实践唯物主义革命性和科学性内在统一的体现，也是中国共产党人开拓创新精神与求真务实作风得以结合的思想依凭。坚持解放思想、实事求

---

① 《邓小平文选》第 2 卷，人民出版社 1994 年版，第 279 页。

② 同上书，第 364 页。

是的思想路线也就是坚持实践唯物主义的哲学路线。

2. 大力发展生产力

从前面的分析中可以看到，马克思的实践唯物主义在历史领域中的实现，是以强调生产力在社会历史发展中的重要性为主要脉络的。因此，在建构围绕"摸着石头过河"而展开的中国化实践唯物主义思想体系过程中，必须将发展生产力作为其中必要的组成部分。党的十一届三中全会以来，中国共产党人始终将发展生产力作为社会主义建设实践的主题，而且正是在这个过程中涌现出大批具有战略意义的重要思想，其中包括邓小平的"发展是硬道理"，江泽民的"发展是党执政兴国的第一要务"，以及胡锦涛的"科学发展观"，等等。

党的十一届三中全会之后，邓小平多次强调必须把经济建设作为一切工作的中心。邓小平明确指出："近三十年来，经过几次波折，始终没有把我们的工作着重点转到社会主义建设这方面来，所以，社会主义优越性发挥得太少，社会生产力的发展不快、不稳、不协调，人民的生活没有得到多大的改善。十年的文化大革命，更使我们吃了很大的苦头，造成很大的灾难。现在要横下心来，除了爆发大规模战争外，就要始终如一地、贯彻始终地搞这件事，一切围绕着这件事，不受任何干扰。就是爆发大规模战争，打仗以后也要继续干，或者重新干。"① "我们从八十年代的第一年开始，就必须一天也不耽误，专心致志地、聚精会神地搞四个现代化建设。搞四个现代化建设这个总任务，我们是定下来了，决不允许再分散精力。"② "讲社会主义，首先就要使生产力发展，这是主要的。只有这样，才能表明社会主义的优越性。社会主义经济政策对不对，归根到底要看生产力是否发展，人民收入是否增加。这是压倒一切的标准。"③ 从这些论述清楚可见的是，邓小平已将发展生产力摆在社会主义建设的核心位置上，而且是任何时候都不能动摇的基本建设准则。

发展生产力是社会主义的本质要求，而"发展才是硬道理"④ 的思想，则是邓小平理论中一个带有全局性和战略性的重大思想，也是邓小

---

① 《邓小平文选》第 2 卷，人民出版社 1994 年版，第 249 页。

② 同上书，第 241 页。

③ 同上书，第 314 页。

④ 《邓小平文选》第 3 卷，人民出版社 1993 年版，第 377 页。

平理论的核心内容。江泽民的"发展是党执政兴国的第一要务"重要思想把发展放在执政兴国的战略高度来认识，发展了邓小平的"发展是硬道理"思想，是对邓小平发展理论的创新。一个社会除了经济文化的发展之外，还包括民主政治建设以及人的全面发展等，而江泽民提出的"发展是党执政兴国的第一要务"思想则突出了全面发展的内容，即发展是社会主义物质文明、政治文明和精神文明的协调发展，建设中国特色社会主义，就是经济、政治、文化全面发展的进程，是物质文明、政治文明和精神文明全面建设的进程；发展包括促进人的全面发展，并强调指出，促进人的全面发展同推进经济、政治、文化的发展和改善人民物质文化生活，是互为前提和基础的。这样，就更全面地概括了社会主义社会发展的内涵，进一步从内涵上加强了发展的重要性，拓展了邓小平的发展理论，这也是对马克思主义发展理论的突破，它对于指导我们加强党的建设、推进全面建设小康社会的伟大实践具有重大的理论意义和实践意义。

如果说邓小平的"发展是硬道理"所强调的是发展的重要性的话，那么继江泽民之后胡锦涛提出的"科学发展观"所侧重的是发展的方法问题。从生产力的重要性角度来看，任何社会都不会轻视发展生产力，而且倘若轻视了生产力的发展，势必会遭受损失乃至灾难。科学发展是对"发展是硬道理"的丰富与发展。科学发展观强调，只有始终不渝地坚持以经济建设为中心，才能更好地解决前进道路上的各种矛盾和问题，实现全面建设小康社会和社会主义现代化的宏伟目标。与此同时，科学发展观认为，坚持全面发展，必须正确处理经济增长与社会发展的关系，必须正确处理经济社会发展与人的全面发展的关系。要在全面建设小康社会、推进社会主义现代化建设的进程中，不断推进物质文明、政治文明和精神文明的协调发展，实现经济、社会和人的全面发展。

3. 以人为本，实现人的全面发展

前面谈到马克思实践唯物主义包含以人为本这一重要的人本主义特点，因此，从实践唯物主义出发理解"摸着石头过河"，"以人为本"思想应该包含在"摸着石头过河"的社会主义实践活动之中。

前面我们提到邓小平的"发展是硬道理"思想，其中应当看到的是，邓小平发展理论包含着以人为本的发展观。邓小平十分重视"以人为本"，高度关注最广大人民的根本利益问题。他把人民共同富裕、人的全面发展与社会主义的本质、目的、原则、最大优越性和主要任务紧密联系在一起，统一于中国特色社会主义事业的伟大进程之中。首先，邓小平的"以人为本"思想体现在提出了"小康社会"的新概念，并将其作为中国式现代化的一个发展阶段。他从以下几个方面具体描绘了小康社会的状态，即人民的吃穿用等基本生活有了保障、人均住房达到 20 平方米、就业问题基本解决、人口不再外流、教育文化体育等公共福利事业有能力自行安排、人们的精神面貌改变、犯罪减少，等等。由此可见，邓小平描述的小康社会并不仅仅是单纯的经济概念，而是在"以人为本"思想指导下的包括人民生活目标、经济发展目标、政治发展目标和社会发展目标的综合概念。其次，邓小平的"以人为本"思想还体现在，他把人民共同富裕作为社会主义的根本任务，并设计了达到共同富裕的政策途径。邓小平指出："社会主义的目的就是要全国人民共同富裕，不是两极分化。"①他坚信，"就全国范围来说，我们一定能够逐步顺利解决沿海同内地贫富差距的问题"②。在这里，邓小平明确界定了共同富裕的具体内涵，那就是避免"两极分化"问题以及解决"沿海同内地贫富差距的问题"。在邓小平看来，只有关注上述两个问题，才能真正实现全国人民的共同富裕。邓小平还对共同富裕的实现前提做了深刻的论述，即"解放生产力、发展生产力"，"消灭剥削、消除两极分化"。解放和发展生产力，为实现共同富裕创造雄厚的物质基础；坚持社会主义、防止两极分化，为实现共同富裕提供牢固的政治保障。邓小平强调从人民利益得失的角度来考察发展问题，把社会发展与人的发展紧密相连，这是马克思主义关于人的发展理论在中国的运用和发展。最后，邓小平的"以人为本"思想还体现在他所提出的"三个有利于"这一评判社会主义本质的标准中。邓小平指出："改革开放迈不开步子，不敢闯，说来说去就是怕资本主义的东西多了，走了资本主义道路。要害是姓'资'还是姓'社'的问题。判断的标准，应该主要看是否有利于发展社会主义社会的生产力，是否有利于增强社会主义国家的综合国力，是否有利于提高人民的生活水平。"③ 在这里，邓小平的最后落脚点是"是否有利于提高人民的生活水平"，这种落脚点充

---

① 《邓小平文选》第 3 卷，人民出版社 1993 年版，第 110—111 页。

② 同上书，第 374 页。

③ 同上书，第 372 页。

分反映出以人为本思想的本质。

围绕着以人为本思想，江泽民进一步强调了人的全面发展的重要性。江泽民立足于我国社会主义初级阶段的实际情况，从经济、政治、文化三个方面，具体提出了我国致力于人的全面发展所要解决的主要问题。他指出："要尽快地使全国人民都过上殷实的小康生活，并不断向更高水平前进。""要充分发挥人民群众的主观能动性和伟大创造精神，保证人民群众依法管理好自己的事情，实现自己的愿望和利益。""努力提高全民族的思想道德素质和科学文化素质，实现人们思想和精神生活的全面发展。"[1] 由此表明，我们党关于人的全面发展理论是具体的、可实践的，它体现为"小康生活""人民群体依法管理好自己的事情"以及"实现人们思想和精神生活的全面发展"。江泽民指出："我们建设有中国特色社会主义的各项事业，我们进行的一切工作，既要着眼于人民现实的物质文化生活需要，同时又要着眼于促进人民素质的提高，也就是要努力促进人的全面发展。"[2] 由此可见江泽民谈人的出发点不是个体的人，而是"全国人民""人民群众""全民族""人们"，其着眼点是提高全体人民素质并为之而创造条件。他认为不仅要发展个人自由，也要全面提升人的素质，这就进一步明确了研究人的全面发展的思路。

科学发展观是指"坚持以人为本，全面、协调、可持续的发展观"，因此，"以人为本"实际上已经构成科学发展观的核心内容。科学发展观是在坚持毛泽东、邓小平和江泽民关于发展的重要思想，充分肯定新时期特别是党的十三届四中全会以来我国重大发展成就的基础上，从新的实际出发，适应全面建设小康社会的需要，着眼于把握发展规律、丰富发展内涵、创新发展观念、开拓发展思路、破解发展难题而提出来的。科学发展观站在时代的高度，深刻总结国内外在发展问题上的经验教训，科学分析我国发展过程中面临的各种新情况新问题，进一步回答了为何发展、怎样发展、发展什么等重大问题，丰富和完善了新世纪新阶段我国现代化建设的发展道路、发展模式和发展战略。科学发展观坚持以经济建设为中心，坚持经济社会协调发展，坚持城乡协调发展，坚持区域协调发展，坚持可

①　《江泽民文选》第3卷，人民出版社2006年版，第294、295页。
②　同上书，第294页。

持续发展，坚持改革开放，坚持以人为本；坚持社会主义物质文明、政治文明和精神文明的协调发展，强调在经济发展的基础上，促进社会全面进步和人的全面发展；更加注重宏观调控，更加注重统筹兼顾，更加注重改革创新，着力解决经济社会发展中的突出矛盾，解决关系人民切身利益的突出问题。科学发展观的提出，标志着中国共产党对社会主义现代化建设规律的认识更加深入、更加全面，也标志着中国共产党的执政理念有了新的升华。

（三）从方法论角度看，"摸着石头过河"提供中国特色社会主义实践方法论指南

"摸着石头过河"的哲学基础是实践唯物主义。正因为实践唯物主义是"摸着石头过河"的哲学基础，所以，在"摸着石头过河"思想中实践是第一位的要素，由此我们又可以进一步围绕实践而展开对于"摸着石头过河"方法论意义的深入探讨。从方法论角度来看，"摸着石头过河"并不只是一种简单的提法而已，它的重要意义在于能够在帮助人们认清中国特色社会主义实践基本特点的过程中使人们掌握实践中的主动权，从而间接地起到了思想认识方法论上的引导作用。从方法论角度来看，"摸着石头过河"主要强调了中国特色社会主义建设实践的五个基本特点。

1. 实践的过程性

由于"摸着石头过河"主要强调的是社会主义实践的探索性、摸索性，因此，在此思想的指导下，人们更应该关注的是社会主义实践的过程性。这也就是说，首先，对于社会主义实践过程中所出现的一些问题与困难，人们应该从过程的角度来加以理解，应该认清它们可能只是过程中的阶段性问题与困难，随着社会主义实践进一步的深入，这些问题与困难会得到逐步的解决。其次，对于社会主义建设实践，人们需要有大的"过程视野"，应该着力使之能够实现分阶段、分步骤的展开，而不能企盼一蹴而就的伟大宏业，也就是陈云在20世纪50年代初最早提出"摸着石头过河"中所强调的"稳妥"内容的核心指向。历史证明，任何"急攻冒进"的实践最终都会以失败而告终。邓小平也曾明确指出："速度过高，带来的问题不少，对改革和社会风气也有不利影响，还是稳妥一点好。一定要控制固定资产的投资规模，不要把基本建设的摊子铺大了。一定要首

先抓好管理和质量，讲求经济效益和总的社会效益，这样的速度才过得硬。"①在这里，邓小平充分总结了盲目追求速度所带来的不利后果，其最终落脚点就是强调"稳妥一点好"，并认为经济效益与社会效益统一的速度才是过硬的速度。

2. 实践的探索性

从 1982 年在党的十二大提出"走自己的路，建设有中国特色的社会主义"②的命题以来，我国便开始了中国特色社会主义道路的自觉探索和实践。不断明确社会主义实践的探索性，对于发展中国特色社会主义道路是至关重要的。邓小平指出："过去搞民主革命，要适合中国情况，走毛泽东同志开辟的农村包围城市的道路。现在搞建设，也要适合中国情况，走出一条中国式的现代化道路。"③同时，他还在"走自己的道路"的意义上将中国式的现代化同中国特色的社会主义并列提出来："我们搞的现代化，是中国式的现代化。我们建设的社会主义，是有中国特色的社会主义。"④无疑，"走出一条中国式的现代化道路"的过程就是一个社会主义实践的探索过程。就目前来看，中国特色社会主义道路担负着两项任务：一项是告诉世人，社会主义道路的"中国模式"是成功的；另一项是告诉世人，社会主义道路是成功的。当然，也正因为承担着上述两项重大使命，因此，中国社会主义实践的探索之路必须坚定不移地走下去。

3. 实践的目标性

前面提到"摸着石头过河"将建设中国特色社会主义作为明确的前进目标，即"过河"，因此，在该思想中建设中国特色社会主义这一目标是极为明确的，这也反映了在社会主义建设实践中无论遇到什么样的困难与问题，坚定不移地发展中国特色社会主义这一宏大目标是不能改变的。邓小平曾明确强调："我们要在中国实现四个现代化，必须在思想政治上坚持四项基本原则。这是实现四个现代化的根本前提。"⑤这四项是："第一条，我们必须坚持社会主义道路"；"第二条，我们必须坚持无产阶级专政"；"第三条，我们必须坚持共产党的领导"；"第四条，我们必须坚

---

① 《邓小平文选》第 3 卷，人民出版社 1993 年版，第 143 页。
② 同上书，第 197 页。
③ 《邓小平文选》第 2 卷，人民出版社 1994 年版，第 163 页。
④ 《邓小平文选》第 3 卷，人民出版社 1993 年版，第 29 页。
⑤ 《邓小平文选》第 2 卷，人民出版社 1994 年版，第 164 页。

持马列主义、毛泽东思想"。① 这就是著名的"坚持四项基本原则",它所反映出来的正是对于发展中国特色社会主义道路坚定不移的坚持。

4. 实践的能动性

"摸着石头过河"着力于"摸索"与"探索",这一点充分说明了其对在社会主义实践过程中必须充分发挥能动性的大力强调,也是对毛泽东实践思想的重大继承与发展。毛泽东曾经指出:"军事家不能超过物质条件许可的范围外企图战争的胜利,然而军事家可以而且必须在物质条件许可的范围内争取战争的胜利。……军事家活动的舞台建筑在客观物质条件的上面,然而军事家凭着这个舞台,却可以导演出许多有声有色威武雄壮的活剧来。"② 因此,对于毛泽东来说,实践对象的客观性是不能轻易否定掉的,应该对实践对象的客观性予以充分肯定。在毛泽东那里,实践对象并没有被当作实现目的的手段来对待,这种认识确立了实践对象的独立存在地位,也为其始终坚持辩证唯物主义立场铺平了道路,奠定了客观基础。从"摸着石头过河"来看,当它着力强调在摸着"石头"的基础上去探索的时候,既强调了必须充分尊重探索的物质基础,同时也强调了必须大力发挥人的主观能动性,大胆去探索。邓小平曾经明确要求全党在改革开放中坚定不移地开拓前进,理论及时对实践进行总结,再回到实践,"以创新实践精神勇于进取,开拓一代伟业"。无疑,这种对实践能动性的强调,大大地促进了中国特色社会主义的建设事业。

5. 实践的工具性

"摸着石头过河"中着力强调了"石头"在社会主义探索实践中的重要性,这一点充分说明了社会主义实践具有工具性特征,也就是说人们需要重视手段的重要性。早在1934年1月,毛泽东就在江西瑞金召开的第二次全国苏维埃代表大会的报告中十分精辟地论述了实践手段的重要性。毛泽东指出:我们不但要提出任务,确定目标,而且要找出完成与达到目标的手段。"我们的任务是过河,但是没有桥或没有船就不能过。不解决桥或船的问题,过河就是一句空话。"③ 在这里,毛泽东不仅强调实践目的的重要性,而且还将"桥"或"船"这些实现实践目的的手段明确地

---

① 《邓小平文选》第2卷,人民出版社1994年版,第166—171页。
② 《毛泽东选集》第1卷,人民出版社1991年版,第182页。
③ 同上书,第139页。

予以点明,并且提出了"不解决桥或船的问题,过河就是一句空话"这一至理名言。

那么,在社会主义实践"摸着石头过河"过程中,究竟哪些是"石头"呢?总体上说,这里的"石头"包含两方面的内容:一方面是广大人民群众的实践活动;另一方面是改革开放过程中的各种历史机遇。之所以提到这两方面的内容,主要是从内外因的角度来加以理解的。如果说广大人民群众的实践活动是内因的话,那么,改革开放过程中出现的各种历史机遇就是外因。就目前看来,社会主义实践中国模式的逐渐建立是与上述两方面分不开的。

人民群众的实践活动是"摸着石头过河"的生命之源。邓小平在改革之初曾指出:"要坚决批评和纠正各种脱离群众、对群众疾苦不闻不问的错误。群众是我们力量的源泉,群众路线和群众观点是我们的传家宝。"①在这里,邓小平不仅提到群众路线,同时还提出了群众观点这一新的思想。在《解放思想,实事求是,团结一致向前看》讲话中,邓小平指出:"在经济政策上,我认为要允许一部分地区、一部分企业、一部分工人农民,由于辛勤努力成绩大而收入先多一些,生活先好起来。……一部分人生活先好起来,就必然产生极大的示范力量,影响左邻右舍,带动其他地区、其他单位的人们向他们学习。……这样,就会使整个国民经济不断地波浪式地向前发展,使全国各族人民都能比较快地富裕起来。"②我国的改革开放就是在依靠人民群众的"试点—总结—推广"过程中不断摸索、创新、发现的,走出自己的特色来。根据我国当时的情况,改革从农村承包责任制再扩展到城市,从沿海开放逐步扩展到沿江、内地,随之实施了西部大开发、振兴东北、中部崛起等发展战略。

历史机遇思想是邓小平建设有中国特色社会主义理论的重要组成部分,亦是其哲学思想的独有特色。邓小平为什么对历史机遇问题给予了极大的重视,反复强调要抓住我国发展的历史机遇呢?这是因为:能否抓住历史机遇,是事关我国实现现代化、跻身于世界强国行列的根本性战略问题。邓小平是从实现我国的现代化战略目标,提高我国在世界格局中的战略地位着眼,提出历史机遇问题的。在他看来,要在短时期内摆脱我国的

---

① 《邓小平文选》第 2 卷,人民出版社 1994 年版,第 368 页。

② 同上书,第 152 页。

贫困落后状态，实现我国的现代化，提高我国在国际上的战略地位，是"非常艰巨的、很不容易的任务"①。邓小平基于对国际与国内正反两方面的经验教训的总结，极富远见地提出：为了实现我国的现代化战略目标和提高我国在世界格局中的战略地位，"我们要利用机遇，把中国发展起来"②。能否抓住机遇，也是一个关系到我国能否坚持社会主义方向的重大政治问题。像任何事物一样，机遇也有两重性，机遇也是挑战。抓住机遇可以加快我国的发展，社会主义就可以立于不败之地；反之，丧失机遇，不仅会进一步拉大我国与其他国家的差距，社会主义也有被断送的危险。"抓住时机，发展自己，关键是发展经济。现在，周边一些国家和地区经济发展比我们快，如果我们不发展或发展得太慢，老百姓一比较就有问题了。"③ 那样一来，我们的社会主义制度就可能无法坚持。反之，如果我们能把握历史机遇解决我国的发展问题，"人民一看，还是社会主义好，还是改革开放好，我们的事业就会万古长青！"④ 而"只要中国不垮，世界上就有五分之一的人口在坚持社会主义"⑤。"只要中国社会主义不倒，社会主义在世界将始终站得住。"⑥

怎样才能抓住我国发展所面临的历史机遇呢？关键是要善于用唯物辩证的观点观察问题，用宏观战略眼光分析问题。邓小平既善于从国际形势和我国周边环境的重大变化中，发现和捕捉我国发展的机遇。例如，他认为"现在世界发生大转折，就是个机遇"⑦。又如，邓小平认为亚洲太平洋地区的崛起对我国的发展也是极其重要的机遇；同时，又善于从对人类历史和社会进步最具影响的重大事件中，发现和捕捉我国发展的机遇。邓小平指出，新科技革命的兴起，是我国发展所面临的又一重要机遇。邓小平以其远见卓识的战略眼光深刻地洞察到，现代乃至未来时代的国际竞争，说到底是综合国力的竞争，关键又是科学技术的竞争。中国要实现现代化的战略目标，提高在国际竞争中的战略地位，必须抓住新科技革命这

---

① 《邓小平文选》第 3 卷，人民出版社 1993 年版，第 224 页。

② 同上书，第 358 页。

③ 同上书，第 375 页。

④ 同上书，第 381 页。

⑤ 同上书，第 321 页。

⑥ 同上书，第 346 页。

⑦ 同上书，第 369 页。

一重要的历史机遇。

四 "摸着石头过河"与中国特色
社会主义理论体系建设

前面我们谈到"摸着石头过河"在中国特色社会主义实践活动的探索中发挥了重大作用，而有鉴于认识与实践之间相辅相成关系的成立，所以，对于"摸着石头过河"，我们又可以从中国特色社会主义理论体系建设的角度来思考其重大意义。总体上看，"摸着石头过河"是中国特色社会主义理论体系建设的重要基石。之所以这么说，主要是从两个方面来谈的：第一，从实践看，改革开放以来，新时期的中国共产党人凭借"摸着石头过河"的精神、态度与决心，大胆尝试中国特色社会主义建设的实践道路，取得了令世人瞩目的重大成就，而这些成就已经成为中国特色社会主义理论体系建设的实践基础；第二，从理论看，改革开放以来，凭借"摸着石头过河"的精神、态度与决心，新时期的中国共产党人对关系中国未来前途和命运的重大理论和实际问题，积极开展理论创新，创立了中国特色社会主义理论体系，第一次初步地、比较系统地、创造性地回答和解决了在中国这样经济文化比较落后的国家，怎样建设、巩固和发展社会主义等一系列重大理论和实践问题，极大地丰富和发展了科学社会主义理论。正像胡锦涛在十七大报告中说的："改革开放以来我们取得一切成绩和进步的根本原因，归结起来就是：开辟了中国特色社会主义道路，形成了中国特色社会主义理论体系。"[1]

随着"摸着石头过河"与中国特色社会主义实践活动之间内在关系的日益明朗化，我们可以进一步看到，中国特色社会主义理论体系建设与社会主义实践的探索性发展保持一致，它是在中国共产党人不断的社会主义实践的探索中得到发展与完善的，而且这一点也使之形成了自身的建设特点，这些特点是人们在今后理解与发展中国特色社会主义理论体系时必须加以关注的。

---

[1]　《十七大以来重要文献选编》（上），中央文献出版社 2009 年版，第 45 页。

（一）中国特色社会主义理论体系建设的过程性

中国特色社会主义实践活动由于是在探索、摸索中进行与发展，因此便决定了中国特色社会主义理论体系在建设上会体现出过程性特征。这也就是说，中国特色社会主义理论体系是在社会主义实践不断推进的过程中逐步建立、发展与完善的，在这个过程中，人们势必不应奢求某一理论成果能够解决中国特色社会主义实践活动中出现的一切问题。邓小平指出："我们的方针是，胆子要大，步子要稳，走一步，看一步。我们的政策是坚定不移的，不会动摇的，一直要干下去，重要的是走一段就要总结经验。"① 这段论述不仅强调了社会主义实践的过程性，而且强调了总结经验的重要性，即"重要的是走一段就要总结经验"。当然，正因为经验的总结是在"走一步，看一步"的社会主义实践的过程中实现的，所以，人们既需要以"过程视野"来理解每个理论成果的理论价值与实际意义，也需要以"过程视野"来建设中国特色社会主义理论体系。以"过程视野"来理解每个理论成果的理论价值与实际意义，意味着我们既不能有意夸大它们，也不能有意贬低它们；以"过程视野"来建设中国特色社会主义理论体系，意味着我们需要稳扎稳打将社会主义实践过程中每一次重要经验以理论的方式进行概括，致使中国特色社会主义理论体系能够真正体现出厚重的实践基础以及过程特征。例如，我们在文章的一开始便提到对于"摸着石头过河"存在着不同的评价。其实，之所以会出现那些不同的声音，一个重要原因就在于许多人往往以今天的视野来看待其理论价值。从过程视野来看，对于"摸着石头过河"，人们更应该看到的是其在中国改革开放之初所起到的思想解放意义。中国特色社会主义实践活动的探索性、摸索性与过程性，决定了人们是不能抛开其中涌现出来的理论成果产生的特定历史背景来看待它们的意义。

当前，有学者提出"改革的顶层设计"重要性。其实，从过程性的角度来看，中国特色社会主义理论体系建设只能在探索、摸索中发展。当然，这并不是说"改革的顶层设计"不重要，而是可以对此提出一些质疑，即这种设计的可能性究竟有多大，其准确度究竟能够达到什么样的程度，其究竟可能有多大的普适性，等等。准确地说，强调"改革的顶层

① 《邓小平文选》第3卷，人民出版社1993年版，第113页。

设计"重要性,必须以尊重中国特色社会主义实践活动的探索性、摸索性与过程性作为前提。在改革开放的过程中,会出现许多人们无法预料的新情况、新问题,而且它们甚至会超出"顶层设计"所设想的范围,由此,人们只应有限度地使用"顶层设计",而不能将其绝对化。

(二) 中国特色社会主义理论体系建设的阶段性

上面我们强调了中国特色社会主义理论体系的过程性特征,当然应当看到的是,正因为如此,中国特色社会主义理论体系建设实际上是需要做阶段性考虑的。也就是说,社会主义建设事业并不是一蹴而就的,它需要通过不同的实践阶段来完成不同的实践任务,因此,人们便需要针对不同的实践阶段而提出不同的理论成果与理论指导,由此中国特色社会主义理论体系建设便显示出阶段性建设特征。就改革开放以来的一系列理论成果来看,从邓小平的"发展是硬道理"到江泽民的"三个代表"重要思想,再到胡锦涛的"科学发展观"和"构建和谐社会"思想,这些思想一路走来可以说是一个由阶段性成果串联起来的中国特色社会主义理论体系建设过程。就这些理论成果本身而言,它们都是从当时的实践发展需要出发而提出的重要思想,都是具有针对性的阶段性理论成果,因此,人们甚至是不能随便将它们进行思想正确性方面的比较的。

有学者认为"发展是硬道理"与"科学发展观"之间存在着认识上的矛盾冲突。其实,这种理解是脱离中国特色社会主义理论体系建设的阶段性特征来看待问题的。1992年,在"南方谈话"中,邓小平集中讲了"抓住时机,发展自己,关键是发展经济"的问题。其中说道:"对于我们这样发展中的大国来说,经济要发展得快一点,不可能总是那么平平静静、稳稳当当。要注意经济稳定、协调地发展,但稳定和协调也是相对的,不是绝对的。发展才是硬道理。这个问题要搞清楚。"① 根据上下文,这里"发展才是硬道理"的原意,应该承认,指的是"经济发展",而且,从"硬道理"的角度来看,这种经济发展甚至是不应讲条件的。

就今天看来,"发展是硬道理"这种发展观显然是有待发展的,因为它不仅是欠全面的,而且是缺乏科学观念的。但是,当我们从这种发展观提出的历史背景来理解它时,我们又看到它在当时情况下存在的合理性,

---

① 《邓小平文选》第3卷,人民出版社1993年版,第377页。

因为当时中国改革开放正处于关键时刻，发展经济的观念稍一放松，就会出现前功尽弃的局面。因此，只有将发展提升到"硬道理"的高度，才能引起人们的高度重视。由此可见，作为特殊历史阶段上的重要理论成果，"发展是硬道理"这种发展观在当时情况下的提出不仅是必要的，而且是必需的。在邓小平那里，这里的"硬道理"有两层含义：一是少做无谓的争论，先去干实事，吵来吵去没太大意义，不如干一点实事；二是告诉我们只有发展了，才能解决一切问题。

党的十七大报告指出：科学发展观，第一要义是发展，核心是以人为本，基本要求是全面协调可持续，根本方法是统筹兼顾。应当说，提出科学发展观正是中国社会发展进入新的历史阶段的客观要求。这个问题过去提不出来，提出来也解决不了。而现在国家经济实力的增强为逐步满足这种要求提供了可能性，它表明过去那种基于全力以赴甚至不惜代价解决温饱问题的发展观念，需要有相应的转变。可以说，科学发展观的提出，是中国特色社会主义继续前行的制胜法宝。

（三）中国特色社会主义理论体系建设的创新性

中国特色社会主义理论体系既坚持了科学社会主义的基本原则，又根据我国具体实际与时代特征赋予其鲜明的中国特色。因此，从科学社会主义角度来看，创新性是中国特色社会主义理论体系最根本的特点，同时中国特色社会主义理论体系也是科学社会主义在当代中国的坚持与发展。

科学社会主义表达的是各个国家普遍适用的一些关于社会主义的基本原则，而这些原则的实现在各个国家里的情况是不一样的。对于这一点，马克思主义经典作家有过非常明确的论述。马克思曾经指出："我们从来没有断言，为了达到这一目的，到处都应该采取同样的手段。……我们知道，必须考虑到各国的制度、风俗和传统。"① 列宁也曾强调："一切民族都将走向社会主义，这是不可避免的，但是一切民族的走法却不会完全一样，在民主的这种或那种形式上，在无产阶级专政的这种或那种形态上，在社会生活各方面的社会主义改造的速度上，每个民族都会有自己的特点。"② 在中国，最早指出中国搞社会主义会有自己特色思想的是李大钊。

① 《马克思恩格斯全集》第 18 卷，人民出版社 1964 年版，第 179 页。
② 《列宁选集》第 2 卷，人民出版社 1995 年版，第 777 页。

1923 年 9 月，他在题为"社会主义与社会运动"的讲课中就说过，社会主义的理想，"因各地、各时之情形不同，务求其适合者行之，遂发生共性与特性结合的一种新制度（共性是普遍者，特性是随时随地不同者），故中国将来发生之时，必与英、德、俄……有异"①。这个思想应该说是中国特色社会主义思想的先声。

　　理论上的持续创新和突破，是社会发展的动力和源泉。毛泽东的创新思想，作为一条主线，贯穿其整个思想体系。正是由于创新思想，在俄国十月革命成功后，毛泽东没有照搬其经验，而是结合中国实际，另辟蹊径，大胆探索，在井冈山创办根据地，以农村包围城市，"星星之火，可以燎原"，最后取得中国革命的成功。新中国成立初期，在社会主义建设的目标与道路上，由于我们缺乏自己的经验与准备，基本上是袭用苏联式的制度结构与发展战略，即使如此，毛泽东还提出了经济建设要结合中国实际，敢于打破常规，大胆探索创新，并指出："我们不能走世界各国技术发展的老路，跟在别人后面一步一步地爬行。我们必须打破常规，尽量采用先进技术，在一个不太长的历史时期内，把我国建设成为一个社会主义的现代化的强国。"②

　　"解放思想，大胆实践，不断创新"是邓小平理论的核心内涵，他指出："一个民族，如果一切从本本出发，思想僵化，迷信盛行，那它就不能前进，它的生机就停止了，就要亡党亡国。"③ 从"黑猫、白猫理论""摸着石头过河"，到"贫穷不是社会主义""不争论"等重要思想的提出，这些理论创新至今令人警醒深思。江泽民指出："一切妨碍发展的思想观念都要坚决冲破，一切束缚发展的做法和规定都要坚决改变，一切影响发展的体制弊端都要坚决革除。"④ 胡锦涛指出："要在全社会培育创新意识，倡导创新精神，完善创新机制，大力提倡敢为人先、敢冒风险的精神，大力倡导敢于创新、勇于竞争和宽容失败的精神。"⑤ 这些论述反映了中国共产党人力求在理论上创新的决心。

　　从"稳定压倒一切"到"建立社会主义和谐社会"，从"发展是硬道

①　《李大钊文集》第 4 卷，人民出版社 1999 年版，第 5 页。

②　《毛泽东文集》第 8 卷，人民出版社 1999 年版，第 341 页。

③　《邓小平文选》第 2 卷，人民出版社 1994 年版，第 143 页。

④　《江泽民文选》第 3 卷，人民出版社 2006 年版，第 539 页。

⑤　《十六大以来重要文献选编》（下），中央文献出版社 2008 年版，第 194 页。

理"到"科学发展观",从"让一部分人先富起来"到"走共同富裕道路",从"效率优先"到"更加注重公平",从"以经济建设为中心"到"以人为本",从"摸着石头过河"到"全面制度建设",从"经济体制改革"到"经济、政治、文化、社会的全面发展",从"'非敌即友,非左即右'的二元思维模式"到"多元化融洽",全力提倡构建和谐社会为主轴。这些都是中国社会主义实践发展理念的重大突破。因此,思想上的冲破桎梏,理论上的不断探索、持续创新,是我们认识社会主义发展规律、坚持正确社会主义发展道路的有力武器。

思想是行动的灵魂。要先行先试,首先要冲破旧有思维模式和传统观念的束缚,想别人不敢想的事,做别人不敢做的事,不怕突破和冒尖。之所以"先行",是因为需要在没有可以借鉴的荒漠中踏出一条新路,干别人不曾干过的事情;之所以"先试",是因为我们对规律的认识还比较模糊,面对问题,我们只能在实践中找出好的解决办法和措施。实践的先行性和理论的先进性是辩证统一的。人们既需要借助理论的先进性,来摆脱实践上的盲目性,同时又需要借助实践的先行性,解决在理论上的等与靠。因此,就总体而言,"摸着石头过河"的提出,是为了解决中国特色社会主义理论体系建设在创新方面的等与靠问题;而"改革的顶层设计"思想的提出,是为了解决中国特色社会主义体系建设在创新过程中如何实现先进性的问题。中国特色社会主义理论建设一方面需要通过不断地理论创新从而保持其先进性,以便指导社会主义实践;另一方面则又需要通过社会主义实践自身的不断向前推进,以使之能够真正实现理论上的创新,从而使之持久保持先进性。因此,中国特色社会主义理论体系的创新性必须做到两点:一是通过理论创新,努力完成"改革的顶层设计"工作;二是通过理论创新,真正做到及时正确有效地总结与概括社会主义实践经验。作为改革开放和现代化建设的总设计师,邓小平从整体上设计了中国的发展路线,指明了中国未来前进的方向。在邓小平的倡导下,"摸着石头过河"对于大胆解放思想、积极稳妥地推进改革起到了巨大的指导作用,成为在中国家喻户晓的经典话语。

(四)结语

综合而论,在中国特色社会主义理论体系建立与发展的过程中,"摸着石头过河"是人们无法绕开的重要提法与重要思想。2012 年年初习近平在中共中央政治局第二次集体学习时说：改革开放是一项长期的、艰巨的、繁重的事业，必须一代又一代人接力干下去。他明确指出："摸着石头过河，是富有中国特色、符合中国国情的改革方法。摸着石头过河就是摸规律，从实践中获得真知。"在习近平看来，改革开放是前无古人的崭新事业，必须坚持正确的方法论，在不断实践探索中前进。摸着石头过河和加强顶层设计是辩证统一的，推进局部的阶段性改革必须要在加强顶层设计的前提下进行，加强顶层设计也要在推进局部的阶段性改革开放的基础上来谋划。① 这是对改革开放 30 多年经验的深刻总结，既充分肯定了摸着石头过河这一富有中国特色、符合中国国情改革方法的重要意义，又进一步明确了"摸着石头过河"与"加强顶层设计"之间的辩证统一关系。

"摸着石头过河"，就是摸规律，从实践中获得真知，以循序渐进的方法，边干边摸索经验。"摸着石头过河"，是我们党在建设中国特色社会主义过程中的一种探索性实践。"摸着石头过河"，是实事求是原则在改革开放实践中的方法论体现，强调必须始终根据实际情况随时调整改革的步伐和重点；是一种有原则性的探索，强调必须遵循一定的原则和经验规律，沿着正确的方向进行改革；是一种有目标性的探索，强调要有的放矢而不是茫无目标，积极稳妥而不是盲目冒进。正是通过"摸着石头过河"，我们才能更好地去了解实践、认识实践，搞清楚究竟什么是社会主义、怎样建设社会主义，才能有更大的勇气、更大的热情去推动改革、去发展社会主义，并最终形成正确的理论来指导实践。

改革开放以来，我们党始终坚持一切从实际出发，进行一系列大胆尝试，既坚持了改革的正确方向，又不断在重点领域取得新的进展和突破。比如，改革开放之初，正是从安徽凤阳小岗村 18 户农民的敢为天下先开始，才有了后来逐步打破旧的生产关系束缚，实行联产承包责任制，拉开了我国农村改革的序幕。城市改革也是如此，通过先试点、再逐步推开的办法，对经济体制进行了一系列调整，改变了过去单一的公有制经济结构，促进了多种经济成分共同发展，逐步实现了从计划经济体制向社会主义市场经济体制的历史性转折。

---

① 参见《习近平在中共中央政治局第二次集中学习时强调：以更大的政治勇气和智慧深化改革，朝着十八大指引的改革开放方向前进》，《人民日报》2013 年 1 月 2 日。

顶层设计，原本是工程学的一个概念，本义是统筹考虑项目各层次和各要素，追根溯源，统揽全局，在最高层次上寻求问题的解决之道。"不谋全局者不能谋一域，不足谋万世者不足谋一时。"加强改革的顶层设计，就是要从全局去谋划和部署改革，加强对改革开放进行总体性的设计、全局性的谋划，整体地、全方位地为改革提供一种指导性的方案。按照马克思主义认识论的观点，为了使实践真正体现为"主观见之于客观"的活动，人们必须积极地用认识去指导实践活动。顶层设计解决的是认识前瞻性问题，所设计的是主要原则、总体思路、重点领域、基本规划等，对于做好改革开放这篇大文章是必不可少、不可或缺的。如果说我们在探索过程中形成的理论是认识的第一次飞跃即感性认识上升到理性认识，我们还需要完成认识的第二次飞跃即用认识来指导实践。"摸着石头过河"属于实践范畴，顶层设计属于认识范畴，它以科学理论为指导，为改革开放和现代化建设提供了总体思路和基本规划。

改革是一项复杂的系统工程，需要做好战略规划和设计，明确方向和目标。推进局部的阶段性改革开放，要在加强顶层设计的前提下进行；加强顶层设计，要在推进局部的阶段性改革开放的基础上来谋划。加强顶层设计关键是两点：一是要有的放矢，抓核心、抓重点，改什么、如何改，目标和方向必须明确。对一些不具有全局意义的短期性问题、非关键性问题和日常性问题不必列入顶层设计的内容。二是要进行理论上的创新，运用创新性思维来指导进一步的改革，设计出适应中国未来改革的目标理念和实施方案，实现经济发展、政治民主、文化繁荣和社会和谐。

"摸着石头过河"和"加强顶层设计"是辩证统一的。强调"摸着石头过河"，反映对实践的重视；强调"加强顶层设计"，是对实践的尊重。"摸着石头过河"，是做好顶层设计的实践基础。没有在实践中的摸索和总结经验，再好的顶层设计也会失去原有的重要意义，在探索过程中迷失方向、背离实际、丧失根本，甚至会由此走弯路、入歧途。顶层设计是"摸着石头过河"的重要原则。通过加强顶层设计，能够加强改革的系统性、整体性、协同性，为"摸着石头过河"提供更多的依据。中国特色社会主义事业需要经历不同的实践阶段来完成不同的任务，以解决实践过程中出现的不同问题。在改革开放过程中，会出现许多人们无法预料的新情况、新问题，这就要求我们必须依据不断变化着的实际情况，从顶层设计上进行调整和补充，做到主观与客观相符合。只有把"摸着石头过河"与顶层设计有机统一起来，才能保证改革开放既具有前瞻性又具有探索性，既具有谋划性又具有突破性，才能更好地坚持和发展中国特色社会主义。

第二章　邓小平哲学思想

在马克思主义哲学形态中国化的过程中，当经历了由毛泽东哲学思想所完成的创立阶段之后，随着中国政治生活的快速推进，马克思主义哲学中国化形态很快便有了新的发展成果，涌现了邓小平哲学思想。从马克思主义哲学形态中国化的发展历史上看，邓小平哲学思想是转折点的成果，它既是对毛泽东哲学思想的继承与发展，同时也成为中国特色社会主义哲学体系哲学思想的本原性思想与标志性起点。

毛泽东曾经概括地指出，马克思主义有几门学问，"但基础的东西是马克思主义哲学"①。对于什么是马克思主义哲学？毛泽东还进一步指出："马克思主义的理论基础，即辩证唯物论和历史唯物论，反对各种唯心论和机械唯物论。"② 所以，在毛泽东看来，坚持马克思主义指导思想，从哲学层面或从理论基础来说，就是坚持辩证唯物主义和历史唯物主义。1980 年，在总结党的思想路线时，邓小平明确指出："马克思、恩格斯创立了辩证唯物主义和历史唯物主义的思想路线，毛泽东同志用中国语言概括为'实事求是'四个大字。实事求是，一切从实际出发，理论联系实际，坚持实践是检验真理的标准，这就是我们党的思想路线。"③ 1984 年，中英双方就香港问题达成协议，为此，邓小平说道："如果'一国两制'的构想是一个对国际上有意义的想法的话，那要归功于马克思主义的辩证唯物主义和历史唯物主义，用毛泽东主席的话来讲就是实事求是。"④ 由此可见，对于邓小平哲学思想，我们首先应当充分看到的是其对马克思主

---

① 《毛泽东文集》第 6 卷，人民出版社 1999 年版，第 396 页。
② 同上书，第 395 页。
③ 《邓小平文选》第 2 卷，人民出版社 1994 年版，第 278 页。
④ 《邓小平文选》第 3 卷，人民出版社 1993 年版，第 101 页。

义的辩证唯物主义和历史唯物主义明确的积极肯定。如果我们看不到或否认这一点，就是不尊重邓小平哲学思想本身，就是在犯历史虚无主义的错误。当然，也正因为如此，所以，我们应该在辩证唯物主义与历史唯物主义的思想框架内来理解与把握邓小平哲学思想的思想本质。

从总体上看，邓小平哲学思想是马克思主义哲学思想的重要组成部分，是对马克思主义哲学思想的继承与发展。而从局部上看，它同时与毛泽东哲学思想体系是一脉相承并同属于一个哲学体系：它在基本思想上坚持的仍然是围绕实事求是而展开的辩证唯物主义思想体系；在认识论上坚持的是"实践是检验真理的唯一标准"；在历史观上坚持的是"生产力是决定因素"的历史唯物主义基本观点；在政治哲学上坚持的是"经济基础决定上层建筑"的马克思主义政治哲学基本思想。邓小平哲学思想与毛泽东哲学思想体系之间不仅有继承，而且也有发展，它们之间的关系是有机而丰富的。与毛泽东哲学思想体系有所不同的是，邓小平哲学思想是以方法论形态为特征的"应用哲学"，它是紧紧围绕如何发展中国特色社会主义道路这一核心问题而展开的。邓小平哲学思想与毛泽东哲学思想体系的不同，既使之成为毛泽东哲学思想的重要发展之作，又使之成为中国特色社会主义理论体系哲学思想的本原性思想。作为本原性思想，邓小平哲学思想不仅开启了中国特色社会主义理论体系哲学思想的创建史，同时也开启了马克思主义哲学形态中国化发展的新篇章。

一　邓小平哲学思想的基本特点

邓小平哲学思想是在毛泽东哲学思想基础上成长与发展起来的，同时又成为中国特色社会主义哲学体系哲学思想的本原性思想与标志性起点，因此，从马克思主义哲学形态中国化的角度来看，它起到了重要的承上启下作用。也正是基于这一点，我们研究邓小平哲学思想需要运用双重维度：一方面，需要从毛泽东哲学思想的视角来看待其意义与特点；但另一方面，又需要从中国特色社会主义理论体系哲学思想的角度来看待其意义与特点。当然，从更根本的意义上说，邓小平哲学思想所体现出来的是对马克思主义哲学思想的继承与发展。

（一）邓小平哲学思想与毛泽东哲学思想

邓小平哲学思想和毛泽东哲学思想同属一个哲学体系，之所以这样说，理由主要包括以下几个方面。

第一，革命事业的连续性决定了哲学上的继承性。毛泽东与邓小平所从事的革命与建设事业是中国共产党领导的整个中国复兴事业的两个互相联系的阶段，是一篇大文章的上下篇。党的十一届三中全会以来，邓小平所做的工作，是毛泽东未竟之业的继续。邓小平指出："三中全会以后，我们就是恢复毛泽东同志的那些正确的东西嘛，就是准确地、完整地学习和运用毛泽东思想嘛。基本点还是那些。从许多方面来说，现在我们还是把毛泽东同志已经提出、但是没有做的事情做起来，把他反对错了的改正过来，把他没有做好的事情做好。今后相当长的时期，还是做这件事。当然，我们也有发展，而且还要继续发展。"① 邓小平的上述讲话深刻地揭示了其理论与毛泽东思想之间的内在关系，这一特点也真实地反映在哲学上。从哲学的角度来看，邓小平的哲学理论就是要继承与坚持毛泽东正确的观点，纠正他的错误观点，继续发展毛泽东哲学思想。

第二，邓小平所使用的哲学基本概念、范畴来自毛泽东哲学，其框架体系也大体上与毛泽东哲学相一致。例如，从实际出发、实事求是，实践是检验真理的唯一标准；抓主要矛盾，要有全局观念；社会基本矛盾，生产力标准，走群众路线，尊重群众首创精神；独立自主、自力更生；等等，这些概念、范畴、命题都是直接来源于毛泽东哲学思想，邓小平哲学框架也没有超出毛泽东哲学思想，仍然是唯物论、认识论、辩证法、历史唯物主义等几个方面的基本内容。从哲学的师承关系来看，可以说毛邓是师生关系、源流关系。

第三，从历史任务来看，历史发展到 20 世纪七八十年代，中国共产党人在理论方面的任务，主要不是体系创新，而是拨乱反正。即用科学的世界观和方法论，批判被搞乱了的思想，纠正毛泽东晚年的错误，总结经验教训，解决在经济文化落后的中国怎样实现现代化、怎样建设社会主义等问题。这个科学的方法论和世界观不是别的，就是中国化的马克思主义哲学——毛泽东哲学思想。因为实践证明，作为党的指导思想的哲学基础

---

① 《邓小平文选》第 2 卷，人民出版社 1994 年版，第 300 页。

的毛泽东哲学思想并没有过时，不需要另外去创建一个有别于毛泽东哲学思想的新体系。当然，与时俱进，理论创新是必要的，但一个新的哲学体系的创立并非轻而易举的事情。它与政治经济学、科学社会主义的发展有所不同，需要对时代提出的新课题做出完整的解答；需要对自然科学、社会科学划时代的发展做出哲学的概括和总结，需要经受长时期的实践考验。

邓小平哲学思想不是有别于毛泽东哲学思想的另一个新的哲学体系，它是毛泽东哲学思想发展的一个新阶段。这是因为：

一是邓小平纠正了毛泽东晚年在哲学上的一些错误，并且提出了一些新的理论观点，显示出邓小平哲学思想是毛泽东哲学思想发展的新阶段。例如，纠正了毛泽东晚年在工作中的某些主观、唯心倾向，坚持实践是检验真理的唯一标准，恢复了实事求是的思想路线，把解放思想与实事求是统一起来，强调实践标准与生产力标准、"三个有利于"标准的一致性，把实践观与价值观统一起来；纠正了毛泽东晚年阶级斗争扩大化的错误，科学地阐明了现阶段我国社会的主要矛盾，把以经济建设为中心和坚持四项基本原则统一起来；纠正了毛泽东晚年的生产关系、上层建筑决定论，恢复生产力是社会发展的最终决定力量的唯物史观，提出改革开放和发展生产力统一起来；纠正了毛泽东晚年接受和欣赏个人崇拜的错误，正确处理群众、阶级、政党、领袖的关系，把爱护领袖与反对神化个人统一起来；等等。

二是哲学观点侧重点不同，表现出邓小平哲学思想与毛泽东哲学思想是不同的发展阶段。这是由于时代和任务不同所引起的。毛泽东所处的时代是战争与革命的时代，他的主要任务是研究"中国革命的逻辑"（规律），指导中国革命战争取得胜利；邓小平所处的时代是和平与发展的时代，他的主要任务是研究中国特色社会主义的建设规律。因此，毛泽东与邓小平在几个主要的哲学观点上有各自不同的侧重点。例如，在实事求是观上，毛泽东更多强调调查研究，把理论付诸实践，而邓小平则更多强调解放思想，在实践中检验、修正与发展理论；在矛盾观上，毛泽东把矛盾的斗争性放在首位，强调在同一中把握对立，邓小平则注重矛盾的同一性，强调在对立中把握同一；在历史观上，毛泽东强调生产关系、上层建筑的反作用，通过革命解放生产力，邓小平则强调生产力的决定作用，通过改革和科学技术解放和发展生产力；在政治哲学上，毛泽东强调追求政治理想，邓小平则强调大力发展生产力；等等。

三是邓小平在哲学的应用方面取得了重大成果，创建了经济文化落后国家如何实现社会主义现代化的"发展哲学"，把毛泽东哲学思想的实际运用推进到了一个新阶段。相比之下，在毛泽东那里，理论哲学和应用哲学兼而有之，既建构了以《实践论》《矛盾论》为代表的理论哲学体系，又把哲学理论运用于中国革命实际，把马克思主义哲学化为党的思想路线和工作路线、思想方法和工作方法，提倡哲学的解放。邓小平则以哲学的应用见长，他善于按照辩证法办事，把辩证法运用于新的历史条件，特别是运用于改革开放和社会主义现代化建设的实践，创建了关于经济文化落后的国家如何实现社会主义现代化、如何发展的"发展哲学"，体现了新的时代特点，使毛泽东哲学思想在面向现代化、面向世界、面向未来等重大方面发展到一个新的阶段。

（二）邓小平哲学思想与"应用哲学"

人们在学习和研究邓小平理论时最常问的问题是：邓小平有没有哲学？算不算哲学家？邓小平哲学是怎样的哲学？等等。其实，要回答这个问题，不仅要首先解决什么是哲学和哲学家的问题，而且需要对以"应用"为主要特点的哲学有一个正确的认识。从严格意义上说，邓小平哲学思想是以方法论为特征的"应用哲学"。

哲学是关于世界观与方法论的学问。从一定意义上说，任何哲学都是世界观和方法论的统一体。因为一般来说，有什么样的世界观，就会有什么样的方法论，世界观指导并最终决定着人们对方法的选择和方法论的研究。反过来说，方法论又支持和影响一定的世界观。说世界观与方法论是统一的，并不排除它们之间的差别和不一致。世界观与方法论的区别在于：从对象上看，世界观研究的对象是外部客体的规律，方法论研究的对象是方法，它不仅要研究客体的规律，而且要研究客体对主体的价值关系，研究主体实现自己的目的应采取什么样的方法；从表现形式上看，世界观回答外部客体"是什么"和"不是什么"的问题，方法论则告诉人们"怎么做"和"不怎么做"的方法；从评价标准上看，世界观评判的标准是真假对错，方法论评判的标准是适用或不适用。

正因为世界观和方法论有上述区别，哲学史上才会出现某些世界观和方法论背离的情况；也正因为世界观与方法论各有其相对独立性，才给人们提供了在一定条件下单独研究世界观或方法论的可能性，人们才据此把哲学分为两大类别：一类是理论哲学（基础哲学或纯哲学），一类是应用哲学（部门哲学或哲学分支学科）。理论哲学着重于世界观即哲学基本概念、范畴、原理等的研究；其特点是具有高度的抽象性、思辨性。应用哲学侧重于方法论的研究，即把哲学基本概念、范畴、原理应用于各门具体科学或实际工作，解决其中带有普遍性的问题，并概括出具有普遍意义的理论来；其特点是哲理性、中介性、应用性。应用哲学从哲学问题的高度对某一领域中最基本的关系做深入的分析，揭示其深层次本质和规律，在哲学与具体科学或实际工作之间设置中间环节，架起由此及彼的桥梁，为具体科学或实际工作指明方式，给人们思维方式、行为方式提供指导。

理论哲学与应用哲学这种哲学分类的历史依据，可以追溯到哲学史上康德把哲学区分为"理论哲学"和"实践哲学"的先例①，其现实依据可以参照自然科学中的"基础研究"与"应用研究"之分。就马克思主义哲学的范围来说，马克思的《1844 年经济学哲学手稿》《关于费尔巴哈的提纲》，马克思、恩格斯的《德意志意识形态》，恩格斯的《反杜林论》（哲学编），列宁的《哲学笔记》，毛泽东的《实践论》《矛盾论》等著作都可以看作理论哲学；而马克思的《资本论》，列宁的《帝国主义论》，毛泽东的《中国社会各阶级的分析》《论持久战》《新民主主义论》《论十大关系》等，则属于应用哲学。纵观马克思主义经典作家的著作，理论哲学只占一小部分，应用哲学占了绝大部分。马克思、恩格斯将哲学原理应用于社会、经济、历史、文化、自然科学与工人运动等多个方面，获得了巨大的成功。对此，列宁曾经给予高度评价："运用唯物主义辩证法从根本上来修改整个政治经济学，把唯物主义辩证法运用于历史、自然科学、哲学以及工人阶级的政治和策略——这就是马克思和恩格斯最为关注的事情，这就是他们作出最重要、最新的贡献的领域，这就是他们在革命思想史上迈出的天才的一步。"② 列宁的著作大部分都是应用性的。毛泽东的著作，从公开出版的《毛泽东选集》《毛泽东文集》《建国以来毛泽东文稿》等来看，属于理论哲学的著作是少量的，绝大部分是应用性的，即应用马克思主义的哲学理论、观点与方法去分析中国革命与建设的实际

---

① 参见［德］康德《批判力批判》上册，宗白华译，商务印书馆 1964 年版，第 8—9 页。

② 《列宁全集》第 24 卷，人民出版社 1990 年版，第 276 页。

问题，把马克思主义哲学化为党的思想路线和工作路线、思想方法和工作方法，这是毛泽东对马克思主义哲学所做出的最大贡献。

同上述两大类别哲学形态相联系的则是存在着两大类别的哲学家：一类是专业哲学家，一类是革命家、政治学家兼哲学家。就马克思主义哲学范围来说，前者如俄国的普列汉诺夫等，苏联时期的米丁、尤金等，中国的李达、艾思奇等，后者如马克思、恩格斯、列宁、斯大林、毛泽东等。

根据这种关于哲学和哲学家的区分，看一个人有没有哲学思想，是不是哲学家，不单是要看他有没有专门的哲学著作，他的哲学著作是大部头还是小册子，而且要看他的著作、言谈中是否蕴含着丰富的哲学思想。中国的孔子“述而不作”，他的《论语》是他的学生记录下来的谈话录；老子的《道德经》也不过几千字；古希腊的苏格拉底毕生从事口头辩论，没有著作，只有由其弟子记录下来的一些对话，可是谁能说他们没有丰富的哲学思想，不是思想家、哲学家呢？我们也不能要求作为革命家、政治家兼哲学家的人同专业哲学家一样，更多地从事专门的哲学著述。葛兰西曾经指出：“政治家往往也从事哲学的著作，但是他的‘真正的’哲学恰好应该在他的政治论文中去找。”① 如果职业革命家有专门的哲学著作，在理论哲学方面形成了自己的体系，应该称为名副其实的哲学家；如果没有专门的哲学著作，理论哲学方面没有形成自己的体系，但他能够运用科学的世界观和方法论去研究和解决具体科学或实际工作中的根本问题，并取得了重大的成果，在这个过程中形成一系列相互联系的概念、范畴，理论上有所创新、有所突破，就应该承认其为应用哲学家，这些哲学应该被承认为应用哲学。

邓小平哲学思想不是用各种特定范畴、规律、规则等建构起来的逻辑化的哲学知识体系。但是，在他的论著中，体现出对马克思主义哲学精神实质的深刻体悟，同时他对马克思主义哲学理论与方法的精通，也使他能够熟练地将这些理论与方法积极地运用到社会主义建设的实践中。邓小平的哲学思想是可供直接操作的活的应用哲学。邓小平虽然没有像毛泽东的《实践论》《矛盾论》那样的专门的哲学著作，但他有着十分丰富的哲学思想，他的哲学思想不仅体现在他关于拨乱反正、全面改革的著作、言论中，而且还体现在他关于建设中国特色社会主义的经济、政治、科技、教

---

① ［意大利］葛兰西：《狱中札记》（选），葆煦译，人民出版社1983年版，第85页。

育、文化、民族、军事、外交、统一战线、党的建设等一系列问题的论述中，体现在十一届三中全会以来党的文献中。尤其重要的是，他运用马克思主义的世界观和方法论于中国改革开放和社会主义现代化建设实践，围绕"什么是社会主义、怎样建设社会主义"这个中心问题，形成了关于社会主义发展阶段、道路、本质、动力、模式等基本观点，比较系统地初步回答了像中国这样的经济文化落后国家如何建设社会主义、如何巩固社会主义的一系列问题，并在这个过程中发展了马克思主义的认识论、辩证法、历史唯物主义的某些基本观点。由此可见，尽管邓小平哲学思想并不是以"理论哲学"为特征表现出来的，但它却是具有鲜明的"应用哲学"特征的哲学理论。准确地说，它是以方法论为特征的应用哲学。邓小平哲学思想这种应用哲学具有哲理性、中介性与应用性，它为中国特色社会主义的政治、经济、文化纲领和社会主义初级阶段的基本路线、方针和政策提供了哲学基础和方法论指导。邓小平有着睿智的哲学头脑，堪称我党在实践中运用哲学、运用辩证的典范，可以称为一位十分杰出的应用哲学家，这一点多次受到毛泽东的称赞。毛泽东曾经赞许地说道："总之，要照辩证法办事。这是邓小平同志讲的。我看，全党都要学习辩证法，提倡照辩证法办事。"①

有海外学者认为，邓小平的"猫论"是典型的实用主义思想。如美国学者石池雨认为："邓小平有句很有名的话：'不管白猫黑猫，抓住老鼠就是好猫。'换句话说，他只注重结果，而不注重这些结果是如何带来的。"② 美国政治学家卢西恩·派伊认为，邓小平的政治哲学就是实用主义。他指出实用主义者有很多含义，有时是对那些不讲原则只关心自己利益的腐败政治家的一种委婉说法；有时暗示着一种操作用语，即这里没有更高的价值，"有用便是真理"。派伊进而认为邓小平的"猫论"暗示他不受意识形态的限制而把效率作为指导原则，是讲求实效的实用主义。俄罗斯学者彼沃娃洛娃在《"中国特色社会主义"的构想与探索实践》一文中讲得更为直接："中国学者将继续进行卓有成效的探索以找到国家最有效的进步发展道路。在这一进程中所形成的文明社会到底被称为'有中国特色的社会主义'，还是冠以其他名称，这并不那么重要，重要的在于

① 《毛泽东文集》第 7 卷，人民出版社 1999 年版，第 200 页。
② 齐欣等：《世界著名政治家、学者论邓小平》，上海人民出版社 1999 年版，第 405 页。

它能够给亿万中国人民带来更加无愧于人的生活。显然，为建成这样的文明社会，可以遵循中国的这一格言：'不管白猫黑猫，抓住老鼠就是好猫。'实质上，这是'目的可以证明手段之正确'这一原则的另一种表述。"①

实用主义的创始人皮尔士开辟了实用主义的哲学方向，强调以实际效果确定意义的"效用原理"，实用主义的代表人物詹姆士在这个基础上提出了"实用主义原理"，认为："要弄清一个思想的意义，我们只须断定这思想会引起什么行动。"他要求人们"不是去看最先的事物、原则、'范畴'和假定是必需的东西；而是去看最后的事物、收获、效果和事实"②。海外很多学者以实用主义这种思维方式来分析邓小平的"猫论"，认为：一方面，邓小平的"猫论"像实用主义者所主张的那样只是强调人的主观愿望；另一方面，它像实用主义者所主张的那样只注重效果，即认为"有用即真理"，否定真理的客观性。

准确地说，"猫论"的提出是邓小平哲学思想的"应用哲学"特征最为明显的体现。邓小平的"猫论"中强调的是要注意使用那些"用得上"的方法与思想，在此"用得上"这个标准是不同于实用主义标准的，它更应该被视为"应用哲学"标准。实用主义认为"有用即真理"，是把有用与真理画上等号。詹姆士曾经明确指出："我们思想的真实程度是和思想起媒介作用的成功程度成正比的"，所以，"对于实用主义者，真理成为经验中各种各样确定的、有作用价值的类名"③。不过，值得注意的是，尽管詹姆士将有用与真理画等号是错误的，但有一点却是合理的，那就是强调真理具备有效、有用的属性。客观地说，人们在获得了正确的认识（真理）之后，就可以用它来指导自己的行动，使之取得成功，这正是真理的功用、效果，所以，真理具有有用性。任何真理都是有用的，但并不是任何真理都能够在任何时间、任何地点被加以应用，因此，人们对于真理的应用是需要有选择的，也就是说，人们必须在合适的时间、合适的地点与合适的条件下使用合适的真理，只有这样，真理才会发挥积极的作用。由此可见，邓小平的"猫论"的重要意义就在于，在有用的真理中

---

① 成龙等：《海外邓小平理论研究四大问题观点综述》，《攀登》2004年第2期。

② ［美］詹姆士：《实用主义》，陈羽伦、孙瑞禾译，商务印书馆1979年版，第26、31页。

③ 同上书，第37—38页。

又区分出在一定的时间、地点与条件下能够发挥有用性的真理与尚且不能发挥有用性的真理。在邓小平那里，能够得到应用即"用得上"，且能够发挥有用性的真理就是值得肯定的真理，就是"好猫"。因此，被应用、"用得上"与发挥有用性，成了衡量那些值得肯定的真理的重要标准。对于邓小平来说，真理是否能够得到"应用"是摆在头等重要位置上的。

（三）邓小平哲学思想与"问题意识"

问题意识是理论创新的起点和动力，同样适应马克思主义哲学理论的创新和发展。邓小平哲学思想形成和发展的过程，既是马克思主义哲学中国化的过程，也是中国共产党人应用马克思主义的方法去观察问题、提出问题、研究问题和解决问题的过程。从根本上说，邓小平哲学思想之所以具有极为明显的理论创新性是与其坚定的问题意识密不可分的，而且这一点也使之与纯理论性的哲学思想有着巨大的差异性，成为真正的"应用哲学"。

问题意识是邓小平哲学思想发展的重要逻辑起点。所谓逻辑起点，就是一个思想进程或理论建构的历史背景与现实依据。恩格斯曾经明确指出："逻辑的方式是唯一适用的方式。但是，实际上这种方式无非是历史的方式，不过摆脱了历史的形式以及起扰乱作用的偶然性而已。历史从哪里开始，思想进程也应当从哪里开始，而思想进程的进一步发展不过是历史过程在抽象的、理论上前后一贯的形式上的反映。"① 从这段论述中可以看到，历史本身的发展是思想进程重要的逻辑根据。对于社会历史发展中出现的各种问题，敢于直面这些问题是一种清醒意识和大智慧，指出问题则是直面问题的逻辑必然。

在探索中国特色社会主义建设的道路上，毛泽东是伟大的开拓者。党的第一代领导集体在这条道路上取得了一些初步的成果，但是挫折与失误却使中国的社会主义建设之路一度陷入迷途。特别是"文化大革命"的灾难导致问题层出不穷，面对种种社会问题，邓小平忧心忡忡。1975 年，重新恢复工作的邓小平集中探讨并大胆地指出了各方面存在的问题：1 月,邓小平在中国人民解放军总参谋部机关团以上干部会上的讲话中指出："这些年来，我们军队出现了一个新的大问题，就是闹派性，有的单

---

① 《马克思恩格斯文集》第 2 卷，人民出版社 2009 年版，第 603 页。

位派性还很严重。""再一个问题是军队的纪律很差。"① 3 月，邓小平在中共省、市、自治区委员会主管工业的书记会议上讲话指出："怎样才能把国民经济搞上去？分析的结果，当前的薄弱环节是铁路。铁路运输的问题不解决，生产部署统统打乱，整个计划都会落空。所以中央下决心要解决这个问题。"② 5 月，邓小平在《当前钢铁工业必须解决的几个问题》的讲话中指出："当前，钢铁工业重点要解决四个问题。"③ 包括领导班子问题、派性问题、落实政策问题、加强组织纪律性问题等。7 月，邓小平在《加强党的领导，整顿党的作风》的讲话中指出："毛泽东同志讲军队要整顿，整个党也有这个问题，特别是在党的领导和党的作风方面。"④ 7月，邓小平在中共中央军委扩大会议的讲话中再次总结军队建设存在的问题："军队建设中确实存在不少问题，在座的许多同志也有这个感觉。我想了一下，有五个字：肿、散、骄、奢、惰。"⑤ 8 月，邓小平在《关于国防工业企业的整顿》的讲话中指出国防工业企业中存在的领导班子问题，并强调："领导班子问题一定要抓紧解决，要找一些能够办事、敢于办事的同志来负责。"⑥ 总之，我们不难发现，在"文化大革命"结束前一年的时间内，邓小平在各种公开场合的讲话和报告中，无一例外不是在谈论"问题"，充分体现了其敏锐的问题意识。在这里，他不仅谈到了军队中的派性问题、纪律问题、党风问题、领导班子问题等，而且还谈到了国民经济建设中的铁路问题、钢铁问题等。

全面整顿是邓小平直面问题的积极态度和大胆举措。"文化大革命"的长时间动乱，整个国家积聚了太多的问题，该如何直面，积极应对？对此，邓小平以他的远见卓识、丰富的政治经验和高超的领导艺术，在千头万绪中沉着应战，提出要对各行各业实行全面整顿。邓小平指出："当前，各方面都存在一个整顿的问题。农业要整顿，工业要整顿，文艺政策要调整，调整其实也是整顿。要通过整顿，解决农村的问题，解决工厂的问题，解决科学技术方面的问题，解决各方面的问题。""现在问题相当

① 《邓小平文选》第 2 卷，人民出版社 1994 年版，第 1—2 页。
② 同上书，第 5 页。
③ 同上书，第 8 页。
④ 同上书，第 12 页。
⑤ 同上书，第 15 页。
⑥ 同上书，第 25 页。

多，要解决，没有一股劲不行。要敢字当头，横下一条心。"① 面对诸多
问题，千头万绪，眉毛胡子一把抓无益于问题的解决，在邓小平看来，抓
住核心问题是关键的一步。毛泽东在《矛盾论》中曾指出："研究任何过
程，如果是存在着两个以上矛盾的复杂过程的话，就要用全力找出它的主
要矛盾。捉住了这个主要矛盾，一切问题就迎刃而解了。"② 这是毛泽东
积极主张抓住主要矛盾思想的准确概述。邓小平正是在这种科学思维方法
的指导下，一针见血地指出："整顿的核心是党的整顿。只要抓住整党这
个中心环节，各个方面的整顿就不难。"③ 可见，直面党在社会主义建设
初期和"文化大革命"期间所造成的一切问题，运用智慧大胆探索，抓
住核心，提出全面整顿的理念是邓小平哲学思想的历史背景和现实依据。
在一定程度上，我们可以说邓小平哲学思想正是在问题意识中催生出来的
产物。

　　研究问题是邓小平哲学思想的发展动力。在邓小平那里，敢于直面问
题，有着强烈的问题意识，是其哲学思想发展的重要的逻辑起点。但仅仅
具有问题意识是远远不够的，认真研究问题、寻求解决问题的方案则是更
为重要的。邓小平哲学思想的实质就是运用马克思主义的立场、观点、方
法来研究中国实践中遇到的具体问题。马克思主义的认识论认为科学理论
研究的任务就是通过现象去认识本质，人们只有通过对大量现象的研究，
才能发现事情的本质，达到科学的认识。邓小平正是在仔细认真地研究了
种种纷繁复杂的"问题"现象之后，把握住了隐藏在问题现象背后的本
质。新中国成立以来，我们在社会主义建设过程中的失误与挫折，种种问
题的产生，归根结底，就在于我们对"什么是社会主义，如何建设社会
主义"这一本质问题没有完全搞清楚，因此必须加以系统研究，科学地
回答这一理论难题。1985 年邓小平在会见坦桑尼亚联合共和国副总统姆
维尼的谈话中说："我们马克思主义者过去闹革命，就是为社会主义、共
产主义崇高理想而奋斗。现在我们搞经济改革，仍然要坚持社会主义道
路，坚持共产主义的远大理想，年轻一代尤其要懂得这一点。但问题是什
么是社会主义，如何建设社会主义。我们的经验教训有许多条，最重要的

　　① 《邓小平文选》第 2 卷，人民出版社 1994 年版，第 35 页。
　　② 《毛泽东选集》第 1 卷，人民出版社 1991 年版，第 322 页。
　　③ 《邓小平文选》第 2 卷，人民出版社 1994 年版，第 35 页。

一条，就是要搞清楚这个问题。"① 邓小平一针见血，抓住了问题现象后的本质问题。

解决实际问题是邓小平哲学思想保持生命力的重要源泉。邓小平提出问题、分析研究问题的目的不在于找出普遍适用的公式，而是要解决实际问题，解决中国社会主义建设中的实际问题。邓小平曾经明确指出："我们开会，作报告，作决议，以及做任何工作，都为的是解决问题。"② 应当说，邓小平哲学思想就是一个不断为解决实践问题而提出的方针、政策、办法、措施进行总结概括，上升到理论的过程。邓小平哲学思想在解决问题方面积累了宝贵的经验，这些宝贵的经验是邓小平哲学思想保持生命力的重要源泉。

在邓小平那里，解决问题的思想前提是，解放思想、实事求是；解决问题的途径是，群众路线；解决问题的根本方法是，大胆实验、探索前进。正是基于这三点，邓小平哲学思想始终保持着与时俱进的理论品质，始终坚持着以发展的观点去理解马克思主义哲学。

在解决社会主义现代化建设实践中的各种问题时，邓小平非常重视走群众路线，他指出："在实现四个现代化的进程中，必然会出现许多我们不熟悉的、预想不到的新情况和新问题。尤其是生产关系和上层建筑的改革，不会是一帆风顺的，它涉及的面很广，涉及一大批人的切身利益，一定会出现各种各样的复杂情况和问题。"但是，"只要我们信任群众，走群众路线，把情况和问题向群众讲明白，任何问题都可以解决，任何障碍都可以排除"③。在这里，邓小平强调了在涉及群众切身利益的问题上走群众路线的重要性。邓小平还认为："群众是我们力量的源泉，群众路线和群众观点是我们的传家宝。党的组织、党员和党的干部，必须同群众打成一片，绝对不能同群众相对立。""一定要努力帮助群众解决一切能够解决的困难。暂时无法解决的困难，要耐心恳切地向群众解释清楚。"④在此群众路线与群众观点作为党的传家宝的重要意义得到了充分阐述。邓小平以其丰富的政治经验为我们指出了解决问题的途径以及在解决问题过

---

① 《邓小平文选》第 3 卷，人民出版社 1993 年版，第 116 页。
② 《邓小平文选》第 2 卷，人民出版社 1994 年版，第 113 页。
③ 同上书，第 152 页。
④ 同上书，第 368 页。

程中应该注意的问题，是我们应该牢记和遵循的原则。

　　有问题就得想办法去解决。问题解决了，社会就会朝前发展。邓小平强调："有好多问题不能用老办法去解决，能否找个新办法？新问题就得用新办法。"① 在这里，邓小平明确提出新问题就得用新办法这一点是具有创新性的，反映出对于新情况、新问题的出现采取新办法解决的重视，这是新形势下的反对教条主义。邓小平采取的新办法包括：一是大胆试验；二是摸索前进。他认为："从另一个意义来说，我们现在做的事都是一个试验。对我们来说，都是新事物，所以要摸索前进。"② 邓小平的"摸索"和"试验"的理论并不是盲目的冒进，它要求遵循三个原则：第一，及时总结经验，这是避免在试验和摸索中犯大错误的保证。邓小平指："我们走的路还会有曲折，错误也是难免的，但我们力求及时总结经验，不要犯大的错误。"③ 第二，不搞争论，这是成功解决问题的原则。邓小平说："不搞争论，是我的一个发明。不争论，是为了争取时间干。一争论就复杂了，把时间都争掉了，什么也干不成。"④ 第三，坚持"三个有利于"，这是检验"试验"成果的判断标准。

（四）邓小平哲学思想与中国特色社会主义理论体系哲学思想

　　在党的第十七次全国代表大会上，胡锦涛首次提出了"中国特色社会主义理论体系"这一概念。他在报告的第二部分中指出："改革开放以来我们取得一切成绩和进步的根本原因，归结起来就是：开辟了中国特色社会主义道路，形成了中国特色社会主义理论体系。高举中国特色社会主义伟大旗帜，最根本的就是要坚持这条道路和这个理论体系。"⑤ 对于这一全新的概念，胡锦涛还做出了科学的界定："中国特色社会主义理论体系，就是包括邓小平理论、'三个代表'重要思想以及科学发展观等重大战略思想在内的科学理论体系。"⑥ 中国特色社会主义理论体系是经过实事求是、解放思想、与时俱进的过程才得以创立的。毛泽东对马克思主义

---

① 《邓小平文选》第3卷，人民出版社1993年版，第50页。
② 同上书，第174页。
③ 同上书，第256页。
④ 同上书，第374页。
⑤ 《十七大以来重要文献选编》（上），中央文献出版社2009年版，第69页。
⑥ 同上书，第566页。

中国化以及社会主义建设规律进行了艰辛探索。在这个基础上，邓小平在改革开放新的历史条件下形成了建设中国特色社会主义理论，即邓小平理论，它是中国特色社会主义理论体系的第一个阶段性成果，是中国特色社会主义理论体系的起点，是中国特色社会主义理论体系的基础部分。

　　1982 年 9 月，邓小平在党的十二大开幕词中指出："把马克思主义的普遍真理同我国的具体实际结合起来，走自己的道路，建设有中国特色的社会主义，这就是我们总结长期历史经验得出的基本结论。"① 在此，邓小平明确提出了"有中国特色的社会主义"这个新概念，这是在中国特色社会主义理论体系建设过程中重大的思想突破，由此中国特色社会主义理论体系建设开始真正从自发走向自觉。党的十六大去掉了"有中国特色的社会主义"这个提法中的"有"和"的"两个字，使概念的表述更加明了与简洁。"中国特色社会主义"概念，是由"中国特色"与"社会主义"共同组成，其中，社会主义是对其的定性，中国特色则是地域定位，这种定性与定位表明了中国特色社会主义自身的独立存在意义。中国特色社会主义是社会主义一般规律在当代中国的实现形态，是科学社会主义在当代中国的应用与发展。随着中国特色社会主义概念的逐渐明朗化，中国特色社会主义理论体系的整个框架结构也逐渐明朗化。

　　邓小平理论是中国特色社会主义理论体系的起点，从哲学上看，邓小平哲学思想也具有中国特色社会主义理论体系哲学思想起点的重要意义。1949—1978 年是中国特色社会主义道路曲折前进的 30 年。总结其中的经验教训，可以看到其中的主要理论原因就在于，由于缺少必要的理论准备，因而在一些重大理论与实践问题的认识上存有偏差，这种偏差造成了对工作重点选择上的消极影响。总的来说，在理论与实践问题上的认识偏差主要表现为出现了三个混同：第一个混同是，把经济问题和政治问题不恰当地混同起来，对经济规律尊重和认识不够，把经济发展的速度快慢直接看作政治问题，从而在经济建设上片面夸大人的主观能动性，导致高指标、高速度、高积累。也正是由于这种混同，当经济建设上"左"的错误受到经济规律惩罚时，也就极易大变大革生产关系，进而求助于政治运动。从经济上的冒进发展为盲目变革生产关系，不切实际地夸大阶级斗争的实际状况及其作用，逐渐导致了工作重点的偏置。第二个混同是，把和

---

　　① 《邓小平文选》第 3 卷，人民出版社 1993 年版，第 3 页。

平建设时期的经济利益关系及其调节机制混同于战争时期军事共产主义条件下的利益关系和调节机制，过多用军事、行政手段管理社会，组织经济活动。这就不仅必然造成过多地用行政手段干预经济生活，甚至出现"一大二公""一平二调"等错误的认识或做法，而且也很容易导致忽视经济运动客观规律的存在与作用，导致主观主义、唯心主义盛行。而在经济发生问题时，也就容易通过行政驱动或"革命运动"来谋求新的出路，这就为工作重点的转移和稳定带来重大隐患。第三个混同是，把革命时期和和平建设时期的社会矛盾的性质及其解决方式混同了起来，所以，尽管在一定程度上触及这个问题，并产生过《关于正确处理人民内部矛盾的问题》《论十大关系》这样的好文章，但在实际上往往把大量的人民内部矛盾与真正意义上的阶级斗争混同起来，这就很容易错误地估计国内阶级斗争的形势，很难及时发现和纠正阶级斗争扩大化的错误倾向，从而使得工作重点的转移很难一以贯之地坚持下去。

从哲学上看，邓小平哲学思想能够成为中国特色社会主义理论体系哲学思想的重要起点，主要就在于从哲学上较好地解决了上述三个认识混同问题。

第一，运用唯物史观较好地解决了把经济问题和政治问题不恰当地混同起来的问题，使经济问题受到了足够的重视。

在邓小平那里解决经济问题与政治问题混同起来的关键，并不在于严格区分经济问题与政治问题，而是在于运用唯物史观将经济问题提高到政治问题的高度来加以认识，从而使经济问题的重要性引起人们足够的重视。改革开放之初，邓小平在总结历史经验教训时明确指出："近三十年来，经过几次波折，始终没有把我们的工作着重点转到社会主义建设这方面来，所以，社会主义优越性发挥得太少，社会生产力的发展不快、不稳、不协调，人民的生活没有得到多大的改善。十年的文化大革命，更使我们吃了很大的苦头，造成很大的灾难。"[1] 因此，拨乱反正，最重要的就是要把党的注意力真正转移到发展生产力上，不受任何干扰，一心一意搞四化。对此，邓小平十分严肃地强调："现在要横下心来，除了爆发大规模战争外，就要始终如一地、贯彻始终地搞这件事，一切围绕着这件事，不受任何干扰。就是爆发大规模战争，打仗以后也要继续干，或者重

---

① 《邓小平文选》第 2 卷，人民出版社 1994 年版，第 249 页。

新干。我们全党全民要把这个雄心壮志牢固地树立起来，扭着不放，'顽固'一点，毫不动摇。"① 邓小平还多次讲到，我们的一个重要指导思想，就是首先要把经济建设搞上去，"现代化建设的任务是多方面的，各个方面需要综合平衡，不能单打一。但是说到最后，还是要把经济建设当作中心。离开了经济建设这个中心，就有丧失物质基础的危险。其他一切任务都要服从这个中心，围绕这个中心，决不能干扰它，冲击它"②。

什么是党的政治路线？1979 年 7 月 29 日，邓小平指出："我们的政治路线就是搞社会主义现代化建设。"③ 在此，社会主义现代化建设被提到党的政治路线的高度。1980 年 1 月 16 日，他又指出："这条路线我们已经制定出来了。叶剑英同志的国庆讲话，这样表述我们的这个总任务，或者叫总路线：团结全国各族人民，调动一切积极因素，同心同德，鼓足干劲，力争上游，多快好省地建设现代化的社会主义强国。这是第一次比较完整地表述了我们现在的总路线。"④ 在这里，党的政治路线的内容更加全面完整。以后，他又多次阐述了这条政治路线。党的十三大根据邓小平的一贯思想并集中全党的智慧，制定了党在社会主义初级阶段的基本路线，这就是："领导和团结全国各族人民，以经济建设为中心，坚持四项基本原则，坚持改革开放，自力更生，艰苦创业，为把我国建设成为富强、民主、文明的社会主义现代化国家而奋斗。"⑤ 这是对邓小平新时期政治路线论述的丰富与发展。这条基本路线的核心是以经济建设为中心，坚持四项基本原则，坚持改革开放，概括地说，就是"一个中心，两个基本点"。

第二，运用唯物史观的基本原理将利益问题提高到其应有的重要位置上，从而较好地解决了把和平建设时期的经济利益关系及其调节机制混同于战争时期军事共产主义条件下的利益关系和调节机制的问题。

马克思指出："它正确地猜测到了人们为之奋斗的一切，都同他们的利益有关。"⑥ 同时他还强调："'思想'一旦离开'利益'，就一定会使

---

① 《邓小平文选》第 2 卷，人民出版社 1994 年版，第 249 页。

② 同上书，第 250 页。

③ 同上书，第 191 页。

④ 同上书，第 248—249 页。

⑤ 《十三大以来重要文献选编》（中），人民出版社 1991 年版，第 1216 页。

⑥ 《马克思恩格斯全集》第 1 卷，人民出版社 1995 年版，第 187 页。

自己出丑。"① 在这里，马克思明确地提出了人们的努力与利益之间的内在联系，甚至强调了思想与利益之间不可分割的内在联系。早在 1965 年邓小平在谈到土地革命中的"左"的问题时，就说"他们不懂得地主不分田，地主的嘴巴要不要吃饭？富农分坏田，富农的嘴巴要不要吃饭？如果地主、富农要吃饭，他们又没有田，怎么办？"② 在此邓小平从人的基本生存角度证明了"左"的荒谬性。改革最重要的是利益成果的分配。关于改革成果包括物质利益的分配，邓小平有过非常精辟的论述，他曾经指出："不讲多劳多得，不重视物质利益，对少数先进分子可以，对广大群众不行，一段时间可以，长期不行。革命精神是非常宝贵的，没有革命精神就没有革命行动。但是，革命是在物质利益的基础上产生的，如果只讲牺牲精神，不讲物质利益，那就是唯心论。"③ 邓小平把"只讲牺牲精神，不讲物质利益"明确地界定为唯心论。

邓小平指出："我们当前以及今后相当长一个历史时期的主要任务是什么？一句话，就是搞现代化建设。能否实现四个现代化，决定着我们国家的命运、民族的命运。在中国的现实条件下，搞好社会主义的四个现代化，就是坚持马克思主义，就是高举毛泽东思想伟大旗帜。你不抓住四个现代化，不从这个实际出发，就是脱离马克思主义，就是空谈马克思主义。社会主义现代化建设是我们当前最大的政治，因为它代表着人民的最大的利益、最根本的利益。"④ 在这里，通过将社会主义现代化建设的最终落脚点落实到人民的利益上，邓小平重新理顺了和平建设时期的经济利益关系与战争时期军事共产主义条件下的利益关系和调节机制。

如果说战争时期军事共产主义条件下可能会将牺牲人民群众当下的利益作为战时的需要的话，那么在和平建设时期人民群众的利益就是最大的、最根本的、必须尽力加以保证的。党的十一届三中全会前夕，1978年 12 月召开的中央工作会议上，邓小平就指出：经济工作"是今后主要的政治。离开这个主要的内容，政治就变成空头政治，就离开了党和人民的最大利益"⑤。1992 年年初，邓小平视察南方时再次强调："关键是坚

---

① 《马克思恩格斯文集》第 1 卷，人民出版社 2009 年版，第 286 页。
② 《邓小平文选》第 1 卷，人民出版社 1994 年版，第 341 页。
③ 《邓小平文选》第 2 卷，人民出版社 1994 年版，第 146 页。
④ 同上书，第 162—163 页。
⑤ 同上书，第 150 页。

持'一个中心、两个基本点'。不坚持社会主义，不改革开放，不发展经济，不改善人民生活，只能是死路一条。基本路线要管一百年，动摇不得。只有坚持这条路线，人民才会相信你，拥护你。"① 这条基本路线，是我们建设中国特色社会主义的生命线。

在确立了在社会主义时期广大人民群众的利益是最大的利益之后，邓小平又重新梳理了如何保证人民群众的利益问题。依据马克思主义关于社会主义的分配原理，结合我国的实际情况，在总结我国社会主义建设经验教训的基础上，邓小平明确提出：贫穷不是社会主义，同步富裕又是不可能的，必须允许和鼓励一部分地区一部分人先富起来，以带动越来越多的地区和人们逐步达到共同富裕。

第三，通过科学运用辩证法，较好地解决了把革命时期和和平建设时期的社会矛盾的性质及其解决方式混同起来的问题。

在革命时期，社会矛盾的性质主要是阶级矛盾，因此需要用阶级斗争的方式加以解决。进入和平建设时期，社会矛盾的性质发生了变化，主要需要通过民主的方式来加以解决。过去，我们曾经认为，民主仅仅是一个手段，从而在实际上导致了对民主政治建设的忽视；邓小平纠正了这种错误的认识，明确指出："没有民主就没有社会主义，就没有社会主义的现代化。"② 民主既是手段，更是目的，我们必须推进民主政治建设。邓小平认为，保持政治、社会稳定，是中国实现现代化的基本前提之一，"要有一个安定的政治环境。不安定，政治动乱，就不可能从事社会主义建设"③。而发扬社会主义民主，就可以使人民群众能够通过各种渠道充分反映自己的意见和要求，"群众有气就要出，我们的办法就是使群众有出气的地方，有说话的地方，有申诉的地方"④。有了小民主，群众就不会搞"大民主"。另外，社会主义民主还意味着对极少数敌对分子实行专政，以维护正常的社会秩序、生产秩序与工作秩序。

（五）邓小平哲学思想与马克思主义哲学思想

前面我们分析了邓小平哲学思想与毛泽东哲学思想之间的内在联系，

---

① 《邓小平文选》第 3 卷，人民出版社 1993 年版，第 370—371 页。
② 《邓小平文选》第 2 卷，人民出版社 1994 年版，第 168 页。
③ 《邓小平文选》第 3 卷，人民出版社 1993 年版，第 124 页。
④ 《邓小平文选》第 1 卷，人民出版社 1994 年版，第 273 页。

同时还阐述了其理论特点，及其与中国特色社会主义理论体系哲学思想之间的内在关系。当然，也正是从这些分析中可以进一步看到，由于毛泽东哲学思想是马克思主义哲学思想的继承与发展，因此，从大的方向上说，邓小平哲学思想不仅应视为对毛泽东哲学思想的继承与发展，而且可以更加直接地被视为对马克思主义哲学思想的继承与发展。只有这样，我们才能真正从马克思主义哲学思想发展史的角度来准确把握邓小平哲学思想的重要意义与历史地位。邓小平哲学思想是对马克思主义思想的继承与发展，主要体现为以下几方面。

1. 回到马克思，纠正晚年毛泽东错误

邓小平对于晚年毛泽东在哲学认识上的一些错误纠正表现出两种方式，一种是以回到毛泽东的方式，另一种则是以回到马克思的方式。前一种如我们前面我们专门分析过的那样，体现为对于毛泽东曾经倡导的"实事求是""实践是检验真理的唯一标准"等内容的积极恢复。后一种则表现为对于马克思思想的正视与回归。如毛泽东将知识分子说成是"臭老九"，邓小平却提出了"科学技术是第一生产力"①。这一论断，不仅从质的方面肯定了科学技术在本质上属于生产力的范畴，而且从量的方面指出了现代科学技术在现代生产力诸要素中的"第一"的地位。再如，为了纠正晚年毛泽东大力强调道德治国，邓小平积极主张"马克思主义的基本原则就是要发展生产力"②，从而进一步明确了发展生产力的重要性。

2. 为马克思主义哲学思想注入新鲜血液

邓小平是毛泽东思想的继承者，同时也是中国特色社会理论体系的开创者。但是，毛泽东也好，邓小平也好，作为马克思主义中国化的主要代表人物，都有一个面对在探索过程中遇到的困难、挫折乃至失败，要寻找新出路，从而催生出马克思主义中国化新成果的过程。针对着失败，针对着挫折，针对着过去认为是正确而实践证明是不正确的东西，这样才能创造出新的东西。新涌现出来的东西与马克思主义原来的东西有所不同，这才是重要的创新。因此，从马克思主义哲学思想发展的角度来看，理论创新既是一个推陈出新的过程，也是一个让一些被视为"异端"的创新性

---

① 《邓小平文选》第 3 卷，人民出版社 1993 年版，第 274 页。

② 同上书，第 116 页。

思想成为主流思想的过程。

毛泽东思想中包含着许多重大的甚至被某些马克思主义者认为是"异端"的创新。比如，中国革命的道路，是城市中心还是农村包围城市？过去马克思主义者只有过以城市为中心的革命经验，毛泽东创造了一条在偏远的农村开辟革命根据地、以农村包围城市、最后夺取城市的新道路。这是马克思主义的发展，还是离开了马克思主义的"异端"？还有，谁能担当中国革命主力军的角色？毛泽东说，中国革命的主力军是农民，中国革命战争实际上是农民战争，中国工人阶级是中国革命的领导力量，但在全国人口中的比重太小。从认为不以工人为主力军就不能算是共产党的传统观点看来，这又像是"异端"。就是说，马克思主义中国化，要创造出一些习惯上不认为是马克思、列宁的东西，在持马克思主义传统观点的人看来，有点"左道旁门"，有点"另类"，有点"异端"，有点"非主流"。而真正的创新，恰恰就是从这里创造出来的。

邓小平也说过"异端"问题。针对党的十二届三中全会通过的《关于经济体制改革的决定》，邓小平强调："这次经济体制改革的文件好，就是解释了什么是社会主义，有些是我们老祖宗没有说过的话，有些新话。我看讲清楚了。过去我们不可能写出这样的文件，没有前几年的实践不可能写出这样的文件。写出来，也很不容易通过，会被看作'异端'。"① 邓小平的讲话，有过两个版本。一个是原来收在《建设有中国特色的社会主义》小册子中的简本，一个是后来收到《邓小平文选》第3卷中的全本。全本中收入了简本中没有的许多段落和字句。"会被看作'异端'"这一句，就是简本中没有而全本中按照原记录并经邓小平同意增加进来的。这不是什么秘密，只要对照一下公开出版过的小册子和文选，就可以看得明明白白。②

尽管中国特色社会主义道路"始于毛，成于邓"这一论断目前仍存在着争议，但是，邓小平在中国特色社会主义道路的探索中做出了开创性的贡献这一点却是人们的共识。在党的十二大上，邓小平首次提出"建设有中国特色的社会主义"的论断，提出走自己的路、建设中国特色社会主义，开辟了我国改革发展和社会主义建设的新道路。邓小平的这次讲

---

① 《邓小平文选》第3卷，人民出版社1993年版，第91页。

② 参见龚育之《马克思主义中国化与"异端"问题》，《中共党史研究》2007年第3期。

话，标志着中国特色社会主义理论主题的正式提出。党的十三大阐述了社会主义初级阶段理论和"一个中心、两个基本点"的党的基本路线，确定了建设中国特色社会主义的指导方针和"富强、民主、文明"的现代化目标，制定了经过"三步走"实现社会主义现代化的发展战略，并提出了政治体制改革的任务。这次大会描绘了中国特色社会主义的基本轮廓，标志着中国特色社会主义理论开始构建。党的十四大提出，中国特色社会主义理论"第一次比较系统地初步回答了中国这样的经济文化比较落后的国家如何建设社会主义、如何巩固和发展社会主义的一系列基本问题"[①]。这次会议把建设中国特色社会主义理论的主要内容概括为九个方面，并确定社会主义市场经济体制为我国经济体制改革的目标，提出用邓小平建设中国特色社会主义理论武装全党，并将建设中国特色社会主义理论写入党章。在党的十五大上，首次提出"邓小平理论"的新概念，并把邓小平理论作为党的指导思想写入党章。大会报告认为，邓小平理论已经成为马克思主义在中国发展的新阶段，邓小平理论的形成，标志着中国特色社会主义理论体系基本形成。

邓小平哲学思想是邓小平理论的重要组成部分，因此，对于邓小平理论在中国特色社会主义理论体系建设以及马克思主义中国化道路上特殊地位的积极肯定，同时也表明我们需要充分肯定邓小平哲学思想的特殊贡献。无论从中国特色社会主义理论体系哲学思想还是从马克思主义中国化道路的角度来看，邓小平哲学思想都具有特殊意义上的重大贡献，它已在实现的马克思主义中国化新的发展过程中，为马克思主义哲学思想注入了以往并不具有的新的理论血液。这些新的理论血液，体现的是邓小平哲学思想对马克思主义哲学思想的继承与发展，并会作为马克思主义哲学思想的重要组成部分，长存于马克思主义哲学思想史中。

从改革开放的角度来看，邓小平哲学思想为马克思主义哲学思想所做出的最为重要的贡献就在于明确指出"改革也是一场革命，也是解放生产力"[②]。正是这一论断开启了中国特色社会主义道路的新篇章。马克思主义唯物辩证法告诉我们，事物的内部矛盾双方既统一又斗争，是事物运动、变化、发展的源泉和动力。同样，社会的发展是社会基本矛盾推动

① 《十四大以来重要文献选编》（下），人民出版社 1999 年版，第 2311 页。
② 《十四大以来重要文献选编》（上），人民出版社 1996 年版，第 11 页。

的，即生产力与生产关系、上层建筑与经济基础的矛盾既对立又统一地推动社会向前发展。由此产生了生产关系一定要适应生产力、上层建筑一定要适应经济基础性质的规律。实践证明，只有遵循这一规律，社会才能向前发展。邓小平明确指出："社会主义阶段的最根本任务就是发展生产力，社会主义的优越性归根到底要体现在它的生产力比资本主义发展得更快一些、更高一些，并且在发展生产力的基础上不断改善人民的物质文化生活。"① 他甚至强调："一定要使生产力发达。"② 邓小平实际上还将马克思主义唯物史观的基本原理向前推进了一步，他不仅要我们从是否促进生产力发展的角度来理解生产关系的性质，同时还创造性地提出了衡量社会主义生产关系的标准，看它是否能促进社会主义生产力的发展观点。因此在生产关系、上层建筑某些方面与生产力不相适应的地方，必须进行改革，使生产关系适应生产力的发展。改革不仅是对经济结构的改造，也是对社会结构的改造，它不仅触及所有制形式、交换关系和分配关系，还触及人们的思想、观念和习俗。因此改革是一场革命，是社会主义制度的发展和完善。一句话，改革就是解放生产力、发展生产力，是社会主义社会发展的重要动力。邓小平反复说，改革已经给我们带来了可喜的成果，"中国不走这条路，就没有别的路可走。只有这条路才是通往富裕和繁荣之路"③。

3. 构建中国特色社会主义理论体系哲学思想主体内容与基本框架

　　邓小平哲学思想是在改革开放的伟大实践中形成和发展起来的，以哲学的方式科学地回答了"什么是社会主义，怎样建设社会主义"这一根本问题，开创了中国特色社会主义建设的新局面。在继承和发展邓小平哲学思想的基础上，在中国特色社会主义现代化的建设发展的新的历史条件下，以江泽民为核心的党的第三代领导集体创立了"三个代表"重要思想，科学回答了"建设什么样的党，怎样建设党的问题"；以胡锦涛为核心的新一届党中央领导集体提出的科学发展观，进一步回答了"实现什么样的发展，怎么发展"的问题。对这几个重大问题的回答实质上都是根据新的社会实践，围绕建设和发展中国特色社会主义这一理论主题展开

① 《邓小平文选》第3卷，人民出版社1993年版，第63页。

② 同上书，第225页。

③ 同上书，第149—150页。

的，是对"什么是社会主义，怎样建设社会主义"的进一步回答。

作为本原性思想，邓小平哲学思想构建了中国特色社会主义理论体系哲学思想的基本框架，主要体现为以下六个方面

第一，将中国特色社会主义理论体系哲学思想的马克思主义唯物主义基础进一步明朗化。中国特色社会主义理论体系哲学思想一定是建立在马克思主义唯物主义基础之上的，这一点的明确是带有根本性的。因此，邓小平在改革开放之初，就鲜明地提出"解放思想、实事求是"以及明确强调"实践是检验真理的唯一标准"等，对于中国特色社会主义理论体系哲学思想的建设是至关重要的。它们保证了中国特色社会主义理论体系哲学思想从一开始就是准确地建立在马克思主义唯物主义思想基础之上。江泽民指出："我们一定要坚持解放思想、实事求是，破除迷信，一切从实际出发，勇于探索，勇于实践，认真总结经验，使改革开放不断深化和不断扩大，更加富有成效。我们的改革，是社会主义制度的自我完善和发展，是发扬优势、革除弊端、大胆创新的过程。"① 在这里我们可以看到，以江泽民为核心的领导集体对于"解放思想、实事求是"的坚持。在党的十七大报告中，胡锦涛指出："解放思想是发展中国特色社会主义的一大法宝，改革开放是发展中国特色社会主义的强大动力。""实践永无止境，创新永无止境。全党同志要倍加珍惜、长期坚持和不断发展党历经艰辛开创的中国特色社会主义道路和中国特色社会主义理论体系，坚持解放思想、实事求是、与时俱进，勇于变革、勇于创新，永不僵化、永不停滞，不为任何风险所惧，不被任何干扰所惑，使中国特色社会主义道路越走越宽广，让当代中国马克思主义放射出更加灿烂的真理光芒。"② 在这里，解放思想被升华为发展中国特色社会主义法宝的高度来加以认识。

第二，建立社会主义初级阶段理论。邓小平在科学地认识中国的国情基础上指出中国处于并将长期处于社会主义初级阶段，制定一切方针政策都必须以这个基本国策为依据，绝不能脱离实际，超越阶段。我国处于社会主义初级阶段，是邓小平对当时中国国情的科学判断，不仅是邓小平理论的重要理论前提，更是"三个代表"重要思想和科学发展观的理论前提，是我们制定和执行正确的路线和政策的根本依据。

---

① 《江泽民文选》第 1 卷，人民出版社 2006 年版，第 163 页。

② 《十七大以来重要文献选编》（上），中央文献出版社 2009 年版，第 9 页。

第三，完善社会主义本质论。"什么是社会主义，怎样建设社会主义"是我们在社会主义建设过程中必须搞清楚的首要问题。邓小平根据马克思主义基本原理和社会主义实践经验，明确指出："社会主义的本质，是解放生产力，发展生产力，消灭剥削，消除两极分化，最终达到共同富裕。"① 这一科学概括，揭示了社会主义发展的基本规律，反映了人民的利益和时代的要求，把社会主义的认识提高到新的水平。

第四，明确社会主义动力论。改革也是一场革命，也是解放生产力，是中国现代化的必由之路，僵化停滞是没有出路的。只有吸收和利用世界各国所创造的一切先进文明成果来发展社会主义，才能推进中国特色社会主义建设不断深化发展，封闭只能导致落后挨打。胡锦涛曾经肯定地说："改革开放是决定当代中国命运的关键抉择，是发展中国特色社会主义、实现中华民族伟大复兴的必由之路。"②

第五，指明社会主义市场经济论。面对社会主义能否发展市场经济问题，邓小平明确指出："计划经济不等于社会主义，资本主义也有计划；市场经济不等于资本主义，社会主义也有市场。计划和市场都是经济手段"③。在这里邓小平以全新的视野重新谈论了社会主义与计划经济、资本主义与市场经济之间的关系。准确地说，只有正确地认识计划和市场的性质，我们才有可能把社会主义制度和市场经济结合起来，建立与完善社会主义市场经济，建立以公有制为主体的多种所有制经济并存的所有制结构，以及在此基础上的以按劳分配为主体的多种分配方式并存的分配制度，从而找到新的社会主义制度实现形式。对于邓小平的观点，江泽民进行了积极的回应，在他看来："计划和市场都是经济手段，计划多一点还是市场多一点，不是社会主义与资本主义的本质区别。"④ 江泽民还指出："恩格斯在《一八九一年社会民主党纲领草案批判》一文中，针对资本主义发展到出现了股份公司经营和托拉斯的情况，提出由股份公司经营的资本主义生产已经不再是私人生产，而从股份公司进而来看那支配着和垄断着整个工业部门的托拉斯，那里不仅没有了私人生产，而且也没有了无计

① 《邓小平文选》第3卷，人民出版社1993年版，第373页。
② 《十七大以来重要文献选编》（上），中央文献出版社2009年版，第8页。
③ 《邓小平文选》第3卷，人民出版社1993年版，第373页。
④ 《江泽民文选》第3卷，人民出版社2006年版，第25页。

划性。马克思在《〈政治经济学批判〉序言》中说，无论哪一个社会形态，在它所能容纳的全部生产力发挥出来以前，是决不会灭亡的；而新的更高的生产关系，在它的物质存在条件在旧社会的胎胞里成熟以前，是决不会出现的。但是，列宁突破了这个论断，提出由于帝国主义经济政治发展不平衡的规律，社会主义革命可以在帝国主义的薄弱环节、在一个国家或几个国家首先获得胜利，并领导十月革命取得了成功。苏联经过七十多年的社会主义建设，却发生了剧变的悲剧，最后解体了、垮台了，这是为什么？其中的原因和教训需要全面深刻地加以总结。总结好了，马克思列宁主义就会有新的发展。马克思列宁主义理论不可能是静止不变的，静止不变就会变成没有生命力的教条。马列主义、毛泽东思想不发展，就不可能有改革开放新政策的产生，就不可能有建设有中国特色社会主义新道路的开辟。"① 坚持社会主义市场经济论，是中国共产党人对于马克思主义重要的理论创新。

第六，重新确立社会主义发展的时代主题。中国社会主义改革开放的历史必然性，不仅表现于它是中国社会发展的客观要求，而且还直接受制于当代世界主题的转换。人类历史上曾经经历过两次世界大战，社会主义国家几乎都是在战火中诞生，并且经历了战争的考验。这样，在以往相当长的一段时间内，战争与革命是时代的主题。这种思维定式，造成"过去我们过多地认为世界大战很快就要打起来，忽视发展生产力，忽视经济建设"②。直到党的十一届三中全会以后，邓小平运用马克思主义的立场、观点与方法，对世界的全球问题进行了新的分析与思考，指出："世界和平力量的增长超过战争力量的增长。"因此，"在较长时间内不发生大规模的世界战争是有可能的，维护世界和平是有希望的"③。"和平与发展成为当今时代主题"是邓小平在科学分析国际环境基础上做出的科学判断，在这一科学判断的基础上确立了改革开放的基本国策，开创了中国特色社会主义建设的新局面。

---

① 《江泽民文选》第 3 卷，人民出版社 2006 年版，第 25—26 页。
② 《邓小平文选》第 3 卷，人民出版社 1993 年版，第 250 页。
③ 同上书，第 127 页。

二　邓小平哲学思想的重要贡献

邓小平哲学思想既是对毛泽东哲学思想的继承与发展，也是对马克思主义哲学思想的继承与发展。从中国特色社会主义理论体系哲学思想的整体来看，邓小平哲学思想为其奠定了坚实的唯物主义基础，其最为重要的理论贡献体现在三个方面：第一，坚持了解放思想和实事求是相统一的彻底的马克思主义唯物论；第二，坚持了围绕"实践是检验真理唯一标准"而展开的马克思主义实践观；第三，对马克思主义唯物史观基本原理进行了创造性的应用与发展。

（一）解放思想和实事求是相统一的彻底唯物论

实事求是是毛泽东哲学思想的精髓，同时也是邓小平哲学思想的精髓。以历史的观点来考察，邓小平对实事求是思想的最大贡献是把解放思想与实事求是统一起来，进一步阐明了实事求是的深刻内涵，以及贯彻实事求是的基本原则和方法，为建设中国特色社会主义理论体系奠定了坚实的唯物论基础。

1. 毛泽东与"实事求是"

实事求是是马克思主义中国化的最高理论产物，是中国革命与建设经验的最高哲学升华，是毛泽东哲学思想的精髓。在中国古代学者那里，"实事求是"指的是一种求实的治学态度。毛泽东在延安整风时期撰写的《改造我们的学习》一文中，把实事求是提高到马克思主义哲学的高度，赋予它新的哲学含义。从世界观和方法论的高度把握实事求是，表现为它是马克思主义的思想路线，是与主观主义根本对立的。对此，毛泽东有一系列的重要论述。毛泽东强调：坚持实事求是，就要"认真地研究情况，从客观的真实的情况出发，而不是从主观的愿望出发"，并认为这是"马克思、恩格斯、列宁、斯大林教导我们"[①] 的。他要求，"看问题不要从抽象的定义出发，而要从客观存在的事实出发，从分析这些事实中找出方针、政策、办法来"，并也指出这是"马克思主义叫我们"[②] 这样做的。

---

① 《毛泽东选集》第 3 卷，人民出版社 1991 年版，第 797 页。

② 同上书，第 853 页。

在这两段论述中，毛泽东都以马克思主义及其经典作家们的教导作为提出实事求是具体思想内容的前提，所反映出来的是毛泽东已充分地将中国传统的实事求是思想与马克思主义之间紧密地联系在一起。毛泽东明确指出："无产阶级的最尖锐最有效的武器只有一个，那就是严肃的战斗的科学态度。共产党不靠吓人吃饭，而是靠马克思列宁主义的真理吃饭，靠实事求是吃饭，靠科学吃饭。"① 在这里实事求是上升到马克思列宁主义真理的高度，是与马克思列宁主义的真理以及科学并列存在的。《新民主主义论》中第一部分是"中国向何处去"？毛泽东在其中写道："科学的态度是'实事求是'，'自以为是'和'好为人师'那样狂妄的态度是决不能解决问题的。我们民族的灾难深重极了，惟有科学的态度和负责的精神，能够引导我们民族到解放之路。真理只有一个，而究竟谁发现了真理，不依靠主观的夸张，而依靠客观的实践。只有千百万人民的革命实践，才是检验真理的尺度。"② 这一段极其重要的论述，从哲学世界观和方法论的高度，对中国近百年来，特别是五四运动以后20多年的丰富革命经验进行了科学总结。也正是在这本著作中，毛泽东总结了中国共产党人对中国国情的认识，系统而完整地阐述了新民主主义革命的理论和纲领，成为运用马克思主义分析和解决中国民主革命问题的光辉典范。

毛泽东在他的著作中经常把实事求是和主观主义两条思想路线加以比较，对主观主义加以揭露与批判。在他看来，所谓主观主义的路线，"就是对周围环境不作系统的周密的研究，单凭主观热情去工作，对于中国今天的面目若明若暗"，"对于中国昨天和前天的面目漆黑一团"。"在这种态度下，就是抽象地无目的地去研究马克思列宁主义的理论。不是为了要解决中国革命的理论问题、策略问题而到马克思、恩格斯、列宁、斯大林那里找立场，找观点，找方法，而是为了单纯地学理论而去学理论。不是有的放矢。"③ 毛泽东指出党的主观主义有两种表现形式，一种是教条主义，另一种是经验主义。教条主义者空谈理论，轻视实际，不是从实际出发，而是从"本本"出发；经验主义者囿于局部经验，轻视理论，把局部经验当成普遍真理。在主观主义的两种表现形式中，尤以教条主义对中

---

①　《毛泽东选集》第3卷，人民出版社1991年版，第835—836页。

②　《毛泽东选集》第2卷，人民出版社1991年版，第662—663页。

③　《毛泽东选集》第3卷，人民出版社1991年版，第799页。

国革命与建设事业的危害最大。主观主义的思想路线，其实质是唯心主义和形而上学，是主观与客观相分裂、认识和实践相脱离。

实事求是的思想路线有两个侧面，这就是通过从实际出发和理论联系实际，达到马克思主义普遍原理与中国革命与建设的实际相结合。马克思指出："理论在一个国家实现的程度，总是取决于理论满足这个国家的需要的程度。"① 尽管理论的需要是多层次、多方面的，但归根结底就是创造历史的人民群众的需要。因此，马克思恩格斯又指出："思想本身根本不能实现什么东西。思想要得到实现，就要有使用实践力量的人。"② 在此，思想的实现与人结合在一起。而且这种人必须是具有使用实践力量的人，也就是说是具有实践能力的人。列宁也强调必须把认识与实践相结合，指出"理论在变为实践，理论由实践赋予活力，由实践来修正，由实践来检验"③，在此列宁阐明了理论与实践之间的转化性。毛泽东继承了这些宝贵思想，进一步阐述了理论联系实践的哲学基础。首先，理论与实践的矛盾运动。毛泽东认为："真正的理论在世界上只有一种，就是从客观实际抽出来又在客观实际中得到了证明的理论，没有任何别的东西可以称得起我们所讲的理论。"④ 也就是说，毛泽东极力强调真正的理论必须来自实践并能在实践中得到证明。其次，普遍与特殊的矛盾运动。毛泽东最后得出的结论是，人的认识过程既是实践—理论—实践的循环过程，而且是特殊—普遍—特殊的循环过程。这就构成实事求是思想路线的根本要求。

2. 邓小平对"实事求是"思想的坚持与丰富

邓小平曾经精辟地指出："'实事求是'四个大字，毛泽东思想的精髓就是这四个字。毛泽东同志所以伟大，能把中国革命引导到胜利，归根到底，就是靠这个。马克思、列宁从来没有说过农村包围城市，这个原理在当时世界上还是没有的。但是毛泽东同志根据中国的具体条件指明了革命的具体道路。"⑤ 在这里邓小平不仅指明了实事求是是中国共产党人的制胜法宝，同时他还进一步地强调实事求是"毛泽东思想的精髓"。当然

---

① 《马克思恩格斯文集》第 1 卷，人民出版社 2009 年版，第 12 页。
② 同上书，第 320 页。
③ 《列宁选集》第 3 卷，人民出版社 1995 年版，第 381 页。
④ 《毛泽东选集》第 3 卷，人民出版社 1991 年版，第 817 页。
⑤ 《邓小平文选》第 2 卷，人民出版社 1994 年版，第 126 页。

邓小平还曾进一步指出："毛泽东哲学思想的精髓。"① 为此可以看到，在邓小平那里，"实事求是"具有极其重大的现实意义同时也上升到哲学的高度，它不仅是毛泽东思想的精髓，而且也是毛泽东哲学思想的精髓。邓小平曾经多次明确宣布："我是实事求是派。"② 由此表明邓小平自身的思想核心也体现为实事求是。从理论上看，邓小平恢复与发展毛泽东的实事求是思想，主要表现在以下几个方面。

一是阐明了实事求是思想的多方面内容和层次性。概括邓小平的论述，可以把实事求是分为四个层次。

第一个层次是哲学或世界观层次。邓小平指出："二十年的历史教训告诉我们一条最重要的原则：搞社会主义一定要遵循马克思主义的辩证唯物主义和历史唯物主义，也就是毛泽东同志概括的实事求是。"③ "马克思主义的辩证唯物主义和历史唯物主义，用毛泽东主席的话来讲就是实事求是。"④ 他还强调："实事求是，是无产阶级世界观的基础，是马克思主义的思想基础。"⑤ 由此可见，邓小平把实事求是看作马克思主义哲学，无产阶级的世界观。当然，进一步准确地说，邓小平已将实事求是具体地阐述为马克思主义的辩证唯物主义和历史唯物主义，在他那里，实事求是与马克思主义的辩证唯物主义和历史唯物主义之间是同一性的关系。也就是说，一方面，坚持实事求是就是在坚持马克思主义的辩证唯物主义和历史唯物主义；另一方面，坚持马克思主义的辩证唯物主义和历史唯物主义就是要坚持实事求是。

第二个层次是思想路线或认识路线层次。邓小平讲得更多的还是实事求是的思想路线。所谓思想路线是指作为阶级、政党和集团的指导思想并体现在行动中的哲学路线或认识路线。邓小平总结我党历史上思想路线问题上的经验教训，把我们党的思想路线概括为："实事求是，一切从实际出发，理论联系实际，坚持实践是检验真理的标准，这就是我们党的思想路线。"⑥ "思想路线是什么？就是坚持马克思主义，坚持把马克思主义同

---

① 《邓小平文选》第2卷，人民出版社1994年版，第67页。

② 《邓小平文选》第3卷，人民出版社1993年版，第209、249页。

③ 同上书，第118页。

④ 同上书，第101页。

⑤ 《邓小平文选》第2卷，人民出版社1994年版，第143页。

⑥ 同上书，第278页。

中国实际相结合，也就是坚持毛泽东同志说的实事求是。"① 在这里可以看到，邓小平已不是简单地从哲学上来谈论实事求是的重要性，而是将实事求是上升到思想路线的角度来谈。由此，实事求是上升到中国共产党人思想指南的高度，邓小平的这种认识所反映出来的是，在他看来实事求是是中国共产党人必须牢记的思想准则。

第三个层次是作风和方法层次。邓小平在谈到我党的作风与工作方法问题时指出："我认为，毛泽东同志倡导的作风，群众路线和实事求是这两条是最根本的东西。"②"按照实际情况决定工作方针，这是一切共产党员所必须牢牢记住的最基本的思想方法、工作方法。"③ 在这里可以看到，邓小平强调应当将实事求是落脚到方法论上来加以落实，必须体现在具体的思想与行动中，必须成为党的思想作风与工作方法。

第四个层次是言行准则层次。邓小平指出："在延安中央党校，毛泽东同志亲笔题的四个大字，叫'实事求是'。我看大庆讲'三老'，做老实人，说老实话，干老实事，就是实事求是。"④ 将实事求是与大庆工人的"三老"作风联系起来，具体化为处世待人接物的言行准则，这是邓小平创造性地运用实事求是思想的重要成果，也是实事求是层次性的一个重要方面。孔子曾经在谈及如何选择人才时明确强调了"观其言而察其行"的重要性，因此，邓小平将实事求是具体地落实到人的言行中，实际上提供了一个考察是否实事求是的日常言行参照标准。

二是在思想路线的层次上进一步丰富和发展了实事求是的内容。这主要表现为把解放思想和实事求是辩证地统一起来，并且对党的思想路线的基本内容及其相互关系做了完整的科学的概括。最简明的表现形式就是"解放思想、实事求是"思想路线的明确提出。邓小平指出："解放思想，开动脑筋，实事求是，团结一致向前看，首先是解放思想。"⑤"我们搞四个现代化，不开动脑筋，不解放思想不行。什么叫解放思想？我们讲解放思想，是指在马克思主义指导下打破习惯势力和主观偏见的束缚，研究新

---

① 《邓小平文选》第 3 卷，人民出版社 1993 年版，第 62 页。
② 《邓小平文选》第 2 卷，人民出版社 1994 年版，第 45 页。
③ 同上书，第 114 页。
④ 同上书，第 45 页。
⑤ 《邓小平文选》第 2 卷，人民出版社 1994 年版，第 141 页。

情况，解决新问题。"① 在此可以看到，邓小平认为在"实事求是"前面增添"解放思想"这一思想内容是极为重要的。邓小平"解放思想，实事求是"思想的提出，不仅扩展了实事求是的思想内涵与精神实质，同时也使党的思想路线得到了进一步的丰富与完善。

三是进一步阐明了实事求是思想的地位和作用。针对实事求是的地位，邓小平认为，在毛泽东思想的范围来说，实事求是是毛泽东思想的出发点、根本点②，是毛泽东思想的精髓③，因而也是毛泽东哲学思想的精髓④；就整个马克思主义来说，实事求是，是马克思主义的思想基础，是无产阶级世界观的基础⑤。针对实事求是的作用，邓小平指出，实事求是，是我们搞革命和建设的根本的指导思想与根本的保证。"过去我们搞革命所取得的一切胜利，是靠实事求是；现在我们要实现四个现代化，同样要靠实事求是。"⑥ 邓小平甚至明确指出："只有解放思想，坚持实事求是，一切从实际出发，理论联系实际，我们的社会主义现代化建设才能顺利进行，我们党的马列主义、毛泽东思想的理论也才能顺利发展。"⑦ 从这个意义上说，在邓小平那里，能否坚持实事求是这个中国共产党的重要思想路线，"是个政治问题，是个关系到党和国家的前途和命运的问题"⑧。

3. 邓小平与"解放思想，实事求是"

应该说，毛泽东所确立的实事求是的思想路线已经内在地包含了解放思想的内容，这是因为要如实地反映客观事物的本来面目，必须独立思考，必须反对盲从，反对奴隶主义。因此，毛泽东在《改造我们的学习》中讲实事求是的同时，又在《整顿党的作风》中积极强调："共产党员对任何事情都要问一个为什么，都要经过自己头脑的周密思考，想一想它是否合乎实际，是否真有道理，绝对不应盲从，绝对不应提倡奴隶主义。"⑨

---

① 《邓小平文选》第2卷，人民出版社1994年版，第279页。
② 参见《邓小平文选》第2卷，人民出版社1994年版，第114页。
③ 同上书，第126页。
④ 同上书，第67页。
⑤ 同上书，第143页。
⑥ 同上。
⑦ 同上。
⑧ 同上。
⑨ 《毛泽东选集》第3卷，人民出版社1991年版，第827页。

邓小平发挥了毛泽东的这一思想，把解放思想作为一个要素提出来，特别强调了解放思想的重要性。邓小平用"解放思想，实事求是"来概括党的思想路线，坚持把解放思想与实事求是辩证地统一在一起，不仅具有极为鲜明的现实意义，而且也是一个极为重要的理论创造。

解放思想，是相对于思想禁锢、保守、僵化而言的。邓小平指出："我们讲解放思想，是指在马克思主义指导下打破习惯势力和主观偏见的束缚，研究新情况，解决新问题。"① 由此看来，解放思想具有两层意思：一层是就社会环境而言，要创造一种破除迷信，冲破禁锢、僵化和守旧的大的气候环境，使整个社会和全民族的思想获得解放，从而将其自身的活力和能量尽可能地释放出来，为社会发展服务；另一层是就个人心智、思维而言，要使自己的思想活跃起来，勇于思考，敢于创造，善于创新。在这两者当中，前者更为重要，它决定着后者，后者的发展状况则往往受制于前者。不难看出，解放思想这个提法，是带有较强的社会性和政治性的；而实事求是，则主要是针对那种违背科学、违背客观规律的主观主义的态度、方法和作风的。因此，解放思想与实事求是所讲内容是有所区别的，必须区别对待。解放思想所要解决的是"要不要，敢不敢"冲破禁锢，更新观念的问题；实事求是，虽然也包括思想解放的内容，但它主要解决的是"怎样解放、怎样创新"的问题，它所指明的是解放思想的重要途径。因此，把它们混淆起来，甚至加以等同，或者将两者割裂开来，对立起来，都是不对的。

解放思想与实事求是是对立统一的关系。一方面，解放思想是实事求是的前提条件。邓小平指出："解放思想，就是使思想和实际相符合，使主观和客观相符合，就是实事求是。今后，在一切工作中要真正坚持实事求是，就必须继续解放思想。"② 在此解放思想是实事求是的前提条件得到了鲜明的强调。为什么呢？因为人的认识是在实践中产生，在实践中发展的，但由于思维习惯、主观偏见和原有经验的局限，认识往往落后于实践的发展。所以，只有解放思想，冲破旧习惯、旧观念的束缚，才能使认识跟上实践的发展，使主观符合于客观，真正做到实事求是。如果没有解放思想，不研究新情况、新问题，并且做出新概括，寻求新办法，实事求

① 《邓小平文选》第2卷，人民出版社1994年版，第279页。
② 同上书，第364页。

是就可能成为一句空话、套话。另一方面，解放思想又要以实事求是为基础。首先，实事求是规定了解放思想的出发点，即从实际出发，具体问题具体分析；其次，实事求是规定了解放思想的落脚点，即冲破旧思想、旧观念的束缚，研究新情况、新问题、新办法，目的是做到主观与客观相符合；最后，实事求是规定了解放思想的正确运行轨迹，即尊重实践、尊重群众，走理论与实践相结合的道路。离开了上述规定，解放思想就会变成脱离实际、脱离群众，违反客观规律的主观主义，就只能是胡思乱想。由此可见，只有解放思想，才能做到实事求是；只有实事求是，才能真正解放思想，两者不仅相互依赖，而且相互促进，缺一不可。所以，解放思想与实事求是是对立统一的关系。

4. 由"具体情况具体分析"理论到"中国特色"理论

在领导中国革命的具体实践中，以毛泽东为核心的第一代中央领导集体，坚持从实际出发，把马克思主义普遍原理同中国具体实际相结合，开辟了农村包围城市、武装夺取政权的胜利道路，创建了新中国，并在此基础上，对社会主义经济建设进行了艰苦卓绝的探索。成就不容置疑，但问题也不可忽视，因此，邓小平在认真总结革命和建设过程中正反两方面经验之后，得出了"一切从实际出发，具体情况具体分析"的方法论。这个方法论应用到改革开放实践中，就逐步演化成邓小平的"走自己的路，建设有中国特色的社会主义"战术思想。

一切从实际出发，就是我们想问题、办事情要把客观存在的实际事物作为根本出发点。中国实行改革开放，首先要从实际出发。中国最大的实际就是社会主义初级阶段的基本国情。邓小平认为，这个国情主要有两方面的特点：一是人口多；二是底子薄。在这样的国情基础上建设社会主义，我们既不能照搬西方资本主义国家的做法，也不能照搬其他社会主义国家的做法。在谈到政治体制改革时，邓小平指出："在改革中，不能照搬西方的，不能搞自由化。过去我们那种领导体制也有一些好处，决定问题快。如果过分强调搞互相制约的体制，可能也有问题。……看来这个模式在苏联也不是很成功。即使在苏联是百分之百的成功，但是它能够符合中国的实际情况吗？……各国的实际情况是不相同的。我们现在提出政治体制改革，是根据我国的实际情况决定的。"① 因此，十二大开幕词中，

---

① 《邓小平文选》第 3 卷，人民出版社 1993 年版，第 178 页。

他向全党明确提出："把马克思主义的普遍真理同我国的具体实际结合起来，走自己的道路，建设有中国特色的社会主义，这就是我们总结长期历史经验得出的基本结论。"①

改革开放是有先例可以参照的，在中国改革开放之前，亚洲"四小龙"和日本已经通过发展开放国内市场和发展外向型经济赢得了不错的成就。1978 年邓小平访问日本和新加坡，不仅是中国的大门即将向世界打开的一个标志，也是邓小平出国考察、学习经验的一个机会。在访问过程中，邓小平对新加坡的改革开放给予了高度认可，在回国后制定改革开放政策时参照了很多新加坡的做法。然而，尽管有这么多先例可以参照，但在具体实施过程中，邓小平还是非常谨慎的（战略上是大胆的），他往往采取的是由点到面、先试验后推广和边试验边总结经验教训的做法，尽量做到在落实一项政策时能扬长避短，突出特色，发挥比较优势，真正使改革开放各项政策都符合中国的实际情况。"走自己的路，建设有中国特色的社会主义"思想的提出不仅是对过去历史的总结，也是对改革开放以来具体实践的升华。它既说明了这条道路的性质——社会主义，又突出了这条道路的模式——中国特色，不仅指明了方向和目标，而且提出了具体的方法和途径，成为党和政府执政兴国的首要依据。

（二）围绕"实践是检验真理的唯一标准"而展开的实践观

邓小平的实践观是对毛泽东实践观的继承与发展。它大力发挥实践能动性思想，紧紧围绕"实践是检验真理的唯一标准"而展开，体现着实践观与价值观有机的结合，并且以"摸着石头过河"的实践模式具体地指导着人们改造世界的活动，为社会主义的改革开放和现代化建设服务，为中国特色社会主义理论体系哲学思想奠定了深厚的马克思主义实践观基础。

1. "实践是检验真理的唯一标准"的重提与新拓展

邓小平在实践观上的真正突破，是与"实践是检验真理的唯一标准"的重提分不开的。以邓小平提出的要"完整地准确地理解毛泽东思想"②为理论导向，1978 年 5 月 11 日《光明日报》登载了《实践是检验真理的

①　《邓小平文选》第 3 卷，人民出版社 1993 年版，第 3 页。
②　《邓小平文选》第 2 卷，人民出版社 1994 年版，第 42 页。

唯一标准》一文，阐述了检验真理的标准只能是社会实践，任何理论都要不断地接受实践的检验。这篇文章击中了"两个凡是"的要害，立即引起了两种截然不同的反响，一种是充分的肯定，一种是严厉的指责。反对者加之的罪名是"砍旗""丢刀子"，是反对马克思主义，否定毛泽东思想。邓小平有力地支持和充分肯定了这场具有重大意义的讨论。他认为："关于真理标准问题，《光明日报》登了一篇文章，一下子引起那么大的反应，说是'砍旗'，这倒进一步引起我的兴趣和注意。"① 1978 年 6 月 2 日，在全军政治工作会议上，邓小平针对压制真理标准讨论的错误意见，鲜明地指出："我们也有一些同志天天讲毛泽东思想，却往往忘记、抛弃甚至反对毛泽东同志的实事求是、一切从实际出发、理论与实践相结合的这样一个马克思主义的根本观点、根本方法。不但如此，有的人还认为谁要是坚持实事求是，从实际出发，理论和实践相结合，谁就是犯了弥天大罪。他们的观点，实质上是主张只要照抄马克思、列宁、毛泽东同志的原话，照抄照转照搬就行了。要不然，就说这是违反了马列主义、毛泽东思想，违反了中央精神。他们提出的这个问题不是小问题，而是涉及到怎么看待马列主义、毛泽东思想的问题。"② 邓小平对"两个凡是"观点的尖锐而深刻的批评，是对关于真理标准问题大讨论的有力支持。

对于真理标准问题讨论的重要意义，邓小平多次予以高度评价。1979 年 7 月，即这场讨论一年多以后，邓小平指出："真理标准问题的讨论是基本建设，不解决思想路线问题，不解放思想，正确的政治路线就制定不出来，制定了也贯彻不下去。""所以，不要小看实践是检验真理的唯一标准的争论。这场争论的意义太大了，它的实质就在于是不是坚持马列主义、毛泽东思想。"③ 1980 年 1 月，邓小平再次谈道："我们通过实践是检验真理标准问题的讨论，确立了我们党的思想路线，或者说恢复了马克思列宁主义、毛泽东思想的思想路线。"④ 可以看到的是，邓小平的这些表述是带有总结性的，它们使人们对于真理标准问题讨论的重要性有了十分清晰的认识。

---

① 《邓小平文选》第 2 卷，人民出版社 1994 年版，第 190 页。
② 同上书，第 114 页。
③ 同上书，第 191 页。
④ 同上书，第 244 页。

　　邓小平在改革开放的过程中一再重申：实践是检验真理的唯一标准，是检验一切思想、理论包括路线、方针、政策是否正确的唯一标准。① 这就是说，真理是人们对客观事物及其规律的正确反映，作为检验真理的标准，不能不到主观和客观沟通起来的社会实践中去寻找。实践的结果是检验真理的唯一标准，此外不能有第二个标准。由此，在邓小平那里"实践"成了一个关键性的概念，他的整个认识论都是围绕着"实践"而展开的。

　　邓小平在"实践是检验真理的唯一标准"问题上所实现的新的拓展主要表现在：第一，实践标准不仅是检验真理是否正确的唯一标准，而且是检验路线、方针与政策是否正确的唯一标准，由此实践标准就具有了更加广泛的现实意义与理论意义。第二，实现了由实践标准到生产力标准的逻辑与历史的发展。由实践标准到生产力标准是逻辑和历史发展的必然和深入。按照马克思主义的认识论，以某一真理性的认识为依据的实践可以是多种多样的，可以有许多选择，原因是各人有各自的价值观，因而就有各自的实践合理性尺度。邓小平根据马列主义、毛泽东思想，明确提出以是否有利于生产力的发展作为检验实践合理性的标准，既是依据对社会发展规律的真理性认识（生产力是一切社会发展的最终决定力量），也是依据以人民利益为本位的价值观。单有前者而无后者，这个标准是提不出来的。所以，在解决了认识真理性标准问题之后，还必须进一步解决实践合理性标准问题。

　　2. 实践能动性思想的进一步发挥

　　实践能动性是毛泽东大力提倡的重要思想，也是中国共产党人的制胜法宝。邓小平如何发挥毛泽东所倡导的实践能动性思想呢？首先是要求实践主体要有勇气与胆略，提出了"敢闯论"。敢闯，就是要求实践主体要有胆略与勇气，在改革、开放和现代化建设中要敢闯难关，敢闯禁区，开启认识与实践的新领域。邓小平指出："没有一点闯的精神，没有一点'冒'的精神，没有一股气呀、劲呀，就走不出一条好路，走不出一条新路，就干不出新的事业。"② 这里的"闯的精神""'冒'的精神"等提法，特别强调了主体的精神状态对于实践活动的重要性。没有闯与冒的精

---

① 参见《邓小平文选》第 2 卷，人民出版社 1994 年版，第 28 页。

② 《邓小平文选》第 3 卷，人民出版社 1993 年版，第 372 页。

神，就不可能有闯与冒的行动，因而也不可能干出新的事业。"闯"与"冒"从哲学上说，是指那种具有开拓性、创造性的实践活动。"闯"与"冒"有两个重要前提：一是看准；二是试验。这样一来，大胆才不至于成为鲁莽，"闯"与"冒"也才不至于成为蛮干。

其次是选择实践方法，提出了"试验论"。邓小平发挥了毛泽东"一切经过实践"的思想，提出要大胆试验。"要克服一个怕字，要有勇气。什么事情总要有人试第一个，才能开拓新路。试第一个就要准备失败，失败也不要紧。"① 他认为，办经济特区是试验，农村改革和城市改革也是试验，整个改革开放都是试验，并对试验的几种情况及其方法论意义进行了深入的分析。在邓小平看来，试验，从纵向看，大体有三种情况：一种是试验、总结、坚持，这是一种成功的试验；另一种是试验、总结、停止，这是一种失败的试验；还有一种是试验、总结、再试验、再总结，如此多少反复。因为在改革开放中，有些试验是否成功，不能看一时一事，要看相当长的时间。试验，从横向看，主要有两种情况：一是由点到面。这是指某一改革开放政策的实施，先在一个点上试验，取得经验，然而推广。二是从少到多。这是指某项改革开放措施试验成功后，再推出新的措施，使改革开放由农村到城市，由农业到工业、金融、财税、投资、外贸等，把改革开放推广开来。

最后是要预见到实践进程可能出现的各种复杂情况，提出了"风险论"。邓小平指出：由于改革开放是全新的事业，没有现成的经验和理论可搬，也没有十全十美、万无一失的政策可用，加之改革开放要触及很多人的利益，会遇到很多障碍，也会引进国内外敌对势力的捣乱破坏，不可能一帆风顺，因此"要担很大风险"②。他还指出，我们已经有了承担和抵抗风险的能力，而且"改革开放越前进，承担和抵抗风险的能力就越强"。因此，"我们处理问题，要完全没有风险不可能，冒点风险不怕"③。

3. 坚持实践观与价值观的统一

邓小平特别谈到了实践的价值取向、价值功能，主要表现为：一是强调实践的功效作用。邓小平的实践观讲求实效，重视结果，反对无谓的争

---

① 《邓小平文选》第 3 卷，人民出版社 1993 年版，第 367 页。

② 同上书，第 262 页。

③ 同上书，第 364 页。

论，主张抓住机遇，大胆地闯、大胆地干。邓小平主张，办事要"讲实际效果、实际效率、实际速度、实际质量、实际成本"，认为"不讲实际效果、实际效率、实际速度、实际质量、实际成本的形式主义必须制止"。① 同时他还反对说空话、说大话、说假话，认为只有实践才拥有最后的发言权。二是突出了实践的评价功能，强调"实践是检验真理的唯一标准，实践是检验路线、方针、政策是否正确的唯一标准"②。同时邓小平还把实践标准运用到社会历史领域，提出了生产力标准，进而将其转化为判断社会综合发展的评价指标，即"三个有利于"标准。三是突出了实践的价值功能。强调实践的价值功能，是邓小平实践观的重要特点。这一特点与当代哲学的时代特点是相一致的。马克思指出："动物只是按照它所属的那个种的尺度和需要来构造，而人却懂得按照任何一个种的尺度来进行生产，并且懂得处处都把固有的尺度运用于对象；因此，人也按照美的规律来构造。"③ 在这里马克思格外慎重地提到了人与动物不同之处就在于，人能够运用自己的内在尺度去改造客观对象，而动物却无法做到这一点。所谓人的"固有的尺度"问题，即是指价值问题。所以，马克思在此已经论及实践与价值之间的关系问题。当代哲学在研究主客体关系时，在对主客体之间的实践关系、认识关系的研究基础上，尤其突出主客体之间的价值关系。因此，邓小平突出强调实践的价值功能，充分反映了其哲学思想的当代性。在人类的社会实践活动中，人们在极度突出自己对周围世界的征服改造能力之后，更加注重自己与周围世界的价值关系，人们不仅应该知道自己"在做什么"，更应知道自己"应该做什么"。确立一个合理的价值目标，已成为实践活动的关键性因素，而邓小平的实践与价值统一的实践观恰恰是对当代哲学发展中的这一时代命题的科学回答。邓小平不仅重视社会价值的建立，而且重视道德价值的建立。如他不仅提出了"三个有利于"标准，而且提出了培养社会主义"四有"新人的道德价值建设目标。

4. "摸着石头过河"实践模式的确立

在第一章中笔者充分分析了"摸着石头过河"思想的提出在中国特

---

① 《邓小平文选》第 2 卷，人民出版社 1994 年版，第 100 页。

② 《邓小平文选》第 3 卷，人民出版社 1993 年版，第 28 页。

③ 《马克思恩格斯文集》第 1 卷，人民出版社 2009 年版，第 163 页。

色社会主义理论体系建设中的重要性。毛泽东从认识的来源、认识发展的动力、检验真理的标准、认识的最终目的等几个方面系统、全面地说明了实践在认识过程中的地位与作用，从而使实践是认识基础这一原理成为被人们广泛接受的基本理论。但是，应当看到的是，既然实践是认识的来源，那么实践相对于认识就具有某种先在性，由此，就需要在一定程度上承认缺乏直接性理论指导下的实践活动的存在，这也就是"摸着石头过河"实践模式能够得以确立的基本理论依据。因此，"摸着石头过河"这一论断实际上是对"实践是认识基础"这一原理加以展开说明的产物，它使人们进一步认识到实践对于认识的深层次意义。

"摸着石头过河"并不是对实践是"主观见之于客观"这一有关实践本质的认识的否定。在"摸着石头过河"的过程中，人们既不缺少主观要素，也不缺少客观要素，所缺少的只是有关如何"过河"的直接性认识，这样一来，人们就需要在"摸着石头过河"的过程中去获取有关认识，从而赢得实践的主动。中国特色社会主义的建设是在既缺乏直接经验又缺乏间接经验的情况下展开，倘若对这一状况没有足够清醒的认识，肯定会使这项建设难以顺利进行。"摸着石头过河"这一论断正是在这种背景下应运而生的，它不仅反映了邓小平的真知灼见，而且蕴含了极其深刻的理论意义。

（三）唯物史观基本原理的创造性应用与发展

马克思在 1858 年的《〈政治经济学批判〉序言》中对唯物史观的基本原理做了经典性的表述。他的第一个伟大贡献是，揭示了生产力同生产关系、经济基础同上层建筑的矛盾运动，是推动社会向前发展的根本动力；生产关系一定要适应生产力的性质；生产力是社会发展的最根本的决定因素。毛泽东在《矛盾论》中的重要贡献就是说明了生产关系的反作用，认为"在一定条件之下，又转过来表现其为主要的决定的作用"[①]。但是，毛泽东后来的一个重大失误也正在于此，即把"一定条件之下"的主要的决定作用加以绝对化、无条件化，企图通过不断变革生产关系来促进生产力的发展，实现生产力发展的目的。结果事与愿违。邓小平指出："我们是历史唯物主义者，研究和解决任何问题都离不开一定的历史

---

① 《毛泽东选集》第 1 卷，人民出版社 1991 年版，第 325 页。

条件。""时间不同了，条件不同了，对象不同了，因此解决问题的方法也不同。"① 正因为有着上述基本的认识，因此，党的十一届三中全会以后，邓小平积极运用历史唯物主义基本原理，并以具体情况具体分析的方法，认真总结经验教训，拨乱反正，推进改革开放政策，提出了一系列重要理论，既丰富和发展了科学社会主义理论，同时也对丰富与发展马克思主义哲学做出了重大贡献。

1. 从生产力标准到"三个有利于"标准

生产力论是马克思主义唯物史观始终坚持的核心内容。马克思与恩格斯在创立唯物史观时就指出：一切人类生存的第一个前提，即一切历史的第一个前提就是："人们为了能够'创造历史'，必须能够生活。但是为了生活，首先就需要吃喝住穿以及其他一些东西。因此第一个历史活动就是生产满足这些需要的资料，即生产物质生活本身。"② "任何历史观的第一件事情就是必须注意上述基本事实的全部意义和全部范围，并给予应有的重视。"③ 后来恩格斯本人又单独地一再重申："历史过程中的决定性因素归根到底是现实生活的生产和再生产。"④

毛泽东在社会历史观上的重要贡献在于，以生产力为中心，将生产力与生产关系的矛盾同经济基础与上层建筑的矛盾联系在一起，概括为人类社会的基本矛盾，并从原则上阐明了社会主义基本矛盾的性质和特点，解决了社会主义发展的动力和社会历史发展中的主观能动性问题。邓小平指出："社会主义阶段的最根本任务就是发展生产力。"⑤ "社会主义的任务就是要发展社会生产力。"⑥ 同时他还指出："按照历史唯物主义的观点来讲，正确的政治领导的成果，归根结底要表现在社会生产力的发展上，人民物质文化生活的改善上。如果在一个很长的历史时期内，社会主义国家生产力发展的速度比资本主义国家慢，还谈什么优越性？"⑦ 在这里，邓小平突破了毛泽东从人类社会基本矛盾来谈论生产力发展重要性的思维模

---

① 《邓小平文选》第 2 卷，人民出版社 1994 年版，第 119 页。
② 《马克思恩格斯文集》第 1 卷，人民出版社 2009 年版，第 531 页。
③ 同上。
④ 《马克思恩格斯文集》第 10 卷，人民出版社 2009 年版，第 591 页。
⑤ 《邓小平文选》第 3 卷，人民出版社 1993 年版，第 63 页。
⑥ 同上书，第 157 页。
⑦ 《邓小平文选》第 2 卷，人民出版社 1994 年版，第 128 页。

式,而进一步明确地将发展生产力解释为社会主义阶段的任务,甚至是最根本的任务。同时,邓小平在认识什么是社会主义问题上,把发展生产力提到了首位,并以这种表述来界定社会主义。这是对社会主义的传统理论的重大发展,这样的概括不仅符合历史唯物主义的基本原理,而且在理论上表现出罕见的彻底性与坚定性。生产力标准的对象,主要是人们的社会实践。其针对性主要是生产关系标准,即以生产关系类型及其水平高低作为判定社会实践的是非、得失的根本标准。我们坚持生产力标准观点,就是要划清它同生产关系标准的界限,使社会主义的发展真正落实到生产力上,而不是以发展生产关系来代替生产力的发展。

在党的十一届三中全会以后,邓小平建立了"社会主义阶段的最根本任务就是发展生产力"这样一种生产力标准模式,但是,邓小平的认识并没有止于此。在不断宣传"生产力标准"这一唯物史观重要思想的过程中,邓小平逐渐发展出"三个有利于"标准思想,从而使生产力标准模式最终演进成为一个围绕"生产力标准"而展开的完整的思想体系。1992年邓小平在"南方谈话"中指出:"改革开放迈不开步子,不敢闯,说来说去就是怕资本主义的东西多了,走了资本主义道路。要害是姓'资'还是姓'社'的问题。判断的标准,应该主要看是否有利于发展社会主义社会的生产力,是否有利于增强社会主义国家的综合国力,是否有利于提高人民的生活水平。"① 这就是著名的"三个有利于"标准。1997年9月召开的中共十五次代表大会,对"三个有利于"标准做了充分肯定。江泽民明确指出,"一切以是否有利于发展社会主义社会的生产力、有利于增强社会主义国家的综合国力、有利于提高人民的生活水平这'三个有利于'为根本判断标准"②。对于江泽民来说,"三个有利于"是不断开拓我们事业新局面的"根本判断标准",他明确指出:"一切符合'三个有利于'的所有制形式都应当用来为社会主义服务。"③ "一切符合'三个有利于'的所有制形式都可以而且应该用来为社会主义服务。"④ 由此可见,"三个有利于"标准已被视为衡量社会主义发展的重要参考指标。

---

① 《邓小平文选》第3卷,人民出版社1993年版,第372页。
② 《江泽民文选》第2卷,人民出版社2006年版,第10页。
③ 《江泽民文选》第1卷,人民出版社2006年版,第613页。
④ 《江泽民文选》第2卷,人民出版社2006年版,第19页。

　　准确地说，"三个有利于"标准和生产力标准是一致的，同时它又是对生产力标准的进一步深化和具体化。它扩大了生产力标准的外延，深化了生产力标准的内涵，进一步地把生产力标准与社会主义国家的综合国力标准以及人民利益标准统一起来。"三个有利于"强调的是实践的结果，它为实践结果的评判提出了正确的价值取向与价值规范，即要有利于发展社会主义社会的生产力，有利于增加社会主义国家的综合国力，有利于提高人民的生活水平。"三个有利于"标准第一条讲发展社会生产力，第二条、第三条讲增强综合国力、提高人民生活水平，后两条是第一条的引申，决定于第一条，所以，从根本上坚持了生产力标准。但是，由于"三个有利于"标准侧重于生产力、综合国力与人民生活水平三方面的统一，因此，它并不是单一地讲发展生产力，而是在更大程度上内在地蕴含着全面而又有重点发展的思想。生产力发展的目的是有利于人民群众，是为了人，因此，如果说生产力标准是"三个有利于"标准的根本的话，那么，同时应当看到的是，"以人为本"标准是"三个有利于"标准的核心。邓小平在"三个有利于"标准中特别提到社会主义国家的综合国力提高问题，所要解决的是整体与部分的关系问题。中国的社会主义发展一定不能是只在局面上让部分的少数人富裕起来，邓小平一直强调整体上的"共同富裕"是最终目的，也正是在"共同富裕"的前提下，社会主义国家的综合国力的提高才是有具体的客观的考量指标。因此，更进一步说，"三个有利于"标准实际上强调的是，在衡量社会主义发展时，一定要做到生产力标准、以人为本标准与共同富裕标准三者的统一。

　　由此可见，邓小平的"三个有利于"标准的提出在唯物史观发展史上具有重大意义。一方面，它突破了马克思主义经典作家从生产力与生产关系之间的关系的角度理解生产力发展重要性的思维模式；另一方面，它也突破了毛泽东从社会基本矛盾角度理解生产力发展重要性的思维模式。从"三个有利于"标准来看，邓小平是从生产力、以人为本与共同富裕三者的关系中去理解生产力发展的重要性，因为如果没有生产力的发展，以人为本与共同富裕都会是一句空话，是无根的理想；如果只看重生产力的发展，而忘记了以人为本与共同富裕，那么，这种生产力的发展最终就会陷入缺失正确价值目标的泥潭，导致大量的"恶的实践"的出现。

　　"三个有利于"标准需要在新的框架中运用新的思维方式去创新地应用。"三个有利于"标准本身给我们提供了很好的观察、分析与解决评价问题的立场、观点和方法，但是这是一个宏观的比较抽象的标准，是用高度浓缩的语言概括的混合型、复合型评价标准。具体使用起来还需要具体化为一系列的中观和微观的标准，这就需要进一步研究具体化问题。评价存在着标准大小的取舍问题。大标准和小标准总是有区别的，同时不同标准的相互作用可能是线性的，但大多是非线性的，比较复杂，这就为"三个有利于"标准的应用提出了新框架要求，不能在线性框架中考虑所有的问题，而应当更多地在复杂的非线性框架中去考虑问题。我们的评价指向要向后看、向前看、向外看、向内看综合起来，把应用"三个有利于"标准的坐标原点，进行多方面设定，然后再行取舍，按照点、线、面、体、流，平面、立体、流体的格式进行，尽量把坐标原点后移，这样的框架会使"三个有利于"标准的作用更充分地展示出来。

2. 关于"科学技术是第一生产力"的观点

科学技术是生产力，这是马克思主义历来的观点。早在 100 多年前，马克思就明确指出：机器生产的发展要求自觉地应用自然科学，并且指出："资本是以生产力的一定的现有的历史发展为前提的——在这些生产力中也包括科学。"① 在此生产力与科学之间不可分割的内在联系得到明确的强调。恩格斯在《马克思墓前的讲话》中指出："在马克思看来，科学是一种在历史上起推动作用的、革命的力量。"② 列宁认为："要建设共产主义，就必须掌握技术，掌握科学，并为了更广大的群众而运用它们。"③ 马克思、恩格斯还从科学技术与生产过程的交互作用，深入、具体地阐明了科学技术作为智力因素对生产发展的巨大作用，从而更深层次地、动态地论证了科学技术是生产力的道理。马克思指出：随着大工业的发展，现实财富的创造较少地取决于劳动时间和已耗费的劳动量，而较多地"取决于科学的一般水平和技术进步，或者说取决于这种科学在生产上的应用"④。在这里，马克思进一步明确了现代社会的财富创造不仅取决于科技进步，而且主要取决于科学在生产上的应用。没有运用，科技进步只是一纸空谈，因此，科技进步在生产中的运用比科技进步本身更显重

---

① 《马克思恩格斯文集》第 8 卷，人民出版社 2009 年版，第 188 页。
② 《马克思恩格斯文集》第 3 卷，人民出版社 2009 年版，第 602 页。
③ 《列宁选集》第 4 卷，人民出版社 1995 年版，第 124 页。
④ 《马克思恩格斯文集》第 8 卷，人民出版社 2009 年版，第 196 页。

要。对于这一点，我们是必须有着清醒认识的。

邓小平坚持与发展了马克思主义关于科学技术是生产力的观点，同时他的这种坚持与发展正如前面我们所强调的，所体现出来的是对毛泽东哲学思想的超越，是直接回到马克思的做法。早在"文化大革命"后期，邓小平复出主持工作时就提出"科研工作要走在前面""科学技术叫生产力，科技人员就是劳动者"① 的观点。在"文化大革命"结束之后的全国科学大会上邓小平明确强调"四个现代化，关键是科学技术的现代化"②，再一次阐明"科学技术是生产力"、从事科学技术的知识分子是劳动者的思想。在会上，他甚至明确指出："现代科学技术的发展，使科学与生产的关系越来越密切了。科学技术作为生产力，越来越显示出巨大的作用。"③ 与马克思一样，邓小平也强调："生产力中也包括科学。"④ 1988年9月5日与12日的两次讲话中，邓小平依据马克思而明确提出"科学技术是第一生产力"的观点。"马克思说过，科学技术是生产力，事实证明这话讲得很对。依我看，科学技术是第一生产力。"⑤ 又说："马克思讲过科学技术是生产力，这是非常正确的，现在看来这样说可能不够，恐怕是第一生产力。"⑥ 1988年视察北京正负电子对撞机工程时，邓小平进一步指出："中国必须发展自己的高科技，在世界高科技领域占有一席之地。如果六十年代以来中国没有原子弹、氢弹，没有发射卫星，中国就不能叫有重要影响的大国，就没有现在这样的国际地位。这些东西反映一个民族的能力，也是一个民族、一个国家兴旺发达的标志。"⑦ "科学技术是第一生产力"论断的明确提出不仅是对马克思主义生产力理论的丰富与发展，而且对于我国现代化建设具有深远的理论意义与现实意义。

"科学技术是第一生产力"这一论断，从生产力系统与社会系统的联系与区别中，突出了科学技术的巨大作用。生产力系统包括在社会系统之内。生产力系统的因素和过程又与社会系统的许多因素和过程有若干交

① 《邓小平文选》第2卷，人民出版社1994年版，第32、34页。
② 同上书，第86页。
③ 同上书，第87页。
④ 同上。
⑤ 《邓小平文选》第3卷，人民出版社1993年版，第274页。
⑥ 同上书，第275页。
⑦ 同上书，第279页。

叉、渗透之处。在生产力系统中，科学技术以多种方式与生产力诸因素相互联系并发生着作用。在马克思主义经典作家看来，从根本上说，在生产力系统中，"最强大的一种生产力是革命阶级本身。"① "全人类的首要的生产力就是工人。"② 但是，马克思也认为："生产力中也包括科学。"③ 而且，随着大机器工业和大规模农业的发展，"生产过程成了科学的应用，而科学反过来成了生产过程的因素即所谓职能"④。因此，准确地说，我们既要从社会大系统的观点出发，承认工人、劳动者是生产力中首要的、决定性的因素，但又要看到科学技术作为工人、劳动者的智力因素，它们在生产过程中的作用越来越显得重要，因而在生产力系统中，可以把科学技术看作第一生产力。对此，邓小平有着深刻的认识。邓小平指出，在现代的社会条件下，"劳动者只有具备较高的科学文化水平，丰富的生产经验，先进的劳动技能，才能在现代化的生产中发挥更大的作用"⑤。在这里，他强调了劳动力与科学技术的结合，对于提高生产力的重要性。正因为科学技术有如此巨大的作用，所以邓小平将发展科学技术看作极为重要的大事。他甚至语重心长地指出："从长远看，要注意教育和科学技术"⑥，"对科学技术的重要性要充分认识"⑦。

所谓"科学技术是第一生产力"主要是指，科学技术作为生产力系统中的智能要素，它渗透到生产力其他要素之中，对生产力的发展起到第一位的变革作用。现代生产力的飞速发展，日益表现出第一位的就是靠科学技术的特点。总体来说，科学技术作为第一生产力，主要表现在三个方面。

首先，在现代生产力系统中它起第一位的变革作用。

生产力的最简单的基本要素包括劳动者、劳动资料和劳动对象。自近代实验科学产生以来，科学获得了相对独立的地位，并直接进入生产过程。在生产力系统中的各个要素都随着科学技术的进步而发展着，受到科

---

① 《马克思恩格斯文集》第 1 卷，人民出版社 2009 年版，第 655 页。
② 《列宁选集》第 3 卷，人民出版社 1995 年版，第 821 页。
③ 《马克思恩格斯文集》第 8 卷，人民出版社 2009 年版，第 188 页。
④ 同上书，第 356 页。
⑤ 《邓小平文选》第 2 卷，人民出版社 1994 年版，第 88 页。
⑥ 《邓小平文选》第 3 卷，人民出版社 1993 年版，第 274 页。
⑦ 同上书，第 275 页。

学技术的明显制约。随着科学技术的进步，劳动者的素质由"体力型"转变为"文化型"，再转化为"科技型"；生产工具由手工工具到普通机器，再到智能机器；劳动对象由利用天然材料到经过劳动"过滤"的材料，再到人工合成材料；从生产过程的管理来看，从"经验管理"过渡到"现代管理"。正因为生产力随着科学技术的进步而发展，所呈现出成倍数增长或几何级数增长的态势，所以邓小平指出："生产力的基本因素是生产资料和劳动力。科学技术同生产资料和劳动力是什么关系呢？历史上的生产资料，都是同一定的科学技术相结合的；同样，历史上的劳动力，也都是掌握了一定的科学技术知识的劳动力。我们常说，人是生产力中最活跃的因素。这里讲的人，是指有一定的科学知识、生产经验和劳动技能来使用生产工具、实现物质资料生产的人。石器时代，青铜器时代，铁器时代，十七世纪，十八世纪，十九世纪，人们使用的生产工具，掌握的科学知识、生产经验和劳动技能，都大不相同。今天，由于现代科学技术的日新月异，生产设备的更新，生产工艺的变革，都非常迅速。许多产品，往往不要几年的时间就有新一代的产品来代替。劳动者只有具备较高的科学文化水平，丰富的生产经验，先进的劳动技能，才能在现代化的生产中发挥更大的作用。"① 应当说，经过邓小平的上述分析，我们可以对科学技术能够在生产力中发挥重要作用的原因有更为明晰的认识。科学技术之所以能够在生产力中发挥重要作用，关键就在于它能够与生产资料相结合，同时也能够与劳动力相结合。生产力发展过程中的劳动力并不是被动生产接受者，而是能够掌握一定科学技术知识的劳动力；生产资料经过人类历史的不断发展也已不再是纯自然的产物，而是经过科学技术改造的重要结果。在这种情况下，科学技术就会随着人类历史的不断向前推进而日显重要。当然也正因为如此，所以我们应该充分认识到"科学技术是第一生产力"论断的历史性。

其次，现代科学日益成为生产的先导。

19 世纪以前，表现出"生产—技术—科学"的循环过程。这一公式表明，自然科学主要来自生产，人们通过生产实践观察自然界，取得感性材料，或者将生产实践积累的技术经验上升为科学。但近代以来随着科学实验从生产中分离出来成为一种基本的实践形式，出现了一种新的循环过

---

① 《邓小平文选》第 2 卷，人民出版社 1994 年版，第 88 页。

程："科学—技术—生产。"此时，生产过程中所展开的东西更大程度上是科学技术成果的直接运用。这种新的循环过程表明科学日益成为生产的先导。

当然，应当看到的是，在注重现代科学作为生产先导的过程中必须意识到其中存在着的科学受技术制约的问题。随着近现代科学和技术的发展，科学与技术发生了密切的关联，这也是现代科学发展的一个重要趋势和特征。现代科学与技术的交织，比科技史上先前的任何时期都更为密切。而且，这种交织不只是发生在单一学科或门类之间，更是以科学群和技术群及其关联的方式展开。在高新科技领域，这种交织的程度更高。现代科学研究越来越离不开各种先进的仪器设备和技术手段的支持，否则，许多科学研究无法展开，更难以取得真正有意义、有价值的成果。同样，现代技术的研究与发展也高度依赖于科学理论的进展。要在现代科学与现代技术之间做出有效的区分，却并不是一件容易的事情。

科学的技术化、技术的科学化和科技的一体化是科技密切关联的重要体现。在科技的关系问题上，一般而言，科学是技术的基础，现代技术是现代科学的产物，现代技术只是现代科学的工具或者至多是应用科学而已。然而，这种为公众所普遍接受的观点，却遮蔽了科技在本性上的关联。与一般的观点相反，在海德格尔看来，现代技术在本性上先于科学并要求使用科学，现代科学是现代技术的产物，科学受技术的规定。何以如此呢？这在于技术在去蔽之时，以其形而上学的座架本性遮蔽了存在自身，并规定了科学。

科学受技术的规定，无疑会给科学事业带来危害。海德格尔认为，"无论如何，我们似乎害怕面对这个令人不安的事实，即今日的科学归属于现代技术的本质的领域，而不是其它"[1]。技术全方位规定了科学之本性。"这样，新时代自然科学不仅在它对各种操作和行动的有用性中显示为'技术的'，而且作为不是单纯表面地针对效用和'实践'的'纯粹的理论'就已经必须被看作是技术的。"[2] 在技术的规定下，现代科学出现了日益加剧的分工与专业化。科学不再只是对宇宙奥秘的学理探讨，更是

---

① Martin Heidegger, *Basic Writings*, New York：Harper & Row Publishers, 1977, p. 355.

② [德] 冈特·绍伊博尔德：《海德格尔分析新时代的技术》，宋祖良译，中国社会科学出版社 1993 年版，第 133 页。

被高度策划的专门研究。在这里，"学者消失了，他被不断从事研究活动的研究者取而代之了。是研究活动，而不是培养广博学识，才给他的工作以新鲜空气。研究者家里不再需要图书馆，他反正不断在途中。他在会议上磋商和了解情况。他受制于出版商的订货。出版商现在也一道来决定人们必须写哪一些书"①。研究者成了技术专家。已全球化的现代科学正在丧失原初的伟大动力，以其高度的精确性表象可计算的自然客体，从而成为一种经营活动。

在哈贝马斯看来，在现代科技发展以及由此带来的经济社会空前发展的一派繁荣之中，现代科技的功用也正在被夸张放大，甚至无限外推，以至顶礼膜拜。科技正在成为一种重要的力量，在社会经济和政治生活中起着支配作用。"于是，技术和科学便成了第一位的生产力。"② 而且，"更为重要的是，技术统治论的命题作为隐形意识形态，甚至可以渗透到非政治化的广大居民的意识中，并且可以使合法性的力量得到发展"③。这种日益得到普遍认同的社会力量，正在深刻地影响与改变着这个世界。

尽管哈贝马斯明确指出在现代社会中"技术和科学"是"第一位的生产力"，但是，他同时也看到了其所带来的消极性，即"技术统治论"命题的存在。因此，我们不仅应当看到科学技术作为生产先导的作用，同时也应当看到现代科学在技术的规定下有逐渐沦为人类追欲逐利工具的可能性。在现代科技的发展中，人类正在日益陷入对于科技的迷信与盲从。一种普遍接受的发展观认为，科技发展得越快越好，发展总是好事，一切发展都是进步。人们相信，人类能自主地发展科技，并利用科技来解决与之相关的一切问题，科技成为可以由人类任意控制与摆弄的如意工具。发展的合法性和进步的必然性，从未受到过怀疑。因此，现代科技似乎已成为一种新的拜物教。由此，我们在注重科学技术重要性的同时，也必须注意到现代科技所产生的异化作用。

最后，科学技术进步是推动国民经济增长的首要因素。

之所以如此说，主要是因为：第一，自然科学从知识形态的生产力转

① ［德］马丁·海德格尔：《林中路》，孙周兴译，上海译文出版社1997年版，第81页。
② ［德］哈贝马斯：《作为"意识形态"的技术与科学》，李黎等译，学林出版社1999年版，第62页。
③ 同上书，第63页。

化为物质生产力的周期日益缩短，科学技术成果转化为直接生产力的速度日益加快。第二，科学技术应用于生产过程所创造的价值越来越高。物质生产的发展和国民经济的增长，受多种因素如资本、劳动力和科学技术的影响。与过去相比，如今资本、劳动力和科技之间的比重发生了极大的变化。据统计，一些发达的资本主义国家在 20 世纪初，科学技术因素在劳动生产率与经济增长中所占比例仅为 5%—20%，但在 20 世纪末，其所占比例已经达到了 60%—80%。由此可见，当今向生产的广度与深度开发，主要依靠的是科学技术的进步，而不是劳动力。邓小平指出："现代科学为生产技术的进步开辟道路，决定它的发展方向。许多新的生产工具，新的工艺，首先在科学实验室里被创造出来。一系列新兴的工业，如高分子合成工业、原子能工业、电子计算机工业、半导体工业、宇航工业、激光工业等，都是建立在新兴科学基础上的。……当代的自然科学正以空前的规模和速度，应用于生产，使社会物质生产的各个领域面貌一新。特别是由于电子计算机、控制论和自动化技术的发展，正在迅速提高生产自动化的程度。同样数量的劳动力，在同样的劳动时间里，可以生产出比过去多几十倍几百倍的产品。社会生产力有这样巨大的发展，劳动生产率有这样大幅度的提高，靠的是什么？最主要的是靠科学的力量、技术的力量。"[①] 在这里，邓小平特别强调了科学先行的思想。

不过，为了更准确地把握"科学技术是第一生产力"这一著名论断，我们还应注意到以下两个重要问题。

其一，科学是知识形态的生产力，而不是直接现实的生产力。

前面谈到科学会受到技术的规定，其实之所以会出现这种情况，就在于与技术不同，科学本身是知识形态的生产力。生产力是人类利用自然、改造自然、从自然界获取物质资料的能力，生产力范畴所反映的是人与自然界的关系。生产力的要素或成分，按照一定的比例和形式结合起来，形成生产力的整体功能，就构成生产力系统。现代生产力系统包括四类要素：一是独立的实体性要素。这是以物质实体形式相对独立存在的因素，包括引入生产过程的劳动对象，以生产工具为主的劳动资料，具有一定生产经验和劳动技能的劳动者。其中劳动者是首要因素。二是运筹性的综合因素。包括分工协作、经济管理、预测决策等。这类因素的作用，在于通

---

① 《邓小平文选》第 2 卷，人民出版社 1994 年版，第 87 页。

过对生产力系统的其他因素的选择、调动、处置、匹配等手段，在数量和比例上做到合理结合，从而形成生产力的整体功能。三是渗透性因素，主要指自然科学。人们通常把科学和技术连在一起使用，从严格的意义上说，科学和技术是有区别的。技术是直接的生产力，从来属于生产力的范畴，技术与生产力始终是结合在一起的。科学则是社会的精神财富，是知识形态的东西。当它处在理论形态的时候，只是属于人们改造和征服自然的精神力量，还不是直接的、现实的物质力量。只有当它被人们应用于生产过程之中，渗透到生产力系统的其他各要素中去，引起劳动资料和劳动对象的变革，以及劳动者技能的提高、管理者管理水平的提高，它才能转化为直接的现实的生产力。四是准备性因素，主要指教育。教育本质上属于上层建筑，它是为经济基础服务的。但教育可以通过培养人才为生产力的继承和发展做准备，因此把它称为生产力系统中的准备性因素。

由此可见，科学技术是知识形态的生产力，它是渗透到生产力的基本要素中，在生产过程中转化为直接的现实的生产力的。科学转化为现实生产力的基本途径主要有：一是通过运用科学原理进行技术发明和技术创新，物化为劳动工具；二是将科学运用于生产过程，提高劳动对象的质量，扩大劳动对象的范围；三是通过科学的学习和教育的途径，转化为劳动者的生产知识和劳动技能；四是将科学运用于生产的组织和管理，提高企业管理和经济管理的水平。在历史上，科学技术的发明创造，往往引起生产工具、劳动对象和劳动者技术的最大变革，推动生产的发展。自18世纪产业革命以来，人类社会已经历了三次大的技术革命每次技术革命，都是从科学理论有了重大突破开始，以生产工具的变革为标志的。当前世界又面临一次新的技术革命，科学技术已经成为生产力发展的突破口或生长点，科技决定生产力的发展方向、规模和速度，由科学技术因素造成的劳动生产率和经济增长率越来越高，使生产力的发展明显地呈现出加速度的趋势。

其二，社会科学也是"第一生产力"。

科学不仅是知识的理论体系，而且是获得知识的社会认识活动。自然科学以自然界的各个领域为研究对象，研究自然界各个领域的运动、变化和发展规律。社会科学以人类社会生活的各个领域或各个方面为研究对象，研究社会生活的各个领域或各个方面运动、变化和发展的规律。自然科学与社会科学虽有区别，但又存在着不可分割的内在联系，二者如车之两轮、鸟之双翼，是相互制约、相互促进、相互渗透的辩证关系。在马克思主义创始人的著述中，社会生产力分为物质生产力和精神生产力，人的智力、知识作为精神生产力，不仅指自然科学技术知识，而且包括社会科学知识和其他一切智力因素在内。它们综合地表现为人的精神素质、精神能力，是人作为主要生产力的决定方面，其中的社会科学知识作为人改造社会精神能力的体现，是十分重要的。显然，马克思是把自然科学和社会科学都看成是精神生产的组成部分的。那么邓小平提出的"科学技术是第一生产力"的命题，也必然包括社会科学在内。社会科学是生产力，而且也是第一生产力。这是因为：第一，自然科学技术是生产力，但是自然科学不会原封不动地在知识形态上自然而然地变成直接生产力。要使自然科学技术真正转化为第一生产力，不仅要在自然科学研究和技术发明上下功夫，而且要依靠社会科学的指导，研究把自然科学转化为生产技术和管理技术，在社会生产的各个部门和环节推广应用的社会动因和社会机制。就这种作用而言，社会科学也是生产力。而且，在现代科学技术中，自然科学与社会科学相互渗透，社会科学中有社会工程技术，也说明社会科学是第一生产力。第二，随着社会的发展和科学技术的进步，社会科学的发展也很快，它所研究的不只是社会，而且还包括自然、人和自然的关系。社会科学不再只是少数人所从事的意识形态范围的文化和学术活动，而是与改造自然、改造社会的实践紧密联系，成为知识活动、社会建制的统一体。因此，对这种极为复杂的社会科学，决不能简单地肯定和否定它是生产力，而要进行具体分析。应该说，从整个社会科学与生产力的密切联系、它所发挥的生产力功能来说，从社会科学内部的许多部分如经济学、管理学、心理学、行为科学等学科与生产力有直接联系，可以转化为直接生产力而言，社会科学也可以说是生产力。如果从广义的生产力理论的角度分析科学，从社会科学作为创造思想、观念、知识、理论的社会化活动，属于精神生产力而言，也可以说社会科学是生产力。当然，这并不排斥社会科学中的许多学科，特别是意识形态特性十分鲜明、与上层建筑直接联系的部分，可以不称为生产力。

3. 关于改革是"解放生产力的一场革命"的观点

邓小平指出："改革是中国发展生产力的必由之路"，也是"决定中国命运的一招"。在"南方谈话"中，他进一步阐发了自己的观点："革命是解放生产力，改革也是解放生产力。推翻帝国主义、封建主义、官僚资本主义的反动统治，使中国人民的生产力获得解放，这是革命，所以革命是解放生产力。社会主义基本制度确立以后，还要从根本上改变束缚生产力发展的经济体制，建立起充满生机和活力的社会主义经济体制，促进生产力的发展，这是改革，所以改革也是解放生产力。过去，只讲在社会主义条件下发展生产力，没有讲还要通过改革解放生产力，不完全。应该把解放生产力和发展生产力两个讲全了。"① 邓小平上述论述讲全了，就是说即使在社会主义制度的条件下，社会主义制度实际上承担着发展生产力和解放生产力双重任务，而不是仅仅承担着发展生产力的任务。这一观点从哲学上说显然深化与丰富了历史唯物主义的基本原理，因为在传统的唯物史观的观念中解放生产力只有在生产力的发展与生产关系之间存在着矛盾的情况下才会发生。

为什么说改革也是一种革命呢？首先，说改革是一场革命，是就其重要性和深刻性而言的。改革不只是枝节的、细微的、日常性质的变革，而是带有某种程度的根本性质的变革，即从根本上改变束缚生产力发展的旧体制，建立起具有中国特色的、充满生机和活力的社会主义新体制。这也就是邓小平在 1985 年党的全国代表大会上所说的："改革是社会主义制度的自我完善，在一定的范围内也发生了某种程度的革命性变革。"②

其次，从改革的对象和内容来看，改革的对象虽然不是社会主义的基本制度，而是严重束缚我国社会生产力发展的具体制度即旧体制，包括农村人民公社体制、高度集中的计划经济体制、高度集权的政治体系，等等。改革的内容除了不适应生产力发展的经济体制、政治体制外，还包括旧的思想意识、价值观念、生活方式和工作方式，等等。因此，改革的对象和内容与社会革命有相同的一面，所以可以说改革是一场革命。

再次，从改革的广度与深度来看，当今中国的改革，不是对原有经济体制的修补，而是经济体制的重大变革。这场变革，虽然是社会主义基本矛盾相互作用的产物，也是对生产关系中不适应生产力发展、上层建筑不适应经济基础的部分所进行的变革，它已不同于一般意义上的那种变革即调整。

最后，从改革的历史地位与作用来看，我国的改革也是一场深刻的革

① 《邓小平文选》第 3 卷，人民出版社 1993 年版，第 370 页。

② 同上书，第 142 页。

命。这场改革是关系到党和国家的兴衰成败、生死存亡的大问题。"文化大革命"结束不久，邓小平就指出："如果现在再不实行改革，我们的现代化事业和社会主义事业就会被葬送。"① 1991 年他又指出："坚持改革开放是决定中国命运的一招。"② 所以，邓小平早在 1985 年便明确地强调"改革是中国的第二次革命"③。

4. 关于社会主义本质论

社会主义本质论是邓小平"南方谈话"中的一个重大的理论贡献，也是对于唯物史观中社会主义理论的重大理论贡献。他在总结我国建设社会主义的历史教训时反复地讲，最根本的教训在于对什么是社会主义没有搞清楚，缺乏清醒的认识。这就涉及社会主义的本质问题。

早在 1980 年 4—5 月，邓小平在强调解放思想时就提出要对社会主义进行再认识的问题。他指出："不解放思想不行，甚至于包括什么叫社会主义这个问题也要解放思想。经济长期处于停滞状态总不能叫社会主义。人民生活长期停止在很低的水平总不能叫社会主义。"④ 这里他从解放思想的高度提及重新认识社会主义的问题是带有根本性的，所表明的是人们在此必须冲破传统的认识观念。此时邓小平已充分认识到，人民生活水平的低水平发展绝不是社会主义，也不能叫作"社会主义"。他还进一步指出："社会主义是一个很好的名词，但是如果搞不好，不能正确理解，不能采取正确的政策，那就体现不出社会主义的本质。"⑤ 这段话深刻地表明，在邓小平看来，面对社会主义这样一个好的名词，如果人们认不清它的本质，那么要想搞好社会主义，真正体现出社会主义本质是不可能的。这以后，他讲社会主义的多方面的任务和改革应遵循的基本原则，从不同的角度强调了不同的方面，但他讲得更多的还是发展生产力和共同富裕。1986 年 9 月，邓小平明确指出："社会主义原则，第一是发展生产，第二是共同致富。"⑥ 1990 年 12 月，邓小平强调："社会主义最大的优越性就

① 《邓小平文选》第 2 卷，人民出版社 1994 年版，第 150 页。

② 《邓小平文选》第 3 卷，人民出版社 1993 年版，第 368 页。

③ 同上书，第 113 页。

④ 《邓小平文选》第 2 卷，人民出版社 1994 年版，第 312 页。

⑤ 同上书，第 313 页。

⑥ 《邓小平文选》第 3 卷，人民出版社 1993 年版，第 172 页。

是共同富裕，这是体现社会主义本质的一个东西。"① 正是在有了这些长期的思考积累之后，在 1992 年"南方谈话"中，邓小平最终提出："社会主义的本质，是解放生产力，发展生产力，消灭剥削，消除两极分化，最终达到共同富裕。"②

　　邓小平的社会主义本质论是对历史唯物主义内容的丰富与发展，主要可以从以下四个方面来加以理解。

　　第一，它突出了生产力的最终决定作用和生产力与生产关系矛盾运动的历史唯物主义基本原理。过去对于社会主义的认识，比如传统讲法的那几个要素，如公有制、按劳分配、无产阶级专政、以马克思主义为指导等，都属于生产关系和上层建筑方面的内容。这些要素尽管能够说明社会主义的重要特征，但传统讲法的缺陷是根本不提生产力，不把发展生产力作为社会主义的根本任务，这样一来就与历史唯物主义的基本原理有了一定的距离。邓小平的"社会主义本质论"，在坚持生产力和生产关系的统一的同时，一方面从生产力上揭示了社会主义本质的核心内容是"解放生产力，发展生产力"；另一方面又从生产关系上揭示了社会主义本质的重要内容是"消灭剥削，消除两极分化，最终达到共同富裕"，这既克服了离开生产力而抽象地从生产关系角度界定社会主义本质的片面性，又避免了那种单纯讲生产力而不讲生产关系从而混淆社会主义与资本主义根本区别的错误倾向。

　　第二，它将历史唯物主义的一些重要范畴做了区别，有助于深化对历史唯物主义范畴的研究。过去对社会主义认识上的一大缺陷是将本质与特征不加区别而混用，传统讲法的几个内容实际上是讲社会主义的"本质特征"。其实，本质与特征不是同一层面的范畴。在辩证法看来，"本质"是更为深层的东西，"特征"是"本质"的外化、表现和要求。就"本质"而言，按不同标准划分，也是分层次的。如果说"解放生产力，发展生产力，消灭剥削，消除两极分化，最终达到共同富裕"，属于列宁范畴的更深刻的"二级本质"的话，那么，相比之下，"公有制""按劳分配"等若要讲成"本质"，至多也是列宁哲学范畴的不甚深刻的"初级本质"。这个"初级本质"用另外的标准来看，就是"特征"。由此，将

---

　　① 《邓小平文选》第 3 卷，人民出版社 1993 年版，第 364 页。

　　② 同上书，第 373 页。

"本质"和"特征"做一定的区别，有利于端正和强化对社会主义的科学认识。

第三，把社会主义的根本任务与根本目的统一起来，有助于提高人们关于社会主义如何实现的认识。邓小平的"社会主义本质论"一方面揭示了社会主义的根本任务是发展生产力，抓住了历史唯物主义的核心问题，划清了科学社会主义与空想社会主义的界限；另一方面又揭示了社会主义的根本目的是实现共同富裕，抓住了社会主义的最高价值规范、目标与原则，划清了社会主义与资本主义的界限。这样就把对社会主义的认识提到了新的科学水平。

第四，矫正了过去对社会主义的个别不正确认识，体现了历史唯物主义的彻底性与整个马克思主义的革命的、批判的、与时俱进的精神。把计划经济当作社会主义的本质特点来认识，是恩格斯在《共产主义原理》《反杜林论》等著作中提出的，后来列宁、斯大林予以了强化。总体上看，马克思、恩格斯主要针对当时资本主义存在着无政府状态提出社会主义阶段用计划代替了市场来作为社会生产的调节机制，因此在马克思与恩格斯的理论中，理想的社会主义与资本主义的区别表现为计划与市场的区别。但是到邓小平论述的时候，正如邓小平所说的，资本主义有计划，社会主义有市场，所以，计划和市场的区别已不构成社会主义与资本主义区别的本质特征了。这是邓小平总结概括了当今世界范围发生的变化而做出的新的论述。因此，对社会主义本质的概括，不再提计划经济了，这是认识上的一个很大进步。它体现了马克思主义包括历史唯物主义与科学社会主义，要随着实践与时代而发展的与时俱进的精神。

三　邓小平与"发展哲学"

邓小平对马克思主义哲学的应用涉及经济、政治、科技、教育、文化、民族、军事、外交、统一战线、党的建设等诸多领域，但他的最大贡献还在于试图解决像中国这样经济文化落后的国家如何实现社会主义现代化、如何发展的问题，因此从主题来说，邓小平的哲学是一种"发展哲学"，而且是紧扣社会发展而加以展开的。概括地说，邓小平哲学思想是以发展为主题的"发展哲学"。

（一）邓小平发展哲学的历史传承

毫无疑问，邓小平发展哲学的提出源于中国特色社会主义建设伟大实践的发展需要，然而，任何一种理论的形成，总是离不开前人文化遗产的吸纳、继承与弘扬。如果把邓小平发展哲学放在人类有关社会发展的大的理论背景中加以考察，就不难发现，这一哲学思想实质上是在继承马克思主义发展理论、借鉴国外社会发展理论优秀成果以及吸收我国传统社会发展的优秀思想基础之上的一种思想再创造。

1. 继承和发展马克思主义社会发展理论

邓小平总结社会主义革命与建设的实践经验，继承和发展了马克思主义社会发展理论。马克思、恩格斯关于落后国家跨越资本主义制度卡夫丁峡谷的东方社会发展理论，列宁的新经济政策的理论与实践，毛泽东的新民主主义理论以及对社会主义工业化、现代化道路的探索，都不失为邓小平社会发展哲学的形成与发展奠定了深厚的理论基础。邓小平正是在此基础上总结世界各国社会发展的经验教训，针对中国的实际情况，探索适合中国国情的社会发展道路，创造性地提出了"改革开放论""社会主义本质论""改革动力论""两大文明论"等几个著名的论断，形成了具有中国特色的社会发展哲学，把马克思主义社会发展理论发展到一个新的阶段，提高到一个新的水平。

2. 吸收国外社会发展理论的优秀成果

邓小平发展哲学的形成与发展时期正是西方社会发展思想、观念与理论异常活跃时期，因此，我们又可以将邓小平发展哲学视为马克思主义与时俱进品质的重要体现，是适应时代发展的时代精神的精华。当代西方的社会发展理论中不仅出现了"经济发展论""现代化理论""依附理论""世界体系理论""综合发展论"等，而且还有着著名的来自"罗马俱乐部"的调查报告。邓小平的发展哲学作为一种开放的理论势必会以博采众长、兼容并包的姿态去吸收国外各种社会发展理论中的合理成果。早在改革初期，邓小平就提出要学习和借鉴国外包括资本主义国家的先进经验、科学技术和优秀文化遗产。尽管缺乏直接证明资料，但从邓小平所创造的适合中国国情的社会稳定理论和协调发展理论中，我们可以看到它是对以孔德、斯宾塞、韦伯为代表的社会发展进化论以及以帕森斯、帕累托为代表的社会发展均衡论的深化；从邓小平所创造的我国以不断满足人的物质生活和精神文化生活需要为目标责任制的分段推进的现代化模式中,我们还可以看到它是对马斯洛的层次需要理论和巴里洛克的"基本需求论"的有关观点的提升。在农村改革方面,邓小平批判地吸收了列维关于"中国家庭制度不利于社会变革"、中国社会的阶级制度具有"轻商"倾向等思想,以及各种替代发展战略共同倡导的"土地制度改革"等观点,率先在农村进行体制改革,推进家庭经营联产承包制,增强农民家庭的经济功能以及社会的广泛联系,促进商品经济发展,改变中国社会传统的"轻商"倾向,由此带动了全国其他领域的改革,卓有成效地解决了农村的贫困问题,并为在全国推行社会主义市场经济打下了基础。由此可见,邓小平的发展哲学是在吸收国外社会发展理论精华基础上结合中国实际情况进行的一次理论上的再创造,是当代社会发展理论的扬弃上的超越。

3. 弘扬中国传统社会思想的优良传统

在中国传统文化中,包含着极其丰富的社会发展思想。与西方发展观"两极对立"的特征相反,中国传统的社会发展观是以整体和谐为特征的。"天人合一"的思想构成中国式的整体论的核心、特色与基础。"天人相通""天人一体",强调人与人、人与社会、人与自然的相互统一。社会发展是以各个方面相互协调为条件的,发展不是向外扩张,而是自我完善,是整体内在状态的改善。中国传统文化强调变异是发展的本质,用动态的观点、发展变化的观点去看待自然、人与社会。可以说,整体论、协调论、变异论是中国传统发展思想的基本内容与主要特征。

邓小平继承了传统发展思想中的精神,弘扬了传统发展思想中的合理内核,构建了中国特色的社会发展理论,创立了新型的发展哲学。在邓小平的发展哲学中,不仅在逻辑思维上继承了中国文化的优良传统,而且将传统的概念加以改造,移植到现代社会之中,赋予其新的含义与内容。这突出表现在"小康"概念的改造上。

小康一词最早出于《礼记》中的《礼运》篇,是相对于"大同"而言的社会状态。孔子曾将社会发展分为乱世、小康与大同等"三世",认为小康是"天下为家"的社会,靠礼义来统治人民,如"禹、汤、文、武、成王、周公之治,皆谓之小康"。《诗经》上也有记载,称"少有资产足以自安者谓之小康"。后来,研究《春秋公羊传》的经学家中,又有人提出"三世"之说,即据乱世、升平世、太平世,认为人类社会的进化应该从乱世进化为升平世（小康社会），再从升平世进化为太平世（大同社会）。西方经典社会进化论传入中国后，康有为为了托古改制，极力宣传社会进化论思想，并声称在孔子的《春秋》中发现了"微言大义"，说："大道看何？大理至公，太平世大同之道也。三代之英，升平世小康之道也。"随着时代的演进，"小康"概念流传至今，在民间和一些著述中，常习惯于把那种薄有资财、康泰祥和、安然度日的人家称为"小康之家"；把人民安居乐业的社会称为"小康社会"。

邓小平在借用"小康"这一传统思想时，曾提出三个相关概念，即小康、小康水平和小康社会。从其实质来看，邓小平赋予它一定的社会内涵，用以表达我国社会主义初级阶段的社会发展的特定阶段模式，即在社会生产力发展的基础上，全体社会成员丰衣足食，生活水平和质量不断提高，社会安定祥和，各阶层和睦相处，整个社会处于文明、健康、进步的发展状态之中。从量上看，邓小平也赋予了小康社会一定的量化指标，从而进一步推进了传统的小康社会概念。

1979 年 12 月，邓小平会见到中国访问的日本首相大平正芳时，大平正芳提出一个问题：你们四个现代化的目标意味着什么？邓小平回答说，是不是可以确定为这样一个目标，到 20 世纪末，争取国民生产总值人均 1000 美元，算个小康水平。当时中国人均国民生产总值只有二百几十美元，邓小平据此推算，到 20 世纪末"要增加三倍"，才能达到 1000 元美元的水平。这是邓小平第一次提出现代化的量化了的目标，也是第一次提到"小康"概念。1980 年 12 月 25 日，邓小平在中央工作会议的讲话中正式提出："只要全国上下团结一致地、有秩序有步骤地前进，我们就能够更有信心经过二十年的时间，使我国现代化经济建设的发展达到小康水平，然后继续前进，逐步达到更高程度的现代化。"[1] 后来，邓小平考虑到 20 世纪末时中国人口将不止 10 亿人，经过控制，大体也要增长到 12 亿左右。国民生产总值翻两番，而人口增长到 12 亿，那么人均国民生产总值就是 800 美元多一点。所以，他特地对"小康社会"做了一个说明："到本世纪末达到小康水平。这是一九七九年十二月日本前首相大平正芳来访时我同他首次谈到的。所谓小康，从国民生产总值来说，就是年人均达到八百美元。这同你们相比还是低水平的，但对我们来说是雄心壮志。

---

① 《邓小平文选》第 2 卷，人民出版社 1994 年版，第 356 页。

中国现在有十亿人口，到那时候十二亿人口，国民生产总值可以达到一万亿美元。"①

1986 年 12 月 30 日，邓小平在一次谈话中正式提出 21 世纪中叶实现"人均国民生产总值 4000 美元"的指标。1987 年 4 月 16 日，在会见香港特别行政区基本法起草委员会委员时，邓小平进一步指出：到 20 世纪末实现翻两番，达到小康社会，"更重要的是，有了这个基础，再过五十年，再翻两番，达到人均四千美元的水平，在世界上虽然还是在几十名以下，但是中国是个中等发达的国家了"②。

（二）邓小平发展哲学的科学体系

在适应时代发展与结合中国国情的情况下，邓小平创立了具有中国特色的发展哲学，邓小平的发展哲学是一个完整的科学体系，这一科学体系具体包括基本理论、基本方法等多方面的内容。

1. 基本理论

作为中国社会主义发展经验的概括与总结，邓小平发展哲学涉及领域广泛，内容十分丰富。概括地说，其基本理论主要包括五个方面。

一是发展条件论。重视发展条件是邓小平发展哲学的重要特征，也构成了邓小平发展哲学的重要内容。基于对世界形势的科学分析和中国国情的准确把握，邓小平提出了当今时代的主题是"和平与发展"；现代世界是开放的社会；中国处于社会主义初级阶段，处于市场经济尚不发达的历史时期；等等。在他看来，中国的社会发展是不能脱离这些基本条件的。

邓小平之所以能够提出建设具有中国特色的社会主义理论，其中一个重要原因就在于他出色地坚持运用唯物辩证法的发展条件论，表现了一位战略家和哲人的敏锐的眼光，体现了中国共产党第二代领导人中的杰出代表对于社会发展条件的自觉把握。早在 1979 年，邓小平在《坚持四项基本原则》的著名讲话中就指出：搞建设，走出一条中国式的现代化道路，"至少有两个重要特点是必须看到的：一个是底子薄。……由于底子太薄，现在中国仍然是世界上很贫穷的国家之一。……第二条是人口多，耕地少。……土地面积广大，但是耕地很少。耕地少，人口多特别是农民

---

① 《邓小平文选》第 3 卷，人民出版社 1993 年版，第 64 页。
② 同上书，第 216 页。

多，这种情况不是很容易改变的。这就成为中国现代化建设必须考虑的特点"①。以后，他又通俗地把中国国情概括为"国家大、人口多、底子薄"。邓小平曾经明确指出："如实地指明这种落后状况，会不会使人们失去信心呢？这种人也可能有。这种人是连半点马克思主义气味也没有的。对于我们无产阶级革命者来说，实事求是地说明情况，认真地去分析造成这种情况的历史的和现实的原因，才能够正确制订我们的战略规划，部署我们的力量；才能够更加激励我们奋发图强，尽快改变这种情况；也才能动员人们虚心学习，迅速掌握世界最新的科学技术。"② 在这里，邓小平不仅指出了中国国家发展的落后现状，同时又强调了人们在这种情况下必须树立起信心，必须通过制定正确的战略规划与部署人们力量的方式来发展中国经济。邓小平主要谈的是马克思主义唯物史观关于生产力三要素中人的要素与生产资料要素。由于其中人的要素是最活跃的，因此，邓小平不仅谈到中国人口多的问题，而且还谈到了中国人的科学技术水平问题，强调动员人民虚心学习，迅速掌握当代最先进的科学技术。

二是发展战略论。邓小平明确强调社会主义的本质是解放生产力，发展生产力，是共同富裕；中国社会发展必须坚持走社会主义道路；中国社会发展的目标是建立中国式的现代化，即富强、民主、文明的现代化。上述种种论述均是对中国社会发展的战略上的思考，所反映的是邓小平在中国社会的社会主义发展方向上是持坚持态度的。

三是发展动力论。人类社会发展的历史，首先是生产力发展的历史，生产力发展是社会发展的基础和内在动力。生产力的发展有待于生产关系和上层建筑的协调，而解决生产力与生产关系、经济基础与上层建筑之间矛盾的动力和手段是改革，因此，在邓小平看来，在社会发展动力问题上，也应该积极倡导"改革也是解放生产力"的思想。在生产力诸要素中，科学技术是最活跃最革命的因素，因此，邓小平又提出了"科学技术是第一生产力"的思想。上述三个方面的相互配合，形成了邓小平对社会发展动力的综合认识，也构成了社会发展综合动力观。

上述有关社会发展综合动力观主要是从宏观上把握社会发展动力，除此之外，邓小平还积极从微观上去揭示社会发展的动力。我们知道，毛泽

①　《邓小平文选》第 2 卷，人民出版社 1994 年版，第 163—164 页。
②　同上书，第 90—91 页。

东是"集体实践"的积极提倡者。华裔美国学者梅茨格（墨子刻）曾经十分中肯地说道："毛泽东在组织人民方面"是"成功的"。他还进一步说："毛泽东思想的部分意义在于……它运用辩证法的普遍法则，说明了为什么投身于群众运动就是个人追求真理和德行的实质所在。"① 从整体上说，毛泽东在开创中国的集体主义实践观的发展局面方面的贡献是功不可没的，他结束了中国社会长期以来所坚持提倡的"自扫门前雪"的封建观念，使集体主义实践观深入人心。在毛泽东思想的引导下，中国人民群众逐渐坚信了"团结就是力量"这一至理名言。但是，应该看到，晚年毛泽东所犯错误的一个重要内容就在于，他在关于集体实践的问题上走向了简单化、极端化，在众多领域中大搞"群众运动""人海战术"等，从而使我国国民经济建设的发展受到了严重影响。在《介绍一个合作社》一文中，晚年毛泽东论证了我国工农业赶上资本主义大国可能不需要从前所想的那样长的时间，并写道："除了党的领导之外，六亿人口是一个决定的因素。人多议论多，热气高，干劲大。"② 因此，在当时的他看来，只要有了集体实践的规模，造就出"人多议论多，热气高，干劲大"的气氛，就能创造出各种人间奇迹，什么 20 年内在工农业上赶超英美资本主义大国都不是难事。

　　客观地说，晚年毛泽东在有关集体实践问题上之所以会出现思想上的偏差，主要在于他忽略了一个基本事实，即单一地发展集体实践只不过是单条腿走路，集体实践和个体实践应该是同时并存、相互依存、相互补充的。当代美国学者奥尔森曾经分析道：集体实践的"特有的和主要的功能是增进由个人组成的集团的共同利益"③。因此，与个体实践相比，集体实践的重要意义在于，它能够更好地增进众多个人的共同利益，弥补个体实践在这个方面的不足。不过，尽管集体实践有着个体实践无法比拟的优越性，但是倘若受个人利益、个人意愿左右的个体实践不受鼓励，个人的生产积极性得不到充分调动，个人的生产发展水平不高，即使拥有十分先进的集体实践的发展形式，社会的整体水平也不会得到大的提高与发

---

① ［美］墨子刻：《摆脱困境：新儒学与中国政治文化学的演进》，江苏人民出版社 1996 年版，第 219—220 页。

② 唐宝林主编：《马克思主义在中国 100 年》，安徽人民出版社 1997 年版，第 539 页。

③ ［美］奥尔森：《集体行动的逻辑》，陈郁译，上海三联书店 1995 年版，第 6—7 页。

展，甚至反而会受到一些十分消极与负面的影响。

邓小平正是在毛泽东的集体主义实践观的基础上，通过修正晚年毛泽东的错误，正确地理解个体实践与集体实践之间的辩证关系，从而从微观上深入揭示了社会发展的重要动力就在于调动个人的实践积极性。邓小平既没有像毛泽东那样片面地强调发展集体实践，也没有追随资本主义的社会发展态势，一味强调发展个体实践，他在充分肯定集体实践与个体实践都具有相对独立的存在意义的同时，不仅强调发展集体实践，而且极其重视个体实践的完整的独立存在意义，认为应该积极鼓励个体实践的深入发展。邓小平明确指出："社会主义的本质，是解放生产力，发展生产力，消灭剥削，消除两极分化，最终达到共同富裕。"① 直观看来，邓小平的这一论述仅在阐述社会主义的本质，但它实际上表明邓小平已经看到了集体实践与个体实践之间的互补关系。在这里，所谓"解放生产力，发展生产力"的一个很重要的内容就是要充分调动个人行动的积极性。但是在社会主义社会中，这样做的目的并不在于像资本主义社会那样仅使少数人富裕起来，造成两极分化，而是要"最终达到共同富裕"。社会主义社会在发展的微观动力上所真正强调的是，在充分调动个人行动积极性的同时，坚持互助合作的行为模式。集体是由个人组成的，任何个体都是具有其完整存在意义的个体，倘若个人的行动积极性得不到调动，个体实践水平较低，要想使合作活动达到最佳效果显然是不可能的，社会发展要想在整体上有大的提高与发展显然也是很难做到的。

四是发展协调论。中国的社会发展是一个系统工程，是经济、政治、文化、环境的协调、持续的发展，是社会的全面发展和共同进步。

邓小平有着十分强烈的系统论思想，他曾把加强工作中"系统性"作为一项特别要求，十分严肃而郑重地向全党提出来。他指出：我们要求党的各级干部认真学习马克思主义的基本理论，学习现代科学知识，"从而加强我们工作中的原则性、系统性、预见性和创造性"②。邓小平亦把改革当作一个整体、一个系统工程来看待。他认为改革是一场革命，"这场革命既要大幅度地改变目前落后的生产力，就必然要多方面地改变生产关系，改变上层建筑，改变工农业企业的管理方式和国家对工农业企业的

---

① 《邓小平文选》第 3 卷，人民出版社 1993 年版，第 373 页。
② 同上书，第 147 页。

管理方式，使之适应于现代化大经济的需要"①。正因为如此，邓小平在改革向纵深发展的时候，提出了"整体推进，综合配套"的方针。

针对中国社会的发展，邓小平不仅重视生产力发展，而且还高度重视社会主义民主建设。他指出："没有民主就没有社会主义，就没有社会主义的现代化。"② 他把民主当作社会主义的本质要求，当作思想解放、实事求是的重要条件。"在过去一个相当长的时间内，民主集中制没有真正实行，离开民主讲集中，民主太少。……这种状况不改变，怎么能叫大家解放思想，开动脑筋？四个现代化怎么化法？"③ 针对党内存在的权力过分集中的弊端，邓小平提出"权力不宜过分集中"的问题。他指出："党成为全国的执政党，特别是生产资料私有制的社会主义改造基本完成以后，党的中心任务已经不同于过去，社会主义建设的任务极为繁重复杂，权力过分集中，越来越不能适应社会主义事业的发展。"④ 因为这妨碍民主集中制的实行，妨碍实事求是路线的贯彻，妨碍集体智慧的发挥，容易产生官僚主义，导致错误的决策。

邓小平认为，改革政治体制，发展民主政治，主要是进行经济体制改革、解放生产力和发展生产力的客观需要。党的十一届三中全会进行的改革，首先是从经济体制改革入手的，革故鼎新，兴利除弊，以解放生产力、发展生产力，使社会主义制度的优越性充分发挥出来。但是，经济体制改革不能孤立地进行，从理论上说，经济基础要求上层建筑与它相适应并为之服务。作为经济基础的社会主义经济体制关系的改革，必然要求作为上层建筑的社会主义政治体制也相应地跟着改革，以便为它服务。邓小平在 1986 年的许多谈话中反复强调了政治体制改革必须与经济体制改革和经济发展相适应的问题。他指出：改革，应该包括政治体制的改革，并且应该把它作为改革向前推进的一个标志。不搞政治体制改革不能适应形势，经济体制改革难于贯彻。"现在经济体制改革每前进一步，都深深感到政治体制改革的必要性。不改革政治体制，就不能保障经济体制改革的成果，不能使经济体制改革继续前进，就会阻碍生产力的发展，阻碍四个

---

① 《邓小平文选》第 2 卷，人民出版社 1994 年版，第 135—136 页。
② 同上书，第 168 页。
③ 同上书，第 144 页。
④ 同上书，第 329 页。

现代化的实现。"① 他还指出："政治体制改革同经济体制改革应该相互依赖，相互配合。只搞经济体制改革，不搞政治体制改革，经济体制改革也搞不通，因为首先遇到人的障碍。事情要人来做，你提倡放权，他那里收权，你有什么办法？从这个角度来讲，我们所有的改革最终能不能成功，还是决定于政治体制的改革。"② 在这里，通过强调政治体制改革与经济体制改革的适应关系，邓小平进一步将政治体制改革的重要性提到了核心地位上，认为它决定着"我们所有的改革最终能不能成功"③。

五是发展评价论。在对发展加以评价的问题上，邓小平的哲学思想包括两方面重要内容：一方面是本章第二节中提到的从生产力标准到"三个有利于"标准的提出；另一方面是提出物质文明和精神文明两手都要抓，两手都要硬。

尽管邓小平十分重视生产力标准，但在发展评价的问题上，却没有单一地强调生产力标准，他最终向人们展示的是一个综合性的评价标准，即物质文明与精神文明两手都要抓、两手都要硬的评价标准。早在 1979 年10 月，邓小平就指出："我们要在建设高度物质文明的同时，提高全民族的科学文化水平，发展高尚的丰富多彩的文化生活，建设高度的社会主义精神文明。"④ 在这里，邓小平在强调物质文明建设的同时，也明确提出了社会主义精神文明建设。而且使用了"两个高度"，即"建设高度物质文明"与"建设高度的社会主义精神文明"。应当说，这"两个高度"的使用，所反映出来的是邓小平认为社会主义物质文明与精神文明建设是有品质要求的，而不只是泛泛而谈的。同时这"两个高度"的提出，也为我国的社会主义建设树立了两个重要的标杆，至此中共十一届三中全会之后的社会主义建设一直是沿着高标准发展，而不是在低水平上盘旋。1980年 12 月他又指出："我们要建设的社会主义国家，不但要有高度的物质文明，而且要有高度的精神文明。所谓精神文明，不但是指教育、科学、文化（这是完全必要的），而且是指共产主义的思想、理想、信念、道德、纪律，革命的立场和原则，人与人的同志式关系，等等。"⑤ 在这里，

---

① 《邓小平文选》第 3 卷，人民出版社 1993 年版，第 176 页。

② 同上书，第 164 页。

③ 同上。

④ 《邓小平文选》第 2 卷，人民出版社 1994 年版，第 208 页。

⑤ 同上书，第 367 页。

邓小平阐明了精神文明建设的具体内涵，不仅包括教育、科学与文化，而且包括共产主义的思想、理想、信念、道德、纪律，革命的立场和原则，人与人的同志式关系，等等。由此可见，邓小平认为高度的精神文明建设必须是全面的，而不能是片面的。

马克思曾经指出："物质生活的生产方式制约着整个社会生活、政治生活和精神生活的过程。不是人们的意识决定人们的存在，相反，是人们的社会存在决定人们的意识。"① 按照马克思的观点，社会的精神生活过程决定于社会的物质生产方式。人们要从事社会精神生产，创造精神财富，享受精神生活，首先要有必要的物质生活条件，必须解决吃、穿、住等问题，否则精神生活无从谈起。这也就是说，物质生产是精神生活的前提，物质文明是精神文明的物质基础。在谈到物质文明和精神文明的关系时，邓小平指出："真正到了小康的时候，人的精神面貌就不同了。物质是基础，人民的物质生活好起来，文化水平提高了，精神面貌会有大变化。……当然我们总还要做教育工作，人的工作，那是永远不能少的。但经济发展是个基础，在这个基础上工作就好做了。"② 由此可见，无论是马克思还是邓小平都是将生产力标准作为社会发展的最基本的标准来看待的，所强调的都是经济基础的重要性。邓小平还指出："我们在建设具有中国特色的社会主义社会时，一定要坚持发展物质文明和精神文明，坚持五讲四美三热爱，教育全国人民做到有理想、有道德、有文化、有纪律。这四条里面，理想和纪律特别重要。我们一定要经常教育我们的人民，尤其是我们的青年，要有理想。为什么我们过去能在非常困难的情况下奋斗出来，战胜千难万险使革命胜利呢？就是因为我们有理想，有马克思主义信念，有共产主义信念。"③ 在这里，邓小平不仅明确强调了物质文明与精神文明一起抓的重要性，同时还特别提出了在精神文明建设中培养"四有"新人的重要性。理论和现实都已充分说明，能否培育出"有理想、有道德、有文化、有纪律"的"四有"新人，是关系中国特色社会主义事业能否顺利进行、社会主义现代化目标能否如期实现的一个全局性问题。

①　《马克思恩格斯文集》第 2 卷，人民出版社 2009 年版，第 591 页。

②　《邓小平文选》第 3 卷，人民出版社 1993 年版，第 89 页。

③　同上书，第 110 页。

邓小平对"四有"新人中的"有理想"提出了两个层次：一个是"共产主义的远大理想"，一个是"社会主义现代化"的现实理想，这是相互联系和相辅相成的两方面，前者是最终理想，后者是实现最终理想的现实追求。没有共产主义的远大理想，我们就会迷失方向；没有社会主义现代化的现实理想，我们就容易脱离实际，就会忽视我们正在从事的事业。邓小平认为，鉴于人们有先进和落后的差异，有道德水平高低的不同，我们对人们的道德要求，应区别对待、分出层次。"我们在鼓励帮助每个人勤奋努力的同时，仍然不能不承认各个人在成长过程中所表现出来的才能和品德的差异，并且按照这种差异给以区别对待，尽可能使每个人按不同的条件向社会主义和共产主义的总目标前进。"① 在这里，主要强调了在道德建设中要"承认各个人在成长过程中所表现出来的才能和品德的差异"，强调了要"按照这种差异给以区别对待"。邓小平实际上是提出了道德建设的"层次性"问题，提出了道德建设的先进性同群众性的关系，强调要把道德建设的先进性和群众性结合起来。强调"有纪律"，是邓小平实事求是思想的体现，是依据中国国情而深思熟虑的结果。中国是一个具有十几亿人口的大国，如果没有纪律，"就会像旧中国那样一盘散沙，那我们的革命怎么能够成功？"② 邓小平极其重视文化、科学、技术对发展生产力的重要性，重视科学、文化素质对社会主义新人的意义。"四有"新人中的"有文化"，是与邓小平所一贯强调的"科学技术是第一生产力""科技是关键""科技是基础"和"科教兴国"的思想紧密联系在一起的。

2. 基本方法

邓小平发展哲学是一个完整的科学体系，其中使用科学的方法充分地理解发展是必不可少的。从方法论上看，邓小平发展哲学的基本要点包括以下四个方面。

第一，经济与社会协调观。早在1979年，邓小平就明确指出："我们的国家已经进入社会主义现代化建设的新时期。我们要在大幅度提高社会生产力的同时，改革和完善社会主义的经济制度和政治制度，发展高度的社会主义民主和完备的社会主义法制。我们要在建设高度物质文明的同

① 《邓小平文选》第2卷，人民出版社1994年版，第106页。
② 《邓小平文选》第3卷，人民出版社1993年版，第111页。

时，提高全民族的科学文化水平，发展高尚的丰富多彩的文化生活，建设高度的社会主义精神文明。"① 这段话是邓小平对我国现代化全面发展目标的完整论述，在这里不仅谈到提高社会生产力，还提到了改革和完善社会主义的经济制度与政治制度，发展社会主义民主与法律，等等。任何社会光有经济发展是绝对不够的，邓小平正是在明确地看到这一点的情况下，积极主张社会发展就是经济发展和社会的全面进步。经济发展是社会发展的前提和基础，社会发展是经济发展的结果和目的，二者是相互补充、相互依存、相互促进的关系。唯物辩证法强调事物的普遍联系，反对孤立、静止、片面地看问题。建设中国特色的社会主义，是一项社会系统工作，必须要有协调性、全面性的战略眼光。单一地、片面地发展经济只会使社会呈现出畸形的发展局面。

第二，稳定与发展统一观。发展是硬道路，但发展要以稳定为条件。在保持国民经济持续、快速、健康发展的同时，要把促进社会稳定和进步摆在重要位置来考虑，把速度与效益、效率与公平、先富与共富等有机结合起来，实现改革、发展、稳定三者之间的相互协调。

世界的运动变化是绝对的，静止、稳定是相对的。邓小平指出：世界上一切事物都是变化的，"问题是变什么"，"是变好还是变坏"。我们主张向好的方面变，反对向坏的方面变。"不要拒绝变，拒绝变化就不能进步。这是个思想方法问题。"② 在这里，邓小平将接受变化上升到方法论的高度来加以认识，是具有思想指导意义的，他甚至强调拒绝变化就会不能得到进步，因此把接受变化与取得进步联系在一起。通过把这一原理运用于社会经济发展，邓小平认为发展是绝对的，稳定、协调是相对的，"发展才是硬道理"③。因为发展是人类社会生存的基本前提，不发展生产，不发展经济，人类就不能生存，社会就不复存在。发展是社会进步的必然要求，生产力发展的水平是衡量社会进步的最终标准。对于社会主义社会来说，发展是社会主义本质的基本内容，"社会主义的优越性归根到底要体现在它的生产力比资本主义发展得更快一些、更高一些，并且在发

---

① 《邓小平文选》第 2 卷，人民出版社 1994 年版，第 208 页。
② 《邓小平文选》第 3 卷，人民出版社 1993 年版，第 73 页。
③ 同上书，第 377 页。

展生产力的基础上不断改善人民的物质文化生活"①。

在指出"发展是硬道理"的同时，邓小平又把稳定视为发展的基本前提。邓小平明确指出："我们搞四化，搞改革开放，关键是稳定。""中国的问题，压倒一切的是需要稳定。"② "没有安定团结的政治局面，不可能搞建设，更不可能实行改革开放政策，这些都搞不成。"③ 在这里，邓小平不仅将稳定视为改革开放的重要前提，甚至认为离开了稳定，离开了安定团结的政治局面，改革开放政策是无法进行下去，中国的建设也是不可能搞下去的。邓小平还指出："中国要实现自己的发展目标，必不可少的条件是安定的国内环境与和平的国际环境。"④ 在这里邓小平继续谈到了稳定的两个方面的内容：一是安定的国内环境，一是和平的国际环境。准确地说，发展是以社会稳定为前提条件的，在社会稳定中推进改革和发展；同时，社会的长期稳定又必须靠深化改革和不断推进社会发展来实现。

第三，"两个文明"并举观。前面谈到在邓小平那里物质文明与精神文明"一起抓"具有作为发展的评价标准的意义。在此应当进一步看到的是，"两个文明"并举观在邓小平发展哲学中也具有重要的方法论意义。邓小平坚持物质文明与精神文明并举的方针，将世界现代文明与中国优秀文化传统结合起来，既充分吸收和借鉴现代文明的一切合理内容，又弘扬中国民族的优良传统，在促进人民生活质量提高的同时，促进人的全面发展和社会文明程度的普遍提高。

物质文明与精神文明一起抓，深刻反映了马克思主义唯物主义关于物质与精神辩证统一的思想。在马克思主义唯物主义那里，物质是基础，但与此同时精神又是能够反作用于物质的，因此，物质与精神之间是相辅相成、互相依存的关系。一手抓物质文明，一手抓精神文明，"两手抓，两手都要硬"，这个思想在邓小平那里一直是明确的。1985 年，他指出了精神文明建设事实上存在的"一手软"现象。"社会主义精神文明建设，很早就提出了。中央、地方和军队都做了不少工作，特别是群众中涌现了一

---

① 《邓小平文选》第 3 卷，人民出版社 1993 年版，第 63 页。
② 同上书，第 286 页。
③ 同上书，第 199 页。
④ 同上书，第 360 页。

大批先进人物，影响很好。不过就全国来看，至今效果还不够理想。主要是全党没有认真重视。""不加强精神文明的建设，物质文明的建设也要受破坏，走弯路。"① 在这里，邓小平指出精神文明建设不加强，物质文明建设也是搞不好的，是会遭受破坏，甚至是会走弯路的。随后，邓小平又指出："经济建设这一手我们搞得相当有成绩，形势喜人，这是我们国家的成功。但风气如果坏下去，经济搞成功又有什么意义？会在另一方面变质，反过来影响整个经济变质，发展下去会形成贪污、盗窃、贿赂横行的世界。"② 在此，邓小平进一步阐述了物质文明与精神文明一起抓的重要意义，直接强调：如果没有精神文明建设，物质文明建设搞好了也是没有意义的，而且物质文明建设搞好了也会变坏。为了使全党充分重视精神文明建设，邓小平甚至将在 20 世纪 80 年代初建立经济特区时提出来的"两手抓"方针，进一步明确为"搞四个现代化一定要有两手，只有一手是不行的"③。

第四，宗旨与途径协同观。中国社会发展的宗旨是实现现代化，最大限度地满足人的多层次需要。发展途径是以各项社会事业为载体，动员社会成员广泛参与现代化建设，并通过一系列社会政策来实现现代化。

邓小平通过对历史与现实的冷静分析后指出，中国要摆脱落后状况，在未来的世纪里成为世界强国，就必须把现代化建设当作"我们当前以及今后相当长一个历史时期的主要任务"④。他甚至强调："能否实现四个现代化，决定着我们国家的命运、民族的命运。在中国的现实条件下，搞好社会主义的四个现代化，就是坚持马克思主义……你不抓住四个现代化，不从这个实际出发，就是脱离马克思主义，就是空谈马克思主义。社会主义现代化建设是我们当前最大的政治，因为它代表着人民的最大的利益、最根本的利益。"⑤ 在这里，邓小平不仅将现代化作为政治任务提出，明确指出搞好社会主义的四个现代化，就是坚持马克思主义，同时也进一步强调了它是人民群众的最大与最根本的利益要求。"现代化"在西方国家是通过资本主义发展的道路实现的，以至于西方有的学者把"现代化"

---

① 《邓小平文选》第 3 卷，人民出版社 1993 年版，第 143—144 页。
② 同上书，第 154 页。
③ 同上。
④ 《邓小平文选》第 2 卷，人民出版社 1994 年版，第 162 页。
⑤ 同上书，第 162—163 页。

就等同于"资本主义化"。例如，美国学者布莱克认为："'现代化'还不是描述这一过程的唯一，'欧化'和'西化'一般也在这个意义上使用，它们特指那些发生于近代和较发达国家对不发达国家的影响。"①　因此，邓小平将"社会主义现代化"作为政治任务加以慎重提出，从唯物史观上讲是有所突破的，所反映出来的是现代化同样可以与社会主义相连，"社会主义现代化"这一命题是能够成立的。由于历史的原因，中国的社会主义具有二重性：一方面是社会主义；另一方面从生产力水平来说，是不发达的、落后的、非现代化的。社会主义作为人类历史上一种高于资本主义的社会形态，它要求是现代化的。但是，中国的社会主义与现代化在历史某一时期的暂时脱节并不是根本性的，是可以通过社会主义现代化建设的方式加以解决的。

在如何实现社会主义现代化问题上，邓小平深刻地认识到："社会主义现代化建设的极其艰巨复杂的任务摆在我们的面前。很多旧问题需要继续解决，新问题更是层出不穷。党只有紧紧地依靠群众，密切地联系群众，随时听取群众的呼声，了解群众的情绪，代表群众的利益，才能形成强大的力量，顺利地完成自己的各项任务。"②　因此，可以看到的是，邓小平认为充分调动群众的积极性，是实现社会主义现代化的最为根本的手段。

（三）邓小平发展哲学的基本特点

邓小平发展哲学作为马克思主义社会发展理论与中国社会发展实际及时代特征相结合的理论结晶，是具有中国特色的东方社会发展理论。这一理论主要从社会发展的运行层次上，系统地回答了中国这样一个经济文化落后的国家在社会主义条件下如何实现中国式现代化的一系列根本问题，因此，是指引中国发展和实现现代化的一面伟大的旗帜。

具体地说，邓小平的发展哲学作为一个完整的科学体系，不仅包含着丰富的理论内容，而且具有以下显著的特征。

第一，在社会发展思想的形成上，体现了继承与创新相统一。

---

① ［美］布莱克：《现代化的动力——一个比较历史的研究》，浙江人民出版社1989年版，第6页。

② 《邓小平文选》第2卷，人民出版社1994年版，第342页。

　　邓小平作为一个坚定的马克思主义者,在建立其社会发展思想的过程中,始终坚持以马克思主义社会发展理论为指导,在继承马克思主义社会发展理论的基础上,把马克思主义社会发展理论推向了新的阶段和水平。

　　马克思主义社会发展理论是在其唯物史观中萌生与形成的。马克思主义认为,生产力是经济、社会、历史发展的决定性因素。生产力决定生产关系,生产关系反作用于生产力。由于生产力的不断增长,使得生产关系由生产力发展的形式变成发展的桎梏,最后导致社会革命。马克思主义创始人把社会发展概念引入社会活动领域,认为社会发展是一种自然历史过程。社会发展既包括社会在某一阶段中经济、政治、文化发展的历史过程,又包括社会物质生产、精神生产和社会生活的进步过程。社会发展的实质是为了提高人们的生活质量和改善人们的生存环境,最终是为了促进人的全面发展。

　　马克思主义社会发展理论包括两个层次:一是本质、规律层次上的社会发展理论。它主要阐述历史观的一些基本观点,揭示社会发展的本质及其规律,包括社会形态的更替,人类社会发展的总体走向,社会主义和共产主义必将取代和战胜资本主义,等等。二是运行层次上的社会发展理论。它主要研究社会发展的条件、方法、动力与途径等问题,为传统社会迈向现代社会提供理论指导。在上述两个层次上,马克思主义创始人的贡献主要体现在第一个层次上。

　　马克思主义社会发展理论是从本质规律层次上来阐述社会发展的,是对社会发展的宏观概括与总体把握,是研究社会发展的指南。邓小平发展哲学在宏观上坚持了马克思主义社会发展理论。他指出:马克思主义"运用历史唯物主义揭示了人类社会发展的规律。封建社会代替奴隶社会,资本主义代替封建主义,社会主义经历一个长过程发展后必然代替资本主义。这是社会历史发展不可逆转的总趋势"①。在对待毛泽东社会发展理论问题上,邓小平也是既坚持,又发展。他指出:"三中全会以后,我们就是恢复毛泽东同志的那些正确的东西嘛,就是准确地、完整地学习和运用毛泽东思想嘛。……从许多方面来说,现在我们还是把毛泽东同志已经提出、但是没有做的事情做起来,把他反对错了的改正过来,把他没有做好的事情做好。今后相当长的时期,还是做这件事。当然,我们也有

---

　　① 《邓小平文选》第3卷,人民出版社1993年版,第382—383页。

发展，而且还要继续发展。"① 正是根据这一思路，邓小平发展哲学在社会发展运行层面上，深入丰富与发展了马克思主义社会发展理论，这突出表现在对社会基本矛盾的深入分析，对社会发展的阶段、动力、目标、任务的阐发等方面。

一般地说，邓小平发展哲学是建立在历史唯物主义基础之上的，它不仅坚持了马克思主义社会发展理论的整体观，把社会发展作为一个有机整体来把握，而且还积极从人的根本利益出发，肯定生产力是推动社会发展的决定因素，将解放和发展生产力提到整个社会发展的首位，强调通过改革开放来推动中国社会的发展。邓小平发展哲学，在本质层面上继承了马克思主义社会发展理论，在社会发展运行层面上创造性地发展了马克思主义社会发展理论，把马克思主义社会发展理论推到一个新阶段，体现了宏观规律层面上的坚持与运行层面上的创新的有机统一。

前面我们提到邓小平指明了社会主义市场经济论。其实应当看到的是，这一观点的提出也是继承唯物史观思想的重要结果。在致查苏利奇的复信草稿中，马克思对俄国通过未来革命而建立起来的新的社会形态所蕴含的经济模式提出了这样的要求：一方面要跨越"资本主义制度的卡夫丁峡谷"；另一方面又要"享用资本主义制度的一切肯定成果"，但马克思没有对这种未来的经济模式进行命名。从根本上说，邓小平提出的"社会主义市场经济"正是对这一经济模式的准确命名。长期以来，人们坚守"市场经济＝资本主义，计划经济＝社会主义"观念，邓小平看到了这种观念的局限性。在他看来，"计划经济不等于社会主义，资本主义也有计划；市场经济不等于资本主义，社会主义也有市场。计划和市场都是经济手段"②。在这里，通过强调计划与市场只是经济手段，而不是事关社会主义本质问题，邓小平在市场经济与社会主义之间建立起新的内在联系，从而破除了人们原来那种只将社会主义与计划经济相联系的传统思维模式，使社会主义增添了市场经济这样一种新的发展手段。"社会主义市场经济"这一提法在邓小平那里得到本质性的确立，这一点是具有重大意义的，它提升并加速了社会主义在生产力方面的发展进程。

第二，从人类发展和世界历史的高度认识中国社会发展。

---

① 《邓小平文选》第 2 卷，人民出版社 1994 年版，第 300 页。

② 《邓小平文选》第 3 卷，人民出版社 1993 年版，第 373 页。

　　邓小平的发展哲学是在经济文化落后的东方大国——中国，在中国的社会主义初级阶段，在国际政治经济格局发生重大变化的条件下形成的。它是面向 21 世纪的、具有中国特色的社会主义的发展理论。它的宏观历史视野和世界战略思维是：积极提出"面向现代化，面向世界，面向未来"① 三个面向的整体思路，同时强调"应当把发展问题提到全人类的高度来认识，要从这个高度去观察问题和解决问题"②，"要从人类发展的高度来认识"③。

　　"从人类发展的高度来认识"，就是把握世界历史发展的本质、主流与趋势，这个提法反映出邓小平并没有仅仅站在当下来谈中国的发展，而是站在人类整体发展的高度来把握。当今世界发展的主流是世界范围的新技术革命和现代化进程，是和平与发展。"从人类发展的高度来认识"，就是要求我们更新观念，重新确定我们的经济社会发展战略和社会主义现代化路线；就是要求我们重新认识社会主义的本质，从理论上阐明社会主义的根本任务是发展生产力，提高人民的物质文化生活水平。邓小平对当代世界发展的根本问题采取了马克思主义的现实主义的态度，站在时代的制高点上，以高度的智慧、深邃的目光、卓越的胆识，制定了正确的发展目标、发展模式与发展战略。邓小平的发展哲学是中国现代化的新的建设方略与新的发展模式。

　　马克思明确指出："各个相互影响的活动范围在这个发展进程中越是扩大，各民族的原始封闭状态由于日益完善的生产方式、交往以及因交往而自然形成的不同民族之间的分工消灭得越是彻底，历史也就越是成为世界历史。"④ 自从人类历史"越是成为世界历史"以来，一个民族的发展就不再局限在狭隘的民族范围内，不再是单独一个民族的问题，而是世界历史的一部分。中国是在与世界发生联系的过程中走向现代化的，必须从世界历史、世界交往的高度来观察、把握中国的社会发展。邓小平明确指出"现在的世界是开放的世界"⑤，"中国的发展离不开世界"⑥，所表现

---

① 《邓小平文选》第 3 卷，人民出版社 1993 年版，第 35 页。
② 同上书，第 282 页。
③ 同上书，第 281 页。
④ 《马克思恩格斯文集》第 1 卷，人民出版社 2009 年版，第 540—541 页。
⑤ 《邓小平文选》第 2 卷，人民出版社 1993 年版，第 64 页。
⑥ 同上书，第 78 页。

出的就是一种世界历史眼光。从世界历史的观点来看，"中国式的现代化"不仅是一个民族的概念，而且是一个世界历史的概念，离开了世界交往与世界历史，中国就不能得以发展，就不可能实现社会主义现代化。邓小平指出："如果从明朝中叶算起，到鸦片战争，有三百多年的闭关自守，如果从康熙算起，也有近二百年。长期闭关自守，把中国搞得贫穷落后，愚昧无知。"① 在这里，邓小平明确强调 300 多年的闭关自守是中国贫穷落后的重要根源。"五十年代在技术方面与日本差距也不是那么大。但是我们封闭了二十年，没有把国际市场竞争摆在议事日程上，而日本却在这个期间变成了经济大国。"② 总之，"中国长期处于停滞和落后状态的一个重要原因是闭关自守"③。这些论述充分说明中国现代化是世界历史性问题，离开了世界历史、世界交往，就不能正确理解"中国式的现代化"的含义，也不能正确选择实现现代化的途径、方式与策略。

第三，实现了对当代中国发展的准确的战略定位。

邓小平提出的关于现代化战略目标和战略部署的构想，与 1979 年以前我们党和国家先后提出的三个现代化战略相比，有了重要的转变，形成了新的特点。

1956 年在社会主义改造基本完成以后，党的八大指出，党和人民的主要任务就是集中力量解决"先进的社会主义制度同落后的社会生产力之间的矛盾"，"把我国尽快地从落后的农业国变为先进的工业国"。④ 当时虽然没有提出实现现代化的口号，但实现工业化的目标十分明确。在"尽快地"把我国变成工业强国心情的驱使下，1957 年 11 月，毛泽东在莫斯科各国共产党和工人党会议期间，提出了中国要在钢铁和其他主要产品方面用 15 年赶上英国。后来，又进一步提出要在 10 年甚至更短的时间内超出英国。为了实现这一战略目标，便发动了"大跃进""大炼钢铁""钢铁元帅升帐"。历史证明，"以钢为纲"的战略方针，造成农轻重比例的长期严重失调。

马克思关于东方社会形态演进的理论启示人们，以相互隔绝的农村公

① 《邓小平文选》第 2 卷，人民出版社 1993 年版，第 90 页。

② 同上书，第 274 页。

③ 同上书，第 78 页。

④ 《建国以来重要文献选编》第 9 册，中央文献出版社 1994 年版，第 341—342 页。

社为基础的亚细亚生产方式会长期处于封闭的、停滞不前的状态中。因此，对于像俄国、中国这样的亚细亚所有制的国家来说，不同时"享用资本主义制度的一切肯定成果"，最终要想跨越"资本主义制度的卡夫丁峡谷"是根本不可能的。事实上，中国传统社会长期处于闭关自守状态之中；新中国成立后又采取了"一边倒"（倒向苏联）的外交政策，后来中苏关系出现裂痕，甚至到了剑拔弩张的地步；同时，中国与西方国家之间的外交关系直到 20 世纪 70 年代初才开始逐步恢复。邓小平意识到，对于中国这样的落后国家来说，不改革、不开放而试图发展自己是根本不可能的。因而，他反复强调："社会主义要赢得与资本主义相比较的优势，就必须大胆吸收和借鉴人类社会创造的一切文明成果，吸收和借鉴当今世界各国包括资本主义发达国家的一切反映现代社会化生产规律的先进经营方式、管理方法。"① 与此同时，改革一切不适应于社会主义生产力发展的经济的、社会的、政治的体制。正是邓小平制定的"改革开放"的伟大发展战略使中国社会 30 多年来发生了巨大的变化。

第四，实现了对中国社会发展性质和发展阶段的准确把握。

邓小平发展哲学的一个鲜明特点，就是强调中国社会发展的社会主义性质与方向。他认为，离开了社会主义，中国的发展就会前途暗淡。历史已雄辩地证明，只有社会主义才能救中国，只有社会主义才能发展中国。因此，邓小平反复强调中国发展的社会主义方向，强调中国的现代化是社会主义现代化。

要使中国社会发展沿着社会主义轨道前进，就必须搞清中国的社会主义处于什么发展阶段。在党的十二届三中全会以前我们并没有完全搞清楚这个问题，因而始终未能找到中国发展的正确道路。马克思曾经指出社会主义是"在保证社会劳动生产力极高度发展的同时又保证每个生产者个人最全面的发展的这样一种经济形态"②。恩格斯也提出过社会主义是一个不断改革的社会的论断。邓小平在上述思想的基础上深入探索了社会主义的本质特征及其运动和发展的内在规律，科学地提出了社会主义的本质。邓小平的社会主义本质论，冲破了传统社会主义模式的束缚，为建设中国特色社会主义奠定了理论基础。

---

① 《邓小平文选》第 3 卷，人民出版社 1993 年版，第 373 页。
② 《马克思恩格斯文集》第 3 卷，人民出版社 2009 年版，第 466 页。

第五，把立足中国与面向世界结合起来，强调社会发展的中国特色与时代特征。

邓小平明确指出："我们的现代化建设，必须从中国的实际出发……走自己的道路，建设有中国特色的社会主义，这就是我们总结长期历史经验得出的基本结论。"① 他还提醒我们："中国式的现代化，必须从中国的特点出发。"② 以后他又多次强调："马克思主义必须是同中国实际相结合的马克思主义，社会主义必须是切合中国实际的有中国特色的社会主义。"③ "固定的模式是没有的，也不可能有。"④ 这些精辟的论断是邓小平探索中国发展道路的经验总结。本着把马克思主义与中国实际相结合的科学态度，邓小平进行了大胆的创新探索，不断丰富与发展中国特色社会主义的现代化理论。

第六，体现了整体发展与全面协调发展的内涵。

邓小平把中国的社会发展看作一个整体互动的推进过程，认为要使中国社会协调发展必须主要正确处理好以下几个关系：一是经济发展与社会发展的关系；二是要使经济发展与政治发展相协调；三是经济发展应与科学技术教育发展相互协调；四是社会发展应与人的发展相协调。

第七，体现了理论的实践性与内容的创造性的有机统一。

邓小平发展哲学的实践性特征，突出展现了邓小平追求真理、不搞空谈、注重实践的超凡品格与人格魅力。江泽民在邓小平追悼大会上说道："在开拓新道路的进程中，他尊重实践，敏锐把握时代发展的脉搏和契机，既继承前人又突破陈规，既借鉴世界经验又不照搬别国模式，总是从中国的现实和当代世界发展的特点出发去总结新经验，创造新办法。"⑤

邓小平发展哲学具有突出的实践性特征，具有极强的可操作性。1964年12月召开的全国人大三届一次会议上最早提出了一个"两步走"的设计。党的十一届三中全会之后，邓小平在重新确立四个现代化战略目标的同时，也认真思考了如何实现这个战略目标的步骤问题。开始也是"两

---

① 《邓小平文选》第 3 卷，人民出版社 1993 年版，第 2—3 页。

② 《邓小平文选》第 2 卷，人民出版社 1994 年版，第 164 页。

③ 《邓小平文选》第 3 卷，人民出版社 1993 年版，第 63 页。

④ 同上书，第 292 页。

⑤ 《江泽民文选》第 1 卷，人民出版社 2006 年版，第 635 页。

步走"战略。到了 1987 年才明确指出"三步走"战略。

从中国处于社会主义初级阶段这一基本国情出发，邓小平将中国式的现代化道路划分为三个发展阶段，或称"三步走"战略。邓小平指出："我国经济发展分三步走，本世纪走两步，达到温饱和小康，下个世纪用三十年到五十年时间再走一步，达到中等发达国家的水平。这就是我们的战略目标，这就是我们的雄心壮志。"① 他还强调："我们现在真正要做的就是通过改革加快发展生产力，坚持社会主义道路，用我们的实践来证明社会主义的优越性。要用两代人、三代人、甚至四代人来实现这个目标。"② 从这些论述中可以看到，邓小平不仅认为中国社会主义经济发展具有阶段性与步骤性，同时还指出了这种发展的长期性。

思想的求实性，决定了内容的创新性。邓小平发展哲学是以解放思想、实事求是为思想基础，以我国国情为出发点，以走自己的道路为主线，以经济发展为核心，以改革为动力，以开放为外部条件，以富强、民主、文明为目标，以四项基本原则为保证，以政治发展为标志，以文化发展为纽带，组成的一个具有开拓性的社会发展理论体系。

（四） 邓小平发展哲学的科学价值

作为当代马克思主义发展理论，邓小平发展哲学的科学价值不仅体现为是对辩证唯物主义与历史唯物主义的坚持与发展，而且还体现为是对马克思主义发展理论的重大发展，是对发展问题成为世界的新的历史主题之后充分加以重视的重要思想成果。

1. 邓小平发展哲学是当代马克思主义发展理论

邓小平理论是指导中国实现现代化的马克思主义理论，其中心是建设中国特色社会主义理论。从一定意义上说，邓小平理论就是当代中国的马克思主义社会发展理论。这个理论坚持辩证唯物主义和历史唯物主义，批判借鉴西方发展理论的有益成果，对当代世界特别是当代中国的发展问题，做出了不同于西方发展理论的马克思主义的回答。因此，邓小平的发展哲学成为当代马克思主义发展理论。

---

① 《邓小平文选》第 3 卷，人民出版社 1993 年版，第 251 页。
② 同上书，第 256 页。

（1）社会发展问题的定位

20 世纪 60 年代，发展问题引起了世界各国的广泛关注，发展理论成了研究热点。邓小平立足中国，放眼世界，坚持马克思主义哲学的立场、观点与方法，对发展问题进行了科学的理论定位。

第一，发展问题是当代的主题。党的十一届三中全会以来，邓小平在精心设计我国社会主义现代化发展战略的同时，始终以极大的精力关注着世界的发展和国际形势的变化。他以广阔的世界历史眼光敏锐地把握住了时代发展的脉搏，深刻揭示了时代主题的变化，并且做出了科学的判断。邓小平认为，和平与发展是当今世界的两大主题，发展是当代世界的核心问题。这一科学判断在十四大之后成为全党的共识。它不仅表明我们已经把握了当今时代主题的变化，而且表明我们党对马克思主义在 20 世纪 60 年代以来面临的全新课题和发展趋势，从时代特征和世界总体形势方面做出了实事求是的科学分析。

第二，发展问题是当代中国的主题。邓小平不仅看到了发展问题是当代的主题，同时还深刻认识到，发展是当代中国的核心问题。1978 年，党的十一届三中全会放弃了"以阶级斗争为纲"的错误政治路线，实现了党的工作中心向以经济建设为中心的社会主义现代化的战略转移。1979 年，邓小平依据唯物辩证法的主要矛盾理论深刻地阐明了实现这一工作中心转移的理论依据。他指出："我们的生产力发展水平很低，远远不能满足人民和国家的需要，这就是我们目前时期的主要矛盾，解决这个主要矛盾就是我们的中心任务。"[1] 他甚至强调："我们当前以及今后相当长一个历史时期的主要任务是什么？一句话，就是搞现代化建设。能否实现四个现代化，决定着我们国家的命运、民族的命运。"[2] 这些论述表明，邓小平深刻地看来，在当时的情况下，发展生产力，提高生产力的发展水平，是解决中国社会矛盾的关键，同时也是当代中国社会的主要任务。

邓小平认为，当代世界的核心问题与当代中国的核心问题是统一的，相互联系的。谋求发展，推进现代化，是主导世界的历史潮流，这就使得发展成为当代世界的核心问题；实现社会主义现代化是现代化的历史潮流在中国的特殊表现，因此发展也就必须成为当代中国的核心问题。正是由

---

[1] 《邓小平文选》第 2 卷，人民出版社 1994 年版，第 182 页。

[2] 同上书，第 162 页。

于这一原因，邓小平把中国的发展与中国实现社会主义现代化当作同一主题，当作当代中国的主要任务和主要目标，当作当代中国的主题。

第三，发展问题是当代马克思主义的主题。当代马克思主义是对当代历史进程与社会实践最科学、最集中的反映。邓小平哲学思想作为当代中国的马克思主义，必然是对时代特征与中国实际的科学总结与概括。既然发展问题是当代世界和当代中国的主题，当代中国的马克思主义就必须紧紧抓住这个核心问题，自觉地把它当作自身研究的主题。

邓小平指出："真正的马克思列宁主义者必须根据现在的情况，认识、继承和发展马克思列宁主义。"① "什么是我国今天最重要的新情况，最重要的新问题呢？当然就是实现四个现代化，或者像我在前面说的，实现中国式的现代化。我们已经说过，深入研究中国实现四个现代化所遇到的新情况、新问题，并且作出有重大指导意义的答案，这将是我们思想理论工作者对马克思主义的重大贡献，对毛泽东思想旗帜的真正高举。"② 这是邓小平对所有马克思主义理论工作者的要求，而他自己也是这样做的。同时这些论述也反映出，邓小平认为必须坚持从马克思主义唯物辩证法的高度来提出并解决当代中国的发展问题。

（2）社会发展本质的规定

发展哲学的核心内容是对发展本质的规定与理解。邓小平发展哲学深刻揭示了社会发展的本质规定，这种规定主要包含以下三个要点。

第一，社会发展就是从落后转变为发达状态，就是搞现代化。邓小平认为发展不单纯是经济的增长，它包括社会经济形态质的变化，是由传统农业社会向现代化工业社会转变的过程。在此意义上，他把发展和现代化当作同义词使用。对于中国来说，发展又特指社会主义现代化。邓小平认为，许多问题，不搞现代化解决不了。国民经济的发展，国民收入的增加，人民生活的逐步提高，国防相应地得到巩固和加强，都要靠搞四个现代化。邓小平进一步强调指出："搞社会主义现代化建设是基本路线"③，并且称这条路线为"中国的发展路线"。④

---

① 《邓小平文选》第 3 卷，人民出版社 1993 年版，第 291 页。
② 《邓小平文选》第 2 卷，人民出版社 1994 年版，第 179 页。
③ 《邓小平文选》第 3 卷，人民出版社 1993 年版，第 248 页。
④ 同上书，第 381 页。

第二，搞社会主义现代化，把中国发展起来，最根本的是发展生产力。邓小平多次强调指出，搞社会主义现代化，最主要、最根本的任务是发展生产力。

第三，社会发展是社会全面协调发展。在邓小平看来，发展是以经济为中心，但社会发展不是一个单纯的经济运行过程，而是经济与政治、经济与文化、经济与环境以及经济发展与社会发展、经济发展与人的发展的协调。

（3）发展哲学的建构

邓小平运用马克思主义的立场、观点与方法回答了中国及其他发展中国家现代化过程中面临的基本理论与实践问题，对发展目标、发展动力、发展规律、发展机遇、发展战略、发展模式、发展与社会公正、发展与文化的冲突与融合、发展与人口环境资源等问题，做出了不同于西方与苏联东欧学者的一系列重大的回答，系统地建构了马克思主义的发展哲学，为今天的科学发展观的建立与完善打下了良好的理论基础。

2. 邓小平发展哲学与唯物辩证法

邓小平发展哲学是辩证的发展观。他把唯物辩证法应用于社会主义发展问题的解决之中，展现了历史与逻辑的统一、真理与价值的统一、现实与未来的统一。有中国特色的社会主义社会发展的理论与实践，就是邓小平唯物辩证法的生动体现。

（1）坚持矛盾分析法

矛盾分析法是马克思主义哲学的根本方法。邓小平运用矛盾法则去分析中国社会，对不同层次、不同类型、不同作用的矛盾进行了深入与细致的分析，辩证地处理了社会主义社会发展过程中的重大理论与现实问题。

第一，坚持两点论重点论的统一，抓住社会主义初级阶段的主要矛盾，提出社会主义的根本任务是发展生产力。党的十一届三中全会以后，邓小平对历史经验与我国国情做出了科学分析，明确指出："我们的生产力发展水平很低，远远不能满足人民和国家的需要，这就是我们目前时期的主要矛盾，解决这个主要矛盾就是我们的中心任务。"[1] 他认为，整个社会主义历史阶段的中心任务都是发展生产力。"社会主义的任务很多，但根本一条就是发展生产力。"[2] 在这里，我们可以看到邓小平既有两点

---

①　《邓小平文选》第 2 卷，人民出版社 1994 年版，第 182 页。
②　《邓小平文选》第 3 卷，人民出版社 1993 年版，第 137 页。

论思想又有鲜明的重点论思想。在他看来，我国生产力的发展水平不能满足人民和国家的需要是当时中国社会的主要矛盾，而破解这种矛盾，关键就在于解决好生产力发展问题。邓小平还将生产力问题放到社会主义和资本主义的关系中进行考察，从发挥社会主义优越性和战胜资本主义的战略高度，去深入阐释发展生产力的历史地位与作用。邓小平认为生产不发展，社会主义优越性就无法体现出来，甚至发展太慢也显示不出社会主义的优越性。因此，要"在发展生产力的基础上体现出优于资本主义"①，"社会主义优越性最终要体现在生产力能够更好地发展上"②。只有依靠大力发展生产力，始终坚持以经济建设为中心，才能使社会主义最终"战胜资本主义"，也才能真正体现出社会主义优越性。

第二，运用社会主义基本矛盾和内因与外因辩证关系的原理，把改革开放与科技教育作为社会发展的动力。对于社会主义社会发展的动力问题，人们进行了长期的探索。列宁指出："马克思的全部理论，就是运用最彻底、最完整、最周密、内容最丰富的发展论去考察现代资本主义。自然，他也就要运用这个理论去考察资本主义的即将到来的崩溃和未来共产主义的未来的发展。"③ 列宁明确提到了考察未来共产主义的未来发展问题，对于马克思主义者来说是一个新课题。基于辩证法，恩格斯曾指出："我认为，所谓'社会主义社会'不是一种一成不变的东西，而应当和任何其他社会制度一样，把它看成是经常变化和改革的社会。"④ 恩格斯强调了在社会主义社会中也存在着改革的问题，因为社会主义社会不是一成不变的。

中国人民迫切希望改变国家的落后面貌，这种深沉的、巨大的物质利益要求，是理解中国社会主义改革的根本动力。因此，邓小平反复说，改革已经给我们带来了可喜的成果，"中国不走这条路，就没有别的路可走。只有这条路才是通往富裕和繁荣之路"⑤。对内改革与对外开放，二者是相互要求、相互促进的。针对发展我国经济问题，邓小平明确指出其

---

① 《邓小平文选》第 3 卷，人民出版社 1993 年版，第 137 页。
② 同上书，第 149 页。
③ 《列宁选集》第 3 卷，人民出版社 1995 年版，第 186 页。
④ 《马克思恩格斯文集》第 10 卷，人民出版社 2009 年版，第 588 页。
⑤ 《邓小平文选》第 3 卷，人民出版社 1993 年版，第 149—150 页。

中"改革和开放是手段"①。在概括我国的历史经验时，邓小平说道，中国吃了苦头，"总的来说，就是对外封闭，对内以阶级斗争为纲，忽视发展生产力"②。因此，在邓小平看来，要实现经济发展，就必须尊重社会发展规律，就必须搞好开放。邓小平并不认为开放只是一个简单的概念，因此，他在深入分析过程中对开放加以具体细分，提出开放分为对外开放与对内开放两大类别。邓小平认为："搞两个开放，一个对外开放，一个对内开放。对外开放具有重要意义，任何一个国家要发展，孤立起来，闭关自守是不可能的，不加强国际交往，不引进发达国家的先进经验、先进科学技术和资金，是不可能的。"③ 在此，邓小平不仅指出了开放的两大类别，而且特别强调了对外开放的重要性。准确地说，对内开放与对外开放两个开放概念的提出是运用唯物辩证法的重要结果，反映出既重视内因又重视外因。

　　前面笔者谈到在唯物史观上的重要贡献之一是明确"科学技术是第一生产力"。充分发挥科学技术这个第一生产力的伟大作用，是实现我们社会主义现代化战略目标的关键。对于我们这样一个人口众多、资源相对不足的大国来说，已不允许采用过度消耗、能源、材料等外延型扩大再生产的方式来实现现代化，必须依靠科学技术，这就是说要把经济建设切实转到依靠科技进步和提高劳者素质的轨道上来。邓小平曾经大声疾呼："从长远看，要注意教育和科学技术。否则，我们已经耽误了二十年，影响了发展，还要再耽误二十年，后果不堪设想。"④ 这种疾呼充分反映出对于发展教育与科学技术的重视。

　　第三，运用矛盾同一性的原理，分析社会主义与市场经济的矛盾性与兼容性，提出"社会主义也可以搞市场经济"⑤ 的发展模式论。前面笔者反复提到社会主义市场论是邓小平的重大贡献，其实应当看到的是，该思想的提出是运用矛盾同一性原理的重要结果。市场经济是现代商品经济发展总的趋势和一般规律，是不以人的意志为转移的。商品经济与市场经济是既有区别又有联系的两个事物。商品经济是从产品交换角度出发来考察

---

① 《邓小平文选》第3卷，人民出版社1993年版，第266页。

② 同上书，第269页。

③ 同上书，第117页。

④ 同上书，第274—275页。

⑤ 《邓小平文选》第2卷，人民出版社1994年版，第236页。

的一种社会经济形式，市场经济则是从资源配置方式角度出发来考察的一种经济形式，两者有不同的内涵。但是，从总体上看，市场经济本质上也是一种商品经济，是建立在社会化大生产基础的现代商品经济。商品经济有小商品经济（简单商品经济）和大商品经济之分。大商品经济即现代商品经济一般都采取市场经济的形式。这是现代社会生产力发展的宏观要求，是商品经济发展的普遍规律，社会主义也不能例外。因此，对社会主义来说，是否搞市场经济，是不会以个人意愿为转移的。邓小平"社会主义也可以搞市场经济"观点的提出，是分析了社会主义与市场经济之间可能存在的内在联系基础上的重要结果，它所表明的是，社会主义搞市场经济，是顺应与正确反映了现代生产力发展的内在要求，是社会主义经济发展的重要路径。

第四，运用矛盾力量不平衡和量变质变的原理分析中国地区之间、城乡之间、人群之间发展不平衡国情，提出"先富"带动"后富"[①] 以及"三步走""三级跳"，积小胜为大胜、积小康为现代化的全国一盘棋的发展战略。众所周知，毛泽东是运用矛盾发展不平衡性的集大成者，他的"农村包围城市"思想的问世，充分地体现了这一点。美国学者霍勒布尼奇在《毛泽东的辩证法》一文中指出："毛泽东对矛盾本质的研究，也是对唯物辩证法的贡献；而他关于矛盾的差别性和矛盾内部处于不平衡、不势均力敌状态的独特见解，对恩格斯以后的辩证法和中国的辩证法来说，都是特别新颖、别具一格的。"[②] 他的这一观点是对毛泽东辩证法特殊贡献的积极肯定。

与毛泽东一样，邓小平积极运用矛盾力量不平衡性与量变质变原理分析中国社会国情，他的许多发展战略思想是充满辩证法的。由于看到了人的发展与社会发展的不平衡性，因此，邓小平在 1978 年 12 月党的十一届三中全会召开前夕，就以极大的理论勇气，首次明确提出："在经济政策上，我认为要允许一部分地区、一部分企业、一部分工人农民，由于辛勤努力成绩大而收入先多一些，生活先好起来。一部分人生活先好起来，就必然产生极大的示范力量，影响左邻右舍，带动其他地区、其他单位的人

---

①　参见《邓小平文选》第 2 卷，人民出版社 1994 年版，第 152 页。

②　转引自冯契主编《毛泽东思想研究大系·哲学卷》，上海人民出版社 1993 年版，第 198 页。

们向他们学习。这样，就会使整个国民经济不断地波浪式地向前发展，使全国各族人民都能比较快地富裕起来。"① 还强调指出，"这是一个大政策，一个能够影响和带动整个国民经济的政策"②。邓小平这一重大政策思想的提出，从根本上否定了"干和不干一个样"的平均主义，使中国社会出现了带动性发展的良好局面。

（2）坚持唯物辩证法的否定观

改革开放以来，邓小平倡导"解放思想，实事求是"，为人们冲破传统僵化的思维定式，重新认识社会主义和资本主义的关系提供了科学的方法。辩证地否定资本主义，首先必须看到社会主义与资本主义质的不同。邓小平从政治经济和思想文化等方面谈社会主义与资本主义的对立。他认为，资本主义的政治制度，如三权分立、议会制、多党制不适合中国。中国政治体制改革不能"全盘西化"，要坚持四项基本原则。在经济上，强调公有制和共同富裕是社会主义的根本原则，在建立社会主义市场经济和实现现代化的手段和途径问题上，社会主义和资本主义也存在着差异。在思想文化方面，邓小平提醒我们要保持清醒的头脑，坚持抵制外来腐朽思想的侵蚀，决不允许资产阶级生活方式在我国泛滥，不能让资本主义文化中有害于我们的东西畅行无阻。

邓小平认为，要辩证地否定资本主义。所谓辩证的否定，是指新事物在否定旧事物时，保留旧事物中积极的因素，作为自己生存和发展的基础。辩证否定的实质是扬弃。否定历来与肯定相伴而存在，否定了资本主义的本质就包含对非资本主义本质的某些因素的肯定。在此意义上，邓小平提出了要学习和利用资本主义的新思维。早在 1979 年党的理论工作务虚会上，邓小平就指出："资本主义已经有了几百年历史，各国人民在资本主义制度下所发展的科学和技术，所积累的各种有益的知识和经验，都是我们必须继承和学习的。我们要有计划、有选择地引进资本主义国家的先进技术和其他对我们有益的东西，但是我们决不学习和引进资本主义制度，决不学习和引进各种丑恶颓废的东西。"③ 1983 年召开的十二届中央委员会第二次全体会议上，他又指出："我们要向资本主义发达国家学习

---

① 《邓小平文选》第 2 卷，人民出版社 1994 年版，第 152 页。

② 同上。

③ 同上书，第 167—168 页。

先进的科学、技术、经营管理方法以及其他一切对我们有益的知识和文化，闭关自守、故步自封是愚蠢的。"① 1992 年的"南方谈话"中，邓小平进一步强调："必须大胆吸收和借鉴人类社会创造的一切文明成果，吸收和借鉴当今世界各国包括资本主义发达国家的一切反映现代社会化生产规律的先进经营方式、管理方法。"② 从上面这些论述来看，邓小平充分重视借鉴资本主义好的东西，如先进的科学技术、经营方式与管理方法来发展中国特色社会主义的重要性。

四　邓小平与唯物史观

在本章第二节中笔者介绍了邓小平对于唯物论、认识论与唯物史观均有重大贡献。下面笔者就邓小平在唯物史观上所做贡献的本质做进一步的具体分析与说明。马克思主义唯物史观包含着两方面的重要内容：一方面是从事实尺度出发对生产力决定作用的提出；另一方面是从价值尺度出发对社会主义代替资本主义必然性的提出。前一方面内容所揭示出来的是人类社会发展的推动力，后一方面内容所揭示出来的是人类社会最终的价值走向。因此，从本质上说，作为一种特殊的历史主义，马克思主义唯物史观完成了社会历史理论中事实尺度与价值尺度相统一的理论建构。不过，从毛泽东与唯物史观的关系来看，毛泽东过分夸大了价值尺度对于社会发展的推动力，从而使中国的社会主义道路一度走上弯路。邓小平唯物史观是马克思主义唯物史观的重大发展，它不仅恢复了对于生产力的推动力量的客观认识，同时也结合生产力重新诠释了社会主义的本质，从而重新实现了事实尺度与价值尺度的辩证统一。邓小平也由此成为马克思主义唯物史观在当代的重要继承者与发展者。

（一）　马克思与唯物史观

马克思的第一篇哲学专著是《黑格尔法哲学批判》，因此，与纯粹的经济学家不同，马克思并不是直接从经济学入手而是从政治哲学入手，展开对于生产力决定作用的思考的。也正因为如此，在马克思那里对于生产

---

① 《邓小平文选》第 3 卷，人民出版社 1993 年版，第 44 页。
② 同上书，第 373 页。

力重要性的揭示具有了新的特点，它不仅是事实尺度的结果，同时也打上了价值尺度的烙印。马克思主义唯物史观所完成的是社会历史理论中事实尺度与价值尺度相统一的理论建构。

1. 关于唯物史观创立的再认识

现代著名政治哲学家列奥·施特劳斯曾简要分析了马克思政治哲学与以往政治思想（特别是与现代政治哲学）的异与同，认为："马克思的政治哲学的一个重要部分就是历史的重建，目的是为了证明历史实际上是受唯物主义辩证法支配的。根据这种重建，每个时代都继承一种生产方式和一套复杂的、与该生产方式相近的生产关系。"① 在这里列奥·施特劳斯将马克思唯物史观的建立，解释为马克思政治哲学的一个重要部分。这种解释方式让人们看到重新理解马克思唯物史观与政治哲学之间关系的必要性。倘若在马克思那里实现历史的重建成为其政治哲学的重要部分这一点是成立的，这便意味着我们必须从新的视角重新认识马克思唯物史观的形成。

在《〈政治经济学批判〉序言》中马克思表述自己发现唯物史观时说这是研究经济学之后"我所得到的，并且一经得到就用于指导我的研究工作的总的结果"②。这句看似不经意的话反映出唯物史观可以说是马克思的一个重大的意外收获。从马克思政治哲学思想形成历史中可以看到，《黑格尔法哲学批判》的问世标志着政治哲学是马克思整个哲学思想发展的最初切入点。正是在对政治哲学进行研究的过程中，马克思看到了市民社会对于国家的决定意义，而且由市民社会他还进一步看到了经济的决定作用。于是便有了经济基础决定上层建筑这一唯物史观重要思想的问世，从而也就有了唯物主义在历史领域内的历史性突破。马克思政治哲学思想的形成帮助马克思弥补了唯物主义在历史领域内的重大欠缺，使之实现了唯物主义对于历史领域的积极占领。

查尔斯·泰勒指出："黑格尔历史哲学和政治哲学是结合在一起的。"③柯林伍德认为："在《历史哲学》一书里，黑格尔把他的研究范围限于政

---

① ［美］列奥·施特劳斯等：《政治哲学史》，李天然等译，河北人民出版社1993年版，第936页。

② 《马克思恩格斯文集》第2卷，人民出版社2009年版，第591页。

③ ［加拿大］查尔斯·泰勒：《黑格尔》，张国清、朱进东译，译林出版社2002年版，第557页。

治历史。""国家在他的《历史哲学》里占据了一个中心的地位。"① 由此可见，即使在黑格尔那里，我们也应该看到政治哲学在其历史哲学中所处的核心地位。如果把历史哲学和法哲学的结合体看作广义的政治哲学，那么，马克思的历史观就是在批判地扬弃黑格尔政治哲学中形成和发展起来的。马克思对黑格尔历史哲学的关注是从批判黑格尔《法哲学原理》这一政治哲学成果入手的。这一点表明，马克思在深入研究政治哲学的时候，从一开始就抓住了黑格尔历史哲学中最核心的东西——政治哲学。

目前，有学者认为在马克思那里是历史科学使其唯物史观成为可能。② 这种认识是有待商榷的。唯物史观在人类历史上第一次超越传统唯心史观的特性表明，原有的历史科学本身是难以推动其形成的，真正能使其得以形成的只能是凭借外力。在马克思那里这种外力就是政治哲学。准确地说，在马克思那里真正使其唯物史观成为可能的是其政治哲学思想。通过批判黑格尔的"国家高于市民社会"的框架，马克思看到了"市民社会决定国家"原则的成立。同时，在"市民社会决定国家"原则基础上，马克思看到了市民社会的经济内涵。也正因为对于市民社会的经济内涵有了充分的认识，马克思最终完成了其唯物史观的建立工作。

最初，人们主要是从生产力与生产关系、经济基础与上层基础、社会存在与社会意识等关系中去理解唯物史观的内涵与意义。后来，人们开始强调唯物史观建立的经济学语境与基础。③ 但是，通过深入分析马克思唯物史观创立史便会发现，尽管后者较之前者有着很大的认识上的进步，但它同样存在着局限性。这主要是因为，它仅仅停留在对市民社会的经济内涵加以经济学分析阶段，而没有更深入一步看到马克思在分析市民社会的经济内涵之前，有一个首先在政治哲学上确定"市民社会决定国家"原则的过程。简单地说，在马克思那里，"市民社会决定国家"原则的确立积极引导其完成了唯物史观的建构，致使其唯物史观的诞生成为可能。对于马克思来说，他"所得到的"那些结果即唯物史观，是他自己所谓的"真正的知识"——"充其量不过是从对人类历史发展的考察中抽象出来

---

① ［英］柯林伍德：《历史的观念》，何兆武、张文杰译，中国社会科学出版社 1986 年版，第 137—138 页。

② 沈湘平：《关于历史唯物主义的重新理解》，《哲学研究》2010 年第 6 期。

③ 参见张一兵《回到马克思》，江苏人民出版社 1999 年版。

的最一般的结果的概括。"① 但是，这其中包含了两层蕴意：第一层是马克思创立唯物史观的起点是政治哲学；第二层是经济学是马克思完成唯物史观创立工作的重要理论保证。由此可见，我们既要认清经济学语境对于唯物史观创立的重要理论意义，但同时也不能忽略政治哲学在唯物史观创立过程中作为起点的引导作用。

2. 马克思唯物史观本质的再认识

马克思唯物史观应该以其政治哲学作为出发点来理解其创立。在这一前提之下，对于马克思唯物史观的本质，笔者有了新的认识结论。

第一，马克思唯物史观的真正出发点是市民社会。以往，对于马克思唯物史观本质的理解存在着两种倾向：一种是认为马克思唯物史观强调经济决定论；另一种是认为马克思唯物史观是以人的活动为基础的。但是，如果我们以政治哲学作为观察维度却会发现，马克思唯物史观的真正出发点是市民社会。正是从市民社会出发，马克思看到了经济的重要作用，同时也看到了人的活动的重要性，甚至还看到了交往形式的存在。马克思指出："市民社会包括各个人在生产力发展的一定阶段上的一切物质交往。它包括该阶段的整个商业生活和工业生活"②，"受到迄今为止一切历史阶段的生产力制约同时又反过来制约生产力的交往形式，就是市民社会"③。在这里可以看到，市民社会之所以能够成为马克思唯物史观的出发点，是因为它是一个完整的经济单元，其中既包含人的生产活动，也包含人的交往形式。马克思还曾经指出："市民社会这一名称始终标志着直接从生产和交往中发展起来的社会组织，这种社会组织在一切时代都构成国家的基础以及任何其他的观念的上层建筑的基础。"④ 由此可以进一步认清的是，在马克思那里，市民社会具有完整的作为国家与上层建筑存在基础的意义，单独的人的生产活动或交往活动都不能构成这种基础。

马克思指出："旧唯物主义的立脚点是市民社会，新唯物主义的立脚点则是人类社会或社会的人类。"⑤ 在此看到，尽管以"市民社会"作为出发点，但马克思的历史唯物主义的立脚点却是"人类社会或社会的人

① 《马克思恩格斯文集》第1卷，人民出版社2009年版，第526页。

② 同上书，第582页。

③ 同上书，第540页。

④ 同上书，第583页。

⑤ 同上书，第502页。

类"，而且他还明确地指出以"市民社会"作为立脚点只是旧唯物主义的做法。准确地说，"人类社会或社会的人类"这一立脚点，实际上就是马克思所确立的与自由主义以及一切其他政治哲学根本有别的基本立场。在这一立脚点上，马克思阐释了一种超越自由主义、保守主义、功利主义等传统政治哲学的全新的政治哲学。这种政治哲学走出了在自由主义、保守主义、功利主义等传统政治哲学范围内寻找理想性正义的困局。同时，由于这一政治哲学将理想性正义的实现与克服市民社会局限性的历史运动联系起来，因此便为现实性正义与理想性正义、法律之下的自由和未来社会的自由之间的张力安排了可能的现实通道。①

第二，马克思唯物史观充分重视交往形式的社会基础意义。我们知道，哈贝马斯力图重建历史唯物主义的主要理由，是主张从马克思的唯物史观中没有看到交往形式的存在。但是，当我们以市民社会作为马克思唯物史观的出发点之后，我们看到在马克思那里不仅交往形式没有被忽视，而且它还明确地存在于关于市民社会的理解中。

哈贝马斯认为随着现代资本主义的发展，马克思主义的某些理论已经过时，因此他提出了历史唯物主义的重建问题。这个重建并不意味着对马克思主义教条式的复兴再生，而是要把马克思主义的社会历史观点加以分解，然后以新的形式整合起来。哈贝马斯主张，马克思通常是以历史学家的身份来使用唯物史观这个理论范畴，这可能给人一种印象，似乎马克思和恩格斯只是把历史唯物主义同启迪学的要求相联系，试图用系统的意向去叙述历史，"但是，人们并没有理解历史唯物主义——无论是马克思和恩格斯，还是马克思主义的理论家们，都没有理解历史唯物主义；在工人运动的历史中，人们也没有理解历史唯物主义。因此，我不能把历史唯物主义看作启迪学，而看作理论，即看作一种社会进化论"②。在对历史唯物主义的重建中，哈贝马斯认为需要修正马克思主义关于生产力和生产关系、经济基础和上层建筑的矛盾的基本观点，并提出用交往行为理论来补充历史唯物主义，通过借助社会进化的历史理论来说明人类社会的发展，来说明国家的起源问题。

---

① 参见王新生《唯物史观与政治哲学》，《哲学研究》2007年第8期。
② ［德］哈贝马斯：《重建历史唯物主义》，郭官义译，社会科学文献出版社2000年版，第138页。

哈贝马斯指出："历史唯物主义是沿着生产力发展的轴线来标划直线型进步，并采用辩证思维形式来把握生产力关系的发展。"① 他认为，历史唯物主义的这种理论，只是把社会发展的决定力量归结为生产力的发展，只是通过生产力的发展来说明人类社会的直线型进步。在哈贝马斯看来，生产力在马克思主义那里只是在技术和组织的层面上被理解，表现的只是一种工具理性的行为，这种观点是片面的，因为这无法准确地把握人类的行为，无法准确地说明人类社会的发展。因此，他提出以"交往行为"理论作为生产力理论的补充。交往合理性是内在于交往行为中的合理性，它体现的是人与人之间的关系，亦即主体间关系，从而不同于体现人与自然之间关系的工具合理性。工具合理性体现为人类的技术、组织、生产，交往合理性体现为人类的道德、实践、规范。哈贝马斯认为，人类社会的进化是在工具理性和交往理性两个方面进行的，是在技术、组织和规范结构两个方面进行的，人类社会的"学习过程不仅是在技术性有用的知识范围内进行、而且也在道德——实践意识的范围内进行"②。可以说，哈贝马斯的历史唯物主义重建，就是提出用交往行为理论来补充马克思主义的生产力理论，从工具行为和交往行为两个向度来说明人类社会及其发展的。从交往行为与工具行为两个向度出发，是哈贝马斯理解历史唯物主义的根本点，也是其理解国家的起源和演变的根本点。

从前面的分析中可以看到，在马克思那里，市民社会本身是一种交往形式，因此，交往形式构成市民社会的根本特性。但与哈贝马斯不同，对于马克思来说，市民社会是人的个体性与社会性分离的结果，其所体现出来的是两方面的内容：第一个方面是市民社会的出现说明了人的个体性生活的出现；第二个方面是市民社会是建立在人的个体性生活已经具有了完整意义基础上的社会生活。

在物质实践中，人具有能动性和以能动性为前提的差异性和特殊性。物质实践活动不是单个人的活动，而是共同的集体性活动，所以在实践中，人就具有了普遍性和以普遍性为前提的人的依赖性。人的特殊性和能动性就是人的个体性，人的普遍性和依赖性就是人的社会性。在自然经济条件下，人的个体性与社会性是直接统一的。人的社会关系不是外在于个

---

① ［德］哈贝马斯：《交往与社会进化》，张博树译，重庆出版社1989年版，第168页。
② 同上。

人，而是和个人不可分离的。任何人只要一出生，就和其他成员发生了血缘关系，就属于某个家庭或家族，就和生活在同一地域的其他人发生了联系，而且人与人之间这种关系只要形成，就不会改变。他将永远和这些人发生这种联系，永远依靠某个共同体。人的个体性与社会性都同一于共同体。所以马克思明确指出："贵族总是贵族，平民总是平民，不管他的其他关系如何；这是一种与他的个性不可分割的品质。"①

在市民社会中，由于工业和商业的发展，分工与物质交往的范围越来越广，人与人之间的交往以物的交换为基础，而不是依赖共同体，人的个体性与社会性开始分离，所以，"统治必须采取物的形式"②。由于社会分工的发展，人与人之间的能力和需要也随之发生分化，使原先具有多样性能力的、从事各种具体劳动的、全面的人变成了具有某方面能力的、从事某种活动的、单方面的人。这样就产生了能力的单一化与需要多样化的矛盾，不同的人就需要通过交换来满足自己不同的需要。人与人之间的交换不仅需要分工，还需要相互承认对方是所有者，因为交换不仅是物品的交换，而且是权利的交易和调整。正是这种交往加速了传统共同体的解体，所以马克思说："随后在其他国家——进一步发展了私有制的时候，详细拟定的罗马私法便又立即得到恢复并取得威信。后来，资产阶级力量壮大起来，君主们开始照顾它的利益，以便借助资产阶级来摧毁封建贵族。"③这样单一所有制分化为不同所有制，共同体分化不同利益的主体，各种社会组织也随之出现了。马克思指出："真正的市民社会只是随同资产阶级发展起来的；但是市民社会这一名称始终标志着直接从生产和交往中发展起来的社会组织。"④

第三，马克思唯物史观由于是建立在政治哲学基础之上，所以它也深刻地打上了价值尺度的印记，最终成为事实尺度与价值尺度相统一的重要思想。

应当说，正是基于对市民社会的深入分析，马克思不仅强调了交往形式在生产活动中的重要作用，同时也将其视为社会发展的基础。马克思的

①　《马克思恩格斯文集》第 1 卷，人民出版社 2009 年版，第 571 页。
②　同上书，第 556 页。
③　同上书，第 584—585 页。
④　同上书，第 582—583 页。

市民社会理论把资本主义市民社会只当作人类社会发展的特定形式，注入历史性的内涵，这就打破了资本主义市民社会永恒性的神话，也为马克思的唯物史观奠定了客观基础。这里的关键在于马克思已经摒弃了用否定之否定的哲学逻辑去规定现实社会发展的形而上学理路，而是从物质生产出发，客观地描述资本主义市民社会的特征，并找到资本主义市民社会的现实矛盾——个人利益与社会利益的矛盾，从而客观论证了共产主义代替资本主义的历史必然性。而且也正是因为这一点，所以，马克思唯物史观最终成了事实尺度的体现，这也是马克思唯物史观的重大历史性贡献。

　　但是，马克思唯物史观却不仅仅是事实尺度的体现。从政治哲学的本质来看，政治哲学更多的是与价值尺度相连，它所反映的是人类对于美好的政治生活的向往，其中深深地打上了价值尺度的烙印。因此，马克思唯物史观与政治哲学之间从一开始就存在着内在联系这一点，所直接说明的就是马克思唯物史观从一开始便包含了不容忽视的价值尺度。这一点不仅从《黑格尔法哲学批判》中马克思对于现代国家制度的批判中看到，也可以从马克思在《论犹太人问题》中严格区分"政治解放"与"人类解放"中看到，甚至可以从马克思在《1844 年经济学哲学手稿》中通过异化劳动证明社会主义取代资本主义的必要性中看到。

　　在《黑格尔法哲学批判》中，马克思指出："对现代国家制度的真正哲学的批判，不仅揭露这种制度中存在着的矛盾，而且解释这些矛盾，了解这些矛盾的形成过程和这些矛盾的必然性。这种批判从这些矛盾的本来意义上来把握矛盾。但是，这种理解不在于到处去重新辨认逻辑概念的规定，像黑格尔所想像的那样，而在于把握特有对象的特有逻辑。"① 在这里，马克思在谈到对"现代国家制度"加以批判这一价值尺度之后，很快又转向了事实尺度，认为价值尺度必须与事实尺度进行有机的结合，只有这样，这种批判才是有力的。

　　马克思的《论犹太人问题》是为批判鲍威尔的《犹太人问题》及《现代犹太人和基督徒获得自由的能力》而作的。鲍威尔认为，只有当基督徒和犹太人都抛弃他们的宗教偏见、扬弃宗教时，犹太人才能被承认是公民而获得政治权利和政治解放。鲍威尔的主要错误是，混淆了宗教问题和政治解放的关系，以及政治解放与人类解放的关系，把政治权利问题归

---

　　① 《马克思恩格斯全集》第 3 卷，人民出版社 2002 年版，第 114 页。

结为单纯的宗教问题。在马克思看来，决不能像鲍威尔那样把犹太人的政治权利问题归结为单纯的神学问题。因为，依据犹太人居住国家的不同，犹太人问题也有不同的提法。马克思认为，政治权利问题决不能归结为单纯的神学抽象，而必须紧密联系政治权利的世俗基础来考察政治权利；必须用自由公民的世俗概念来说明他们的宗教桎梏；人们只有消灭了世俗桎梏，才能克服他们的宗教狭隘性。那么，什么是犹太人所应消灭的"世俗桎梏"呢？在马克思看来，"犹太人作为市民社会的特殊成员，只是市民社会的犹太精神的特殊表现"①，犹太教的基础就是实际需要和利己主义，这些就是市民社会的原则。"只要市民社会完全从自身产生出政治国家，这个原则就赤裸裸地显现出来。"② 这一原则的"神"就是金钱。也就是说，犹太人不放弃自己的宗教，自然可以得到政治解放。因为他们所掌握的金钱势力必然会转化为实际的政治权力。既然犹太人不放弃犹太教就可以在政治上获得解放，那么，这就表明，"只有对政治解放本身的批判，才是对犹太人问题的最终批判，也才能使这个问题真正变成'当代的普遍问题'"③。由此出发，马克思认为，政治解放和宗教的关系问题已经成为政治解放与人类解放的关系问题，并且在此基础上，有必要区分"政治解放和人类解放"，进而着手展开对近代"政治解放"限度及其现代权利关系的矛盾性的深刻批判。

在马克思看来，以确立所谓人权为标志的政治解放并没有克服市民社会，它不过是完成了市民社会从政治中的解放而已。在这个意义上说，"政治革命是市民社会的革命"④，"政治解放同时也是市民社会从政治中得到解放，甚至是从一种普遍内容的假象中得到解放"⑤。因此，正是通过严格区分"政治解放"与"人类解放"，马克思实际上完成了将事实尺度与价值尺度区分开来，同时又在新的起点上将它们结合起来的重大任务。对于马克思来说，"任何解放都是使人的世界和人的关系回归于人自身"，"只有当现实的个人把抽象的公民复归于自身，并且作为个人，在自己的经验生活、自己的个体劳动、自己的个体关系中间，成为类存在物

---

① 《马克思恩格斯全集》第 3 卷，人民出版社 2002 年版，第 194 页。
② 同上。
③ 同上。
④ 同上书，第 186 页。
⑤ 同上书，第 187 页。

的时候，只有当人认识到自身'固有的力量'是社会力量，并把这种力量组织起来因而不再把社会力量以政治力量的形式同自身分离的时候，只有到了那个时候，人的解放才能完成"①。

《1844年经济学哲学手稿》是马克思开始进行政治经济学研究的标志。《1844年经济学哲学手稿》中马克思的批判思想可以归纳为三个方面：马克思借助于"异化劳动"概念，揭示了私有财产和现代权利的本质；马克思从"法受生产的普遍规律的支配"的观点出发，揭示了现代权利的起源和发展规律；马克思以"异化的积极扬弃"为核心的共产主义学说，批判了那种以"普遍的私有制"为基础的平等权利观，初步阐明了自己以价值尺度为准则的共产主义思想。

在分析了国民经济学的基本二律背反的基础上，马克思首先得出了"异化劳动"的概念。在马克思看来，以国民经济学作为出发点的"劳动"实际上具有否定自身的性质，是一种颠倒的、虚假形式的劳动，即"异化劳动"。马克思还指出了"异化劳动"在理论上的四个规定性，并且通过这种分析，论证了异化劳动与私有财产的关系。在马克思看来，人同自身和自然界的任何自我异化，都表现在他使自身和自然界跟另一个与他不同的人发生的关系上；或者说，通过异化劳动，人不仅生产出自己同作为异己的、敌对的力量的生产对象和生产行为的关系，而且还生产出其他人同他的生产和他的产品的关系，以及他同这些人的关系。因此，在国民经济学无批判地肯定的那种状态中，实际上体现了以私有财产为基础的阶级对立关系，体现了劳动者与资产者的阶级对立。正是通过异化劳动，劳动者在生产出使自己非现实化的产品的同时，也生产出不从事生产的人对生产和产品的支配，即生产出一个置身于劳动之外的人同这个劳动的关系。正是由此出发，马克思得出了"私有财产"概念，并把私有财产看作异化劳动的产物和必然结果。并且最终确立了站在"共产主义"或"人类社会""人类立场"上的价值尺度的社会批判路径。

如果说异化劳动必然产生私有财产的话，那么，当异化劳动、私有财产关系达到极限和顶点的时候，就意味着异化劳动和私有财产的终结。用马克思的话来说："劳动和资本的这种对立一达到极端，就必然是整个关

---

① 《马克思恩格斯全集》第3卷，人民出版社2002年版，第189页。

系的顶点、最高阶段和灭亡。"① 由此出发，马克思不仅分析与批判了早期空想社会主义、共产主义学说，而且还第一次正面阐述了自己的共产主义观点。马克思指出："共产主义是对私有财产即人的自我异化的积极的扬弃，因而是通过人并且为了人而对人的本质的真正占有；因此，它是人向自身、也就是向社会的即合乎人性的人的复归，这种复归是完全的复归，是自觉实现并在以往发展的全部财富的范围内实现的复归。这种共产主义，作为完成了的自然主义，等于人道主义，而作为完成了的人道主义，等于自然主义，它是人和自然界之间、人和人之间的矛盾的真正解决，是存在和本质、对象化和自我确证、自由和必然、个体和类之间的斗争的真正解决。"② 在这里马克思深刻阐明了共产主义与扬弃人的自我异化的关系。在他看来，共产主义正是在扬弃人的自我异化的过程中实现了人向自身的复归，这种复归是完成了的自然主义与完成了的人道主义，它真正地解决了人与自然的矛盾以及人与人的矛盾。

(二) 马克思之后唯物史观两种发展路径分析

马克思主义唯物史观是事实尺度与价值尺度相统一的理论结晶，但是，长期以来，由于对于事实尺度与价值尺度之间的区别缺乏足够清醒的认识，人们已在自觉或不自觉中使得马克思主义唯物史观沿着事实尺度与价值尺度两条不同的路径发展。前一条路径单纯从事实尺度上解释马克思主义唯物史观，试图将"经济决定论"作为马克思主义唯物史观的核心内容，从而为理想社会提供坚硬的地基；后一条路径单纯从价值尺度上解释马克思主义唯物史观，试图以人道主义、社会主义理想使马克思主义唯物史观彻底道德化。尽管上述局面的出现带来了唯物史观在马克思之后的繁荣发展，但它同时也将人们对于马克思主义唯物史观的理解引向歧途，使得唯物史观经常面临着被误读的危险。

1. 唯物史观在事实尺度路径上的发展

从历史上看，马克思之后的马克思主义唯物史观沿着事实尺度方向发展主要表现出以下特点。

第一，通过误读马克思主义唯物史观在事实尺度上的某些思想认识，

---

① 《马克思恩格斯文集》第 1 卷，人民出版社 2009 年版，第 172 页。

② 同上书，第 185 页。

使马克思主义唯物史观在事实尺度上沿着错误的道路向前发展。这种特点的代表性人物是波普尔。在《历史决定论的贫困》中，波普尔并没有直接从事实尺度路径出发去解读唯物史观，他所采取的方法是，通过将马克思主义唯物史观中经济决定论简化为历史决定论，对马克思主义唯物史观加以了批判。通过这种批判，波普尔引出的最后结论是历史具有偶然性，不能用历史决定论的方式来解释历史。

第二，通过指出马克思主义唯物史观在事实尺度上的某些认识不足，单向度地发展马克思主义唯物史观，甚至试图重建马克思主义唯物史观。这种特点的代表性人物是哈贝马斯。通过指出交往行动是马克思主义唯物史观所缺失的内容，哈贝马斯力图以引入交往行动的方式重建历史唯物主义。哈贝马斯始终认为，马克思是在相同的意义上使用"实践"与"劳动"概念。他曾明确指出："《德意志意识形态》第 1 卷的精确分析表明，马克思对相互作用和劳动的联系并没有做出真正的说明，而是在社会实践的一般标题下把相互作用归于劳动，即把交往活动归之为工具活动。"① 通过对语言理论的深入研究，哈贝马斯在马克思的"劳动"范畴之外引申出"反省""交往"的向度。他认为，社会行动者所遵循的规范不是在马克思的劳动范畴中产生的，而是在具有意义同一的语言中建构起来的。"社会应理解为一个由交往行动组成的网络结构。"② 所以，跳出传统的主体性模式的意识哲学，建构"互主体性"模式的交往行动理论成为哈贝马斯的必然选择。

尽管哈贝马斯承认马克思开辟了一条通向社会现实的道路，但他仍然从社会历史变迁的角度引申出对历史唯物主义的揭示与批判社会现实问题的能力的质疑。哈贝马斯并不满意历史唯物主义以劳动系统工具理性的单一视角来解读社会异化状况。在他看来，实际上，马克思同韦伯一样，都将目的合理性看作社会行为的基础。因此，马克思会得出社会的异化是人们在劳动中创造出的对象化的异己力量所招致的结论。哈贝马斯指出，马克思无法将具体劳动向抽象劳动的转变构想为只是由系统化而导致的社会

---

① ［德］哈贝马斯：《作为"意识形态"的技术与科学》，李黎译，学林出版社 1999 年版，第 33 页。

② ［德］得特勒夫—霍尔斯特：《哈贝马斯传》，章国锋译，东方出版中心 2000 年版，第 4 页。

关系物化的一个特殊的例证，因为他仅仅以有目的的行为者被剥夺了发展其本质力量的可能性为依据，但是，在后传统的生活方式之中，由于文化、社会和个性的分离所带来的痛苦也会导致那些在现代社会成长起来并获得了他们的同一性的人们完成个体化过程而不是异化。在更为广泛的理性化的生活世界之中，只有在交往社会的背景之下，我们才可对物化做出评断。

在哈贝马斯看来，马克思只是突出了资本主义经济秩序在理解现代社会异化状况中的重要性，将所有问题都还原到经济层面，然而，事实上，资本主义经济的合理化是以劳动脱离它的具体的生活世界为前提的，其实质是劳动（系统）与生活世界的脱钩，而马克思却保持了一个结合着系统与生活世界的整体的乌托邦观念，忽视了两者的结构性分层，这样一来，他就不能把握住被区分开了的各个亚系统的肯定性价值，如市场经济和现代国家的肯定性价值，因而就无法正确地诊断资本主义社会的内在疾患。哈贝马斯认为，唯有生活世界与系统的二元架构才真正揭示出当今社会异化问题的根源，由于马克思的观点忽视了系统指令与生活世界指令之间的关系，他的社会异化是劳动的异化的观点仅仅适用于分析次级系统产生的问题决定了整个社会发展方向的社会阶段。

2. 唯物史观在价值尺度路径上的发展

价值原理是一种特殊的、重要的价值判断，它反映着主体的根本目的、最基本利益和需要，是人们追寻的生活与实践意义的起点之所在。价值原理作为基本的、派生的价值判断，是以价值判断的等级结构或曰层级结构为前提的。这一前提很显然是成立的，否则便无所谓价值选择、价值优先、价值取舍之类说法的出现。现代著名西方学者舍勒指出，价值的等级结构中价值存在的基本样式，构成了价值领域内的一种先验的本质秩序。他写道："所有的价值本质上都处于一种等级秩序之中。"[1] 一般来说，衡量价值等级高低的基本标准主要有以下五个方面：第一，持久性。较高等级的价值往往比较低等级的价值更具持久性，但价值的持久性并不是指价值所实存或其载体的实存的时间长短，而是指它能够存在的性质或精神性存在。第二，不可分性和不可见性。价值越高，便越不可见，越不

① ［德］舍勒：《伦理学中的形式主义与非形式主义的价值伦理学》，英译本1973年版，第89页。

可见，即越少可感之经验特性，如基督教心目之上帝。第三，相对独立性。较高的价值不必依赖于较低的价值，但较低的价值必依赖于较高的价值，即价值的等级愈低，依赖性愈大。第四，满足的深度，即价值体验愈深刻，价值就愈高。第五，对主体机体的依赖程度。这种依赖程度愈高，价值愈低，反之则愈高。如快乐和享受就比较依赖于人的感官，而道德之善恶则比较少地依赖于人的机体。在舍勒看来，根据上述一条标准，就足以建立起严格的价值等级秩序。他依此建立了一个感觉价值—生命价值—精神价值—神圣的与非神圣的价值这样一个等级的价值王国。① 既然价值判断具有等级结构或层级结构，那么，当人们运用价值判断去评价事物时，这些评价标准显然也会具有等级结构或层级结构，而且它们会是价值判断的等级结构的一种反映。

从历史上看，马克思之后的马克思主义唯物史观沿着价值尺度方向发展主要表现出以下特点。

第一，试图通过强化实现社会主义条件的重要性，从而使马克思主义唯物史观单向度地向价值尺度方向，甚至成为社会主义的简单注释。应当说，国际共产主义运动史上许多对于马克思主义唯物史观的注释，都表现出这种特点。这一点可以从国际共产主义运动史上早期人物伯恩斯坦与考茨基的观点中得到印证。

在资本主义社会中，19 世纪 80 年代已经出现一些和 70 年代不同的迹象：繁荣和营业停滞的时间都比较短暂。1888 年至 1890 年又出现繁荣，1890 年虽然有一次萧条，但很快就出现复苏。1890 年出现的繁荣则一直持续到第一次世界大战，仅仅有短暂的中断。在这一时期，货币工资普遍提高，实际工资也有不同程度的增加。对于这一情况当然从不同的立场可以有不同的解释。伯恩斯坦就是在上述背景下提出了他自己对于资本主义发展趋势看法的。

在《致德国社会民主党斯图加特代表大会的书面声明》中，伯恩斯坦首先指出，"《共产党宣言》中对于现代社会发展所下的预断，如果只就它对于这一发展的一般趋势的描绘来说，是正确的。但是它的许多具体

---

① 参见孙伟平《事实与价值》，中国社会科学出版社 2000 年版，第 158 页。

结论，首先是它对于发展所需时间的估计，则是错误的"①。这是伯恩斯坦立论的出发点，它反映出伯恩斯坦敢于发表自己的看法。不过应该看到的是伯恩斯坦由上述论断引申出的下一个论断，却是值得商榷的。伯恩斯坦认为："既然经济发展时间远比原来假定的要长得多，那么，发展所采取的形式和它将达到的形态，也必然是《共产党宣言》所没有预见到而且也不可能预见到的。"② 而且，他还对此进行了解释。在他看来，具体地说，有两方面的问题：其一，"社会关系的尖锐化并没有像《共产党宣言》所描绘的那样实现。……有产者的数目没有减少，而是增加了。伴随着社会财富的巨大增殖的，不是资本家巨头的数目愈来愈减少，而是各种等级的资本家的数目不断增加。中等阶层的性质改变了，但是他们并没有从社会阶梯中消失"③。其二，工业中生产积聚的速度并不是到处一样，很多部门的情况证实了马克思主义者的全部预言，另一些部门则还没有达到那种程度。农业的积聚过程更慢。"产业统计表明，企业分成非常多的等级，任何一级都没有消失的趋势。"④ 在这里，虽然伯恩斯坦是从经济入手具体分析共产主义在当时的资本主义社会中能否像《共产党宣言》所预言的那样得以很快实现，但是，这种分析是以共产主义的实现这一价值尺度作为背景标志的，因此，它对唯物史观具体内容的注释与发展都是带有明显的价值尺度的。共产主义能否很快在资本主义社会中实现，是其中所关注的焦点。

在考茨基大大小小的著作当中，社会主义是他谈论得最多的问题之一。他反复向人们解释，社会主义绝不是徒然令人向往但终究无法实现的乌托邦。考茨基根据对资本主义社会各方面的研究，预见到未来社会主义社会将是一个不断变动发展的社会，一个在各方面具有多样性的社会。他认为："我们不要把社会主义社会看成是一种死板的、单调的制度，而应该把它看成是一个不断发展和富于变化形式的制度。"⑤ 前面提到恩格斯已经提出了"'社会主义社会'不是一种一成不变的东西，而应当……把

---

① ［德］伯恩斯坦：《社会主义的前提和社会民主党的任务》，生活·读书·新知三联书店1965年版，第6页。

② 同上。

③ 同上。

④ 同上书，第7页。

⑤ ［德］考茨基：《爱尔福特纲领解说》，生活·读书·新知三联书店1963年版，第24页。

它看成是经常变化和改革的社会"① 的论断，但他当时却并没有具体展开。考茨基则进了一步，他不仅一般地指出了社会主义社会的变动性和多样性，而且还具体分析了生产资料所有制、企业、分配、工资及产品周转等各个方面都存在多种多样的形式，并阐明了社会主义社会具有多样化和富于变化的原因。

伯恩施坦反对马克思主义的社会主义的"彼岸性"，而提出了自己的所谓属于此岸世界的社会主义，这是伯恩施坦把社会主义描述为"走向合作制的运动"②。考茨基认为，伯恩施坦在这里所描述的社会主义建立在错误的思想方法之上。他指出，伯恩施坦对社会主义的理解"乍一看这是完全说得过去的"，但实际上它"涉及的是社会主义的一种表现形式，而不是它的本质"，它"太肤浅了"。考茨基强调，"合作制始终只能是达到目的的手段"。人们不是为了组织起来而组织起来的，伯恩施坦在这里犯下了把手段与目的混为一谈的错误。离开了消除群众性贫困和解放无产阶级，以及与此相应的开辟一种新的社会形态这一社会主义的目的来谈论社会主义，就成了无稽之谈。实际上，在马克思主义那里，手段与目的是紧密相连的。

第二，试图以人道主义理想改造马克思主义唯物史观。应当说，萨特的人道主义的马克思主义是这种特点的重要代表。萨特从存在主义转向与马克思主义的结合，经历了一个较为曲折与复杂的思想过程，而他创建人道主义的马克思主义的关键则在于其历史人学的定位以及历史人学理论的形成。

萨特将存在主义与马克思主义进行理论融合的主要旨趣在于，对于后马克思时代人们将马克思主义唯物史观转变为经济决定论这一点进行人本主义批判，恢复人的历史地位与人道主义的价值。这一点诚如美国学者巴恩斯所说的那样，萨特构想了一种辩证的运动，试图用存在主义从内部修正马克思主义，把几乎被马克思的继承者们破坏无余的"人的尺度"重新赋予马克思主义。萨特试图通过批判决定论来捍卫人的自由。③ 在萨特

①　《马克思恩格斯文集》第 10 卷，人民出版社 2009 年版，第 588 页。

②　参见陈学明《评卡尔·考茨基的主要理论观点》，《马克思主义与现实》（双月刊）2008 年第 4 期。

③　参见［美］巴恩斯《冷却的太阳》，中央编译出版社 1999 年版，第 35 页。

看来，历史唯物主义的根据应当是个体的"实践"，只有把存在主义的"实存"思想合并到马克思主义之中，才能说明马克思所说的"人们自己创造自己的历史，但是到现在为止，他们并不是按照共同的意志，根据一个共同的计划，甚至不是在一个有明确界限的既定社会内来创造自己的历史"① 这一重要论断。因此，为了坚持以个体实践为其历史人学的起点与对象，萨特剪裁了法国近代资产阶级革命史上的若干史料，仿造了一种近似于黑格尔辩证法形式的"否定之否定"的历史三段式：把"构成辩证法（个体实践）—反辩证法（群集）—被构成辩证法（共同实践）"逻辑递嬗，作为历史辩证法运动的基本程序。

(三) 毛泽东与唯物史观

毛泽东哲学思想作为马克思主义普遍原理与中国革命具体实践相结合的产物，从一开始就是为了探索中国社会发展与革命进程的内在规律即客观规律，并以这种规律性的认识去指导人民从事改造中国社会的伟大系统工程。它充分体现了马克思主义哲学的实践性风格。毛泽东的历史哲学不仅是马克思主义的科学历史观在中国革命土壤上的创造性运用与发展，而且是中国哲学，特别是中国近代哲学发展的丰硕成果，是用马克思主义指导中国人民革命胜利的历史观概括。

1. 唯物史观的创造性运用

唯物史观传播入中国以后，经过中国共产党人不懈的探索与努力，日渐成为解答"中国向何处去"问题的指导思想。同时，中国共产党内也经历了反对各种"左"的和右的，包括教条主义与经验主义错误倾向的斗争。正是在这种错综复杂的斗争中，中国共产党人运用马克思主义理论具体分析国情，总结实践经验与教训，逐渐达到了对革命性质与道路的真理性认识。这一理论总结的最杰出代表就是毛泽东。

早在中国共产党建党初期，毛泽东就明确指出："唯物史观是吾党哲学的根据。"② 由此可见，青年毛泽东就已将把唯物史观上升到中国共产党哲学根据的高度来加以认识。毛泽东一贯认为从马克思主义的理论与中国革命的实践相结合的高度上把握中国的历史和社会状况、中国革命的特

---

① 《马克思恩格斯文集》第 10 卷，人民出版社 2009 年版，第 669 页。
② 《毛泽东文集》第 1 卷，人民出版社 1993 年版，第 4 页。

点和规律，有着头等重要的意义。"认清中国社会的性质，就是说，认清中国的国情，乃是认清一切革命问题的基本的根据。"① 鸦片战争以来的中国社会发生了剧烈的震荡与变革，"帝国主义列强侵略中国，在一方面促使中国封建社会解体，促使中国发生了资本主义因素，把一个封建社会变成了一个半封建的社会；但是在另一方面，它们又残酷地统治了中国，把一个独立的中国变成了一个半殖民地和殖民地的中国"②。对于中国社会各阶级，毛泽东坚持历史唯物主义的基本原理，对他们的经济地位及政治态度，做了具体的科学分析，从而正确地认清了中国社会的阶级状况。《中国社会各阶级的分析》等一系列论著，都贯穿着唯物史观的阶级分析方法。毛泽东揭示了中国社会各阶级间的相互关系，认清了中国革命的性质、动力和对象，从而最终提出了无产阶级领导的、人民大众的，反对帝国主义、封建主义和官僚资本主义的新民主主义革命总路线与总政策，这是创造性地运用唯物史观于认识中国国情上所总结出来的硕果。

毛泽东创造性地运用唯物史观，还表现在他善于运用普遍与特殊相结合的辩证法则，去确定中国革命的战略与策略。他指出："革命的中心任务和最高形式是武装夺取政权，是战争解决问题。这个马克思列宁主义的革命原则是普遍地对的，不论在中国在外国，一概都是对的。""但是在同一个原则下，就无产阶级政党在各种条件下执行这个原则的表现说来，则基于条件的不同而不一致。"③ 换句话说，这表明，在毛泽东看来，暴力革命的原则对革命有着普遍的指导意义；但是普遍必需的规律在各个不同国度实现的具体形式却一定是特殊的、未尽相同的。正因为毛泽东真正把握了无产阶级革命普遍规律和中国革命的特殊规律之间的辩证关系，才导引了中国革命的胜利之路。毛泽东指出："由于中国经济发展的不平衡（不是统一的资本主义经济），由于中国土地的广大（革命势力有回旋的余地），由于中国的反革命营垒内部的不统一和充满着各种矛盾，由于中国革命主力军的农民的斗争是在无产阶级政党共产党的领导之下，这样，就使得在一方面，中国革命有在农村区域首先胜利的可能；而在另一方面，则又造成了革命的不平衡状态，给争取革命全部胜利的事业带来了长

---

①　《毛泽东选集》第 2 卷，人民出版社 1991 年版，第 633 页。

②　同上书，第 630 页。

③　同上书，第 541 页。

期性和艰苦性。"① 根据对中国国情的理解，借助于普遍与特殊之间互相联系的辩证方法，毛泽东大胆制定了"在乡村聚集力量，用乡村包围城市，然后取得城市"，夺取中国革命胜利的战略目标。

2. 晚年毛泽东与唯物史观

如果说在中国革命阶段，毛泽东唯物史观更多地体现出了对中国国情与客观规律的尊重的话，那么，应当看到的是，晚年毛泽东唯物史观的典型特征则是将马克思主义唯物史观向价值尺度方向加以单向度的大力发展，因此，深入地分析与把握它的理论特点，是大有必要的。

早在第二次国内革命战争时期，毛泽东在撰写《矛盾论》时，根据唯物史观的基本原理，就在坚持社会内部矛盾（生产力和生产关系的矛盾、阶级之间的矛盾、新旧之间的矛盾等）推动社会前进的观点时，批评了机械唯物论的观点。机械唯物论只承认生产力、实践、经济基础在历史过程中的决定作用，拒绝承认生产关系、理论、上层建筑等方面，在一定条件下也可以转过来表现其为主要的决定的作用。如果按照机械唯物论的观点去指导中国革命，那么当时中国社会最迫切需要的不是社会革命，而是应该等待资本主义生产的发展；中国人民应该静候资本主义成熟以后，再去实行无产阶级革命。从辩证法的角度出发，毛泽东认定矛盾双方的地位不是凝固的，而是可以在一定条件下实现相互转化的。他认为："当着不变更生产关系，生产力就不能发展的时候，生产关系的变更就起了主要的决定的作用。……当着政治文化等等上层建筑阻碍着经济基础的发展的时候，对于政治上和文化上的革新就成为主要的决定的东西了。我们这样说，是否违反了唯物论呢？没有。因为我们承认总的历史发展中是物质的东西决定精神的东西，是社会的存在决定社会的意识；但是同时又承认而且必须承认精神的东西的反作用，社会意识对于社会存在的反作用，上层建筑对于经济基础的反作用。这不是违反唯物论，正是避免了机械唯物论，坚持了辩证唯物论。"② 在这里，毛泽东深刻阐述了生产力与生产关系、上层建筑与经济基础相互作用发生的条件，并且认为正确认识这些条件，就是坚持辩证唯物论，避免机械唯物论。

正是基于总体上对历史发展做了上述辩证的理解，因而毛泽东对于马

---

① 《毛泽东选集》第 2 卷，人民出版社 1991 年版，第 635 页。

② 《毛泽东选集》第 1 卷，人民出版社 1991 年版，第 325—326 页。

克思主义的社会存在决定社会意识这一原理的革命性与能动性进行了精辟的发挥。毛泽东说社会存在决定社会意识的原理"是自有人类历史以来第一次正确地解决意识和存在关系问题的科学的规定",是因为马克思首创了"科学的社会实践"概念,把基于实践的社会历史生活与人类的认识活动理解为客观过程的反映和主观能动性的作用,从而既唯物又辩证地解决了意识与存在、社会意识和社会存在的关系。因此,社会历史生活与人类的认识活动,既是客观过程的反映过程,也是主观能动性的发挥过程,其中起关键作用的是革命的实践。

如果说毛泽东在中国革命时期对于机械唯物论的批判是以辩证法作为基础的话,那么应当看到的是,晚年毛泽东对于主观能动性在社会实践中作用的强调则是明显地带有价值尺度的色彩,而且也正是因为这一点,晚年毛泽东在唯物史观上明显地忘记了事实尺度而直接走向了追求理想主义、大同社会的道路。对于究竟什么是无产阶级,什么是社会主义,晚年毛泽东并没有从历史唯物论的角度对它加以规定与说明。相反,从晚年毛泽东的大量谈话中却可以看出,他对无产阶级、社会主义的理解在很大程度上是从伦理道德的眼光出发的。诸如,两条路线、两条道路的斗争,实质上成了两种道德价值的斗争。资产阶级、资本主义的范畴代表了社会现实中一切腐化、堕落、贪污、官僚主义等"恶"的东西,而无产阶级社会主义则是一切"善"的精神象征,这样,对资产阶级、资本主义的批判,往往就成了一种道德义愤的宣泄。

20世纪60年代初,毛泽东把"三自一包"问题提到是坚持社会主义还是资本主义的高度上。当时,使他感到最忧虑的是,实行"三自一包"将会导致私有化,危及社会主义公有制,会产生严重的"阶级分化"。毛泽东曾愤怒地描写了他想象中的那种类似旧社会的可怕景象:一方面是贪污多占、放高利贷、买地、讨小老婆,其中包括共产党员、共产党的支书记;另一方面是破产,其中有四属(军、工、烈、干属)户、五保户。①在他看来,这是一种阶级分化基础上的道德堕落现象,是不能容忍的。可见,他对社会主义、共产主义的理解也在很大程度上被伦理化了,既不是社会生产力的高度发达,也不是人的全面发展,而是"公"的价值取向,即人与人的平等、公而忘私的热诚、朴实无华的道德品格,才是他眼中的

---

① 参见《毛泽东和他的秘书田家英》,中央文献出版社1989年版,第7页。

共产主义的最重要的特征。

　　"人民公社"是晚年毛泽东自认为"超越"了欧美及苏联模式的中国社会主义模式,是中国人民的"人间天堂",而"人民公社"的特征却在于一个"公"字。他理想中的人民公社这种社会生活模式与他早年从道德主义的志趣出发,集合一帮积极向上的青年建设"新村",实现数年梦想新社会生活的实践有着惊人的相似。换句话说,在毛泽东看来,"人民公社"即是一种新时代的、有着新的道德价值内涵的大"新村"。1958 年刮共产风期间,毛泽东更是把历史传统的某些平均主义的原则、公共集体生活制度以及平等的道德意识直接当作社会主义、共产主义因素来推崇。最典型的便是对三国时期张鲁实行的平均主义的赞美:"三国时候,汉中有个张鲁,曹操把他灭了。他也搞过吃饭不要钱。凡是过路的人,在饭铺里吃饭、吃肉都不要钱,尽肚子吃。这不是吃饭不要钱吗?他不是在整个社会上都搞,而是在饭铺里搞。他统治三十年,人们都高兴那个制度。"①1958 年 12 月 10 日,毛主席还批印了《三国志·魏志》中的《张鲁传》,发给即将召开的武昌会议的与会者。毛泽东还写了一篇很长的批语,对"五斗米道"的某些纲领做了通俗的解释。对其中的"不置长吏,皆以祭酒为治"解释说:"近乎政社合一,劳武结合。"② 12 月 7 日又在另一条批语中指出:"《张鲁传》中'所说的群众性医疗运动,有点像我们人民公社免费医疗的味道'。""道路上饭铺里吃饭不要钱,最有意思,开了我们人民公社公共食堂的先河。"并说:"现在的人民公社运动,是有我国的历史来源的。"③ 可见,一种公正、平均、人道的集体生活图景,一种高尚的社会道德境界,才是毛泽东所追求的社会主义、共产主义建设的关键。

　　如同西方历史上的许多道德义士一样,毛泽东对现代化进程中出现的各种社会罪恶,尤其是马克思所说的那种"利己主义的冰水",总是表现出异常敏感、激烈的道德愤慨。他所追求的现代化,是一种由众多的道德淳朴、觉悟高尚的新人,严格地遵照一种道德标准推进的伟大的社会变革事业。因此,新中国成立以后,当过去那种在艰苦的斗争环境中形成的道

---

①　薄一波:《若干重大决策与事件的回顾》下卷,人民出版社 1999 年版,第 775 页。

②　同上。

③　同上书,第 776 页。

德意志，如吃苦耐劳、艰苦奋斗、"一不怕苦、二不怕死"等逐渐衰退，代之而起的是贪图享受、欺压群众等国民党作风和老爷习气日渐增多时，毛泽东理所当然地感到了极大的愤怒："一些人，主要是老还停止在资产阶级民主革命阶段，对社会主义革命不理解，有抵触，甚至反对"，"为什么呢？做了大官了，要保护大官们的利益。他们有了好房子，有汽车，薪水高，还有服务员，比资本家还厉害"。在愤怒之余，毛泽东不是去大力建设外在的法制规范系统来防止各种可能的"恶"的现象的发生，而是仍然寄希望于通过"斗私批修"之类的思想改造，企图重新唤起人们的道德觉悟，以人们内心的"善"来防御外在社会的"恶"，即不是诉诸法制，而是搞人治。"文化大革命"期间，他甚至以有无"好人"来衡量一个部门的领导权是否还掌握在人民手里。这明显表现出道德伦理治国之举。

实际上，晚年的毛泽东期望能在生产力的发展、现代化的技术、现代化的效益与他心目中具有传统色彩的道德伦理之间保持一种平衡。但是这种平衡在现实中往往又由于他的道德价值观念的某些传统色彩的作用而被打破——他为了维护他心目中神圣的、被他冠以社会主义和马克思主义概念的、实际又并非如此的价值尺度，常常不得不让现代化的效益做出一些牺牲。也就是说，晚年的毛泽东试图通过对人们主观世界道德的改造，培养出一大批拿起锤子能做工、拿起锄头和犁耙能种田、拿起枪杆子能打敌人、拿起笔杆子能写文章的所谓的共产主义新人。晚年毛泽东认为只有这种新人，才能真正成为社会主义建设实践的主体，才能成为"反修防修"实践的主体。而且这种新人的道德品格将是十分高尚的。可以想象出，当毛泽东在吟诵着"春风杨柳万千条，六亿神州尽舜尧"的诗句时，他一定为自己所从事的塑造亿万"新尧舜"的伟业而感到欣慰与自豪。然而，这种热衷于对主体心理结构的改造，把社会革命和人类的彻底解放都直接诉诸人的心理结构的嬗变上，或者说对观念意识的净化上，而离开了对社会经济政治结构的建设与改造，就会片面地以对人的主观世界的改造和革命取代对客观世界的现实变革，以价值尺度来取代经济、政治的革命。这是同毛泽东晚年将社会主义建设、将中国社会的改造全面诉诸灵魂的革命、道德的革命，诉诸一种新的道德主体的建构的思想意识有关联的，带有浓厚的理想主义和浪漫主义的价值尺度色彩。这实际上就是把人的主观道德意志当作了决定历史变化发展的终极力量，换句话说，就是意味着建设社会主义和巩固社会主义的根本依据,更多的不是依赖于物质生产力的发展,而是落在了所谓"新人"的"美德"和思想觉悟上,落在了价值标准上,这自然是违背马克思主义唯物史观的。马克思强调,人们为自己建造新世界,他们"不是如粗俗之徒的成见所臆断的靠'地上的财富',而是靠他们垂死的世界上所有的历来自己创置的产业。他们在自己的发展进程中首先必须创造新社会的物质条件,任何强大的思想或意志力量都不能使他们摆脱这个命运"①。这实际上正是毛泽东晚年理论和实践失误的重要思想根源。

(四) 邓小平唯物史观是事实与价值的统一

从前面的分析中可以看到,马克思主义唯物史观是事实尺度与价值尺度相结合的理论产物,正因为如此,马克思主义唯物史观存在着向事实尺度与价值尺度两个不同的向度发展的可能性。从马克思之后唯物史观的发展情况来看,这两种可能性一直不断地持续地存在着。从某种意义上说,晚年毛泽东之所以存在着理论与实践上的失误,就在于晚年毛泽东有着道德治国的偏向,因此,他的唯物史观表现出沿着价值尺度单向度发展的倾向。应当说,邓小平唯物史观的重要意义,不仅使人们回到重新重视生产力发展的轨道,同时也结合生产力的发展重视解释了社会主义的本质,使人们认清了中国当前的社会主义所处的发展阶段,从而实现了马克思主义唯物史观两种尺度结合的复归。

1. 邓小平的生产力哲学

前面笔者大量讨论了邓小平对于发展生产力的重视。在此,笔者进一步强调邓小平关于生产力的认识已上升到"生产力哲学"的高度。邓小平的生产力哲学,作为一种思想观点,大体上起始于"猫论"的提出。邓小平的"猫论"最早见于1962年7月的讲话中,1962年7月7日他在接见共青团三届七中全会全体代表时讲道:"刘伯承同志经常讲一句四川话:'黄猫、黑猫,只要捉住老鼠就是好猫。'这是说的打仗。我们之所以能够打败蒋介石,就是不讲老规矩,不按老路子打,一切看情况,打赢算数。现在要恢复农业生产,也要看情况,就是在生产关系上不能完全采取一种固定不变的形式,看用哪种形式能够调动群众的积极性就采用哪种

---

① 《马克思恩格斯全集》第4卷,人民出版社1958年版,第332页。

形式。"① 这里的"黄猫黑猫，只要捉住老鼠就是好猫"就是著名的"猫论"最质朴的说法，它表示的实际意思是：这个办法，那个办法，有利于生产力发展和改善人民生活水平的办法，就是好办法。"猫论"是邓小平关于"生产力标准"的最早通俗的表述。众所周知，无论是在"猫论"出现的当时，或者是在其后的"文化大革命"之中，毛泽东对"猫论"及其表达的生产力标准，均是坚决反对的。尽管在认识论中毛泽东对实践标准笃信宣传不遗余力，但是，史实迫使我们不能不看到，意识审视的对象是社会历史领域里的事物，那么，在他晚年的思维中，实践标准便难以容纳生产力标准。与其说它按照唯物史观的生产力决定性理论必然导向生产力标准，不如说是按照"生产关系标准第一"的既定框架导向对"生产力标准"的必然拒斥。邓小平在总结历史经验教训时指出："毛泽东同志是伟大的领袖，中国革命是在他的领导下取得成功的。然而他有一个重大的缺点，就是忽视发展社会生产力。"② 他还强调，毛泽东虽然正确地指出，社会主义社会的基本矛盾，仍然是生产力与生产关系、经济基础与上层建筑之间的矛盾，但是，"指出这些基本矛盾，并不就完全解决了问题，还需要就此作深入的具体的研究"③。"多少年来我们吃了一个大亏，社会主义改造基本完成了，还是'以阶级斗争为纲'，忽视发展生产力。"④ 这些论述都抓住了晚年毛泽东失误的要害。事实是，在当年"左"倾盛行的年代，晚年毛泽东的这一重大缺点，已经在一定程度上左右了全党。我们党"在建立社会主义经济基础以后，多年来没有制定出为发展生产力创造良好条件的政策"⑤，"忽视发展社会生产力"⑥。当时，毛泽东对于唯物史观的理解，确实离开了唯物史观的生产力决定性原理，陷入生产关系决定论。当然，当年在夺取政权大潮之前的那种经济主义观点，完全否认革命对解放生产力的巨大作用，完全割裂生产力和生产关系，至今是我们难以认同的。但是，当无产阶级夺权成功之后，其首要任务便必须移至发展生产力上来，与此相适应，其理论则是应进一步强调生产力的

---

① 《邓小平文选》第 1 卷，人民出版社 1994 年版，第 323 页。

② 《邓小平文选》第 3 卷，人民出版社 1993 年版，第 116 页。

③ 《邓小平文选》第 2 卷，人民出版社 1994 年版，第 182 页。

④ 《邓小平文选》第 3 卷，人民出版社 1993 年版，第 141 页。

⑤ 同上书，第 134 页。

⑥ 同上书，第 116 页。

决定性作用。毛泽东及其唯物史观的失误在于，随着社会主义制度在中国建立，未能在理论与实践的结合上凸显唯物史观的事实尺度，着力在发展生产力上下功夫，而是更多地将价值尺度作为中国社会主义建设的方向导向，致使生产力发展严重受挫。

对于邓小平的"猫论"重要性更为形象的理解，就是其代替了"草论"。我们知道，党的十一届三中全会后，中国社会的方方面面开始发生变化，但其中最根本的变化莫过于在社会经济发展指导思想上由"草论"转向"猫论"。张春桥曾说"宁要社会主义的草，不要资本主义的苗"，这句话比较集中地反映了新中国成立后前 30 年我国经济发展的根本指导思想。新中国成立后前 30 年社会经济发展指导思想的根本问题是，只注重生产关系不注重生产力。在农村，当时搞"人民公社"，强调"一大二公"，主要在于突出生产关系。至于按这种生产关系组织生产活动，人们干活是否卖劲，地里是否长庄稼，老百姓是否有饭吃，那都是次要的。也就是说，根本不管地里长出的是庄稼还是草。改革开放以来的巨大变化是邓小平理论带来的，其中最为根本的就是"猫论"。正是由于"猫论"代替了"草论"，即生产力标准代替了生产关系和意识形态标准，才有了一系列以发展生产力为主要目标的改革。所以，改革开放 30 多年之所以能创造出巨大的社会财富，其根本点就在于指导思想上用"猫论"代替了"草论"。

邓小平的生产力哲学包含着丰富的内容，而从事实尺度的角度来看，邓小平的生产力哲学有以下三个特点值得关注。

第一，将发展生产力推升到马克思主义基本原则的高度。为了在经济建设中取得主动权，邓小平从哲学的高度极其慎重地提出："什么叫社会主义，什么叫马克思主义？我们过去对这个问题的认识不是完全清醒的。马克思主义最注重发展生产力。"① 他还指出："马克思主义的基本原则就是要发展生产力。"② 在这里邓小平将马克思主义的本质与基本原则明确地规定为注重发展生产力。马克思主义唯物史观认为，在人类社会历史发展过程中，始终起作用的三种基本因素是生产力、生产关系和上层建筑。在深入地考察了上述三因素之间关系之后，马克思主义唯物史观揭示出，

① 《邓小平文选》第 3 卷，人民出版社 1993 年版，第 63 页。
② 同上书，第 116 页。

生产力居于首要地位，它是历史发展的基础与出发点。生产力决定生产关系，并且通过经济基础间接地决定上层建筑。人类社会的发展，归根到底是由生产力的发展决定的。由此可见，对于邓小平指出"马克思主义的基本原则就是发展生产力"这一点，是对马克思主义唯物史观的重大发展。因为这种理论定位表明，邓小平不仅将被毛泽东遗忘的唯物史观的事实尺度重新找回，而且还使发展生产力被推升到马克思主义基本原则的高度加以认识，从而使发展生产力受到了人们足够的重视。在邓小平的生产力哲学中，发展生产力已不简单的是一个是否坚持唯物史观的问题，而是已成为一个关系到是否坚持马克思主义基本原则的重大问题。

　　第二，明确指出发展生产力是社会主义的根本任务。早在《共产党宣言》中，马克思、恩格斯就指出：无产阶级一旦取得政权，就应"利用自己的政治统治，一步一步地夺取资产阶级的全部资本，把一切生产工具集中在国家即组织成为统治阶级的无产阶级手里，并且尽可能快地增加生产力的总量。"① 社会主义作为比资本主义更高一级的社会形态，其优越性应当体现在发展生产力与提高生产力水平上。同时由于我们这个时代历史辩证法的作用，社会主义不是在发达的资本主义国家，而是在经济文化相对落后的国家首先取得胜利，发展生产力的任务就显得更加紧迫与重要。鉴于生产力水平的落后，十月革命后列宁曾经把俄国同当时毗邻着的帝国主义德国相比，认为这两个国家如同"在国际帝国主义一个蛋壳中两只未来的鸡雏"②，分别体现了社会主义的两个方面的物质条件：一方面是德国的发达的生产力；另一方面是俄国的无产阶级政权。列宁认为，只有把政治和经济两方面结合起来，才会产生"'完整的'社会主义"③。他清楚地看到，胜利了的俄国无产阶级及其政党面临的尖锐矛盾是："提出和业已开始的具有世界历史意义的重大任务与物质贫困、文化贫困之间的脱节。"④ 从科学社会主义角度来看，发展生产力是一个关系到中国的社会主义能否健康发展的重大问题。对于这个问题，邓小平作为中国共产党第二代领导人的核心，保持着十分清醒的头脑，正如前面我们一再提

---

① 《马克思恩格斯文集》第 2 卷，人民出版社 2009 年版，第 52 页。
② 《列宁选集》第 4 卷，人民出版社 1995 年版，第 493 页。
③ 同上。
④ 《列宁全集》第 43 卷，人民出版社 1987 年版，第 400 页。

到，在他看来，"社会主义的任务很多，但根本一条就是发展生产力"①。
自此，发展生产力作为社会主义的根本与中心的任务得到进一步明确。

第三，从解放生产力的角度认识改革的意义。

改革也是解放生产力，或者说通过改革解放和发展生产力，是贯穿邓
小平改革思想的核心内容。在经过了农村改革等试验之后，1985 年邓小
平在一次同外国领导人的谈话中说："改革是中国的第二次革命。"② 在
1985 年 9 月在中国共产党全国代表会议上，他的提法是："改革是社会主
义制度的自我完善，在一定的范围内也发生了某种程度的革命性变革。"③
"经济体制，科技体制，这两方面的改革都是为了解放生产力。"④ 1987
年他又指出："要发展生产力，经济体制改革是必由之路。"⑤ 1992 年南
方谈话中，邓小平再次明确指出："革命是解放生产力，改革也是解放生
产力。"⑥ 改革也是解放生产力的论断，是对社会主义建设经验教训的深
刻总结，也是对我们改革开放以来实践经验的理论概括，它丰富了马克思
主义唯物史观。

革命是解放生产力，这是马克思主义的基本观点，但是在无产阶级政
治革命推翻了旧制度后建立的社会主义社会，在大力发展社会生产力的同
时，还有一个通过改革来解放生产力的问题，这是邓小平对马克思主义唯
物史观的一个新贡献。改革能够解放生产力，是因为改革的锋芒指向的是
旧体制。在生产关系的大系统中，经济体制作为生产关系各个环节的具体
形式及结构，同生产力有着直接的联系。从深层次上说，在社会主义制度
下，之所以要改革解放生产力，是由解放生产力和发展生产力两者之间的
既相区别又相联系的内在关系所决定的。解放生产力和发展生产力是不尽
相同的两个范畴。所谓解放生产力，直接指向的是束缚生产力的社会制度
或社会体制，它着重解决的是生产关系及上层建筑不适应生产力发展的矛
盾，通过社会革命或社会改革，把生产力从旧的社会制度或社会体制的束
缚下解放出来。所谓发展生产力，直接指向的对象是生产力本身，即主要

---

① 《邓小平文选》第 3 卷，人民出版社 1993 年版，第 137 页。
② 同上书，第 113 页。
③ 同上书，第 142 页。
④ 同上书，第 108 页。
⑤ 同上书，第 138 页。
⑥ 同上书，第 370 页。

在生产力内部做文章，它所采取的方式主要是依靠科技进步和资源、资金、劳动的投入，并对生产力要素、生产力系统和生产力组织进行优化组合，发挥最大效益，解决生产力内部的矛盾，从而使生产力在质的方面得到提高，在量的方面得到增长。解放生产力和发展生产力虽然有所区别，但它们之间是互为前提、互相制约、互相渗透、互相转化的辩证关系。解放生产力的目的是通过解除生产力发展的各种社会束缚因素，使生产力得到更为迅速的发展，而生产力发展到一定程度就必然要求人们从事解放生产力的工作。

解放生产力与发展生产力之间的辩证关系表明，既不能把二者混为一谈，又不能将二者截然断裂，以一个代替另一个。解放和发展生产力既然是改革的出发点和归宿，那么，一个必然的结论就是，判断改革成败得失的根本标准也只能是生产力标准。这也是邓小平改革思想中一个至关重要的内容。不了解这一点，对改革也是解放生产力的论断可以说只是一知半解；不了解这一点，也就没有真正领会邓小平改革思想的实质。

2. 邓小平的社会主义新论

对社会主义的本质加以重新认识，是邓小平对于马克思主义唯物史观的新贡献。从价值尺度的角度来看，邓小平的社会主义新论以下两个特点值得人们关注。

第一，将社会主义的根本制度同具体制度进行了严格区分。

邓小平多次指出，新中国成立后，我们在经济、科技、教育等方面取得了旧中国根本无法企及的伟大成就。这些成就的取得，从根本上说，是得益于社会主义制度的建立。所以，他明确说"社会主义制度和资本主义制度哪个好？当然是社会主义制度好"①，我们必须毫不动摇地坚持下去。邓小平也实事求是地分析了社会主义在发展中的不足与缺陷。根据中国的情况，他指出"中国社会实际上从一九五八年开始到一九七八年二十年时间内，长期处于停滞和徘徊的状态"②，"从一九五八年到一九七八年整整二十年里，农民和工人的收入增加很少，生活水平很低，生产力没有多大发展"③。当然，这就向人们提出一个十分尖锐的问题：既然社会

---

① 《邓小平文选》第2卷，人民出版社1994年版，第167页。
② 《十二大以来重要文献选编》（下），人民出版社1988年版，第1442页。
③ 《邓小平文选》第3卷，人民出版社1993年版，第115页。

主义是个好制度，那么，为什么在实践中经济与社会又出现了停滞徘徊状况呢？邓小平认为："社会主义制度并不等于建设社会主义的具体做法。"① 由此可见，在他那里，社会主义制度与建设社会主义的具体做法是严格区别开来的。邓小平把社会主义现阶段的基本矛盾归结为生产力发展的要求同现行经济体制和政治体制之间的矛盾，要求改革现行体制来解决这个矛盾，以促进生产力的发展。邓小平把社会主义的根本制度同具体制度区别开来，大胆提出对具体制度的全面改革，体现了他对马克思主义原理和科学社会主义理论在认识和把握上的深度与准确度，体现了他对社会主义本质的正确认识。

第二，将社会主义与消灭贫穷联系起来加以思考，明确指出"贫穷不是社会主义"。

中国的社会主义是在落后的国家内发生的，这也是中国的社会主义的特殊性所在。针对"宁要贫穷的社会主义"的谬论，邓小平指出："社会主义要消灭贫穷。贫穷不是社会主义，更不是共产主义。"② 社会主义如果老是穷，它就站不住脚，也是背离马克思主义最初的基本设想的。在谈到如何认识社会主义的优越性、如何坚持社会主义时，邓小平也有重要论述。1978 年他就指出："社会主义制度优越性的根本表现，就是能够允许社会生产力以旧社会所没有的速度迅速发展，使人民不断增长的物质文化生活需要能够逐步得到满足。"③ 后来，他又指出，社会主义制度优于资本主义制度，"这要表现在许多方面，但首先要表现在经济发展的速度和效果方面。没有这一条，再吹牛也没有用"④。这里他强调了要在经济发展的速度与效果上体现出社会主义制度优越性。邓小平还指出："发挥社会主义的优越性，归根到底是要大幅度发展社会生产力，逐步改善、提高人民的物质生活和精神生活。"⑤ "坚持社会主义，首先要摆脱贫穷落后状态，大大发展生产力，体现社会主义优于资本主义的特点。"⑥ 在这里，邓小平不仅强调大幅度发展生产力是社会主义优越性与根本特征之外，还

---

① 《邓小平文选》第 2 卷，人民出版社 1994 年版，第 250 页。

② 《邓小平文选》第 3 卷，人民出版社 1993 年版，第 63—64 页。

③ 《邓小平文选》第 2 卷，人民出版社 1994 年版，第 128 页。

④ 同上书，第 251 页。

⑤ 同上。

⑥ 《邓小平文选》第 3 卷，人民出版社 1993 年版，第 224 页。

将"摆脱"与"消灭"贫穷，解释为社会主义的重要任务，并且认为正是在这个过程中能够体现出社会主义优于资本主义。

3. 马克思主义唯物史观两种尺度结合的复归与重建

从前面的分析中可以看到邓小平在生产力以及社会主义问题上均有创造性认识。但是，也正是在这种分析中，我们对邓小平唯物史观的重要意义与重要地位，有了更加清醒的认识。

表面看来，邓小平唯物史观对于发展生产力的大力强调，仅仅只是为了将被毛泽东遗忘的马克思主义唯物史观的事实尺度重新找回，但是，从邓小平始终是结合社会主义来谈论发展生产力这一点来看，邓小平的唯物史观并没有在重新找回事实尺度的过程中又扔掉价值尺度。准确地说，邓小平唯物史观是事实尺度与价值尺度相结合的产物，它一方面大力强调发展生产力的重要性，但是另一方面却强调坚持社会主义的重要性。由此，从马克思主义唯物史观的角度来看，邓小平唯物史观的重要意义就在于重新找回了被毛泽东遗忘的唯物史观的事实尺度，积极强调大力发展生产力，同时也恢复了马克思主义唯物史观原有的两种尺度相结合的理论建构模式。正如马克思所说："随着新生产力的获得，人们改变自己的生产方式，随着生产方式即谋生的方式的改变，人们也就会改变自己的一切社会关系。手推磨产生的是封建主的社会，蒸汽磨产生的是工业资本家的社会。"① 邓小平的功绩就在于，他把上述唯物史观的基本原理与社会主义建设实践结合起来，从而破除了以往那种背离马克思主义的唯心史观。这种唯心史观离开生产力，单纯从生产关系方面理解社会主义，片面强调和注重社会主义生产关系和上层建筑领域的不断"变革"或"革命"。

尽管邓小平并没有像毛泽东那样用十分明确的价值尺度如道德标准来要求社会主义的发展，但是，从邓小平始终积极强调"坚持社会主义"的角度来看，邓小平的唯物史观有着不容忽视的价值尺度标准，即社会主义方向。在邓小平那里，将社会主义方向作为价值尺度主要包括三层含义：第一层含义是社会主义是发展生产力的重要前提，即"发挥社会主义的优越性，归根到底是要大幅度发展社会生产力"②。第二层含义是发展生产力是为了解决社会主义中所存在的贫穷问题，即"贫穷不是社会

---

① 《马克思恩格斯文集》第 1 卷，人民出版社 2009 年版，第 602 页。

② 《邓小平文选》第 2 卷，人民出版社 1994 年版，第 251 页。

主义"①。第三层含义是所谓社会主义就是发展经济的代名词，即"社会主义不发展经济，还叫什么社会主义！……社会主义比资本主义优越不只是名字好听，而是生产力发展速度要超过资本主义"②。上述三层含义实际上已形成了递进关系。对于邓小平来说，社会主义与发展生产力之间并不是外在性的关系，而是内在的、相辅相成的关系：首先，只有坚持社会主义，才能更好地发展生产力；其次，只有更好地发展生产力，才能真正解决社会主义中的贫穷问题，从而更好地坚持社会主义；最后，坚持社会主义就是坚持发展生产力。

当然，也正是从邓小平辩证地理解社会主义与生产力的关系的过程中可以更进一步看到的是，在邓小平那里，不仅实现了马克思主义唯物史观事实尺度与价值尺度相结合的复归，同时也实现了这种结合的重建。如果说在马克思那里事实尺度与价值尺度只是衡量人类社会发展的两个必需的重要维度的话，那么在邓小平那里，这两个维度已经完全地融合到对社会主义发展的正确理解中，成为指导社会主义发展的重要组成部分。改革开放 30 多年的历史经验告诉人们，中国的社会主义发展如果背离了上述两个维度，势必会走上弯路与歧途。鉴于我国社会实际上从 1958 年开始到 1978 年的 20 年间，长期处于停滞和徘徊状态，国家的经济和人民的生活没有得到多大的发展和提高的情况，邓小平尖锐地指出："这种情况不改革行吗？"③"我们要想一想，我们给人民究竟做了多少事情呢？我们一定要根据现在的有利条件加速发展生产力，使人民的物质生活好一些，使人民的文化生活、精神面貌好一些。"④ 在这里，邓小平不仅强调了改革的重要性，同时也将加速发展生产力视为改善人民的文化生活与精神面貌的重要条件。邓小平指出："不重视物质利益，对少数先进分子可以，对广大群众不行，一段时间可以，长期不行。革命精神是非常宝贵的，没有革命精神就没有革命行动。革命是在物质利益的基础上产生的，如果只讲牺牲精神，不讲物质利益，那就是唯心论。"⑤ 从一方面看，邓小平这里所讲的革命精神就是价值尺度；从另一方面看他谈及要重视物质利益就是强

---

① 《邓小平文选》第 3 卷，人民出版社 1993 年版，第 64 页。

② 《邓小平年谱（1975—1997）》，中央文献出版社 2004 年版，第 876 页。

③ 《邓小平文选》第 3 卷，人民出版社 1993 年版，第 237 页。

④ 《邓小平文选》第 2 卷，人民出版社 1994 年版，第 128 页。

⑤ 同上书，第 146 页。

调发展生产力的重要性。因此，在这里邓小平用通俗易懂的方式阐明了价值尺度与事实尺度相结合对于社会主义发展的重要性。

五　邓小平与政治哲学

如果说马克思政治哲学是其唯物史观创立的重要基础，同时又得到了唯物史观创立后的推动的话，那么应当看到的是，无论是毛泽东政治哲学思想还是邓小平政治哲学思想都是完整地建立在马克思主义唯物史观基础之上的，是真正意义上的历史唯物主义的政治哲学。而且也正因为这一点，所以，如果说马克思政治哲学还只是在探索中发展的话，那么，相比较而言，毛泽东政治哲学思想与邓小平政治哲学思想都具有更深刻的成熟性。当然，如果说毛泽东政治哲学思想通过运用唯物史观更好地解决了中国革命的道路问题，那么，可以说，邓小平政治哲学思想的重要意义就在于通过运用唯物史观更好地解决了中国特色社会主义道路建设问题。邓小平曾明确指出："我们面前有大量的经济理论问题，包括基本理论问题、工业理论问题、农业理论问题、商业理论问题、管理理论问题等等。列宁号召多谈些经济，少谈些政治。我想，对于这两方面理论工作的比例来说，这句话今天仍然适用。不过我并不认为政治方面已经没有问题需要研究，政治学、法学、社会学以及世界政治的研究，我们过去多年忽视了，现在也需要赶快补课。"[①] 在这里，邓小平强调了研究政治学以及世界政治的重要性，并认为"需要赶快补课"。

（一）马克思与政治哲学

作为马克思主义政治哲学的重要组成部分，中国化的马克思主义政治哲学离不开对于马克思主义政治哲学的整体把握与正确理解。在本章的第二节中，笔者分析了马克思政治哲学对于其唯物史观的创立具有的决定性意义。但是，应当看到的是，当马克思唯物史观创立之后，它并没有至此结束，而是反过来进一步推进了马克思政治哲学向纵深发展，致使西方政治哲学史上出现了历史唯物主义政治哲学这种新的政治哲学形态形式。当然，对此，可以从两个方面加以展开说明。

---

① 《邓小平文选》第 2 卷，人民出版社 1994 年版，第 180—181 页。

第一，马克思唯物史观对生产力的决定意义的揭示，使马克思政治哲学成为围绕经济基础与上层建筑关系而展开的历史唯物主义政治哲学新形态。

马克思首先确立了市民社会决定国家的原则，然而通过对市民社会加以剖析，逐渐认识到经济基础对于上层建筑的决定作用。在对经济基础的分析中，马克思深入地看到了生产力的决定性意义，而且也正因如此，他的政治哲学并不像传统政治哲学那样简单强调观念的作用，而是成为牢固建立在经济基础之上的新的政治哲学形态，即成为历史唯物主义的政治哲学。对于生产力决定作用的强调是马克思政治哲学不同于其他政治哲学的一个最为本质的特质。就一般来看，政治哲学是"对政治现实进行价值性判断、评价和说明所形成的思想体系"①，但是从前面我们对马克思主义唯物史观的分析来看，包括事实尺度与价值尺度两个重要尺度是其本质特征，所以，当马克思政治哲学成为历史唯物主义的政治哲学，其所应表现出来的最为重要的特征就是事实尺度与价值尺度的统一。

在《共产党宣言》中马克思透彻地说明了生产力、生产方式与生产关系之间的关系。随着新的生产力和市场的不断发展，工业的行会组织被工场手工业所代替，工场手工业又进而被机器工厂所代替。结果，资本主义的生产关系发展起来了。在 1859 年出版的《〈政治经济学批判〉序言》中，马克思并未把生产关系的总和与生产方式等同起来。当他说"物质生活的生产方式制约着整个社会生活、政治生活和精神生活的过程"②，他恰恰说明两者之间的密切关联和区别，因为这里所说的"社会生活"是指包含着生产关系的社会生活。而且也正是从这种阐述中，我们深入地看到了马克思的政治哲学是紧紧围绕生产力决定生产关系这一原理展开的。通过揭示生产力对于生产关系的决定作用，马克思不仅将社会生活建立在生产方式之上，同时也将政治生活以及一般的精神生活过程，都建立在生产方式之上。这样一来，一方面我们可以说马克思政治哲学是建立在生产力决定生产关系原理之上的，它所极力强调的是生产力对于政治生活的决定意义；但是，另一方面我们又可以说对于生产力决定生产关系原理的强调，既是马克思政治哲学的特色所在，也是马克思政治哲学最充满争

---

① 王浦劬：《政治学基础》，北京大学出版社 1995 年版，第 347—349 页。
② 《马克思恩格斯文集》第 2 卷，人民出版社 2009 年版，第 591 页。

议的地方。当然，后者也正是西方马克思主义政治哲学所极力希望修正的地方。

第二，马克思唯物史观对社会存在进行新的注释，使马克思政治哲学成为围绕着社会存在与社会意识关系而展开的历史唯物主义政治哲学新形态。

在《1844年经济学哲学手稿》中，马克思首次提到"个体是社会存在物"概念，① 这标志着"社会存在"问题的初现。马克思指出人是自然存在物，但不是纯粹的自然存在物，而是人的自然存在物，即社会存在物。因为虽然人属于自然，但人与自然不是直接的同一，而是以社会为中介的统一。"自然界对人来说才是人与人联系的纽带，才是他为别人的存在和别人为他的存在，只有在社会中，自然界才是人自己的合乎人性的存在的基础，才是人的现实的生活要素。只有在社会中，人的自然的存在对他来说才是人的合乎人性的存在，并且自然界对他来说才成为人。"② 由于人的劳动不是个人的原子活动，相反，人总是在一定的社会形式中并借助这种社会形式实现对于自然的占有，因此人通过劳动占有自然，也就是通过社会把自在自然转变为社会的自然，成为人生活的现实因素。

马克思用社会存在物这一概念还揭示了人的个人生活和类生活的关系："人的个体生活和类生活不是各不相同的，尽管个体生活的存在方式是——必然是——类生活的较为特殊的或者较为普遍的方式，而类生活是较为特殊的或者较为普遍的个体生活。"③ 换言之，社会存在物这一概念揭示了人的个人生活与类生活本质统一的生活方式——社会生活："个体是社会存在物。因此，他的生命表现，即使不采取共同的、同他人一起完成的生命表现这种直接形式，也是社会生活的表现和确证。"④

在《1844年经济学哲学手稿》中，马克思不仅在与自然的关系上、理想的意义上规定"社会"，认为"社会是人同自然界的完成了的本质的统一"⑤，而且还从现实的社会生活的角度来理解社会，指出"我本身的

---

① 《马克思恩格斯文集》第1卷，人民出版社2009年版，第188页。
② 同上书，第187页。
③ 同上书，第188页。
④ 同上。
⑤ 同上书，第187页。

存在就是社会的活动"①。但是，人类社会生活的深层本质和具体结构又是什么呢？这是马克思必须进一步加以思考的问题关键。

马克思慎重思考后的思想结晶散见于《关于费尔巴哈的提纲》和《德意志意识形态》之中。马克思在《关于费尔巴哈的提纲》里提出的著名论断"全部社会生活在本质上是实践的"②，为唯物史观的最终建立奠定了最坚实的基础。在随后的《德意志意识形态》中，《关于费尔巴哈的提纲》中的实践概念进一步具体化为物质生产。从物质生产出发，马克思和恩格斯讨论了人与自然、人与人的实践关系，并从这一关系出发来揭示意识、政治等社会上层建筑的发生过程，科学地剖析了人们社会生活的结构，为理解社会存在概念提供了丰富的思想资源。

本来马克思政治哲学最初建立之时主要强调的是市民社会决定国家这一基本原则的存在。但是，当马克思通过建立唯物史观而看到社会存在对于社会意识的决定意义之后，马克思政治哲学有了向深度发展的可能。在马克思那里社会意识在政治中的主要表现形式是意识形态，因此，马克思对于意识形态的深入分析，不仅是社会存在决定社会意识这一基本原理积极引入政治哲学之中的重要体现，同时也是对社会意识在政治中重要作用的展开说明。

早在 20 世纪 70 年代末，朱光潜先生在《上层建筑和意识形态之间关系的质疑》③ 和修订本《西方美学史·序论》等文章中提出，关于上层建筑和意识形态的关系，过去有三种不同的提法，"第一种提法就是马克思、恩格斯和列宁在上引三段话（指马克思在《〈政治经济学批判〉序言》、恩格斯于 1890 年 9 月 21 日至 22 日致约·布格赫的信和列宁在《马克思主义的三个来源和三个组成部分》里阐明历史唯物主义的三段话——引者注）里的提法，即上层建筑竖立在经济基础上而意识形态与经济基础相适应，与意识形态平行，但上层建筑显然比意识形态重要，因为它除政法机构之外，也包括恩格斯所强调的阶级斗争，革命和建设"。朱光潜认为，马恩列三段话中的提法与第二种提法，即斯大林在《马克思主义与语言学问题》里"上层建筑包括意识形态在内"的提法是不同

① 《马克思恩格斯文集》第 1 卷，人民出版社 2009 年版，第 188 页。
② 同上书，第 501 页。
③ 朱光潜：《上层建筑和意识形态之间关系的质疑》，《华中师院学报》1979 年第 1 期。

的，也就是说，朱光潜认为马恩列这三段话是将意识形态排除在上层建筑之外的。朱光潜的鲜明观点是："我坚决反对在上层建筑和意识形态之间画等号，或以意识形态代替上层建筑。"

对于朱光潜的观点，当时的学术界曾经展开异常广泛与热烈的讨论。其中针对"上层建筑是不是社会存在"以及"能不能将意识形态排除在上层建筑之外"等问题的争论，对于进一步理清上层建筑与意识形态、上层建筑与社会存在等关系，起到明显的帮助作用。[①] 当然，就今天看来，对于朱光潜的观点，我们可以从政治哲学的维度加以重新理解。当朱光潜强调意识形态排除在上层建筑之外时，他其实主要想说明的是意识形态更多地应该从社会意识与社会存在的关系中加以理解。准确地说，将意识形态放在上层建筑中加以理解，情况是复杂的。首先，作为政治的意识形态是需要被排除在上层建筑之外的，这是因为这些意识形态本身就是政治上层建筑的反映。显然，作为政治上层建筑反映的政治意识形态是不可能成为上层建筑本身的，因此，从狭义上说，意识形态需要被排除在上层建筑之外。其次，有些意识形态如哲学、宗教等是对社会存在的反映，而并不简单的是对政治上层建筑的反映，因此，它们是可以成为建立在经济基础之上的上层建筑的组成部分，是与其他上层建筑并驾齐驱的，这也就是恩格斯所说的"观念的上层建筑"。由此看来，从广义上说，并不是但凡意识形态，都需要被排除在上层建筑之外。当然，倘若我们将任何意识形态都视为政治意识形态的话，那么，我们就只能接受朱光潜所主张的将意识形态排除在上层建筑之外的说法。

从本质上说，当马克思从唯物史观角度出发确立社会存在对于社会意识的决定意义之后，他的整个政治哲学思想便有了新的内涵与新的发展。许多原来没有受到关注的政治问题纳入人们的视野之中，许多围绕着社会存在而展开的政治问题也成为人们关注的焦点，关于意识形态的认识实际上就是马克思政治哲学新发展的重要成果。

（二）毛泽东与政治哲学

毛泽东政治哲学以其独特的思想体系、丰富的思想内涵、巨大的实践

---

① 参见王锐生《上层建筑属于社会存在吗？——与朱光潜先生商榷》，《哲学研究》1979年第11期；王锐生《上层建筑不是社会存在》，《哲学研究》1981年第2期；庄国雄《上层建筑就是意识形态系列——与朱光潜先生商榷》，《哲学动态》1979年第11期。

效用而雄居中国近现代政治思想群体之首，由此也引发了世界范围的毛泽东政治哲学或政治思想的研究兴趣与热潮。但是也正因为如此，深入地分析毛泽东政治哲学思想本质又是极为必要的，因为只有这样，我们才能正确地把握其对中国社会与世界历史的影响力。在此，我们从人的本质、政治制度、政治理想、政治手段四个层面来分析与构建毛泽东政治哲学的基本框架，并尝试对其在理论与实践上的成就和失败给予客观的评价。

1. 人的本质分析层面

阶级政治分析方法是由马克思主义经典作家所开创的，所强调的是阶级社会中人们的阶级性，而这一分析方法也被毛泽东所继承，强调阶级政治是毛泽东政治哲学思想的一个重要特点。毛泽东认为，人的本质是由其阶级身份决定的，而阶级是基于经济地位划分的。"有没有人性这种东西？当然有的。但是只有具体的人性，没有抽象的人性。在阶级社会里就是只有带着阶级性的人性，而没有什么超阶级的人性。"[1] 他认为，人的本质是与阶级相匹配的，不同的阶级有不同的本质；而不同本质的人，有着不同的政治态度。他的两篇早期著作《中国农民中各阶级的分析及其对于革命的态度》和《中国社会各阶级的分析》充分体现了上述观点。

毛泽东对人的阶级本质的分析具有十分强烈的政治目的，即为革命斗争服务。革命斗争的首要问题是区分敌我，然后才是革命的任务、动力、性质与前途等问题。解决所有这些问题的基本逻辑起点，就是对人的本质的追问。既然不同的阶级有着不同的本质、不同的政治态度与政治行为，那么阶级间的冲突（斗争）与联合将不可避免。这正是革命的动力与机遇所在。人的阶级本质与阶级斗争观念使毛泽东精确地分析出中国革命的形势，并科学地预见到中国革命的未来。而后来被证实的革命成功又反过来强化了毛泽东的这些观点。

2. 政治制度分析层面

前面我们提到马克思政治哲学是围绕着经济基础与上层建筑关系而展开的历史唯物主义政治哲学新形态。作为马克思主义政治哲学的继承者，毛泽东政治哲学思想不仅显示出对中国革命的关注，而且也显示出对于作为上层建筑的政治制度的关注。在他那里，政治革命是政治制度建立的重要保证，同时，政治制度的建立又是政治革命的重要归宿。

---

① 《毛泽东选集》第 3 卷，人民出版社 1991 年版，第 870 页。

　　毛泽东运用唯物史观对中国的具体国情做了深入的分析，从而对中国革命的性质、道路与前途做出了科学的判断。毛泽东分析道：中国社会是一个殖民地、半殖民地、半封建的社会，中国革命的任务是推翻帝国主义和封建主义两个主要敌人，以完成民族革命和民主革命，所以中国革命依然属于资产阶级民主主义的。但是，它绝不是旧式的一般的资产阶级民主主义革命，而是在无产阶级领导下的人民大众的反帝反封建的革命，是属于新民主主义革命。"这种新民主主义的革命是世界无产阶级社会主义革命的一部分，它是坚决地反对帝国主义即国际资本主义的。它在政治上是几个革命阶级联合起来对于帝国主义者和汉奸反动派的专政，反对把中国社会造成资产阶级专政的社会。它在经济上是把帝国主义者和汉奸反动派的大资本大企业收归国家经营，把地主阶级的土地分配给农民所有，同时保存一般的私人资本主义的企业，并不废除富农经济。因此，这种新式的民主革命，虽然在一方面是替资本主义扫清道路，但在另一方面又是替社会主义创造前提。"① 加之中国革命处于 20 世纪三四十年代，这一新的国际环境的总特点是社会主义向上高涨，资本主义向下低落。世界浪潮的走向也决定了中国革命的终极前途，是社会主义与共产主义，而不是资本主义。

　　毛泽东由此进一步规划了中国革命的道路与制度前途，在他看来，"中国共产党领导的整个中国革命运动，是包括民主主义革命和社会主义革命两个阶段在内的全部革命运动；这是两个性质不同的革命过程，只有完成了前一个革命过程才有可能去完成后一个革命过程。民主主义革命是社会主义革命的必要准备，社会主义革命是民主主义革命的必然趋势。而一切共产主义者的最后目的，则是在于力争社会主义社会和共产主义社会的最后的完成"②。

　　3. 政治理想分析层面

　　毛泽东深刻地认识到，诞生并实践于发达西方资本主义国家的马克思主义，对中国近现代以来的革命与建设实践并不具有全面和直接的指导意义。中国向何处去？为回答这个问题，根据中国的国情与中国的社会传统，毛泽东阶段性、递进式地提出了自己的政治理想，并不断地发展着自

---

① 《毛泽东选集》第 2 卷，人民出版社 1991 年版，第 647 页。

② 同上书，第 651—652 页。

己的政治理想。

（1）无政府主义

这是尚未接受马克思主义的青年毛泽东在五四运动后提出的政治理想。虽然青年毛泽东并没有正式宣称自己是无政府主义者，但在其早期的著作《〈湘江评论〉创刊宣言》（1919）与《民众的大联合》（1919）中，这种理想是存在着的。青年毛泽东写道："联合以后的行动，有一派很激烈的……这一派的音（首）领，是一个生在德国的，叫做马克斯（思）。一派是较为温和的，不想急于见效，先从平民的了解入手。人人要有互助的道德和自愿的工作。贵族资本家，只要他回心向善能够工作，能够助人而不害人，也不必杀他。这派人的意思，更广，更深远。他们要联合地球做一国，联合人类做一家，和乐善亲——不是日本人的亲善——共臻盛世。这派的首领，为一个生于俄国的，叫做克鲁泡特金。"① 从写作内容与动机看，毛泽东显然同意克鲁泡特金明显的无政府主义主张。毛泽东认为，辛亥革命失败的根本原因是没有广泛唤起民众，其根本补救办法是发起基于自由理想的民众的大联合运动。因为民众的联合是最强大的力量，是一切对抗强权的基础，任何领域（包括国内、国际政治领域）的强权，必然被民众的联合打倒。但是民众的联合不是"炸弹革命"或"有血革命"，而是"呼声革命"，即通过最为广泛、最大数量地联合各种基本社会群体（农民、工人、妇女等），在某一时刻高声一呼即可瓦解旧社会，解放全中国乃至全世界，实现人人自由、平等的无强权的社会新秩序。由于这种社会新秩序不是建立在暴力革命与暴力机构保护的基础上，因此它必然是无国家概念、无政府形式的社会。中国后来的革命历史发展证明，青年毛泽东的这种放弃暴力、不分敌我的无政府主义理想，不过是政治乌托邦。

（2）新民主主义

与"民众的大联合"式的无政府主义相反，新民主主义政治理想坚持依靠阶级而非普遍意义上的民众来实施暴力革命，其结果是建立由共产党领导的各革命阶级的联合政府。在新民主主义社会里，革命是中心事业：所谓自由，只能是革命的自由；所谓平等，只能是革命面前的平等。新民主主义之所以堪称政治理想，那是因为，占人口极少数的无产阶级的

---

① 《毛泽东早期文稿》，湖南人民出版社1990年版，第341页。

领导与各革命阶级广泛的联合，在完全实现之前，毕竟只是美好的设想。要将之实现，何其艰难。中国复杂曲折的革命历史雄辩地证明了这一点。这就解释了毛泽东的《新民主主义论》为何迟至1940年才撰成面世。

（3）人民民主主义

当新民主主义社会完成它特有的历史使命后，中国就成为一个人民民主主义的国家，即人民共和国。由于地主阶级、官僚资产阶级等残余反动势力的存在，人民共和国的特殊形式——人民民主专政成为必需。曾经的革命阶级成了国家的主人，虽然享有言论、集会、结社、选举的自由，但并不平等。毛泽东解释说："人民民主专政的基础是工人阶级、农民阶级和城市小资产阶级的联盟，而主要是工人和农民的联盟"①，同时，"人民民主专政需要工人阶级的领导"②，而基于国计民生考虑，要节制而不是消灭资本主义，对资产阶级要进行"教育与改造"。可见，所谓人民，是按阶级划分的有先进与落后之分的非敌阶级的联合；所谓民主，是处于不同政治法律地位、享有不平等的政治经济社会文化权利的人民当家作主；所谓专政，既指对地主阶级、官僚资产阶级等反动势力残余的专政，还指对不接受教育与改造的民族资产阶级的专政。因为作为革命的民族资产阶级依然是剥削阶级，只有通过国家权力的强行抑制方能免除其对国家与人民的危害。因此，尚存在剥削阶级残余或倾向人民民主主义国家还不是一个纯粹好的国家的观念，还需要不断进步。

（4）社会主义与共产主义

社会主义与共产主义是毛泽东阶级斗争理论逻辑发展的必然结果，是他一生为之奋斗的最高政治理想，也是他政治哲学的核心观点与终极价值。在社会主义与共产主义阶段，由于无产阶级消灭了它的对立阶级——资产阶级，阶级斗争终结了，阶级、国家与政党也随之消亡了。毛泽东认为："共产主义是无产阶级的整个思想体系，同时又是一种新的社会制度。这种思想体系和社会制度，是区别于任何别的思想体系和任何别的社会制度的。"③ 在此毛泽东继承了马克思的观点，深信共产主义，但是他明确地将共产主义从思想体系与社会制度两个层面上加以理解，从而深化

① 《毛泽东选集》第4卷，人民出版社1991年版，第1478页。

② 同上书，第1479页。

③ 《毛泽东选集》第2卷，人民出版社1991年版，第686页。

了马克思的思想。

　　4. 政治手段分析层面

　　在毛泽东那里政治理想是需要与政治手段相结合的，也就是说，对于毛泽东来说，要想实现政治理想，必须要有政治手段，这也就是毛泽东曾经提到的过河要有桥或船的生动形象比喻："我们的任务是过河，但是没有桥或没有船就不能过。不解决桥或船的问题，过河就是句空话。不解决方法问题，任务也只是瞎说一顿。"① 从早年的无政府主义到晚年的社会主义与共产主义，毛泽东的阶段性、递进式的政治理想的实现主要依赖于以下一些政治手段的运用。

　　第一，政治动员。政治动员是毛泽东始终如一强调的重要政治手段，无论是早期倡导民众大团结，还是后来明确提出党的群众路线，都充分地体现了这一点。民众的力量是最强大的力量，是推翻强权的基础，是中国革命的根本动力。但由于认知的局限，他们中的大多数看不到中国革命的规律与前景，无法完成革命的自发到革命的自觉过程。这就需要马克思主义的革命知识分子做长期的革命宣传与科学的革命指导，从内心深处唤起民众的民族自尊、爱国之心与自我意识，将其巨大的潜在力量真正转化为革命的动力。在毛泽东那里，政治动员的最高表现形式就是群众路线。群众路线是党联系群众的根本途径，是党处理人民内部关系的根本工作办法，是党正确制定与执行各种政策的基本思路。群众路线执行得好坏，关系到党与政府的形象，关系到政权的合法性与稳固性，关系到中国民主革命与社会主义建设的成功与否。

　　第二，阶级分析与阶级斗争。阶级分析与阶级斗争是毛泽东从马克思主义那里继承下来的重要政治手段。阶级分析方法是毛泽东准确把握中国社会结构，划清革命敌我阵线，定位革命性质、任务与前途的有效工具；阶级斗争理论强调人类社会政治的阶级本质，强调人类社会的发展是通过先进阶级与落后阶级之间的斗争、最后由战胜的先进阶级推动的结果。无产阶级是人类有史以来最先进的阶级，由其领导的新民主主义革命、社会主义革命与人民民主专政因此而符合历史发展规律，具有完全的革命合法性与统治合法性。

　　第三，政党政治。唤起民众与阶级斗争，必须由自觉自为的先进阶级

————————————

　　① 《毛泽东选集》第 1 卷，人民出版社 1991 年版，第 139 页。

即无产阶级政党来领导完成。没有由科学的革命理论武装的革命组织——中国共产党，也就没有成功的革命运动，更毋论社会主义与共产主义社会的实现。

第四，统一战线。统一战线是中国共产党人创立并提倡的重要政治手段。中国共产党的领导只能解决革命与建设的理论与领导者的问题，但不能解决革命与建设的动力问题。只有最大限度地联合一切国内外革命力量与建设力量，中国的民主革命与社会主义建设才可能顺利完成。

第五，武装斗争。武装斗争是阶级斗争主要而极端的表现形式。"枪杆子里出政权"，是毛泽东对武装斗争效用的精辟概括。没有武装斗争，就没有党与军队的存活，更没有革命的胜利与新政权的建立。毛泽东曾经说道："有人笑我们是'战争万能论'，对，我们是革命战争万能论者，这不是坏的，是好的，是马克思主义的。……工人阶级和劳动群众，只有用枪杆子的力量才能战胜武装的资产阶级和地主；在这个意义上，我们可以说，整个世界只有用枪杆子才可能改造。"[1] 大同理想告诉人们，人类将最终消灭战争，但历史的辩证法展示出来的逻辑却是："只能经过战争去消灭战争，不要枪杆子必须拿起枪杆子。"[2] 在依靠武器的批判的情况下，中国人民才能根本改造半殖民地与半封建的中国，夺取政权，形成近代民族国家，推进现代化的过程，向大同理想迈出决定性的第一步。

第六，国家政权。国家政权是实现由新民主主义到人民民主主义、由人民民主主义到社会主义与共产主义的根本凭借力量。

第七，政治教育。政治教育的目的是用马克思主义的先进而科学的理论武装人民，使人民认同革命及其政权的合法性，拥护中国共产党及其领导的社会主义国家，培养社会主义与共产主义事业的接班人。政治教育对象是三种人：一是旧政权下成长起来的人，二是新政权下成长起来的新一代，三是在一定程度上腐败变质的人尤其是国家干部。政治教育的形式有"团结—批评—团结""斗—批—改""以说服教育为主"。政治教育为获取革命与统治的合法性提供了思想基础。

5. 晚年毛泽东失误的政治哲学分析

上面我们从四个层面介绍了毛泽东政治哲学思想的主要内容。应当

---

① 《毛泽东选集》第 2 卷，人民出版社 1991 年版，第 547 页。

② 同上。

说，从晚年毛泽东失误中可以看到，在上述四个层面上晚年毛泽东的政治哲学思想均出现了认识上的偏差。

首先，在人的本质层面上，晚年毛泽东的阶级分析方法陷入双重标准之中。晚年毛泽东一方面从经济地位即阶级差别出发研究人的本质，但是另一方面又从人的道德性出发判定人的阶级属性。这种双重标准导致毛泽东在阶级分析与敌我判别上出现混乱。比如，晚年毛泽东把工人阶级尤其是它的先锋队——共产党神圣化，认为高尚、全知全能、天然领袖是这个阶级及其政党的特有属性，近乎主张实行"圣人"统治；又如，晚年毛泽东将农民因生活必需而表现出来的世代相承的"互助合作性"夸大为"原始社会主义性"，从而为强制推行公有化提供假想的人性依据。

其次，在大的宏观政治制度建设层面上，晚年毛泽东出现了认识混乱问题。所谓大的宏观政治制度层面主要是指社会形态层面。新民主主义革命的政治前途是新民主主义社会；社会主义革命的政治前途是社会主义社会。新民主主义社会与社会主义社会既体现出社会形态的差别，也体现出大的宏观政治制度上的差别。虽然毛泽东正确地建立了新民主主义革命理论体系，并正确地指导了中国的新民主主义革命，但是，从晚年毛泽东的失误中可以看到，新中国成立后，新民主主义建设与社会主义改造基本上是一并完成的。1949 年新民主主义革命取得成功，宣布新中国成立，1956 年就直接宣布私有制的社会主义改造基本完成，确立了社会主义制度，开始了全面建设社会主义新的历史时期。上述两个阶段一并完成，所反映出来的是晚年毛泽东并不认为新民主主义建设与社会主义改造之间存在着本质性的区分。因此，从本质上说，在晚年毛泽东那里实际上存在着认识混乱问题，也就是说，他并不认为新民主主义社会与社会主义社会是两种不同的社会形态与两种不同的政治制度，各自所存在的问题与所需要解决的问题都是不尽相同的，从而在他那里新民主主义建设阶段能够被当成社会主义改造阶段加以理解，而社会主义改造阶段又能够被当成新民主主义建设阶段加以理解，由此这两个过程被混作一团，都没有搞好。在晚年毛泽东那里新民主主义社会简单地成了过渡阶段，由于需要在该阶段中完成的生产力发展问题没有得到及时解决，反而被直接拿到社会主义社会阶段加以解决，致使中国的社会主义道路出现了曲折性发展。

再次，在政治理想层面上，晚年毛泽东背离了马克思主义唯物史观两个重要尺度相统一原则，单向度地发展了价值尺度。前面谈到，作为历史唯物主义的政治哲学，马克思主义政治哲学必须做到的是对唯物史观的坚持，也就是说，必须做到以事实尺度与价值尺度相结合的方式去理解政治活动的本质。在晚年毛泽东看来，政治革命恰恰正是保证中国现代化健康发展的必要措施，"抓革命"可以"促生产"。由于过分追求政治理想，因而，晚年毛泽东甚至误入脱离事实尺度的政治理想主义的泥潭。尤其是在对待人民民主主义和社会主义的问题上，晚年毛泽东严重地脱离当时的生产力发展水平，错误地把民族资产阶级、小资产阶级及其代表当成不符合社会主义发展方向的落后阶级而加以限制、改造甚至革命，盲目乐观地追求"一大二公"，致使"三大改造""大跃进""文化大革命"等破坏性巨大的群众性运动不断发生。

最后，在政治手段层面上，晚年毛泽东走进了滥用与不当使用政治运动的怪圈。这主要体现在 1957 年之后晚年毛泽东对群众运动与政治教育等手段的滥用与错用上。由于缺乏法律制度等权力制约机制与权利保障机制，在晚年毛泽东那里，"群众路线"变成了大规模的群众运动，政治教育变成了"灵魂深处的革命"……这些政治手段的滥用与不当使用，给国家和人民带来了严重的灾难。

毛泽东在 1958 年 1 月的南宁会议、2 月的政治局扩大会议、3 月的成都会议上，多次批评"反冒进"问题并指出：其一，反冒进的性质还不是路线问题，而只是在一个时期（指 1956—1957 年——引者注）一个问题上（建设规模和建设速度）的方针性的"错误"。其二，反冒进是给群众的积极性泼冷水。"我就怕 6 亿人民没有劲，不是讲群众路线吗？6 亿人民泄气，还有什么群众路线？看问题要从 6 亿人民出发。"其三，反冒进不符合马克思主义。"如果说反冒进是马克思主义，那马克思主义在中国就变了样子，把搞得少的叫马克思主义，搞得多的不叫马克思主义。"其四，反冒进与右派的距离只有 50 米远了。[①] 当然，从历史上看，在毛泽东极力批判"反冒进"的情况下，像"大跃进"这样的冒进运动逐渐形成气候，并最终在全国范围内广泛发展。

---

① 参见薄一波《若干重大决策与事件的回顾》下卷，人民出版社 1997 年版，第 666—668 页。

(三) 邓小平的政治哲学思想

作为与毛泽东政治哲学思想一脉相承的政治哲学思想，邓小平政治哲学思想所表现出来的主要特点是在马克思主义历史唯物主义基础上对毛泽东政治哲学思想晚年失误的纠正与发展，这一点也使邓小平的政治哲学思想在中国当代政治发展史上具有了重大的历史性地位与贡献，真正体现出马克思主义政治哲学作为历史唯物主义政治哲学形态的特征。

1. 社会主义初级阶段理论的提出

前面谈到晚年毛泽东在大的宏观政治制度即社会形态层面上出现了认识混乱问题，致使中国的社会主义实践走了不少的弯路。但是应当看到的是，邓小平政治哲学思想的最大贡献就在于提出社会主义初级阶段理论，从而进一步明确了当前中国社会的性质。

党的十一届三中全会之后，由于邓小平一再强调要实事求是地认识中国国情，才使得中国共产党重新认识与估量我国社会主义所处的历史阶段成为可能。1981 年 6 月，党的十一届六中全会通过的《关于建国以来党的若干历史问题的决议》，第一次在党的文献中明确使用"初级阶段"的概念，指出"我们的社会主义制度由比较不完善到比较完善，必然要经历一个长久的过程"，"我们的社会主义制度还是处于初级的阶段"[1]。1982 年 9 月，在党的十二大政治报告中再次重申："我国的社会主义社会现在还处在初级发展阶段"，并且揭示出初级阶段的基本特征是"物质文明还不发达"[2]。

1987 年，党的十三大报告阐述了初级阶段理论，报告深刻指出，我国社会主义的初级阶段，是一个什么样的历史阶段呢？它不是泛指任何国家进入社会主义都会经历的起始阶段，而是特指我国生产力落后、商品经济不发达条件下建设社会主义必然要经历的特定阶段。我国从 20 世纪 50 年代生产资料私有制社会主义改造基本完成，到社会主义现代化的基本实现，至少需要上百年时间，都属于社会主义初级阶段。这个阶段，既不同于社会主义经济基础尚未奠定的过渡时期，又不同于已经实现社会主义现代化的阶段。社会主义初级阶段理论的提出与形成，标志着中国共产党领

---

①　《十一届三中全会以来重要文献选读》(上)，人民出版社 1987 年版，第 344 页。

②　同上书，第 489 页。

导中国社会主义建设，在理论上开始走向成熟。

毛泽东在总结民主革命的经验时指出："认清中国社会的性质，就是说，认清中国的国情，乃是认清一切革命问题的基本的根据。"① 邓小平在新的社会主义建设时期继承与发扬了这一思想，致力于准确地确定我国社会主义发展的现实阶段，进而确定这一阶段的主要矛盾和主要任务，制定出基本路线与方针政策。如果说以毛泽东为代表的中国共产党第一代领导人，在革命时期，实事求是地认识中国国情，是以确认中国社会的半殖民地、半封建性质为其科学成果的；那么，以邓小平为代表的中国共产党的第二代领导人，在建设时期，实事求是地认识中国国情，则是以确认中国处在社会主义初级阶段为其科学成果的。社会主义初级阶段理论的提出，是运用马克思主义普遍原理如实反映与分析我国现阶段的具体国情所得出的科学结论，是建设中国特色社会主义的一个重要的理论基础。

按照马克思的看法，中国像印度一样，是典型的亚细亚生产方式的国家。在《资本论》第 3 卷中，马克思明确地指出："在印度和中国，小农业和家庭工业的统一形成了生产方式的广阔基础。此外，在印度还有建立在土地公有制基础上的农村公社的形式，这种农村公社在中国也是原始的形式。"② 尽管邓小平没有使用过"亚细亚生产方式"的概念，更没有把这种生产方式理解为中国古代氏族公社解体后的所有制形式，但他敏锐地意识到东方社会与欧洲社会的差异，并把中国理解为落后的东方大国。有鉴于此，邓小平指出："我们党的十三大要阐述中国社会主义是处在一个什么阶段，就是处在初级阶段，是初级阶段的社会主义。社会主义本身是共产主义的初级阶段，而我们中国又处在社会主义的初级阶段，就是不发达的阶段。一切都要从这个实际出发，根据这个实际来制订规划。"③ 在这里可以看到的是，邓小平之所以把当代中国社会的性质判定为共产主义的初级阶段的初级阶段，其中一个重要原因在于希望摆脱欧洲中心主义的思维框架，退回到中国作为落后的东方大国的实际境况之中，并从这一客观的实际境况出发来重新确立自己的发展道路。

邓小平认为："在社会主义国家，一个真正的马克思主义政党在执政

① 《毛泽东选集》第 2 卷，人民出版社 1991 年版，第 633 页。
② 《马克思恩格斯文集》第 7 卷，人民出版社 2009 年版，第 372 页。
③ 《邓小平文选》第 3 卷，人民出版社 1993 年版，第 252 页。

以后，一定要致力于发展生产力，并在这个基础上逐步提高人民的生活水平。"① 在此，邓小平进一步从马克思主义执政党的角度强调了在社会主义初级阶段中发展生产力、提高人民生活水平的重要性。

2. 严格区分体制与制度

马克思、恩格斯在《德意志意识形态》中指出了生产力与生产关系之间的相互关系，揭示了作为两者统一的生产本身的内在结构，阐述了这两个方面的基本联系及其发展的辩证法，那就是生产力决定生产关系，生产关系反作用于生产力。在《〈政治经济学批判〉序言》中，马克思进一步揭示了生产力和生产关系、经济基础和上层建筑之间的矛盾及其运动规律。正是基于对社会基本矛盾的分析，马克思找到了社会形态变革和发展的动力。社会主义制度在中国确立之后，毛泽东曾系统地阐述过社会主义基本矛盾的性质和特点，但在解决方法上犯了急功近利和过于绝对化的"左"倾错误。

从一般意义上，制度是指一定范围内所有行为主体共同承认和普遍遵守的关系规范和行为规则，它并不是一种有形的存在物，而是社会经济的控制系统，是一种约束机制。体制作为社会经济体存在的状态和形式，首先取决于它的组织和结构，而它的功能的实现则往往依赖于调节机制，组织和机制都与制度存在密不可分的关系。从这个角度来理解体制和制度之间的关系，类似于流通和交换的关系。前者是一个集合概念，后者是一个一般概念，流通也可以称为交换，但是只有交换的总和才能称为流通，一次交换是不能称为流通的。同样，制度是一般概念，既可以泛指一切制度，也可以指单项制度；体制是制度的集合概念，只能用于总体性的制度，即制度系统，单项制度是不能称为体制的。就此意义上说，体制是一个整体性概念。制度具有强制性、公共性和稳定性的特征。与制度相比，体制的显著特征是整体性、协同性和更大的稳定性。体制作为整体的结构和功能一方面决定着其构成要素，包括各种制度安排、组织机构和行为主体的地位和作用；另一方面每一构成要素自身的性质和功能的实际发挥也都要受到体制总体状态的制约，服从体制整体功能实现的需要。体制的各个构成要素之间存在着相互联系、相互作用、相互依存、相互制约的关系。这种由体制的结构决定的、为了实现体制整体功能需要的、各种要素

① 《邓小平文选》第 3 卷，人民出版社 1993 年版，第 28 页。

之间的普遍而抽象的相互关系，反映着体制自身的本质特征和基本原则，构成体制的宪法性秩序。①

　　体制改革与制度创新作为我国改革战略的总体目标是邓小平设计并确定下来的。在对马克思主义经典作家政治哲学思想和毛泽东政治哲学思想深入研究的基础上，邓小平率先分析了社会主义制度与具体体制的联系与区别，提出"体制"的范畴。邓小平指出："社会主义制度并不等于建设社会主义的具体做法。"在"南方谈话"中他又进一步强调："社会主义基本制度确立以后，还要从根本上改变束缚生产力发展的经济体制，建立起充满生机和活力的社会主义经济体制，促进生产力的发展。"② 在这里邓小平创造性地将包含在生产关系、上层建筑中的各种制度划分为两个层次：一个层次是社会主义最深刻、最抽象的概括，其总和构成社会主义的基本制度，它规定着社会主义社会的本质和社会性质；另一个层次是社会主义的具体存在形式，是社会主义基本制度的具体展开和外部表现形式，其总和构成社会主义的具体体制，包括经济、政治体制，具有整体的关系性与结构性。

　　邓小平明确地将社会主义基本制度与具体体制区分开来，认为社会主义基本矛盾表现为基本制度的适应和具体体制的不适应的矛盾，并进一步将此归结为社会生产力的发展要求同现行的经济体制与政治体制之间的矛盾。邓小平说过："我们提出改革时，就包括政治体制改革。现在经济体制改革每前进一步，都深深感到政治体制改革的必要性。不改革政治体制，就不能保障经济体制改革的成果，不能使经济体制改革继续前进，就会阻碍生产力的发展，阻碍四个现代化的实现。"③ 他认为，我国社会主义制度是优越的，但现行经济政治体制存在的弊端及其相对稳固性妨碍了优越性的发挥，束缚了生产力的发展。因此必须进行改革。把体制和制度相对区分开来，具有重要的理论意义和实践意义。从理论上看，这种区分揭示了联系生产力、生产关系和上层建筑的中介。体制恰是一条纽带，将生产力、生产关系和上层建筑三大系统紧密联系起来并相互作用。体制是否合理，在很大程度上决定着这三大系统能否相互促进，整体进步。从实

---

①　参见周冰《论体制概念及其与制度的区别》，《中国经济问题》2013 年第 1 期。

②　《邓小平文选》第 3 卷，人民出版社 1993 年版，第 370 页。

③　同上书，第 176 页。

践上看，体制和制度区分为社会主义改革提供了理论支撑，使人们认识到体制改革不是对社会主义基本制度的否定，而是社会主义制度的自我完善和自我发展。同时，这种区分，还为坚持社会主义的正确方向提供了理论参照，避免了因为改革而迷失方向的情况出现。

3. 建立制度分析模式

在西方社会思潮演变的过程中，"制度"是一个重要范畴，受到政治学家的高度重视和广泛研究。尽管西方政治学家们审视制度的着眼点和所论的问题各不相同，但他们把对制度的关注和把握作为分析和解决政治问题的基本框架这一点上却殊途同归。从制度上分析社会政治问题，也是马克思的基本方法之一。在详细描述长期变迁的各种现存理论中，马克思的分析框架是最有说服力的，这恰恰是因为它包括了新古典分析框架所有的因素：制度、产权、国家和意识形态。① 这充分说明，要分析和解决社会政治问题，不论立场和意识形态如何不同，不能离开对制度的把握。"制度"已成为基本的分析模式。

制度问题不仅涉及宏观层面即社会形态层面，而且涉及微观层面即社会内部的具体的制度建设问题。从邓小平关于社会主义建设的理论与实践中可以看到，在解决社会形态从而明确提出社会主义初级阶段的同时，他不仅一直把"制度"作为分析解决政治问题的基本模式，而且还善于不断修正自己关于制度的准确把握，"制度"是其政治行为和政治决策关注的核心。据不完全统计，在《邓小平文选》中论述制度的地方多达400多处，论述制度的基本著作不下20篇。② 这说明，邓小平始终把制度作为分析政治问题的一把标尺，从制度的维度去把握政治问题的根源并以此寻求社会政治问题的解决办法，可以说这是邓小平政治思维的一个鲜明特点。邓小平主张，对社会政治中存在的问题，"都要当作制度问题、体制问题提出来，作进一步的研究。研究时可能还要接触到别的体制问题"③。而在复杂的社会政治问题面前，他总是"考虑从制度上解决问题"④，认

① 参见［美］道格拉斯·诺斯《经济史中的结构与变迁》，陈郁译，上海人民出版社1994年版。

② 参见萧斌《试论邓小平制度思想及其历史定位》，《中国特色社会主义研究》1997年第5期。

③ 《邓小平文选》第2卷，人民出版社1994年版，第288页。

④ 同上书，第349页。

为"领导制度、组织制度问题更带有根本性、全局性、稳定性和长期性"①。从这一意义上可以说，邓小平的政治理论是一种政治制度理论，其政治哲学也是一种政治制度哲学，这不仅体现于邓小平政治思想的实质中，也体现于他分析和处理许多重大政治问题的思路和实践中。

首先，邓小平从制度本身入手分析我们面临的问题，主张对党和国家的各项制度进行改革并使之规范化。针对新中国成立以来出现的一系列左的和右的错误思想，邓小平指出，"党和国家的领导制度以及其他制度，需要改革的很多"②，"如果不坚决改革现行制度中的弊端，过去出现过的一些严重问题今后就有可能重新出现"③。在这里邓小平认为政治制度需要改革，并且这种改革必须坚决，否则会使一些严重问题重新出现。邓小平指出，"改革并完善党和国家各方面的制度，是一项艰巨的长期的任务"④，因此，要完成这一任务，就应当采取扎扎实实、稳步前进的办法，而不能采用大搞群众运动的办法。在谈及如何才能避免"文革"悲剧重演时，邓小平强调："这要从制度方面解决问题。我们过去的一些制度，实际上受了封建主义的影响，包括个人迷信、家长制或家长作风，甚至包括干部职务终身制。我们现在正在研究避免重复这种现象，准备从改革制度着手。我们这个国家有几千年封建社会的历史，缺乏社会主义的民主和社会主义的法制。现在我们要认真建立社会主义的民主制度和社会主义法制。只有这样，才能解决问题。"⑤ 20 世纪 80 年代中期随着经济体制改革逐步深入，邓小平又敏锐洞察到政治体制改革的必要性和紧迫性，主张在经济体制改革的同时加快政治体制改革，"从制度上保证党和国家政治生活的民主化"⑥。

"文化大革命"结束后，邓小平及时指出："即使像毛泽东同志这样伟大的人物，也受到一些不好的制度的严重影响，以至对党对国家对他个人都造成了很大的不幸。我们今天再不健全社会主义制度，人们就会说，为什么资本主义制度所能解决的一些问题，社会主义制度反而不能解决

①　《邓小平文选》第 2 卷，人民出版社 1994 年版，第 333 页。
②　同上书，第 322 页。
③　同上书，第 333 页。
④　同上书，第 342 页。
⑤　同上书，第 348 页。
⑥　同上书，第 336 页。

呢？这种比较方法虽然不全面，但是我们不能因此而不加以重视。斯大林严重破坏社会主义法制，毛泽东同志就说过，这样的事件在英、法、美这样的西方国家不可能发生。他虽然认识到这一点，但是由于没有在实际上解决领导制度问题以及其他一些原因，仍然导致了'文化大革命'的十年浩劫。这个教训是极其深刻的。"① 在这里，邓小平明确从制度的角度来分析"文化大革命"中出现的问题。这种分析是带有根本性的，它一方面反映出政治制度建设的重要性，另一方面也反映出政治制度建设有一个不断完善的过程，而不是一蹴而就的。

其次，从制度入手思考腐败现象，主张从制度的改革和建设入手来铲除腐败。从现行制度的改革和新制度的建立入手来治理腐败的思路，是邓小平将制度作为社会政治问题分析模式的又一有力表现。针对 20 世纪 80 年代中期我国出现的腐败现象，邓小平深刻地分析了腐败现象的成因，指出了腐败现象的实质。他认为，腐败现象究其本质是权力的滥用，是权力向制度之外的扩张，是立足于法律和制度机体之外体现于政治、经济之上的一种特权。长期以来，腐败现象不但没有得到根本解决，反而有扩张之势，一个重要的原因就是制度不完善。事实表明，防范腐败仅仅依靠思想教育是不够的，最根本的还是要靠法律制度。因此，邓小平提出，克服特权现象，防止腐败，"要解决思想问题，也要解决制度问题"②。制度问题不解决，思想作风问题也解决不了。要采取强有力的措施，致力于改革现有制度的弊病和建立新制度，使腐败现象得不到任何制度上的庇护。

最后，着眼于程序的制度化建设，积极主张用制度化的程序来解决现行制度中存在的问题，为党和国家机构的健康运行提供制度保障。程序是指按照一定的顺序、方式和步骤来做出决定或进行行动。程序在现代政治和法律系统中占据重要的位置。政治组织和程序的制度化是政治发展的主要内容。对社会政治中事关全局的重大问题，谋求制度上的解决是最根本的办法。只有从制度上加以解决，才不会出乱子，才能确保国家决策的公平正义和社会秩序的稳定。比如，邓小平在谈到党和国家领导体制时，强调必须进行改革，建立集体领导制、任期制、重大问题表决制等制度，消除官僚主义、家长制、权力过分集中等特权现象赖以生存的土壤，为政治

---

① 《邓小平文选》第 2 卷，人民出版社 1994 年版，第 333 页。

② 同上书，第 332 页。

的良性运作提供程序化的制度保障。

马克思认为，亚细亚生产方式赖以为基础的农村公社是在政治上导致东方专制制度的自然基础。马克思在谈到印度的现状时就曾指出："这些田园风味的农村公社不管看起来怎样祥和无害，却始终是东方专制制度的牢固基础。"① 而与这种专制制度相伴随的则是农民和小生产者对行政权力的崇拜及民间流行的"清官意识"。邓小平认识到，要推进社会主义生产力的发展，就要坚定不移地改革一切不适应于生产力发展的传统体制，而改革的焦点则是政治体制改革。邓小平明确指出："政治体制改革包括民主和法制。我们的民主同法制是相关联的。"② 事实上，不以法制为基础的民主只能导致无政府主义，"文化大革命"中的所谓"大民主"就是典型的例子。当然，邓小平强调，中国也不能照搬西方人的民主观念，而必须立足于自己的国情，发展社会主义民主政治。

4. 走出政治理想主义模式

前面提到晚年毛泽东一直深陷政治理想主义模式之中，而邓小平走向政治理想主义模式的最为直接的表现形式就是强调大力发展生产力。在本章第四节中我们谈到邓小平在唯物史观上的重大贡献就在于，重拾已被毛泽东遗忘的事实尺度即生产力标准，从而使唯物史观恢复了两只脚走路的理想模式。基于同样的原理，在这里我们强调大力发展生产力是邓小平走出毛泽东所确立的政治理想主义模式的最直接表现形式。当然，这种走出并不是以牺牲政治理想主义作为前提，而是在保留政治理想主义基础上的走出，因此，它真正实现了将政治哲学建立在马克思主义唯物史观基础之上，所坚持的是既发展生产力又坚守政治理想的两只脚走路的理想模式。

5. 科学运用政治手段

前面我们提到晚年毛泽东陷入错误地使用政治手段的误区。在这里应当看到的是，邓小平极力强调的是科学地运用政治手段。前面我们谈到邓小平积极强调制度建设，而所谓制度建设的核心就在于它是正确地运用政治手段的重要保证。

毛泽东和邓小平都灵活地运用了对立统一规律，但二人的侧重点不同：毛泽东更加注重矛盾的斗争性，而邓小平则侧重矛盾的同一性。可以

---

① 《马克思恩格斯文集》第 2 卷，人民出版社 2009 年版，第 682 页。
② 《邓小平文选》第 3 卷，人民出版社 1993 年版，第 244 页。

说通观毛泽东的哲学思想，始终贯穿了一条"斗争性"的主线。"有人说我们党的哲学叫'斗争哲学'。"① 长期的革命生涯，使毛泽东形成了一种较为固定的思维方式、工作方法，即通过"斗争"来解决无论是社会还是政治中的一切重大问题。当大规模的社会主义建设高潮到来时，毛泽东虽然说过"革命时期的大规模的急风暴雨式的群众阶级斗争基本结束"，我们的主要任务是"向自然界开战，发展我们的经济，发展我们的文化"②，但他在实践中仍然没有摆脱一切靠"斗争"的工作方法，仍然是把革命的经验运用于建设，因而导致了一系列的重大失误。

毛泽东晚年强调斗争性的一大失误，是阶级斗争扩大化。1957年的反右派斗争，出现了严重的扩大化，毛泽东虽然说"反党、反人民、反社会主义"的"右派"分子只是极少数，但到1958年夏季运动结束时，全国"右派"分子达55万人之多。1959年的庐山会议，不仅错误地发动了对彭德怀的批判，而且由此开展了全国性的"反右倾"斗争，这已经不是阶级斗争扩大化的问题，而是人为地制造了一场规模不小的阶级斗争。毛泽东在阶级斗争问题上的最大失误要数他亲自发动和领导的1966—1976年的十年"文革"。早在"文革"发动之前的1962年党的八届十中全会上，毛泽东就把一定范围的阶级斗争扩大化，指出阶级斗争要"年年讲、月月讲、天天讲"。1963年毛泽东又明确提出"以阶级斗争为纲"的方针。"文革"更使这种"左"的思想发展到了登峰造极的地步。毛泽东认为党的领导层出现了修正主义，他们已经变成党内走资本主义道路的当权派，这些人在中央形成一个"资产阶级司令部"。因而发动和领导了一场自上而下的、涉及全国各行各业、各个领域的"无产阶级反对资产阶级"的政治大革命，造成了新中国成立以来最大的思想、政治、经济和文化的损失。

与毛泽东不同，邓小平更加注重矛盾的同一性。一般来说，事物发展的量变阶段，同一性比较重要，事物发展的质变阶段斗争性比较重要。邓小平正是从这一辩证法的基本原理出发，总结了历史的经验教训，重新确立了国内的主要矛盾，对毛泽东晚年的政治手段采取了扬弃的态度，从而确立了注重"同一"的方法。邓小平注重"同一"的表现之一，是重新

① 《毛泽东文集》第3卷，人民出版社1996年版，第316页。
② 《建国以来重要文献选编》第10册，中央文献出版社1994年版，第74页。

认识阶级斗争。邓小平认为过去"以阶级斗争为纲",树敌太多(如"文革"中批判的地、富、反、坏、右、叛徒、特务、走资派、知识分子),这不利于调动广大人民群众建设社会主义的积极性,他在承认一定范围的阶级斗争的前提下,明确地提出了"以经济建设为中心"来代替"以阶级斗争为纲"的口号,实现了工作重心的战略大转移。邓小平恢复工作伊始,便大量地平反冤假错案,给所有的"右派"分子摘帽子,并提出"知识分子是工人阶级的一部分"。恢复了工作的广大干部、知识分子表现出建设社会主义的极大积极性和创造性,邓小平注重人民内部的"同一性"产生了巨大的政治、经济和社会效益。

邓小平注重"同一"的表现之二,是注重社会意识的相容性。邓小平提出"不搞争论",这就是承认改革开放中的各种意见、办法的相容性。他强调,不强求一律,允许看,大胆地试,大胆地闯。至于哪种意见、办法更有效、合理,要靠实践检验的结果来定。这样就调动了人们的积极性和创造性,你干你的,我干我的,最终靠实践来检验;邓小平还十分强调思想政治的稳定,他说没有一个稳定的政治环境,什么也干不成,稳定压倒一切;邓小平还注重不同党派之间的同一性,在他的领导下完善了共产党领导的多党合作和政治协商制度;邓小平创造性地提出了"一国两制"的构想,使两种社会制度、两种意识形态统一在一个国家之内。

第三章　"三个代表"重要思想的哲学意义

　　"三个代表"重要思想是以江泽民为核心的党中央的中心思想的集中体现，是中国共产党人长期的执政经验的高度提炼与概括。2002 年 2 月，江泽民在广东考察工作时明确指出："总结我们党 70 多年的历史，可以得出一个重要的结论，这就是，我们党所以得到人民的拥护，是因为我们党作为中国工人阶级的先锋队，在革命、建设、改革的各个历史时期总是代表着中国先进社会生产力的发展要求，代表着中国先进文化的前进方向，代表着中国最广大人民的根本利益，并通过制定正确的路线方针政策，为实现国家和人民的根本利益而不懈奋斗。在新的历史条件下，我们党如何更好地代表中国先进社会生产力的发展要求，更好地代表中国先进文化的前进方向，更好地代表中国人民的根本利益，要紧密结合国内外形势的变化，紧密结合我国社会主义生产力的更新发展和经济体制的深刻变革的实际，紧密结合人民群众对物质文化生活提出的新的发展要求，紧密结合我们党员队伍发生的重大变化，来深入思考这个重大问题。""三个代表"重要思想的提出，有着深刻的时代和历史背景，是站在千年更迭、世纪更替的历史高度，运用马克思主义基本哲学理论对历史经验的全面总结，对时代要求的深刻把握的重要结果。"三个代表"重要思想的提出不仅有着极其重要的现实意义，而且有着极其深刻的哲学意义。

一　"三个代表"重要思想的基本内涵与意义

　　客观世界是不断变化的，实践是不断发展的，马克思主义的理论也是不断发展的。坚持马克思主义，不能拘泥于马克思主义经典作家在特定的历史条件下，针对具体情况做出的某些个别结论和具体行动纲领，而是要在马克思主义的一般原理的指导下，根据客观实践的变化，研究新事物、新问题，不断做出新的概括和理论创新，这是马克思主义的与时俱进的理论品质，也是马克思主义的生命力所在。"三个代表"重要思想是与"解放思想，实事求是"的思想路线相一致的，是马克思主义哲学中国化的重大理论成果，同时也是马克思主义政治哲学理论发展的新的生长点。

（一）"三个代表"重要思想的形成历程与基本内涵

20世纪80年代以来，尽管我国所面临的时代主题、主要矛盾和主要任务没有根本性的改变，但是国际、国内和党内的情况都发生了重大的变化。1989年，邓小平提出了要聚精会神地抓党建的重要意见。经过长期思考，2000年2月25日，江泽民在广东发表了题为《在新的历史条件下，我们党如何做到"三个代表"》的重要讲话，"三个代表"的概念由此被完整地提了出来。在这次讲话中，江泽民在阐述"三个代表"的具体要求时明确指出：思考这个问题，要紧密结合国内外形势的变化，紧密结合我国社会生产力最新发展和经济体制深刻变革的实际，紧密结合人民群众对物质文化生活提出的新的发展要求，紧密结合我们党员、干部队伍发生的重大变化。因为我们党是代表先进生产力的发展要求的，所以全党同志的一切奋斗，归根到底都是为了解放和发展生产力，党的一切方针政策都要最终促进生产力的不断发展，促进国家经济实力的不断增强；因为我们党是代表先进文化的前进方向的，所以全党同志必须始终坚持以马克思主义为指导，努力继承和发扬中华民族的一切优秀文化传统，努力学习和吸收外国的一切优秀文化成果，从而不断创造和推进具有中国特色的社会主义文化，使社会主义物质文明和精神文明协调发展，使社会全面进步；因为我们党是代表最广大人民的根本利益的，所以全党同志的一切工作都是全心全意为人民服务的，都是为了实现好、维护好、发展好人民的利益，任何脱离群众、任何违反群众意愿和危害群众利益的行为都是不允许的。①

2000年5月14日，江泽民到江、浙、沪等地就党建问题继续进行调

① 参见《中国特色社会主义理论体系形成与发展大事记》，中央文献出版社2011年版，第355—356页。

研，江泽民对"三个代表"重要思想的重要性进行了进一步的概括，2000 年年初提出了"三个代表"，这是关系到执政党建设的大问题，贯彻"三个代表"是关系到我们党的"立党之本、执政之基、力量之源"。在 2001 年 7 月 1 日的讲话中，江泽民对"三个代表"重要思想的基本内涵、内在联系、指导意义以及与马克思列宁主义、毛泽东思想、邓小平理论的关系等重大问题做了全面科学的阐述，要求全党要按照"三个代表"的要求，加强和改进党的建设。

在全面阐述"三个代表"重要思想的科学内涵时，江泽民是围绕三个方面来谈问题的：首先，"我们党要始终代表中国先进生产力的发展要求，就是党的理论、路线、纲领、方针、政策和各项工作，必须努力符合生产力发展的规律，体现不断推动社会生产力的解放和发展的要求，尤其要体现推动先进生产力发展的要求，通过发展生产力不断提高人民群众的生活水平"[①]。其次，"我们党要始终代表中国先进文化的前进方向，就是党的理论、路线、纲领、方针、政策和各项工作，必须努力体现发展面向现代化、面向世界、面向未来的，民族的科学的大众的社会主义文化的要求，促进全民族思想道德素质和科学文化素质的不断提高，为我国经济发展和社会进步提供精神动力和智力支持"[②]。最后，"我们党要始终代表中国最广大人民的根本利益，就是党的理论、路线、纲领、方针、政策和各项工作，必须坚持把人民的根本利益作为出发点和归宿，充分发挥人民群众的积极性、主动性、创造性，在社会不断发展进步的基础上，使人民群众不断获得切实的经济、政治、文化利益"[③]。

江泽民还指出："代表中国先进生产力的发展要求，代表中国先进文化的前进方向，代表中国最广大人民的根本利益，是统一的整体，相互联系，相互促进。发展先进的生产力，是发展先进文化、实现最广大人民根本利益的基础条件。人民群众是先进生产力和先进文化的创造主体，也是实现自身利益的根本力量。不断发展先进生产力和先进文化，归根到底都是为了满足人民群众日益增长的物质文化生活需要，不断实现最广大人民

[①]　《江泽民文选》第 3 卷，人民出版社 2006 年版，第 272—273 页。
[②]　同上书，第 276 页。
[③]　同上书，第 279 页。

的根本利益。"① 在这里,不仅"三个代表"思想得到了简单表达,同时"三个代表"之间的辩证统一关系也得到了明确阐明。首先,发展先进生产力是发展先进文化、实现广大人民群众根本利益的基础条件,也就是说,如果没有先进的生产力作为保证,先进文化的发展以及最广大人民群众根本利益的实现是不可能的,在这里要充分看到经济基础决定上层建筑这一基本原理;其次,由于人民群众是先进生产力与先进文化的创造主体以及实现自身利益的真正推动者,因此,发展先进生产力与先进文化,不能忘记人民群众及其根本利益,应该始终围绕着满足人民群众日益增长的物质文化需要与最广大人民的根本利益而展开,在这里要充分看到作为生产力发展与文化发展的主体的人民群众的根本作用。

(二)"解放思想,实事求是"与"三个代表"重要思想的历史贡献

实事求是,是毛泽东提出的党的思想路线,是中国共产党的优良传统,是对马克思主义哲学基本原理中国化的生动概括和灵活运用。但晚年毛泽东出现了理论脱离实际的倾向,一度背离了他自己倡导的实事求是思想路线。邓小平在"文化大革命"结束后拨乱反正的过程中,把毛泽东个人在晚年的失误同毛泽东思想的科学体系严格区分开来,以极大的努力恢复和发展了党的实事求是的思想路线与优良传统,并予以了重大发展,使实事求是与解放思想紧密地结合在一起。"三个代表"重要思想的提出,不仅是对"解放思想,实事求是"思想路线的坚持与发展,而且是对马克思主义、毛泽东思想和邓小平理论宝库的丰富,它是紧跟时代潮流、与时代特征有机结合的产物,是与时俱进的光辉典范。通过"三个代表"重要思想的提出,党的思想路线增添了"与时俱进,开拓创新"这一新的思想内容,党的思想路线所体现的基本精神实质是"实事求是、解放思想、与时俱进、开拓创新"。"三个代表"重要思想的诞生,标志着马克思主义哲学在中国的丰富与发展进入一个新的历史阶段。

江泽民不仅继承了邓小平"解放思想、实事求是"这一提法,同时还明确指出:"解放思想、实事求是,是建设有中国特色社会主义理论的精髓。"② 因此,在江泽民那里,"解放思想、实事求是"已经上升到建设

---

① 《江泽民文选》第 3 卷,人民出版社 2006 年版,第 280—281 页。

② 《江泽民文选》第 1 卷,人民出版社 2006 年版,第 350 页。

中国特色社会主义理论体系精髓的高度。从一方面看，这表明"解放思想，实事求是"应是中国特色社会主义理论体系始终不能放弃的重要思想内容；从另一方面看，在中国特色社会主义理论体系建设过程中不仅应该始终不能放弃"解放思想，实事求是"这一指导思想，同时还应该始终围绕这一指导思想而展开。如果说邓小平是"解放思想，实事求是"思想的提出者，那么应当看到的是江泽民将这一思想上升到建设中国特色社会主义理论体系精髓的高度，则是对这一思想在建设中国特色社会主义理论体系中不可替代重要作用的进一步升华。而在谈到如何坚持"解放思想，实事求是"思想路线问题时，江泽民则进一步说道："我们对马克思主义的基本原理，任何时候都要坚持，一切否定和放弃马克思主义的言行都是错误的，都必须坚决反对。但是，坚持马克思主义，绝不能采取教条主义、本本主义的态度，而应该采取实事求是、与时俱进的科学态度，坚持一切从发展变化着的实际出发，把马克思主义看作是不断随着实践的发展而发展的科学。如果不顾历史条件和客观情况的变化，把马克思主义经典作家讲的所有的话都当成不可更改的教条，那就会损害乃至窒息马克思主义的生命力。"① 坚持马克思主义，就是要积极采取实事求是、与时俱进的科学态度；同时，解放思想、实事求是的过程，就是不断完成马克思主义理论与现实的具体实践相结合的过程。源于实践，指导实践，并在实践中发展，这是任何科学理论产生、发展、走向成熟并发挥巨大作用的客观规律。马克思主义是科学的，它始终严格地以客观事实为根据，在实践中检验与发展真理：一方面，理论随着实践的发展而发展；另一方面，发展了的理论又依靠发展了的实践去检验。根据新的时代、新的条件与新的实践，纠正和推翻认识中的谬误，丰富和发展正确的认识，进一步探索新的理论认识，永远保持理论与实践、主观和客观具体的、历史的统一，既是马克思主义认识论的基本思想，也是"解放思想，实事求是"思想路线所要表达的实际内容。江泽民曾经指出："把马克思主义普遍真理同我国具体实际结合起来，是一件具有根本意义而又很不容易的事情。"②因此，应当看到，作为将马克思主义与中国社会主义建设的具体实践在新的时代与新的形势下相结合的思想结晶，"三个代表"重要思想诞生的艰

---

① 《江泽民文选》第 3 卷，人民出版社 2006 年版，第 337 页。

② 《十三大以来重要文献选编》（中），人民出版社 1991 年版，第 1430 页。

难性是不容忽视的。"三个代表"重要思想在竭力实现理论与实践相结合的马克思主义认识论基本思想的同时，进一步再现了"解放思想，实事求是"思想路线的理论精髓。

（三）"三个代表"重要思想是马克思主义哲学中国化的重大成果

160多年来，马克思主义哲学穿越历史的重重迷雾，在潮起潮落的历史变迁中，与各国的具体实际相结合，不断形成新的理论成果，保持了自身的蓬勃生机与旺盛活力，推动了世界科学社会主义的历史进程。我们党是一个善于把马克思主义哲学同中国实际相结合的政党，也是一个勇于探索和善于创新的政党。中国共产党之所以伟大，之所以能从小到大、从弱到强、从失败到胜利，不断发展壮大，领导人民从胜利走向胜利，其根本原因在于真正掌握和始终坚持马克思主义与时俱进的理论品质，始终走在时代和历史潮流的前列，不断实现马克思主义哲学的中国化和大众化。

建党90多年以来，我们党在革命、建设和改革的各个历史时期，始终将马克思主义作为自己的指导思想和行动指南，并且在生动实践中不断丰富和发展它，形成了中国化的马克思主义。市场经济的发展和公民社会的成长使传统意识形态的功能不断弱化，这就要求中国共产党必须强化意识形态的理论基础。面对来自经济基础与意识形态的这种冲突，中国共产党创造性地提出了"三个代表"重要思想，从而为中国意识形态的转型指明了方向和道路。"三个代表"重要思想以中国共产党所处地位的变化为基本立足点，深刻把握了社会主义社会的生产力和生产关系的矛盾运动、物质和精神的辩证关系以及党和人民群众的血肉联系；它以国际环境的变化为着眼点，敏锐地感知和准确地把握了世界范围内生产力发展的特点、趋势和走向，强调用现代科学文化知识和人类创造的一切文明成果去武装党员和干部，巩固和发展马克思主义在意识形态领域的指导地位，形成自己独特的发展优势，始终处于先进地位和时代前列；它以中国国内环境的变化为出发点，要求执政的中国共产党始终代表最广大人民群众的根本利益，正确处理与调整人民群众中各种不同利益之间的矛盾。

"三个代表"重要思想以明确与肯定的方式将先进生产力、先进文化与人民群众根本利益有机地结合在一起，是对马克思列宁主义、毛泽东思想、邓小平理论的继承、丰富和创造性发展，是我们党的根本性质、根本宗旨、根本任务的集中体现，是党的路线、方针、政策的集中概括，是马克思主义哲学中国化的重大理论成果，标志着中国共产党执政思维方式的根本性转变。从"三个代表"重要思想与邓小平理论之间的关系来看，它是对邓小平理论的一个新发展，尤其是对前面所提到的邓小平所倡导的"判断改革开放的具体方针政策成败得失的标准，应该主要看是否有利于发展社会主义社会的生产力，是否有利于增强社会主义国家的综合国力，是否有利于提高人民的生活水平"的"三个有利于"标准的继承、发展和提高。

在"三个代表"中，首先是中国共产党要代表着中国先进社会生产力的发展要求。这正是发展了"三个有利于"标准中的生产力标准。在"三个有利于"标准中，生产力标准是根本标准。总结中国共产党90多年的历史，我们党之所以赢得人民的拥护，正是因为我们党总是代表着中国先进社会生产力的发展要求。"三个有利于"标准中"增强社会主义国家的综合国力"与"三个代表"中"代表中国先进文化的前进方向"，都是以社会主义社会先进生产力作为重要发展基础的。先进文化是综合国力的重要标志，它为经济发展和社会全面进步提供强大的精神动力和智力支持。综合国力不仅包括经济实力，而且包含文化实力，所以，增强社会主义国家的综合国力，实际上包含着代表中国先进文化前进方向的内容。"三个有利于"标准中"提高人民生活水平"与"三个代表"中"代表最广大人民群众的根本利益"，都是我们党不断追求和选择的价值目标，也就是社会主义本质规定中所谈到的"共同富裕"问题。中国共产党只有成为代表最广大人民群众根本利益的党，才能制定正确的纲领政策，不断发展生产力，不断提高人民的生活水平，从而获得人民的支持和拥护。

"三个有利于"的判断标准不仅肯定了生产力标准的基础地位，而且把发展生产力、增强综合国力和提高人民生活水平有机结合起来，是对生产力标准的深化与发展，是邓小平反复思考怎样建设社会主义的重要结论，也是我国社会主义实践发展和认识辩证发展的必然结果。它显示了从实践标准到生产力标准再到"三个有利于"标准这样一个思想不断深化的过程。江泽民"三个代表"重要思想同样包含着改革开放和现代化建设判断标准方面的内容。因此，"三个有利于"和"三个代表"这两个著名论断，有着深刻的内在联系，它们从不同的角度提出问题，共同体现了社会主义的本质，深刻反映了历史唯物主义的基本原理。"三个代表"是从新时期建设一个什么样的党和怎样建设党的角度，也就是从中国共产党这一主体的角度来提出与表述问题;"三个有利于"是从中国共产党领导和从事的社会主义现代化事业的角度来提出与表述问题。因此,尽管表面看来两个论断是有所不同的,但是从根本上看,在出发点、落脚点和内容上是一致的。"三个有利于"标准和"三个代表"重要思想都是我国社会主义建设实践经验的总结,都体现了历史唯物主义的基本原理,都回答了怎样建设社会主义这样一个重大问题。"三个有利于"是从判断理论是非和政策是非的客观标准提出问题的,所依据的是历史唯物主义关于生产力与生产关系、经济基础与上层建筑的基本原理。"三个代表"是从党的工作准绳角度提出问题的,依据的正是历史唯物主义同一基本原理。这两个论断,都坚持生产力是社会进步和发展的最终决定因素这个马克思主义历史唯物主义根本观点,都以推动社会经济发展,从而更多更好地为广大人民谋利益作为思想的出发点与落脚点。

(四)"三个代表"重要思想是马克思主义政治哲学发展新的生长点

马克思主义政党学说是马克思主义政治哲学的重要组成部分。马克思主义政党学说的理论源头和生长点,是《共产党宣言》中关于马克思主义政党的有关论述。在《共产党宣言》的第二章"无产者和共产党人"中,马克思、恩格斯阐述了以下三个方面的思想。

第一,共产党是代表最广大人民群众利益的政党。"共产党人同其他无产阶级政党不同的地方只是:一方面,在无产者不同的民族的斗争中,共产党人强调和坚持整个无产阶级共同的不分民族的利益;另一方面,在无产阶级和资产阶级的斗争所经历的各个发展阶段上,共产党人始终代表整个运动的利益。"① 在这段论述中,"整个无产阶级共同的不分民族的利益",是指全世界无产阶级的利益;"整个运动的利益",则是指社会绝大多数人的利益。"过去的一切运动都是少数人的,或者为少数人谋利益的运动。无产阶级的运动是绝大多数人的,为绝大多数人谋利益的独立的运动。"② 在这里我们可以看到,在马克思、恩格斯看来,代表最广大人民群众利益,也就是最为广泛的代表性,是共产党与其他工人政党和无产阶级政党的重要区别。

---

① 《马克思恩格斯文集》第 2 卷,人民出版社 2009 年版,第 44 页。
② 同上书,第 42 页。

　　第二，共产党是用先进理论武装起来的、始终站在共产主义运动最前列的最先进的政党。它的主要特点表现为："在实践方面，共产党人是各国工人政党中最坚决的、始终起推动作用的部分；在理论方面，他们胜过其余无产阶级群众的地方在于他们了解无产阶级运动的条件、进程和一般结果。"①

　　第三，共产党的历史使命是推翻资产阶级统治，消灭存在阶级和阶级差别的资本主义社会，进而消灭它自己这个阶级的统治。在马克思主义经典作家看来，"共产党人的最近目的是和其他一切无产阶级政党的最近目的一样的：使无产阶级形成为阶级，推翻资产阶级的统治，由无产阶级夺取政权"②。因此，"如果说无产阶级在反对资产阶级的斗争中一定要联合为阶级，通过革命使自己成为统治阶级，并以统治阶级的资格用暴力消灭旧的生产关系，那么它在消灭这种生产关系的同时，也就消灭了阶级对立的存在条件，消灭了阶级本身的存在条件，从而消灭了它自己这个阶级的统治"③。由此，"代替那存在着阶级和阶级对立的资产阶级旧社会的，将是这样一个联合体，在那里，每个人的自由发展是一切人的自由发展的条件"④。显而易见，既然共产党的历史使命乃是消灭阶级和阶级对立，那么，共产党的根本属性，当然也就是最为广泛的代表性和始终走在时代前列的先进性。

　　马克思主义诞生于19世纪中叶。20世纪，社会主义革命并没有像马克思、恩格斯所设想的那样，在发达的资本主义国家里爆发，而是在经济政治文化相对落后的帝国主义俄国首先爆发。此后走上社会主义道路的，也都是一些社会生产力不发达的国家。列宁和毛泽东根据时代和实践的发展，突破了无产阶级革命必须在发达资本主义国家同时爆发的所谓"陈规"，运用阶级斗争理论指导俄国革命和中国革命，并取得了成功。无论是在俄国还是中国，革命的必要性、合法性和合理性，都是通过阶级斗争理论来得到说明的。代表处在社会最底层的工人阶级和农民阶级的利益，是无产阶级政党组织和动员深受压迫和剥削的工人阶级和农民阶级起来反

---

① 《马克思恩格斯文集》第2卷，人民出版社2009年版，第44页。
② 同上。
③ 同上书，第53页。
④ 《马克思恩格斯文集》第10卷，人民出版社2009年版，第666页。

抗现存制度的旗帜和丰厚思想政治资源。所代表的无产阶级是大工业的产物，是最革命的阶级，对党的先进性做出了说明。所以，列宁和毛泽东在领导革命的实践中丰富和发展马克思主义政党学说时，突出强调的是党的阶级性与阶级基础。

20世纪中叶，在社会主义革命取得了胜利的国家里，马克思主义政党的历史地位、作用和使命发生了根本性的变化，从过去处于被压迫、被屠杀、被围剿地位的在野党或地下党，转变成为居于领导地位的执政党；由领导被剥削、被压迫的工人农民变革旧社会的经济关系和社会秩序，即破坏旧世界，转变为领导全社会各个阶级、阶层建立和维护社会主义经济关系和社会秩序，进行社会主义经济文化建设，即建设新世界。伴随这种变化，党的建设遇到了一系列新问题，如党员数字激增，但政治素质跟不上；党员成分趋于复杂，部分党员贪污腐化、道德败坏；部分党的组织纪律涣散、党内官僚主义作风滋长；等等。于是，"建设一个什么样的党、怎样建设党"的问题，摆在了执政的共产党人的面前。面对这些新的问题，已经成为执政党的共产党人，大都开始循着"以阶级斗争为纲"思路，运用阶级斗争的方式解决党的建设遇到的各种问题。这是因为，一方面，时代的主题依然是战争与革命，国际总体形势是无产阶级和资产阶级的矛盾不断激化，在众多刚刚取得革命胜利的社会主义国家，国内的阶级斗争形势依然十分严峻；另一方面，阶级斗争理论是马克思主义科学社会主义理论的核心，在长期的革命斗争中一直是马克思主义政党的最有力的思想理论武器和号召力、凝聚力的重要来源。

然而，由于党在成为执政党以后出现和面对的许多问题，事实上并不都是"阶级斗争在党内的反映"，运用阶级斗争的方式解决党的建设问题，造成了非常严重的后果。所以，随着社会主义政权逐步巩固、社会主义建设高潮逐步到来，20世纪50年代以后，执政的共产党人逐步开始重新思考"以阶级斗争为纲"的思路，比较客观地看待社会主义社会的复杂现象和问题，看待党的建设中存在的问题，思考的重点也因此由"怎样建设党"，转到"建设一个什么样的党"这一重大问题上。

国际共产主义运动的历史表明，从20世纪下半叶开始，在建立了社会主义制度的国家里，取得了执政地位的共产党人，围绕这个问题，相继发生了一些争论，并出现了两种不同的思路和做法。但是，由于错综复杂的历史和现实原因，问题没有得到解决，"建设一个什么样的党"成为21

世纪马克思主义政治哲学理论发展必须面对和解决的重大课题。

20世纪中叶以后，随着时代的发展，虽然在国际上，阶级斗争依然存在，并且有时还很激烈，但和平与发展已经成为时代的主题。而在我国国内，阶级斗争已经不是主要矛盾，社会的主要矛盾是人民日益增长的物质文化需要同落后的生产力之间的矛盾，经济建设成为全党全国工作的中心。因此，作为执政党的马克思主义政党的先进性和最为广泛的代表性，自然也就成为一个需要从理论和实践上加以解决的问题。面对这样一个随着时代和实践的发展而提出的、关系到马克思主义政治哲学理论继续发展的重大课题，江泽民坚持马克思主义政治哲学的立场观点和方法，紧紧抓住"代表"这个关键点，提出了"三个代表"重要思想。至此，不仅马克思主义政治哲学理论有了新的思想境界，同时也使其有了新的起点。只要我们党始终成为中国社会先进生产力的发展要求、中国先进文化的前进方向、中国最广大人民的根本利益的忠实代表，我们党就能永远立于不败之地，永远得到全国各族人民的衷心拥护并带领人民不断前进。始终代表中国先进生产力的发展要求、中国先进文化的前进方向、中国最广大人民的根本利益，是我们党的立党之本、执政之基、力量之源。

二　"三个代表"重要思想与马克思主义实践观

"三个代表"重要思想是马克思主义、毛泽东思想、邓小平理论的继承和发展。"三个代表"重要思想源于实践，是对世界社会主义运动和我党建党经验的科学总结，是与马克思主义的实践观点相一致的，是对马克思主义实践观点的坚持与发展。

（一）"三个代表"重要思想的实践品格与创新意义

尽管关于马克思主义哲学中国化的命题早在70多年前就已经提出，而且还产生了中国化的马克思主义哲学——毛泽东哲学，但是马克思主义哲学中国化的任务并没有完结，而且将是一个长期的历史任务。这主要是因为中国共产党人不断的实践活动，需要通过马克思主义哲学中国化加以理论上的总结与思想上的升华。马克思主义哲学中国化是在中国共产党人不懈的实践努力中得以不断完成的。

马克思主义哲学中国化既是一个理论问题，又是一个现实问题。而且从根本的意义上说，后者更为根本，因为没有现实的实践作为基础，马克思主义哲学中国化只会是无源之水，或者是纸上谈兵。"三个代表"重要思想的实践品格来源于实践，是马克思主义与中国具体实践相结合思想原则的进一步升华，它所体现的是马克思主义中国化在与时俱进的过程中的新的发展，所实现的是对中国特色社会主义建设实践中出现的新情况、新问题的科学总结。在马克思主义哲学看来，物质是客观存在的，人的精神、观念、思想来自实践，而正确的认识对于实践又具有巨大的指导作用。毛泽东曾经十分形象地说过，人的正确思想不是从天上掉下来的，也不是人的头脑里固有的，而是来自社会实践。中国社会主义实践在新的历史阶段的新的发展，催生了"三个代表"重要思想，同时也赋予了"三个代表"重要思想极具时代特色的实践品格。"三个代表"重要思想是马克思主义中国化在新的历史阶段中的新的成就，它将引导中国社会主义建设实践向更加深远的广度与深度发展。

中国共产党的历史，就是一部马克思主义的普遍真理与中国革命与建设的具体实践相结合的历史。毛泽东思想、邓小平理论、"三个代表"重要思想是在实践中不断发展马克思主义的理论。毛泽东思想在将马克思主义与中国革命的实践相结合的过程中解决了中国的救亡问题。邓小平在将马克思主义进一步中国化的过程中初步解决了"什么是社会主义和怎样建设社会主义"这样一个社会主义建设的根本问题。江泽民在毛泽东、邓小平丰富的思想源泉的基础上，把马克思主义若干基本原理与历史的经验相融合，提炼、归纳出"三个代表"重要思想，明确回答了"建设一个什么样的党和怎样建设党"这样一个党的建设的根本问题。这是马克思主义与中国社会主义建设实践相结合的新境界，是我们党解放思想、实事求是、不断开拓、锐意创新精神的生动体现，是我们党的力量与事业生机勃勃、与时俱进的生动写照。

江泽民在党的十六大报告中提出："实践基础上的理论创新是社会发展和变革的先导。通过理论创新推动制度创新、科技创新、文化创新以及其他各方面的创新，不断在实践中探索前进，永不自满，永不懈怠，这是我们要长期坚持的治党治国之道。"[1] 这深刻揭示了理论创新和实践及其他方面创新的辩证统一关系。江泽民坚持用发展的眼光看待马克思主义，

① 《江泽民文选》第 3 卷，人民出版社 2006 年版，第 537—538 页。

强调既要毫不动摇地坚持马克思主义的基本原理、立场和观点，又要解放思想，结合新的实际进行理论创新。"要使党和国家的事业不停顿，首先理论上不能停顿。否认马克思主义的科学性，丢掉老祖宗，是错误的、有害的；教条式地对待马克思主义，也是错误的、有害的。我们一定要适应实践的发展，以实践来检验一切，用发展着的马克思主义指导新的实践。"①"三个代表"重要思想是理论创新的一个重大突破，也是指导新的实践的行动指南。

"三个代表"重要思想的提出，不仅具有深刻的理论创新意义，同时它也指出了理论创新的重要途径。首先，要实现理论创新，就是要用科学的态度对待马克思主义。马克思主义不是教条，而是行动的指南；不是包治百病的灵丹妙药，而是认识问题和解决问题的科学方法；不是一劳永逸的终结真理，而是随着实践发展而发展的理论。当前，解放思想、实事求是、与时俱进，就是要在党的基本理论指导下，一切从实际出发，自觉地把思想认识从那些不合时宜的观念、做法和体制中解放出来，从对马克思主义的错误的和教条式的理解中解放出来，从主观主义和形而上学的桎梏中解放出来。其次，要实现理论创新，必须从实际出发。这里的从实际出发，包括从时代特征、国际局势、国内形势和党的任务出发，但最根本的是要从社会主义初级阶段这个最大的实际出发。江泽民特别指出："坚持与时俱进，就一定要看到《共产党宣言》发表一百五十多年来世界政治、经济、文化、科技等发生的重大变化，一定要看到我国社会主义建设发生的重大变化，一定要看到广大党员干部和人民群众工作、生活条件和社会环境发生的重大变化，一定要充分估计这些变化对我们党执政提出的严峻挑战和崭新课题。要使党和国家的事业不停顿，首先理论上不能停顿。否认马克思主义的科学性，丢掉老祖宗，是错误的、有害的；教条式地对待马克思主义，也是错误的、有害的。我们一定要适应实践的发展，以实践来检验一切，用发展着的马克思主义指导新的实践。"② 在这里，江泽民不仅以历史的眼光谈到了《共产党宣言》之后的世界历史的变化，同时也正是在此基础上强调了马克思主义与时俱进的重要性。最后，要实现理论创新，就是要研究现实中的重大问题。全党要以我国改革开放和现代化

---

① 《十五大以来重要文献选编》（下），人民出版社 2003 年版，第 2414 页。
② 同上书，第 2413 页。

建设的实际问题、以我们正在做的事情为中心，着眼于马克思主义的运用，着眼于对实际问题的理论思考，着眼于新的实践和新的发展，共同研究和回答关系我们党和国家发展全局的新的重大战略问题，不断深化对共产党执政的规律、对社会主义建设的规律、对人类社会发展的规律的认识。

（二）"三个代表"重要思想的理论思维与实践指向

恩格斯指出："没有理论思维，就会连两件自然的事实也联系不起来，或者连二者之间所存在的联系都无法了解。"[①] 由此可见，对于理论思维的重要性，我们一定要有足够清醒的认识。"三个代表"重要思想是建立在深刻的理论思维基础之上的。从先进生产力的发展要求、先进文化的前进方向、最广大人民群众的根本利益三个维度思考党的建设，不仅体现了对历史发展客观规律的高度概括和自觉遵循，而且体现了中国共产党人对历史发展的价值选择，蕴藏着深厚的理论思维内涵。

先进生产力、先进文化与最广大人民群众的根本利益，本来是三个自身独立的价值评价标准，但是，通过"三个代表"重要思想，上述三个独立的价值评价标准之间构成了一种新的联系。它们之间相互关联、相互促进，形成一个有机的统一整体。在这个统一整体中，一方面，先进社会生产力是基础，因为它既是发展先进文化的物质条件，又是实现人民群众利益的物质基础；另一方面，生产力的发展离不开教育、科学、文化的发展，离不开思想道德建设和人民崇高精神的培养，先进文化为生产力的发展提供精神动力和智力支持，又满足广大人民群众日益增长的文化生活的需要。当然，也正因为上述有机联系的存在，所以，这就不仅要求我们党在正确处理解放生产力和发展生产力的关系中成为我国先进社会生产力发展要求的忠实代表，而且要求我们党要在正确把握社会主义物质文明与精神文明的关系中，成为我国先进文化前进方向的忠实代表，并且在有关利益的问题上成为人民群众根本利益的忠实代表。

生产力概念，是马克思、恩格斯创立唯物史观时用来解释社会历史发展的最基本的概念。在人类思想史上，他们首先提出："人们是自己的观念、思想等等的生产者，但这里所说的人们是现实的、从事活动的人们，

---

① 《马克思恩格斯全集》第20卷，人民出版社1971年版，第399页。

他们受自己的生产力和与之相适应的交往的一定发展——直到交往的最遥远的形态——所制约。"① 解放和发展生产力是科学社会主义的基本原则，代表先进生产力的发展要求是马克思主义政党的本性。前面我们谈到邓小平深刻强调共产党人的历史任务正是"解放生产力"和"发展生产力"。他明确指出："按照历史唯物主义的观点来讲，正确的政治领导的成果，归根结底要表现在社会生产力的发展上，人民物质文化生活的改善上。"② "我们讲社会主义是共产主义的初级阶段，共产主义的高级阶段要实行各尽所能、按需分配，这就要求社会生产力高度发展，社会物质财富极大丰富。所以社会主义阶段的最根本任务就是发展生产力，社会主义的优越性归根到底要体现在它的生产力比资本主义发展得更快一些、更高一些，并且在发展生产力的基础上不断改善人民的物质文化生活。"③ 因此，应当说，正是基于对邓小平强调生产力重要性的深入把握以及对生产力作为社会进步最高尺度的深刻理解，"三个代表"重要思想进一步把党的建设与生产力的发展要求联系起来，明确提出党要始终代表先进生产力的发展要求，是对生产力理论和生产方式理论的科学概括和最新发展。

　　"三个代表"重要思想中首次提出中国共产党要始终代表中国先进文化的前进方向，把代表先进文化与党的建设联系起来，表明第三代领导集体对新时期文化建设的高度自觉。生产力是推进社会发展的最终决定力量，但不是唯一力量。经济建设是社会发展的物质基础，但社会进步又离不开文化的支撑与引导。社会进步的标志是社会文明的发展，中国特色社会主义包括社会主义物质文明与精神文明两大组成部分，两者相辅相成，缺一不可。只有坚持物质文明和精神文明协调发展，才能推动经济与社会的全面发展。因此，中国共产党不但要代表先进社会生产力发展要求，而且要代表先进文化的发展方向。

　　党要始终代表最广大人民群众的根本利益，这是由党的性质和人民群众的历史地位所决定的。前面我们提到马克思、恩格斯在创立唯物史观时已经明确指出：一切历史的第一个前提，就是"人们为了能够'创造历

① 《马克思恩格斯文集》第 1 卷，人民出版社 2009 年版，第 524—525 页。

② 《邓小平文选》第 2 卷，人民出版社 1994 年版，第 128 页。

③ 同上书，第 63 页。

史',必须能够生活"①。因此,唯物史观以社会生活的物质性为自己的出发点,由此产生出最基本的历史活动,即满足人们这种客观需要的生产活动。作为中国工人阶级的先锋队,我们党来自于人民,植根于人民,服务于人民,是人民利益的忠实代表。邓小平一再告诫全党,必须把"人民拥护不拥护""人民满意不满意""人民赞成不赞成"作为一切工作的出发点。中国共产党是中国最广大人民利益的忠实代表,这是发展中国先进生产力和先进文化的出发点和落脚点,是贯穿在中国先进社会生产力的发展要求和中国先进文化的前进方向中的主线与灵魂。无论发展社会生产力还是发展先进文化,归根结底都是为了人民群众的根本利益。

"三个代表"重要思想不仅是一个理论问题,更是一个实践问题。在《关于费尔巴哈的提纲》中,马克思提到:"人的思维是否具有客观的[gegenst ndliche]真理性,这不是一个理论的问题,而是一个实践的问题。人应该在实践中证明自己思维的真理性,即自己思维的现实性和力量,自己思维的此岸性。关于离开实践的思维的现实性或非现实性的争论,是一个纯粹经院哲学的问题。"② 正是通过强调实践的核心意义,马克思主义建立了围绕实践而展开的实践唯物主义。实践概念及其在认识中的地位与作用在毛泽东哲学思想中得到进一步的明确。对于邓小平理论来说,实践标准是其重要的思想基石;邓小平理论的全部内容,都是建立在贯彻实践标准、从实践出发基础上的。在《科学对待马克思主义》讲话中,江泽民明确指出:"实践没有止境,解放思想也没有止境。我们要突破前人,后人也必然要突破我们。这是社会前进的基本规律。用发展的观点对待马克思主义,在坚持中发展、在发展中坚持,这就是按规律办事,也是对待马克思主义唯一正确的态度。"③ 在此,在实践中发展与坚持马克思主义,已被提升到客观规律的高度来加以认识,这种提升反映了对于在实践中发展与坚持马克思主义的充分重视。在这篇讲话中,江泽民还指出:"确立以实际问题为中心研究马克思主义的方法,是我们党一贯倡导的科学方法论。看我们是否真正坚持了马克思主义,关键看是否能运用它来解决中国面临的实际问题,推进党的事业发展。……坚持马克思主义,

① 《马克思恩格斯文集》第1卷,人民出版社2009年版,第531页。
② 同上书,第503页。
③ 《江泽民文选》第3卷,人民出版社2006年版,第339页。

要在解决实际问题的进程中来落实，要用实践的效果来检验。"① 在这里，江泽民把是否真正坚持马克思主义的标准，明确地设定为"是否能运用它来解决中国面临的实际问题，推进党的事业发展"，也就是说，只有积极运用马克思主义解决中国面临的实际问题，才是真正地坚持马克思主义；将马克思主义作为摆设供奉起来，不是真正地坚持马克思主义，甚至可以说是适得其反。"三个代表"重要思想，是在实践中对邓小平理论的丰富与发展，是真正坚持马克思主义的重要体现。从实践意义上讲，"三个代表"重要思想不仅直接推动着我国改革开放和现代化建设迈向新的征程，而且创造了党的思想理论建设的新鲜经验。面向 21 世纪，我们只有不断坚持马克思主义哲学的中国化发展道路，才能做到既发挥马克思主义理论的科学指导作用，又坚持大胆实践，勇于探索，认真研究和解决现实中存在的各种问题。

（三）"三个代表"重要思想与"客观实践"

尽管毛泽东是"客观实践"的积极倡导者，但他在根本上所坚持的仍然是彻底的唯物主义立场。毛泽东坚持和发展了恩格斯和列宁关于哲学基本问题的思想，毛泽东指出："隶属于唯物论营垒的第一个条件就是承认物质世界离开人的意识而独立存在——人类出现以前它就存在，人类出现以后也是离开人的意识而独立存在的。承认这一点是一切科学研究的根本前提。"② 在哲学里边，唯物主义和唯心主义是对立统一，这两个东西是相互斗争的。一万年以后也还有唯物主义和唯心主义的对立。在谈到物质与实践的关系时，毛泽东明确指出："实践使人们确信物质是客观的实在。"③ 因此，在他那里，承认实践的意义并不在于否定物质第一性观点的存在，而在于可以使人们进一步确信物质是第一性的。毛泽东指出："不论做什么事，不懂得那件事的情形，它的性质，它和它以外的事情的关联，就不知道那件事的规律，就不知道如何去做，就不能做好那件事。"④ 在这里，他强调了尊重客观的因果性与规律性，是在实践中取得

① 《江泽民文选》第 3 卷，人民出版社 2006 年版，第 339 页。
② 《毛泽东著作专题摘编》上册，中央文献出版社 2003 年版，第 46 页。
③ 《毛泽东哲学批注集》，中央文献出版社 1988 年版，第 11 页。
④ 《毛泽东选集》第 1 卷，人民出版社 1991 年版，第 171 页。

成功的根本保证。

邓小平在开辟建设中国特色社会主义道路的实践中,把"客观实践"理念进一步发展为新的实践论的思维方式,这一思维方式着重地把握住并正确处理了以下关系:第一,关于实践检验和解放思想。面对"文革"的严重后果以及毛泽东晚年所犯错误,僵化的社会主义理论、观念、模式均已经充分暴露出其弊端,而社会主义新道路又有待开辟。在这种形势和任务之下,邓小平把实践检验原理提到首要地位,要求在"什么是马克思主义,什么是社会主义"这个根本问题上,解放思想,摒弃一切被实践证明为错误的不可行的东西,重新开辟中国的现代化发展道路。第二,关于实践的客观环境和主体目标。邓小平把握住了当代中国的实践阶段及其实践的主题——实现社会主义的现代化,从两个方面来探寻实践道路。首先是实践的客观环境,即世界以和平和发展为主题的历史新时代,中国的以克服贫困、实现富强为主题的社会主义初级阶段。其次是实践的价值目标。中国人民的价值要求就是实现幸福、富裕与自由,然而,这种价值要求只有在生产力获得解放并实现巨大发展的基础上才能实现。第三,关于实践的创造功能和检验功能。邓小平一方面强调实践的创造功能,鼓励人民群众"敢试、敢闯、敢冒";另一方面强调总结实践经验,对的就坚持,错的赶快改。他认为,只要既充分发挥实践的创造功能,又严格尊重实践的检验结果,就出不了大问题,就能走出"一条好路""一条新路"。①

"三个代表"重要思想正是毛泽东、邓小平所倡导的围绕"客观实践"而展开的唯物主义基础上的新发展。"三个代表"重要思想坚持了毛泽东、邓小平重视客观实践的基础意义的理念,并特别强调了实践的创新性。1995年,江泽民在全国科技大会上明确提出:"创新是一个民族进步的灵魂,是一个国家兴旺发达的不竭动力。""一个没有创新能力的民族,难以屹立于世界先进民族之林。"② 2000年,他在中共十五届五中全会上所做的《关于改进党的作风》的讲话中,把创新同实践联系在一起,进一步表明了这种创新性实践的理念。江泽民要求全党"继续抓住社会主

① 参见《邓小平文选》第3卷,人民出版社1993年版,第372页。
② 《江泽民文选》第1卷,人民出版社2006年版,第432页。

义的本质这个根本问题，大胆探索、实践、创造"①；"在理论与实践的结合中勇于创新"②。因为正视现实勇于创新，"三个代表"重要思想明确地在先进生产力、先进文化与人民群众根本利益之间建立起不可分割的内在联系；因为正视现实勇于创新，"三个代表"重要思想明确回答了"建设一个什么样的党和怎样建设党"这样一个根本性问题。当然，也因为这种理论创新是与实践紧密相连的，所以，"三个代表"重要思想将会不断地在实践中实现自己，并且将会引导中国持续在社会主义道路上发展下去。

三　"三个代表"重要思想与唯物史观

"三个代表"重要思想从先进生产力、先进文化与人民群众的根本利益三个层面上对党的先进性提出了更高的要求，从而创造性地丰富和发展了马克思主义唯物史观，构建了一个将先进生产力论、先进文化观和群众利益观点等汇集在一起的新的社会综合发展观。

（一）"三个代表"重要思想中的生产力论

生产力论是唯物史观的核心，"三个代表"重要思想的历史观的基本内容是以先进生产力为中心的先进生产力论，因此，从根本上说，"三个代表"重要思想建构了将先进生产力视为一切社会发展的最终决定力量的新的生产力论，从而使马克思主义生产力论在新的历史条件下有了新的发展。

1. "先进"与"落后"

"先进"是"三个代表"重要思想中的核心概念，这个概念作为前置词添加到生产力概念之中，从而使生产力概念有了新的内涵。那么，究竟什么是"先进"呢？

所谓"先进"主要是指客观事物内部那些充满活力、代表着未来发展方向的内容；而所谓"落后"，则主要是指客观事物内部那些尽管仍然存在着但却正在走向衰落的内容。先进的东西往往是与落后的东西并行存

---

① 《江泽民文选》第 3 卷，人民出版社 2006 年版，第 130 页。
② 同上书，第 131 页。

在的，落后的东西之所以仍然存在着，并不是因为它们依旧充满活力，而是因为它们通常是作为已往存在过的东西留下痕迹而以某种形式保留在客观事物之中。进一步地说，所谓先进的东西也意味着是对落后的东西超越的结果，是对落后的东西的扬弃（既克服又保留）。先进的东西的很重要的一部分内容来自落后的东西中的精华。先进是相对于落后而言的，倘若没有"落后"作为映衬，是无所谓体现"先进"的；同理，落后也是相对于先进而言的，倘若没有"先进"作为映衬，人们很难说哪些东西从本质上说就是"落后"的。

当"三个代表"重要思想将"先进"置于生产力概念之前，其意义是巨大的。由此，人们不仅不再模糊不清地对待具有不同内涵的生产力，同时也不再不加区别地去追求与发展具有不同内涵的生产力。从根本上说，虽然发展生产力是人类社会存续的基础，但是，倘若不追求进步、没有进步观念的话，人类社会可以在任何意义上发展生产力。也就是说，只要能够维持存续，对于人类社会来说，任何形式的生产力都可以成为其追求并发展的对象。这也就是现代社会中多种生产力形式并存局面之所以能够存在的根本原因所在。著名西方学者 A. H. 卡尔在《历史是什么？》一书中写道："没有关于进步的这样一种概念，我不知道社会如何能生存下去。每一文明社会，为了尚未出生的后代，把牺牲强加在活着的这一代身上。用未来较美好的世界的名义证明这些牺牲是正当的，这是用某种神的意图来证明这些牺牲是正当的一种世俗的相对应的意图。"① 由此可见，尽管从存续的角度来讲人类社会并不会刻意追求先进生产力，但是，正因为人类有着"进步"这样一种概念，因此，人类社会不会放弃对先进生产力的追求。追求并发展先进的生产力意味着对进步的向往。

人和历史都在人自己的活动中生成，这正是马克思曾经指出的："整个所谓世界历史不外是人通过人的劳动而诞生的过程，是自然界对人来说的生成过程。"② 也就是说，人要通过自己的活动建造自己的世界，并在建造自己的世界的过程中塑造自己、创造历史。人是"未完成的"，他的活动并非像动物那样由遗传本能规定了方向和过程，而是要由自己确定次序和目标，亦即由自己的目的的决定，因而是生成性活动。人的生成活

① ［英］A. H. 卡尔：《历史是什么？》，吴柱存译，商务印书馆1981年版，第130页。
② 《马克思恩格斯文集》第1卷，人民出版社2009年版，第196页。

动，也就是历史创造活动没有先天的定向的性质，决定了人们不仅要为它确立目标，而且决定了人们要给它赋予意义，以解释现实社会生活的由来，明确行将展开的活动的方向及其合理性。这一切，决定了进步观念以及对先进生产力的追求对人类社会来说是不可或缺的内容。

2. 以先进为内容的生产力

不同时代、不同时期的先进生产力中的"先进"含义是不同的，就当前而言，先进生产力主要具有以下鲜明特性。其一是先导性，表现为带动和代表整个社会生产力的发展趋势和前进方向。其二是科技创新性，人们通过对实践经验和客观世界进行理论抽象形成了自然科学，并通过技术上的发明和应用把科学原理和自然力并入生产过程，体现了人们认识、改造客观世界为自身服务的能动作用。通过人们的能动作用进行科技创新而形成的生产力，就是当今时代的先进生产力。其三是高效性，表现为大幅度提高了生产效率和经济效益。其四是革命性，表现为对社会生产方式和整个社会关系引起革命性变化。江泽民对于"先进生产力"这一科学概念的提出，丰富了生产力理论，是对马克思主义生产力学说的继承、发展和创新；他提出中国共产党必须"始终代表中国先进生产力的发展要求"，是顺应社会生产力发展规律和人类文明进步潮流的科学的重要思想。

人是生产力中最能动、最积极、最活跃的因素，是社会实践的主体，是物质财富和精神财富的创造者。马克思早就说过："最强大的一种生产力是革命阶级本身。"[1] 列宁也曾指出："全人类的首要的生产力就是工人，劳动者。"[2] 任何生产力的发展都是以人为中心进行的。在先进生产力不断取代落后生产力的历史进程中，生产力的各项要素只有同具有一定科学知识、生产经验和劳动技能的人相结合，才能促进生产力的发展和人类社会的前进。可以说，高素质的人是推动先进生产力发展的主导性因素。人类社会的发展，是先进生产力不断取代落后生产力的历史进程，也是劳动者的劳动技能和素质不断提高的历史进程。从人类对石器工具的掌握到青铜技术的发明，再到对铁器技术的应用和大机器生产的普及，以及如今对以电子信息技术为代表的现代高新技术的驾驭，人类每一次劳动技

---

① 《马克思恩格斯文集》第 1 卷，人民出版社 2009 年版，第 655 页。

② 《列宁选集》第 3 卷，人民出版社 1995 年版，第 821 页。

能的提高和创造才能的施展都使不同形态的社会生产力产生了巨大的飞跃。所以，我们发展生产力，既要见物，又要见人；既要重视物质生产水平的提高，又要重视人的素质的提高。

人民群众是历史的创造者。在唯物史观看来，这种创造主要是以先进生产力为中介，同时从科学和人文两个方面进行的。在这个历史进程中，先进生产力蕴含着强烈的科学精神和人文精神。

先进生产力具有科学精神。先进生产力包含着理性精神，强调要从经验事实而不是从精神和信仰出发来发展生产力；先进生产力体现着探索精神，讲求对经济发展规律的无穷探索和执着追寻；先进生产力包含着批判精神，总是冲破旧的不合时宜的观念的束缚，发展出新的科学技术。纵观整个人类社会发展史，人民群众总是在理性、探索、批判精神激发导引下，在各个历史时期都创新出无愧于自己时代的科学技术，进而转化为现实的先进生产力。在科学技术含量由低到高、作用由弱到强的过程中，先进生产力的科学精神得到充分表现。特别是约500年的世界近现代史，先后发生了蒸汽技术革命、产业电气化革命和信息技术革命，在科学革命、技术革命和产业革命三个层次上，复合地推动着历史前进，生产力的科学性与先进性的内在统一，以及科学性对先进性的决定作用得到淋漓尽致的展示。1995年5月26日，江泽民在全国科学技术大会上全面阐述了科教兴国战略，指出："科教兴国，是指全面落实科学技术是第一生产力的思想，坚持教育为本，把科技和教育摆在经济社会发展的重要位置，增强国家的科技实力及向现实生产力转化的能力，提高全民族的科技文化素质，把经济建设转到依靠科技进步和提高劳动者素质的轨道上来，加速实现国家繁荣强盛。"[1] 1999年8月23日，他在全国技术创新大会上进一步指出："科技创新越来越成为当今社会生产力解放和发展的重要基础和标志，越来越决定着一个国家、一个民族的发展进程。"[2] 可以看出，这些论述将科技与生产力之间不可分割的内在关系予以了明确阐发。

先进生产力具有人文精神。先进生产力以人为本，在创造巨大物质财富的同时，也充溢着人文精神，渗透着对人的命运的关怀，对人的自由的渴望，对人的平等的向往，对人的价值的关注，对人的解放的追求，是关

---

① 《江泽民文选》第1卷，人民出版社2006年版，第428页。

② 《江泽民文选》第2卷，人民出版社2006年版，第392页。

于"人的解放"的生产力。马克思高度重视先进生产力的人文精神，从最初的人的主体的解放、人性解放，到人的各种社会关系的解放，到阶级和全人类的解放，他科学地论证了生产力发展过程中人的各种异化的历史性，强调必须批判那些使人成为受屈辱、被奴役、被遗弃和被蔑视的东西的一切关系。让这些关系成为符合人的本性的、合理的、平等的关系，实现对人的本质的真正占有，实现人向自身、向社会的人的复归。因此，先进生产力必须是以人为本而不是以物为本的，一味地见物不见人，最终导致两极分化的生产力，即便是创造了巨大的物质财富，也不是我们最终追求的先进生产力，只能是社会发展历史进程中不完善的过渡性生产力。

先进生产力的科学精神要求我们必须尊重客观规律，讲求社会经济发展的合规律性，崇尚理性，敢于批判，勇于探索，富于创新精神。它表明，凡是科学技术含量高、产品附加值高的生产经营方式都是先进生产力。先进生产力的人文精神要求我们必须以人为本，充满人文关怀，讲求社会经济发展的合目的性，自觉克服人的各种异化，最终实现人的全面而自由发展。它表明，凡是在特定社会经济条件下，有利于人民生产生活安定、社会经济秩序合理规范的生产经营方式都是先进生产力。合规律性与合目的性的对立统一，科学精神与人文精神的对立统一，效率优先与兼顾公平的对立统一，发展与稳定的对立统一，都要求我们判断一种生产力先进与否，不仅要看它的科学精神，还要看它的人文精神，要把科学精神与人文精神、科技标准与社会和谐标准有机统一起来，这是一个总的原则。

当然，我们在强调人文精神对科学精神影响制约的同时，不能忽视科学精神对人文精神的基础性作用。科学精神作用于人文精神，并在二者互动中共同促进现实生产力水平向更高层次不断跃升，表现出动态演进的特征，也就是"代表先进生产力的发展要求"。这就表明，即便是目前发展态势较好的传统产业，在知识经济时代，在信息技术革命面前，也不能故步自封、裹足不前，也要立足于高新技术改造和加强经营管理，也要立足于投入要素由"物"到"人"的转化，确保生产经营中智力因素及其物化形态有条件地相对增强。

总体上看，人类社会生产力发展史表明，先进生产力主要具有以下鲜明特性：其一，先导性。表现为带动和代表整个社会生产力的发展趋势和前进方向。其二，科技创新性。人们通过对实践经验和客观世界进行理论抽象形成了自然科学，并通过对技术上的发明和应用把科学原理和自然力并入生产过程，体现了人们认识、改造客观世界为自身服务的能动作用。通过人们的能动作用进行科技创新而形成的生产力，就是当今时代的先进生产力。其三，高效性。表现为先进生产力大幅度提高了生产效率和经济效益。其四，人文性。表现为先进生产力的发展必须是注重人文精神、以人为本的。其五，革命性。表现为先进生产力的发展对社会生产方式和整个社会关系引起革命性变化。

3. 推动先进生产力发展的唯物史观的建构与发展

生产实践的观点是马克思主义关于社会历史理论的首要的基本的观点，恩格斯明确指出："历史过程中的决定性因素归根到底是现实生活的生产和再生产。"① 毛泽东在社会历史观上的一大贡献，就是以生产力为中心，把生产力与生产关系的矛盾同经济基础和上层建筑的矛盾联系起来，概括为人类社会的基本矛盾，并从原则上阐明了社会主义社会基本矛盾的性质和特点，解决了社会主义社会发展的动力和社会历史发展中的主观能动性问题。邓小平在社会历史观上的贡献不仅在于明确提出"社会主义的首要任务是发展生产力"，而且还在于进一步论证了生产关系中经济体制对生产力的反作用，提出了改革也解放生产力的论断。

"三个代表"重要思想中提出发展先进生产力时，对于唯物史观的发展来说，其意义主要包括以下几个方面。

第一，明确了"先进生产力"概念在唯物史观中的特殊地位。

马克思是第一个提出"生产力"概念的经典作家，他在 1859 年 1 月撰写的《〈政治经济学批判〉序言》中明确指出："人们在自己生活的社会生产中发生一定的、必然的、不以他们的意志为转移的关系，即同他们的物质生产力的一定发展阶段相适合的生产关系。"② 马克思的这段话，深刻地揭示了人类社会发展的客观规律，使人们认识复杂纷繁的社会现象时，能抓住主线，这根主线就是生产力。生产力是社会发展的最终决定力量，人类社会从低级向高级的发展，人类社会的每一次重大进步，都是由生产力的发展推动的。因而，生产力不仅是社会发展的最终决定力量，而且生产力标准本身是衡量社会进步的根本尺度。

生产力标准是衡量社会进步的根本尺度，但就生产力自身而言，它也

① 《马克思恩格斯文集》第 10 卷，人民出版社 2009 年版，第 591 页。
② 《马克思恩格斯文集》第 2 卷，人民出版社 2009 年版，第 591 页。

是需要被衡量的，也存在着水平的高与低、先进与落后等区别。邓小平曾经指出："社会主义的优越性归根到底要体现在它的生产力比资本主义发展得更快一些、更高一些。"① 在这里我们实际看到了一种将生产力用"社会主义的或资本主义的"加以区分的衡量模式。严格地说，这个模式存在着一定的局限性，因为它将被衡量出来的结果反过来又作为衡量标准。本来社会进步是用生产力标准来加以衡量的，而这种衡量的结果则使人们认识到了不同社会形态的存在，正如马克思主义经典作家所说的那样："手推磨产生的是封建主的社会，蒸汽磨产生的是工业资本家的社会。"② 但是如果做进一步的分析，从上述模式中我们可以看到的是，作为用生产力标准衡量出来的结果，如资本主义社会、社会主义社会等，却又反过来成为衡量生产力的尺度，即用"社会主义的生产力"和"资本主义的生产力"来标明生产力的先进与落后。当社会进步与生产力发展保持高度一致时，上述模式是有其存在合理性的；但是一旦面对像中国这样一个跨越了"卡夫丁峡谷"直接进入社会主义社会的国家时，上述模式的局限性就彰显出来。尽管社会主义最终可以成为"先进的生产力"的同义词，但是，就目前的中国来说，社会主义肯定是不能同"先进的生产力"画上等号的。这样一来，就需要在原有认识模式的基础上重新建构关于"先进生产力"的认识，以及"先进生产力"在唯物史观中的地位。只有这样，才能更加客观地面对中国的生产力发展现状，也才有可能更有效地推进中国社会的生产力的发展。

恩格斯在《共产主义原理》中指出："社会制度中的任何变化，所有制关系中的每一次变革，都是产生了同旧的所有制关系不再相适应的新的生产力的必然结果。"③ 在此，恩格斯使用了"新的生产力"这一提法来表述生产力的发展问题。"三个代表"重要思想中关于"先进生产力"概念的提出，应当说是对恩格斯思想的推进。在当代，衡量生产力的性质和水平，用"先进"和"落后"比用"新"和"旧"更准确、更深刻。任何社会的生产力性质、水平和发展要求都不会是一个，而是一个多种性质、多种水平、多种发展要求的多层次的整体。但是从发展的角度看，决

①　《邓小平文选》第 3 卷，人民出版社 1993 年版，第 63 页。
②　《马克思恩格斯文集》第 1 卷，人民出版社 2009 年版，第 602 页。
③　同上书，第 684 页。

定生产力从而决定整个社会发展方向的则是生产力体系中先进的那一部分。关于这一点，正如江泽民所说的，人类的历史就是先进生产力代替落后生产力的历史。恩格斯提"新的生产力"是相对于"旧"生产关系而言的，目的在于揭示新生产关系代替旧生产关系与新生产力代替旧生产力之间的客观必然联系。"三个代表"重要思想中"先进生产力"的提出是相对于"先进政党"或"党的先进性"而言的，目的在于揭示代表先进生产力的发展要求和发展先进生产力与永远保持党的先进性之间的客观必然联系。

第二，将发展先进生产力作为社会主义的首要任务。

在第二章中我们提到，邓小平理论中有着诸多有关社会主义应该发展生产力的论述，致使人们对社会主义与发展生产力之间的内在联系有了十分深入的理解。特别是邓小平明确指出："马克思主义的基本原则就是要发展生产力。"① "社会主义的任务很多，但根本一条就是发展生产力。"② 但是，应当看到的是，"三个代表"重要思想明确提出"先进生产力"概念，则使社会主义的首要任务更加明确地定位在发展"先进生产力"上，这种定位是思想认识上的巨大飞跃。

什么是生产力，流行的说法是：生产力是人类征服自然改造自然的能力。严格地说，这个定义是不准确的，它误导人们错误地以为生产力的目的就是改造自然，人类越改变自然，生产力发展的水平就越高，由此导致对自然界生态环境的破坏越严重。我国在 20 世纪 50 年代末 60 年代初的教训就说明了这一点。1958 年，毛泽东发出"以钢为纲"的号召，动员全民"大炼钢铁"。从中南海到偏僻山村，全国城乡一窝蜂地兴建土高炉炼钢，到处砍伐森林，结果炼出来的不是钢也不是铁，而是没有任何用途的铁疙瘩，造成了人力、物力、生态资源的巨大浪费。20 世纪 60 年代初，毛泽东又一次号召全党"以粮为纲""大办农业"，全国农村掀起开垦山林草地种粮、围湖围海造田的热潮，结果，又一次破坏了生态环境，大江大河的源头水土流失严重，湿地大面积减少，灾害周期由几十年或十几年一遇变成三五年一遇。实践证明，社会主义实践非但不应追求对自然的盲目征服与改造，恰恰相反，应当追求的是在发展先进生产力的前提下

---

① 《邓小平文选》第 3 卷，人民出版社 1993 年版，第 116 页。
② 同上书，第 137 页。

提高人们的生活水平。

　　既然是追求发展"先进生产力"，即以发展先进生产力作为首要任务，那么，社会主义就应尽量避免仅以发展生产力作为目的的趋势出现，更应避免在"落后生产力"上徘徊不前的倾向。贫穷不是社会主义，而落后的生产力也不是社会主义。社会主义应该以发展生产力、解放生产力作为自己的重要任务来抓，与此同时，社会主义更应该以发展先进的生产力、解放先进的生产力作为自己的战略目标来抓。从马克思主义社会形态分析理论角度来看，社会主义最终所应获得的是远远超过资本主义生产力的更为先进、更有活力的生产力，因为客观地说，社会主义在社会形态上较之资本主义的先进性应该体现在生产力的发展上。

　　第三，在社会主义与先进生产力之间建立起一种新的联系。

　　在谈到生产力与生产关系、经济基础与上层建筑的关系时，马克思指出："物质生活的生产方式制约着整个社会生活、政治生活和精神生活的过程。不是人们的意识决定人们的存在，相反，是人们的社会存在决定人们的意识。社会的物质生产力发展到一定阶段，便同它们一直在其中运动的现存生产关系或财产关系（这只是生产关系的法律用语）发生矛盾。于是这些关系便由生产力的发展形式变成生产力的桎梏。那时社会革命的时代就到来了。随着经济基础的变更，全部庞大的上层建筑也或慢或快地发生变革。"① 马克思的这段话被人们称为对唯物史观的经典性表述。在这一表述中，生产力始终都是核心性内容，生产关系、上层建筑、社会革命都是由生产力决定的。

　　邓小平在一次谈话中说道：毛泽东"有一个重大的缺点，就是忽视发展社会生产力。不是说他不想发展生产力，但方法不都是对头的，例如搞'大跃进'、人民公社，就没有按照社会经济发展的规律办事"②，因而"从一九五八年到一九七八年整整二十年里，农民和工人的收入增加很少，生活水平很低，生产力没有多大发展"③。针对这种忽视发展生产力的错误，邓小平明确指出："马克思主义的基本原则就是要发展生产力。马克思主义的最高目的就是要实现共产主义，而共产主义是建立在生产力

---

①　《马克思恩格斯文集》第 2 卷，人民出版社 2009 年版，第 591—592 页。

②　《邓小平文选》第 3 卷，人民出版社 1993 年版，第 116 页。

③　同上书，第 115 页。

高度发展的基础上的。"① 改革开放 30 多年来，正是在不断坚持发展生产力的情况下，我国的社会综合国力才有了长足进步。

"三个代表"重要思想中明确提出了发展"先进生产力"的战略目标，不仅有助于推进我国社会主义建设，而且也使社会主义与先进生产力之间的新的联系更加明朗化。社会主义的先进性最终是由其生产力的先进性所决定。所以，可以进一步说，坚定不移地发展先进生产力，用先进的生产力来巩固社会主义的先进性，用社会主义的先进性来促进先进生产力的发展，应该成为社会主义与先进生产力之间内在联系的重要内容。社会主义初级阶段是从"不发达"走向"中等发达"乃至"发达"的历史过程，是不断发展"先进生产力"，并用"先进生产力"取代、改造、淘汰落后生产力的过程。——这是"先进生产力"的丰富内涵，也是中国"先进生产力"发展的要求。

第四，在先进生产力与先进道德之间建立起新的联系。

"三个代表"重要思想作为一个完整而系统的科学理论体系，包含着丰富而深厚的道德意蕴，其中每一个"代表"都具有深刻的道德内涵，代表了先进道德的发展方向，也鲜明地昭示着党在执政道德上的先进性和优越性。先进生产力观作为"三个代表"重要思想的基础和核心，它所蕴含的伦理道德精神为社会主义道德的发展与进步奠定了坚实的物质基础，是道德先进性的基本前提，体现了马克思主义生产伦理的基本立场，是"三个代表"重要思想在伦理道德上的深刻而集中的理论呈现。深刻把握"三个代表"重要思想的先进生产力观的伦理道德维度，是新时期社会主义新型道德体系构建的重要前提。

唯物史观认为，生产力决定生产关系，经济基础决定上层建筑。社会主义道德是社会主义意识形态的一种特殊形式，亦是上层建筑的重要组成部分，它受到社会生产力的发展水平和经济基础的制约。马克思曾指出："一切历史冲突都根源于生产力和交往形式之间的矛盾。"② 一切历史现象最终只能在生产力和生产关系的矛盾运动中才能得到合理的解释。从社会基本矛盾运动的规律来看，生产力的发展无疑起着最终决定作用。生产力和经济关系的发展及其所创造的物质财富可以为道德的发展奠定坚实的物

---

① 《邓小平文选》第 3 卷，人民出版社 1993 年版，第 116 页。
② 《马克思恩格斯文集》第 1 卷，人民出版社 2009 年版，第 567—568 页。

质基础，直接决定着道德的发展水平。因而，要实现社会道德要求、推动社会道德的发展进步，就必须抓住生产力这个根本。社会主义道德虽然是对中华民族优秀道德文化和人类优秀道德传统的继承和弘扬，但是，它同样受到一定社会发展阶段的生产力水平的制约。没有生产力水平的大幅度提升及其所创造的丰富的物质财富和充裕的物质条件，人的道德素质的提高和社会主义道德的进步就只能是一种道德空谈。

没有生产力的长足发展，就不可能增加社会的物质财富，不可能巩固社会主义经济基础，因而也就不可能实现社会道德状况的根本好转和人民道德境界的普遍提升。中国古代就有"仓廪实而知礼节，衣食足则知荣辱"的唯物主义伦理观。中国共产党历来也非常重视保护和发展生产力，并把生产力的发展、经济的发展当作社会主义道德建设的重要物质基础。邓小平高度重视生产力，把生产力的发展作为推动社会主义精神文明建设的物质基础，指出："可见精神文明说到底是从物质文明来的嘛！"① 建设精神文明的经济方法就是"到本世纪末我们肯定会超过翻两番的目标"，"先把经济搞上去"②，并强调："物质是基础，人民的物质生活好起来，文化水平提高了，精神面貌会有大变化。"③ 在新的历史时期，江泽民也强调要"先把经济搞上去"④，人类社会的发展"就是先进生产力不断取代落后生产力的历史进程"⑤。

一切伦理道德观念及其进步需要从经济活动中去汲取营养。作为先进道德的代表，社会主义道德的发展离不开先进生产力的发展。当前我国的社会主义道德建立在社会主义初级阶段的经济基础和以生产资料公有制为主体的所有制基础之上的，它必然包含一定的经济成分，其发展进步必然要求强大的物质基础作为坚强后盾和有力支撑。社会主义道德建设的物质基础就是不断发展的先进生产力及其所创造的丰富的物质条件和物质财富。党代表先进生产力的发展要求，意味着党确立了经济建设这一主题，致力于通过发展先进生产力来为社会和广大人民群众创造雄厚的物质财富，这将为社会主义道德的发展与进步奠定坚实的物质基础，为社会主义

① 《邓小平文选》第 3 卷，人民出版社 1993 年版，第 52 页。
② 同上书，第 129 页。
③ 同上书，第 89 页。
④ 《江泽民文选》第 1 卷，人民出版社 2006 年版，第 369 页。
⑤ 《江泽民文选》第 3 卷，人民出版社 2006 年版，第 274 页。

政治文明和精神文明建设提供雄厚的物质保障。

马克思曾经指出："人们按照自己的物质生产率建立相应的社会关系，正是这些人又按照自己的社会关系创造了相应的原理、观念和范畴。"① 先进生产力的发展必然引发、激励生产关系的调整和经济基础的变更，也必然引起包括道德在内的上层建筑和意识形态的变化。道德的进步是变革性与继承性的统一。旧的道德，一旦推陈出新，必然被赋予新的时代内容，从而促成新道德的产生。社会主义道德本质上就是先进生产力发展的必然产物。当先进生产力发展到旧的生产关系不能容纳的时候，旧的生产关系体系就会被彻底打碎，新的适应先进生产力发展的生产关系随之建立。生产关系的新旧更替，迟早会引发社会上层建筑的根本变化，从而促成新的道德观念和道德体系的产生，推动社会的道德进步。

改革开放 30 多年来，我们致力于解放和发展生产力，改革和完善生产关系和上层建筑中不适应先进生产力发展的方面和环节，由此带来了生产关系的变革和经济体制的改革，开始了社会主义计划经济体制向市场经济体制的转轨。社会主义市场经济体制的建立和完善对于我国的传统道德观念与道德规范体系产生了重大影响。一方面，经济改革对旧的道德观念、心理和习惯带来了较大的冲击，使小农阶级和小资产阶级的绝对平均主义观念遭到否定，安贫乐道、重义轻利的道德标准发生动摇，循规蹈矩、安分守己的价值观有了彻底改变，但同时也使得动机与效果、富与德、公平与效率等伦理关系真正被客观地对待并加以研究和践履。另一方面，经济改革极大地拓展了人们认识世界、适应世界与改造世界的视野，也为我们从道德角度认识和思考新的社会问题提供了更加广阔的空间，产生了诸如"时间就是金钱、效率就是生命"、可持续发展、和谐社会等新的道德观念，以及公平竞争意识、民主法制意识和自由平等意识等一系列与社会主义市场经济相适应的新的道德意识。因此，客观地说，社会主义道德体系实际上存在着一个在先进生产力的推动下实现更新与再造的过程。

第五，提出"生产力发展的规律"思想。

江泽民明确指出："党的理论、路线、纲领、方针、政策和各项工作

---

① 《马克思恩格斯文集》第 1 卷，人民出版社 2009 年版，第 603 页。

必须努力符合生产力发展的规律。"① 在这里 "生产力发展的规律" 思想的提出，是对唯物史观的创新性发展，使人们不仅关注发展先进生产力，而且也意识到遵循生产力发展的规律来发展先进生产力的重要性。

"生产力发展的规律" 思想包含两层含义：一层是对生产力自己具有发展规律的说明。这主要是因为任何事物都存在着规律，对于生产力来说亦不例外。另一层则是对马克思主义唯物史观基本观点进一步的具体说明。按照马克思主义唯物史观的基本观点，社会历史的发展进程是社会基本矛盾即生产力与生产关系、经济基础与上层建筑矛盾的运动过程。因此社会基本矛盾是社会发展的基本动力，人类社会发展的基本规律，就是社会基本矛盾运动的规律，即生产关系一定要适合生产力状况的规律和上层建筑一定要适合经济基础状况的规律。对于上述观点，马克思、恩格斯、斯大林、毛泽东都有过相关论述。江泽民提出 "生产力发展的规律" 思想，既使这一原理具有与以往不同的新的针对性，又使这一原理在表述和理解上更具本质性。因为，从根本上说，既然生产力是社会发展的最终决定力量，那么，生产力发展的规律就是社会发展的最基本的规律。首先，从社会两大基本矛盾的关系看，生产力、生产关系（经济基础）、上层建筑之间是层层决定作用和层层反作用的关系。从层层决定作用上看，生产力起最终的决定作用；从层层反作用上看，生产关系直接反作用于生产力，上层建筑直接反作用于经济基础并通过经济基础（生产关系）最终反作用于生产力。所以说，生产力是社会发展的最终决定力量。其次，从两大基本规律的关系上看，两大基本规律既不可分割，又处于社会有机体的不同层次上。第一个基本规律更基本，第二个基本规律是在第一个基本规律的基础上发挥作用的：生产关系一定要适合生产力的状况，上层建筑一定要适合经济基础的状况，最终是要适合生产力的状况。所以说，归根到底，生产力的发展规律是社会发展的最基本的规律。

江泽民首次提出 "生产力发展的规律" 思想，既是进一步明确生产力自身也具有发展规律，也是直视生产力决定作用的重要结果，是对社会发展基本动力、社会发展基本规律原理更本质的概括与提炼。换句话说，马克思主义经典作家所确立的两大基本规律的原理，现在可以被看作江泽民提出的 "生产力发展的规律" 思想的两个具体层面。江泽民提出 "生

---

①　中共中央宣传部：《"三个代表"重要思想学习纲要》，学习出版社 2003 年版，第 2 页。

产力发展的规律"这一思想是对马克思主义唯物史观的新发展，所反映出来的是对于生产力发展规律本身的重视，同时这一思想的提出也是顺应当今发展趋势的重要结果。在当今时代，生产力在社会发展以及执政党建设中的最终决定作用已表现得异常突出。当今世界是和平发展、竞争合作、经济全球化的新的历史时代，追求先进生产力已成为在新的历史时代取胜的重要法宝。但是，高度重视发展先进生产力是一回事，而能不能遵循"生产力发展的规律"去正确地发展先进生产力则是另一回事。只要遵循"生产力发展的规律"，人们在发展先进生产力的过程中才可能避免发展生产力的非科学性倾向，才可能回避错把增长当发展以至于带来环境污染、资源耗尽等恶性现象出现的情形。

（二）"三个代表"重要思想中的文化观

社会历史的发展，不仅体现为经济和政治的进步，还体现在文化上的进步。文化是一个社会的灵魂，是一定社会经济、政治在观念形态上的反映。"三个代表"重要思想中提出的先进文化观不仅是社会主义生产力发展的必要保证，而且是中国特色社会主义文化的发展方向。

1. "生产"与"文化"

什么是文化？这是文化观的思考基础。文化哲学的开创者之一，18世纪德国启蒙思想家赫尔德，在他的《人类历史哲学概要》中给文化定义过三个基本特征：其一，文化是一种社会生活模式，它的概念是个统一的、同质的概念，无论作为整体还是社会生活的方方面面，人的每一言每一行都成为"这一"文化无可置疑的组成部分；其二，文化总是一个"民族"的文化，它代表着一个民族的精华；其三，文化有明确的边界，文化作为一个区域的文化，它总是明显区别于其他区域的文化。可以说，这三个特征迄今一直被认为是关于文化理论的权威定论。

英国著名文化学家爱德华·泰勒1871年在他的《文化的起源》中，对文化提出了著名的定义。他将文化规定为文明，包括知识、信仰、艺术、道德、法律、习俗和人作为社会成员所获得的任何其他能力和习惯。泰勒提供了一个全方位的文化概念，文化成为人类知识和经验的总和，它恩泽广及社会的每一个成员。英国文学批判家马休·阿诺德在1869年出版的《文化和无政府状态》中认为，文化就是求知的完美，是怎样来获知这个世界上同我们有关的最好的思想，文化因此有一种激情，一种追求美和光明的激情。克洛依伯和克勒克荷恩从历史角度去规定文化，认为广义的文化概念包括过去遗产的全部积累，"文化作为一个描述性概念，从总体上看是指人类创造的财富积累：图书、绘画、建筑以及诸如此类，调节我们环境的人文和物理知识、语言、习俗、礼仪系统、伦理、宗教和道德，这都是通过一代代人建立起来的"①。美国社会学家保罗·布莱斯蒂德将文化规定为社会共享的价值观念和行为特征等，"文化包括一切习得的行为，智能和知识，社会组织和语言，以及经济的、道德的和精神的价值系统。一个特定文化的基本要素是它的法律、经济结构、巫术、宗教、艺术、知识和教育"②。

从本质上说，文化不是与经济、政治、科技、自然活动领域或其他具体对象相并列的一个具体的对象，而是内在于人的一切活动之中，左右人的行动方式的基本的生存模式，是人的生活世界的内在运行机制。因此，尽管生产力是社会发展的最终决定力量，但是，文化对于社会发展的重要意义却也是不容忽视的。"三个代表"重要思想将"文化"问题明确提出来，所反映出来的就是对文化对社会发展重要意义的重视。从唯物史观的一般观点来看，先进文化的生产与发展，是以生产力为基础的，无论是对自然规律的揭示所形成的科技文化，还是对社会关系本质揭示所形成的意识形态文化，二者的发展必须以生产力的发展为基本条件。否则，就不能说明文化发展的原因和规律。恩格斯曾经指出："旧的、还没有被排除掉的唯心主义历史观不知道任何基于物质利益的阶级斗争，而且根本不知道任何物质利益；生产和一切经济关系，在它那里只是被当做'文化史'的从属因素顺便提一下。"③ 由此可见，唯物史观的重要贡献之一就在于，从生产和一切经济关系的角度来解释文化，而不是把生产和一切经济关系只是当作"文化史"的从属因素而顺便提起。

应当看到，生产与文化的关系并不能仅仅被解释为决定与被决定的关系，从文化的内在性来看，文化已经深藏在生产活动之中，成为人们的生产活动的重要组成要素，影响着人们的生产活动。恩格斯在《反杜林论》

---

① ［美］克洛依伯、克勒克荷恩：《文化：概念和定义述评》，（纽约）酿酒丛书1963年版，第2页。

② ［美］布莱斯蒂德：《文化合作：未来时代的基调》，（纽黑文）海贞基金会1945年版，第6页。

③ 《马克思恩格斯文集》第9卷，人民出版社2009年版，第29页。

中曾经做出一个著名的论断："但是文化上的每一个进步，都是迈向自由的一步。"① 马克思在说到工人比农民先进时，也是从文化与自然的比较着眼的。"如果说城市工人比农村劳动者发展，这只是由于他的劳动方式使他生活在社会之中，而农村劳动者的劳动方式则使他直接靠自然生活。"② 在著名的《哥达纲领批判》中，马克思在批判不问前提地将劳动称为创造源泉的观点时说："资产者有很充分的理由硬给劳动加上一种超自然的创造力，因为正是由于劳动的自然制约性产生出如下的情况：一个除自己的劳动力以外没有任何其他财产的人，在任何社会的和文化的状态中，都不得不为另一些已经成了劳动的物质条件的所有者的人做奴隶。"③ 为什么在社会的"文化状态"中人会成为奴隶呢？这里的"文化"状态就是指人的社会性关系，而在自然状态中只有动物性的生存竞争关系，不会产生剥削压迫关系。正因为文化具有如此特殊的意义，因此，在"三个代表"重要思想中文化被作为与生产同样重要的要素被提及，一方面体现了对文化的重视，另一方面也是对以生产为第一要素的文化的哲学解读模式加以重新审视的结果。

1997 年 9 月，党的第十五次全国代表大会上将文化建设作为专门一章论述。首次以历史的眼光和历史的角度将文化建设郑重地放到总结执政党执政和社会发展这样一个更高层面。在大会报告中江泽民进一步强调了文化建设的重要性和紧迫性。他站在新的高度指出："全党必须从社会主义事业兴旺发达和民族振兴的高度，充分认识文化建设的重要性和紧迫性。"④ 此外，他还提出，有中国特色的社会主义文化，是凝聚和激励全国各族人民的重要力量，是综合国力的重要标志。这就使得文化建设的地位达到了历史性和民族性的高度。

2. "先进文化"与"落后文化"

"先进文化"的内涵是极其丰富的，不仅包括思想和道德理想，而且包括蓬勃发展的现代科技教育及文学艺术等。先进文化不仅给人提供理论信念的支持，而且还启迪人的智慧，培育科学精神、人文精神。一般来

---

① 《马克思恩格斯文集》第 9 卷，人民出版社 2009 年版，第 120 页。
② 《马克思恩格斯全集》第 34 卷，人民出版社 2008 年版，第 259 页。
③ 《马克思恩格斯文集》第 3 卷，人民出版社 2009 年版，第 428 页。
④ 《江泽民文选》第 2 卷，人民出版社 2006 年版，第 33 页。

说，先进文化应该是健康的、科学的、向上的、代表未来发展方向推动社会前进的文化。而与"先进文化"相反的是，所谓"落后文化"就是那些不健康、不科学、会走向衰亡的文化。先进文化与落后文化并不是以时间或空间作为衡量标准。也就是说，一方面，并不是凡在时间上后出现的文化势必就是先进文化，凡在时间上先出现的文化势必就是落后文化；另一方面，并不是先进文化就是一些地区的专利，而落后文化则是另一些地区的专利。当然，先进文化与落后文化之间的区分并不是绝对的，有时我们需要辩证地看待它们之间的区分。既不能无限放大、盲目地吹捧先进文化，追随先进文化，也不能将所谓的落后文化一棒子打死，完全否定其所具有的意义。

思想道德文化在一定程度上决定着文化的社会性质，推动社会经济政治进步。思想阵地，正确的思想不去占领，错误思想就会去占领；马克思主义、无产阶级思想不去占领，各种非马克思主义、非无产阶级思想，甚至反马克思主义的思想就会去占领。在思想文化建设中，必须坚持以马克思主义为指导。在改革开放和社会主义现代化建设伟大实践中，发扬爱国主义、集体主义和社会主义精神，引导人们树立建设中国特色社会主义的共同理想和正确的世界观、人生观、价值观。同时把先进性要求同广泛性要求结合起来，鼓励支持一切有利于解放和发展社会生产力的思想道德，一切有利于国家统一、民族团结、社会进步的思想道德，一切有利于追求真善美、抵制假恶丑、弘扬正气的思想道德，一切有利于履行公民权利与义务、用诚实劳动争取美好生活的思想道德，团结和引导亿万人民积极向上，不断提高全民族的思想道德水平。

3."三个代表"重要思想与先进文化观

自五四运动以来，关于中国文化的发展主要有两大思路：一是以新文化运动和陈序经为代表的激进的反传统路线，另一种是以新儒家为代表的强调传统价值的保守主义路线。以毛泽东为核心的中国共产党人主张将马克思主义与中国的历史遗产相结合而形成"民族形式"，认为"但是马克思主义必须和我国的具体特点相结合并通过一定的民族形式才能实现"[①]。在此思想基础上，中国共产党在文化观上既摆脱了激进主义对民族文化的虚无态度，也反对保守主义对于传统观念良莠不分、抱残守

---

① 《毛泽东选集》第 2 卷，人民出版社 1991 年版，第 534 页。

缺般的过分的立场，而是提出了新民主主义文化观。对此，毛泽东有过明确的论述，并将此作为即将到来的新社会的文化纲领。"所谓新民主主义的文化，一句话，就是无产阶级领导的人民大众的反帝反封建的文化。"①"民族的科学的大众的文化，就是人民大众反帝反封建的文化，就是新民主主义的文化，就是中华民族的新文化。"② 同时，对于新民主主义文化与中华民族新文化的关系，他进一步明确指出："所谓中华民族的新文化，就是新民主主义的文化。"③ 毛泽东还提出对于外国文化，只能"排泄其糟粕，吸收其精华"④，搞"全盘西化"的主张是形式主义地吸收外国的东西，是完全错误的；并认为中国共产党对于马克思主义在中国的应用，"必须将马克思主义的普遍真理和中国革命的具体实践完全地恰当地统一起来，就是说，和民族的特点相结合，经过一定的民族形式，才有用处，决不能主观地公式地应用它"⑤，"中国文化应有自己的形式，这就是民族形式"⑥。

邓小平在1941年所做的《一二九师文化工作的方针任务及其努力方向》的报告中，也强调了文化工作的重要性，指出："提倡科学，宣扬真理，反对愚昧无知、迷信落后，加强马列主义的宣传。这不管对人民群众或部队，都是同等重要的。"⑦ 他还批评"各级政治机关对文化工作的重要性及其特点认识得不够，对文化工作的指导做得不充分"，号召"要同一切轻视文化工作的倾向作斗争，并应克服文化工作不大众化的现象"⑧。报告还指出："无论哪一种势力或哪一种派别的文化工作，都是服从其政治任务的。""所谓超政治的文化是不存在的。"⑨ 这个报告还特别指出："日本帝国主义和汉奸亲日派的政治目的是要把中国变为日本帝国主义的殖民地，其文化工作方针是施行奴化政策，以奴化活动和奴化教育来腐蚀我们的民族意识，消灭民族爱国思想，摧残民族气节。他们毁灭中国的文

---

① 《毛泽东选集》第 2 卷，人民出版社 1991 年版，第 698 页。

② 同上书，第 708—709 页。

③ 同上书，第 665 页。

④ 同上书，第 707 页。

⑤ 同上。

⑥ 同上。

⑦ 《邓小平文选》第 1 卷，人民出版社 1994 年版，第 25 页。

⑧ 同上书，第 27—28 页。

⑨ 同上书，第 22 页。

化机关，焚毁中国的民族典籍，屠杀与监禁爱国的文化人、知识分子和青年学生，建立汉奸文化机关，豢养一批汉奸文人，鼓吹东洋文化，灌输'中日亲善'、'共存共荣'、'东亚新秩序'等奴化思想，培养奴化人才。他们提倡旧文化、旧道德、旧制度，提倡复古、迷信、盲从、落后，组织封建迷信团体等，以实施其海淫海盗、毒化奴化政策。"这个报告还抨击了"鼓吹封建主义的旧文化"的顽固派，"对外奴颜婢膝，投降妥协，对内搞封建主义。他们提倡旧思想、旧制度、旧道德，主张尊孔、复古，保存'国粹'，读经救国"，"压制新文化运动，摧残新文化事业"，"组织封建迷信团体"，"使人民任其宰割"。① 报告中还就如何粉碎这一套反动文化战略，做了明确的指示。

毛泽东和邓小平的这些思想，虽然是针对新民主主义革命时期的文化工作的，但对于今天在复杂的国际环境下，建设中国特色的社会主义文化事业，仍然具有重大的现实意义。因为，它们所反映出来的是对先进文化与落后文化的明显区分，以及对先进文化的大力提倡与发展。从根本上说，先进的文化是最有生命力的文化，是任何政治、军事与社会的势力所毁灭不了的；这种先进文化，对于社会主义永葆先进地位具有至关重要的意义。

今天，中国特色社会主义文化的先进性着重强调了坚持六个"统一"：一是精神文明与物质文明的统一。江泽民指出："社会主义社会是全面发展、全面进步的社会。社会主义现代化事业是物质文明和精神文明相辅相成、协调发展的事业。全党同志必须全面把握两个文明建设的辩证关系。"② 二是立足现实与着眼世界的统一。江泽民指出："坚持以马克思列宁主义、毛泽东思想、邓小平理论为指导，立足于建设有中国特色社会主义的实践，着眼于世界科学文化发展的前沿。"③ 只有这样，才能更好地为我国经济发展和社会进步提供精神动力和智力支持。三是思想政治素质与科学文化素质的统一。江泽民指出：这两方面的素质是有机统一、互相促进的。如果片面强调某一方面，而忽视另一方面，都有违背培养"四有"新人、全面发展的要求。四是主旋律与多样化的统一。江泽民强

① 《邓小平文选》第 1 卷，人民出版社 1994 年版，第 22—23 页。
② 《江泽民文选》第 3 卷，人民出版社 2006 年版，第 276 页。
③ 同上。

调，我们要发展社会主义先进文化，既必须坚持以马克思主义为指导，坚持"二为"方针，唱响主旋律，打好主动仗，同时，又要实行"双百"方针，提倡多样化，使社会主义文化生活丰富多彩，满足人民群众多层次的精神文化需要，从而激发广大人民群众建设中国特色社会主义的积极性。五是德治与法治的统一。江泽民指出："要把依法治国同以德治国结合起来，为社会保持良好的秩序和风尚营造高尚的思想道德基础。"① 只有这样，使两者互相结合，紧密配合，才能激发广大群众为振兴中国而不懈奋斗。六是科学精神与人文精神的统一。这里所说的人文精神的核心是指社会主义和共产主义的世界观、人生观和价值观。科学精神的核心是实事求是，是务实、求真、创新。能否坚持这两者的统一，对于提高全民族的整体素质至关重要。

如果展开来说，中国特色社会主义文化理论的主要内容包括以下几个方面。

第一，这种文化是社会主义的。在全社会形成共同理想和精神支柱，是中国特色社会主义文化建设的根本，这一共同理想就是建设中国特色社会主义；必须坚定马克思主义信念，发扬社会主义人道主义精神。引导人们树立正确的世界观、人生观、价值观，为经济发展和社会全面进步提供强大的精神动力。

第二，这种文化是科学文化，应把大力发展教育和科学作为文化建设的基础工程。当今世界科技革命突飞猛进，综合国力的竞争越来越体现为科技和教育的竞争。为此，党提出了科教兴国战略，把教育和科学摆在优先发展的战略地位，要加快科技创新。认为知识分子应当"努力成为先进思想的传播者、科学技术的开拓者、'四有'公民的培育者和优秀精神产品的生产者"②，应当在改革开放和现代化建设中发挥特殊的重要作用。因此，要在全社会进一步形成尊重知识、尊重人才的良好风尚；要加强科学知识、科学方法、科学思想、科学精神的宣传教育，为经济发展和社会全面进步提供强大的智力支持。

第三，这种文化是面向现代化和未来的。前面我们提到邓小平明确提出了培养"四有"新人的重要性。文化建设的目的就是培养适应社会主

---

① 《江泽民文选》第3卷，人民出版社2006年版，第278页。

② 《江泽民文选》第2卷，人民出版社2006年版，第35页。

义现代化和中华民族伟大复兴所需要的"有理想、有道德、有文化、有纪律"的"四有"公民。中国共产党深刻认识到，培养同现代化要求相适应、有时代意识的数以亿计的高素质的劳动者和数以千万计的专门人才，发挥我国巨大人力资源优势，关系 21 世纪社会主义事业的全局。中国特色社会主义文化建设实际上就是为了提高人的素质，培养和塑造适应和推动中国社会主义现代化建设的一代又一代人才，这是一项关系到中华民族和平崛起的社会主义事业取得全面胜利的基础性工程。江泽民明确指出："人才是一个国家发展最重要的资源。当今世界，争夺人才的竞争异常激烈。……我们要有政治远见，及早研究对策，真正把培养使用好各类人才作为党和人民事业兴旺发达的大事来看待、来落实。"① 在这里我们可以充分看到人才的重要性。

第四，这种文化是面向世界的和开放的。发展社会主义文化，必须充分体现时代精神和创新精神，必须具有世界眼光。中国共产党始终提倡学习和吸收国外的先进文化。在革命年代，中国共产党人主要学习和运用马克思主义，同时也注意吸收外国的其他文化。在社会主义建设时期，我们更需要吸收外来文化。历史经验告诉我们，中国的发展离不开世界。我国文化的发展，不能离开人类文明的共同成果。要坚持以我为主、为我所用的原则，开展多种形式的对外文化交流，博采众长，向世界展示中国文化建设的成就，坚持抵制各种腐朽思想观念。江泽民指出："'引进来'和'走出去'是对外开放的两个轮子，必须同时转动起来。"② 在这里明确提到了对外开放是必须有两个轮子，即"引进来"与"走出去"。这种提法本身是具有创新性的。在此之前很长时间内我国一直是侧重于强调对外开放中"引进来"战略的，对于"走出去"战略是有所忽略的，因此这里将对外开放解读为"引进来"与"走出去"的统一，是具有思想解放意义的，反映出针对对外开放问题，我们的理解更为全面与完整。不仅在经济上要"走出去"，在文化上更是如此，"中国的历史文化始终处于发展进步之中。它是通过各种学科、各种学派的相互砥砺、相互渗透而发展的，也是通过同世界各国的相互交流、相互学习而进步的"③。

---

① 《江泽民文选》第 3 卷，人民出版社 2006 年版，第 27—28 页。
② 同上书，第 457 页。
③ 《江泽民文选》第 2 卷，人民出版社 2006 年版，第 59—60 页。

第五，这种文化是民族的，有鲜明的民族特色和民族风格。中华民族是有悠久历史和优秀文化的伟大民族。我们民族历经沧桑，创造了人类发展史上灿烂的中华文明，形成了具有强大生命力的传统文化。毛泽东在论及如何建设新民主主义文化时提出，"从孔夫子到孙中山，我们应当给以总结"①，他还提出要"古为今用，洋为中用"②，主张应用马克思主义的方法批判总结、继承和吸收中国传统文化。毛泽东曾经明确指出："文化上对外国的东西一概排斥，或者全盘吸收，都是错误的。"③ "应该学习外国的长处，来整理中国的，创造出中国自己的、有独特的民族风格的东西。这样道理才能讲通，也才不会丧失民族信心。"④ 江泽民在建党 80 周年讲话中指出："中华民族的优秀文化传统，党和人民从五四运动以来形成的革命文化传统，人类社会创造的一切先进文明成果，我们都要积极继承和发扬。我国几千年历史留下了丰富的文化遗产，我们应该取其精华、去其糟粕，结合时代精神加以继承和发展，做到古为今用。"⑤ 2002 年 10 月 24 日，江泽民访问美国，在会见总统布什时第一次提出"和而不同"，称"和而不同，是社会事物和社会关系发展的一条重要规律，也是人们处世行事应该遵循的准则，是人类各种文明协调发展的真谛"⑥。在此对于"和而不同"的重新解读，是带有思想方针指导意义的。"和而不同"上升到了客观规律的高度，认为它是我们解决社会事物与社会关系的一种不可忽视的重要规律与重要规则。与此同时，江泽民曾指出："我国几千年历史留下了丰富的文化遗产，我们应该取其精华、去其糟粕，结合时代精神加以继承和发展。"⑦ 在立足本国的优秀文化传统，把外来文化"民族化"方面，中国共产党堪称典范。

第六，这种文化是大众的文化，是以满足最广大人民的文化生活需要和全面发展为目的的，它完全不同于以往服务于封建帝王将相的文化，也不同于少数人孤芳自赏的精英文化，而是为人民群众服务的。1991 年 7

---

① 《毛泽东选集》第 2 卷，人民出版社 1991 年版，第 534 页。
② 《毛泽东书信选集》，人民出版社 1983 年版，第 598 页。
③ 《毛泽东文集》第 7 卷，人民出版社 1999 年版，第 82 页。
④ 同上书，第 83 页。
⑤ 《江泽民文选》第 3 卷，人民出版社 2006 年版，第 278 页。
⑥ 同上书，第 522 页。
⑦ 同上书，第 278 页。

月，江泽民在庆祝中国共产党成立 70 周年的讲话中指出："要鼓励深入研究我国建设和改革的现实问题，鼓励创作更多健康文明、积极向上、为人民大众喜闻乐见的作品。"① "人民大众喜闻乐见的作品" 就是大众的文化作品。

4. "三个代表" 重要思想与先进文化建设的系统性

"三个代表" 重要思想强调了先进文化建设的重要性，同时也使人们对于先进文化建设的系统性有了进一步的认识。总体上说，先进文化建设应该包括物质文化建设、制度文化建设与精神文化建设三个层面的内容，而且这三个层面的内容在其中发挥着不同的作用。

第一，物质文化建设是推进先进文化建设的必要条件与前提。

物质文化建设是先进文化建设的重要途径与载体，其建设状况在一定程度上直接影响着先进文化建设的整体水平。"物是可信的、自治的……因此它比任何东西都能更好地刻画文明的类型。"② 这里谈到的物的可信与自治是指物之为物的自然属性。而具有这种自然属性的物有两类：一类是人工物，另一类是自然物。所谓物质文化主要是指人工物所蕴含的文化。人工物的文化是由于人的目的性、对象性的行为对它进行作用而获得的。人工物本身不是文化，只有当该物作为文化研究的对象进而以某种形式转化为文化要素的阐释符号时才可能成为文化的内容。从物到物质文化的指向结构是由三种形态所构成的：第一种形态是物本身的文化或保留在物上的文化，即凝聚在物之上的传统文化。该传统文化是在物之为物、物之为今物的演化进程中，在物所跨越的历史长河中被人所赋予的，且由它本身所贮存的记忆。第二种形态是现代文化的建设者都把它作为当今的文化符号而赋予它的现实文化意义。第三种形态是创造新的符号物来负载和展示现代文化。

第二，制度文化建设是先进文化建设的重要保障。

制度一般是指协调、约束、规范人们的行为，协调人与人之间关系的规则、规章等，制度分为显性与隐性两种。显性制度是指人通过一定的程序、步骤制度，以明确的文字表述出来的条文、条例等；隐性制度则是指

---

① 《江泽民文选》第 1 卷，人民出版社 2006 年版，第 159 页。

② 〔法〕马塞尔·莫斯：《文化的要素及其形态》，卫惠林译，《社会科学研究》1935 年第 1 期。

那些蕴含在人们的意识、心理中，以一种习惯性的、约定俗成的行为规则、方式存在，或以一些只可意会不可言传的风俗、民俗形式存在等，如入乡随俗、客随主便等。因此，制度文化也从显性与隐性两个方面展开，制度文化的建设也要从这两个方面着手。

制度文化作为精神文化的产物和物质文化的工具，是一种社会文化现象，是社会文化复杂系统的一个层面，其与物质文化、精神文化有机结合构成了社会文化系统的复杂整体。"制度文化"是人类处理个体与他人、个体与群体关系的文化产物。包括风俗习惯、生活规范、各种制度，以及实行上述风俗习惯、生活规范、各种制度的各种具有物质载体的机构设施和个体对社会事务的参与形式。制度文化具有鲜明的时代性，个体对于社会事务的参与形式反映着不同制度文化的历史发展水平。制度文化也具有民族性，它根源于不同民族与自然界做物质交换的特殊方式，它影响着社会发展的某些特点。制度文化是制度积淀于人的内心而形成的认识与习惯，支配着人对制度的价值判断与选择，决定着人对某种制度的态度，即是被认可、执行或是被拒绝、抵制。当文化体现为规则时，它必然会以风俗习惯或制度的形式被内化；当制度体现为规则时，它必然会以某种方式反映文化价值、文化精神与文化理念。

制度文化建设是一个社会政治、经济、文化建设的重要内容，既体现和制约着社会物质文明与精神文明的发展程度，也依赖于社会现有物质文明与精神文明的整体水平的提高。江泽民明确提出衡量中国政党制度的四条标准，指出：衡量中国的政治制度和政党制度，最根本的是要从中国国情出发，从中国革命、建设、改革实践的效果着眼，一是看能否促进社会生产力持续发展和社会全面进步；二是看能否实现和发展人民民主，增强党和国家的活力，保持和发挥社会主义制度的特点和优势；三是看能否保持国家政局稳定和社会安定团结；四是看能否实现和维护最广大人民的根本利益。① 透过这四条标准，人们可以更进一步看到制度文化建设与物质文明、精神文明建设之间的内在联系。

第三，精神文化建设是先进文化建设的最高要求。

精神文化是人类在创造物质文化和形成制度文化时产生的精神活动及

---

① 参见《中国特色社会主义理论体系形成与发展大事记》，中央文献出版社 2011 年版，第373 页。

其结果的总称。作为先进文化建设的核心与最高层次的内容,最能体现一种文化的特质,也是最难改变的层面。其中包括人们的文化心理与社会意识形态。精神文化作为民族文化的深层结构或思想基础,是民族文化的灵魂和精髓,是一个民族生存、延续、发展的重要支柱,其所起到的是物质文化建设与制度文化建设的最终指向作用。江泽民明确指出:"有没有高昂的民族精神,是衡量一个国家综合国力强弱的一个重要尺度。综合国力,主要是经济实力、科技实力,这种物质力量是基础,但也离不开民族精神、民族凝聚力,精神力量也是综合国力的重要组成部分。"① 这里,我们可以进一步看到作为精神文化建设重要内容的民族精神建设的重中之重地位,以及对于民族精神建设的强调。高昂的民族精神已被解读为"衡量一个国家综合国力强弱"的重要尺度,这种解读表明人们必须充分重视民族精神的建设,特别是在全球化的背景下,民族精神的建设显得日益重要。

(三)"三个代表"重要思想中的利益观

"三个代表"重要思想明确强调代表人民群众的根本利益,是对利益问题在社会主义实践中的作用深入认识的结果,体现了对马克思主义利益观的坚持与发展。

1. 利益的类别

早在 160 多年前,马克思、恩格斯在《共产党宣言》中就郑重宣布:"无产阶级的运动是绝大多数人的、为绝大多数人谋利益的独立的运动。"② 共产党人"他们没有任何同整个无产阶级的利益不同的利益"③。从上面的论述中可以看到,在马克思主义经典作家那里,无产阶级运动阶级利益的普遍性得到了充分肯定与强调。毛泽东指出:中国共产党"必须以合乎最广大人民群众的最大利益,为最广大人民群众所拥护为最高标准"④。邓小平指出:"中国共产党员的含意或任务,如果用概括的语言来说,只有两句话:全心全意为人民服务,一切以人民利益作为每一个党员

---

① 《江泽民文选》第 2 卷,人民出版社 2006 年版,第 231 页。

② 《马克思恩格斯文集》第 2 卷,人民出版社 2009 年版,第 42 页。

③ 《马克思恩格斯文集》第 4 卷,人民出版社 2009 年版,第 3 页。

④ 《毛泽东选集》第 3 卷,人民出版社 1991 年版,第 1096 页。

的最高准绳。"① 在此，毛泽东是将合乎最广大人民群众的最大利益作为中国共产党的最高标准；邓小平是将一切为了人民利益作为每一个党员的最高行为准绳。因此，针对利益的存在，马克思主义者一直保持着十分清醒的头脑。当然，利益并不是一个单一性的概念，总体上看，从哲学上可以将利益进行如下区分。

第一，个别利益、特殊利益和一般利益、共同利益。

每一个单独个人的利益，相对于其所在群体的利益乃至社会整体的利益来说；或者说每一个单独群体的利益，相对于比它大一个层次的群体的利益乃至社会整体的利益来说，都是个别利益。个别利益就是某种特殊利益。而特殊利益又是相对一般、共同利益而言的。应该说，个人利益相对群体利益来说是个别利益、特殊利益，群体利益是共同利益；小群体利益相对大群体利益，如集体利益相对国家利益来说，就是个别利益、特殊利益，大群体的利益是共同利益。同时，每一个利益主体又必然具有个别、特殊利益和共同利益形成复杂的、对立统一的网络，最终把整个人类社会联系起来，使其成为一个完整的社会整体利益，形成整个人类社会的共同利益。群体利益相对于整个人类社会的利益，又是特殊利益。一般、共同利益寓于个别、特殊利益之中。同时，每一种一般、共同利益又必然包含着个别、特殊利益，如整个人类社会的利益，不仅以个人利益和群体利益为基础，而且包含着这些特殊利益。

第二，个人利益、群体利益和社会整体利益。

一谈到利益，总是意味着那些隶属于一定主体的利益，因为利益的分类首先是按照主体差别来进行的。不同类别的主体很多，主体的分类主要根据主体特征的差别，如主体的集合特征、群体特征、民族特征、阶级特征、生理特征、职业特征、地域特征、文化特征，等等。从利益主体的集合特征来划分，可以划分为个人利益、群体利益和社会整体利益，这是利益主体的基本类别。所谓个人利益，就是个人所追求的需要目标、对象，它构成了个人行为的主要动机，反映了个人与个人之间的利益关系。在个人利益、群体利益和社会整体利益中，个人利益是其他利益的基础。"'共同利益'在历史上任何时候都是由作为'私人'的个人造成的。"个人利益上升为共同利益的共同基础是人类的社会性。

---

① 《邓小平文选》第 1 卷，人民出版社 1994 年版，第 257 页。

共同利益有两种形式：一种是社会整体利益，一种是群体利益。社会整体的利益是整个人类社会作为利益主体的利益。社会整体利益有两种情况：一是单个人、单个群体的共同利益之所在；二是在人类社会形成一个有机的、完整的利益主体时实现的利益。随着科学技术的进步和文明程度的提高，人们逐步对整个人类社会的共同利益有更加清楚的认识。整个人类社会的共同利益也是一个逐渐形成和发展的过程。现代社会科学家和自然科学家所关心的许多问题，如能源问题、人口问题、生态问题、战争问题、环境问题、污染问题等，都涉及整个人类社会的共同利益，尽管这些问题的解决还为时过早，但人们已经认识到，只有从整个人类的共同利益出发才能解决这些问题。

第三，阶级利益、民族利益和国家利益。

在群体利益中，有几种群体利益是极为重要的，它们在社会历史发展过程中的某一阶段的社会生活中曾占有举足轻重的地位。

首先是阶级利益。列宁给阶级下的定义是："所谓阶级，就是这样一些大的集团，这些集团在历史上一定的社会生产体系中所处的地位不同，同生产资料的关系（这种关系大部分是在法律上明文规定了的）不同，在社会劳动组织中所起的作用不同，因而取得归自己支配的那份社会财富的方式和多寡也不同。所谓阶级，就是这样一些集团，由于它们在一定社会经济结构中所处的地位不同，其中一个集团能够占有另一个集团的劳动。"① 列宁定义阶级时所着重提到的是阶级的集团性。所谓阶级利益就是这些社会集团的共同利益，它是以经济上处于不同地位的个人利益为基础，同时又体现阶级内部各成员的利益的本质，体现了阶级内部不同个人、群体、阶层的共同利益。同时它又高于个别利益，制约着阶级内部各成员的个别利益和个别行为。自从人类社会出现私有制、进入阶级社会以来，阶级利益就成为一种对社会发展起极其重要作用的利益。在阶级社会中，必然存在两大主要的根本对立的阶级利益。从总体来看，这两大对立的利益就是统治阶级和被统治阶级、剥削阶级和被剥削阶级的利益。这两大对立的阶级利益，在不同的社会历史形态中具有不同的内容，相互对立的形式也不同。这两大对立的阶级利益决定着各社会形态中大多数人的行为，也是社会发生经济、政治冲突的根源。

---

① 《列宁选集》第 4 卷，人民出版社 1995 年版，第 11 页。

其次是民族利益。民族是人们在长期发展的历史中形成的具有共同语言、共同地域、共同经济生活和政治生活，以及具有共同心理的稳定的社会共同体。在这样的社会共同体中，形成民族的共同利益。民族利益的内容是非常广泛的，其中维持民族生存和发展的民族经济利益是最基本的共同利益。民族利益使各民族中的成员保持着某些共同的文化特点和民族情感。同一民族具有共同的民族利益，这并不排除阶级利益及同一民族中不同阶级利益的对立和差别。在阶级社会中，民族利益说到底也是阶级利益，至少受阶级利益的影响、制约。民族利益也是一种特殊利益，与阶级利益有一定差别。

最后是国家利益。国家以地域划分其居民，并设有公共权力、常任官吏以及各种暴力机构。自国家产生以来，国家的公共权力和暴力机构始终掌握在该社会形态中的统治阶级手中。列宁指出："国家是维护一个阶级对另一个阶级的统治的机器。"① 国家的这一阶级实质最终决定了国家利益的实质。因此，国家利益并不是满足全体居民需要的利益，而是该国家中居于统治地位的阶级利益，是一种阶级利益的特殊形式。在多民族的国家中，民族利益相对于国家利益而言，又是一种特殊利益。

第四，物质利益和精神利益。

物质利益体现了利益主体之间的物质分配关系，是以物质需求对象为实际内容的利益类别。物质需要是人的最基本的需要，只有这种需要得到基本的满足，人才能生存和发展，物质需要的满足是人类其他一切历史活动的基础。物质利益体现了利益主体对物质需要的一种经济分配、物质享有关系。人们进行劳动和生产，直接为了获得物质利益；进行阶级斗争、社会革命，最终也是为了实现物质利益。精神利益是以精神需求对象为实际内容的利益类别。随着人类文明的发展，人们对精神利益的追求将会越来越迫切。物质利益是精神利益的基础和保障。尽管在某一时间或在某些人看来，精神利益的实现重于物质利益，但物质利益始终是精神利益的基础。

第五，经济利益和政治利益。

物质利益和精神利益必须在一定的社会关系中，通过各种经济的和非经济的活动才能得以实现。因此，在现实社会生活中，物质利益和精神利

① 《列宁选集》第4卷，人民出版社1995年版，第31页。

益又往往表现为经济利益和非经济利益，如政治利益。

人们要获得物质利益，就必须在一定的经济关系中，参与社会经济活动，创造出物的使用价值，并通过一定的经济关系使物的使用价值进入分配、流通、交换和消费领域，这就产生了经济需要，从而形成经济利益。所谓经济利益是对经济关系、经济活动及其成果——产品的占有、享有和消费，或者是对一定的收入的需要的满足，反映了社会利益的一种社会经济关系的形式。经济利益又可分为许多不同的种类，如消费利益、货币利益、收入利益等。物质利益、精神利益和经济利益、政治利益既有区别，又有重合。大多数物质利益都采用了社会经济关系的形式，因而它同经济利益是重合的。但也有很大部分的物质利益不一定是经济利益。一部分精神利益也可能同时就是经济利益。在社会物质消费品还没有达到极大丰富时，物质消费始终是大多数人的经济利益。在处于商品经济阶段的人类社会中，一般等价物只能是货币，因而货币利益又是最普遍的经济利益的形式。货币利益不仅可以实现人们的物质利益，同时也是实现精神利益的重要媒介。绝大多数经济利益与物质利益是重合的。有些经济利益的实现，不仅可以满足人们的物质需要，而且也使人们的精神得到享受，实现人们的精神利益。

与经济利益相对的是非经济利益，大多数精神利益是非经济利益。也有一部分物质利益是非经济利益。非经济利益是通过非经济活动使人们的非经济需要得到满足的利益。

在非经济利益中最重要的是政治利益。在一定的经济关系下进行正常的经济活动以实现人们的经济利益，就必须有一定的政治上层建筑做保障，就必须进行一系列的政治活动，这就产生了政治需要。人们的政治需要通过一定的政治活动，经过一定的政治关系的过滤最终得到满足，这就是政治利益，政治利益体现了一定的政治关系。在存在阶级的社会中，政治的主要内容是一些大的集团通过国家政权以及各种权力手段来达到一定的政治目的，从而达到一定的经济目的，实现一定利益（主要是物质利益、经济利益）。政治利益是经济利益的集中表现。当然，政治利益中也可以分为许多不同种类，如政党利益、权利利益、革命利益等。不仅不同的阶级具有不同的政治利益，在同一阶级内部也会有不同的政治利益。

第六，长远利益和眼前利益、整体利益和局部利益、将来利益和既得利益、根本利益和暂时利益、现实利益和理想利益。

根据利益的范围程度，可以分为上述几种利益。长远利益是人们较长远的、对将来人的某种需要的存在和发展起作用的利益，是久远以后可以实现的利益。眼前利益是人们的短期需要的利益，是近期可以实现的利益。长远利益与眼前利益是相对而言的，是可以相互转化的。

在长远利益和眼前利益的关系中，眼前利益是基础，没有眼前利益，人们目前的需要不能得到满足，不能保障人们的生存，也就谈不上与未来发展有关的长远利益。但长远利益比眼前利益更根本、更重要。只要眼前利益，不顾长远利益，就中断了发展之路，眼前利益也只能是杯水车薪，从而会根本丧失眼前利益。一般来说，眼前利益是激励群众行动的主要动因。群众总是根据目前的需要来确定自己所追求的利益目标。由于长远利益常常在一般群众的视野之外，在一些群众那里就会发生长远利益和眼前利益脱节的现象，使长远利益和眼前利益发生矛盾，使得一些人只顾眼前利益而危害人们生存和发展的长远利益，使人们的行为陷入被动与盲目之中。因此，利用各种方式打开人们的眼界，使人们认识到长远利益的重要性，使人们的行为不仅以眼前利益为目的，而且与长远利益一致起来，甚至为了长远利益暂时放弃部分眼前利益，这是提高人们行为活动自觉性的重要环节。当然，在追求长远利益时，时刻不能忘记人们的眼前利益，并尽可能使人们的眼前利益得到满足，否则，对长远利益的追求就会失去动力而流于空想。毛泽东曾经在我国农业合作化运动中指出："如果我们没有新东西给农民，不能帮助农民提高生产力，增加收入，共同富裕起来，那些穷人就不相信我们，他们会觉得跟共产党走没有意思，分了土地不是穷，他们为什么要跟你走呀？"这就指出了眼前利益的重要性。

整体利益是指某一个共同体的共同利益，如国家整体利益、民族整体利益、阶级整体利益等。局部利益是指整体利益中的某一个部分的利益。整体利益是由局部利益构成的，但局部利益的简单相加并不等于整体利益。整体利益指导、制约、影响局部利益，实现局部利益又是实现整体利益的前提。局部利益要服从整体利益，而实现整体利益又必须考虑到局部利益。

将来利益是长远的、根本的、为之努力争取的利益。既得利益是暂时的、短期的、眼前的、已经得到的但将来有可能会丧失的、放弃的利益。将来利益指导既得利益。不能囿于既得利益而放弃长远的、根本的利益，放弃奋斗，甚至为了保住既得利益，而逆历史潮流，做损害长远、根本利益的事情。

根本利益是长远的、整体的、将来的，反映大多数人要求的利益。暂时利益则是浅层次的、近期的、个别的，甚至只反映了少数人要求的或是不合理要求的利益。根本利益指导、制约、支配暂时利益，暂时利益服从、让位于根本利益。

在一般情况下，人们的利益可以分为两大部分：一部分是当时生产力水平所能提供的利益，可以视之为现实利益。另一部分是当时的生产力水平所不能提供的，但经过相当时间的发展可以得到满足的利益，可以视之为理想利益。现实利益，是该社会已经具备的生产力状况所提供给人们的，以供人们满足物质文化需要的、现成的利益。一定社会、一定历史时期的一切利益是不是现实的，取决于该社会所能提供给社会的利益是否会使人们的物质文化需要得到满足，最终又取决于当时社会已达到的生产力水平。理想利益是人们奋斗所追求的、将来要实现的利益目标。在一定程度上，它也是长远的利益、将来的利益。

2. 何谓人民群众的根本利益

"三个代表"重要思想中着重提出了"人民群众的根本利益"，那么究竟什么是人民群众的根本利益呢？综合前面有关利益的不同分类，总体来说"人民群众的根本利益"具有以下特征。

第一，人民群众的根本利益首先是作为整体利益、群体利益、共同利益而存在的。

由于人民群众本身是一个"类存在"，所以，人民群众的根本利益从本质上说是与整体利益、群体利益、共同利益联系在一起的。一方面，人民群众的根本利益是在个人利益的基础上形成的，它是离不开个人利益的；但另一方面，人民群众的根本利益又是具有其整体上的独立性的。马克思指出："那些有时间从事历史研究的为数不多的共产主义理论家，他们的突出的地方正在于：只有他们才发现了'共同利益'在历史上任何时候都是由作为'私人'的个人造成。"① 在此我们可以清楚地看到整体利益、群体利益、共同利益并不是空中楼阁，它们是与个人利益存在着不可分割的内在联系的。

第二，人民群众的根本利益是一个利益综合体：既包括物质利益与精

---

① 《马克思恩格斯全集》第3卷，人民出版社1960年版，第275—276页。

神利益，也包括经济利益和政治利益，等等。

人民群众的根本利益并不是单一的存在，而是利益的综合。在人民群众的根本利益中，既存在着对物质利益的向往，也存在着对精神利益的追求；既有单纯的经济利益追求，也有政治利益追求。政治产生于"群居生活"的需要，因此，在人民群众这个"类存在"中势必存在着对政治以及政治利益的需求。政治是经济的集中反映，政治作为经济利益的手段和工具，是为经济服务的，它为经济利益的实现提供重要的保障。政治利益对经济利益的反作用表现在两个方面：一方面，政治利益的实现是实现经济利益的前提。为了获得一定的经济利益，必须先实现一定的政治利益。只有政治利益实现以后，才能使某种经济利益的实现成为可能。另一方面，政治利益可以巩固既得的经济利益。正因为人民群众的根本利益是利益的综合体，因此，在实现人民群众的根本利益过程中，绝不能只是满足单纯地追求某一种利益的实现（如物质利益、经济利益或政治利益等）。

第三，人民群众的根本利益是与长远利益、将来利益以及理想利益紧密相连的。

由于根本利益是长远的、整体的、将来的，反映大多数人要求的利益，因此，从普遍意义上说，它是与长远利益、将来利益乃至理想利益联系在一起的。正因如此，尽管必须关注人民群众的暂时利益、现实利益、既得利益，但是，从根本上说，人民群众的暂时利益、现实利益与既得利益，必须服从、让位于根本利益；根本利益对于它们来说是起着指导、制约、支配作用的。

3. 人民群众根本利益与社会主义实践

人民群众的根本利益在"三个代表"重要思想中的明确提出，有利于正确理解其在社会主义实践中的历史作用。

第一，人民群众的根本利益是社会主义巩固和发展的可靠保证。人民群众的根本利益不断地充分实现和社会主义不断地巩固和发展，是密切相关的。改革以前，在长期的极"左"路线影响下，急于求成，以政治运动的方法搞经济建设，结果严重影响了人民群众的根本利益的实现。在社会主义制度下，如果不搞现代化建设，不提高科学技术水平，不发展社会生产力，不增加国家的实力，一句话，不改善人民群众的物质文化生活，不顾人民群众的根本利益，那么，社会主义制度就不可能得到充分巩固，国家安全也不可能有可靠的保障。因此，只有以经济建设为中心，全力以赴搞现代化，增加国家的实力，不断提高人民群众的生活水平，才能使社会主义更加有力量，也才能使之更加受到人民群众的拥护。

第二，社会主义真正代表人民群众的长远利益、根本利益。社会主义的本质就在于，解放生产力和发展生产力，通过消灭阶级、消灭剥削和两极分化，达到共同富裕。即从长远、从根本上实现人民群众的利益。宏观地看，社会主义制度相对于资本主义制度的优越性表现在许多方面，归根结底，是要大幅度发展社会生产力，逐步改善、提高人民群众的物质生活和精神生活，保证国家稳定，走向繁荣和强大。微观地看，在一个地方或企业，社会主义建设搞得怎么样，速度快慢、成绩大小、效益高低，很大程度上要看这些地方或者企业人民群众的生活水平提高有多大。在党的十五届五中全会上，江泽民指出："不断提高人民生活水平，是我们党一切工作的根本出发点和归宿。人民生活不断改善，就会更加拥护我们党的领导和社会主义制度，更加充满信心地投入改革开放和现代化建设，我们党的执政基础也就能够日益巩固。……在整个社会生产和建设发展的基础上，不断使全体人民得到并日益增加看得见的利益，始终是我们中国共产党人的神圣职责。"① 从这段论述中可以看到，人民群众的利益被具体地落实为"不断提高人民生活水平"。在人民生活水平得不到提高的情况下，强调人民群众的利益就是空谈。

第三，社会主义实践的最终目的是保证人民群众的根本利益得以实现。马克思明确指出："历史不过是追求着自己目的的人的活动而已。"② "人们为之奋斗的一切，都同他们的利益有关。"③ 由此可见，在马克思那里，人们的社会实践是与利益追求紧密相连的，或者换句话说，追求利益是人们的实践活动目的的重要内容。马克思认为："任何一种所谓的人权都没有超出利己的人，没有超出作为市民社会成员的人，即没有超出封闭于自身、封闭于自己的私人利益和自己的私人任意行为、脱离共同体的个体。在这些权利中，人绝对不是类存在物，相反，类生活本身，即社会，显现为诸个体的外部框架，显现为他们原有的独立性的限制。把他们连接

---

①　《江泽民文选》第 3 卷，人民出版社 2006 年版，第 121—122 页。

②　《马克思恩格斯文集》第 1 卷，人民出版社 2009 年版，第 295 页。

③　《马克思恩格斯全集》第 1 卷，人民出版社 1995 年版，第 187 页。

起来的唯一纽带是自然的必然性，是需要和私人利益。"① 而"每一既定社会的经济关系首先表现为利益"②。因此，具体而言，利益就是人与社会的连接纽带，是人类思想意识的基础，也是人类社会中统治、支配着其他一切原则的基本原则；人们的劳动的最根本的动因就是获取利益。尽管追求利益并不是人类社会的唯一目标，但是人类社会发展的最根本的目标就是为了更好地实现人的利益。这样一来，社会主义的发展势必是不能脱离利益的。社会主义从产生之日起，就把实现人民群众的利益追求、组织和领导人民群众为自己的利益而奋斗写在自己的旗帜上。马克思主义的目的就在于，消灭阶级剥削和阶级压迫，消灭一切不合理的社会现象，使无产阶级和劳动人民群众成为自然的主人、社会的主人、自己的主人，实现自己的利益。社会主义的本质就在于，从人民群众的利益出发，从最广大的人民群众的眼前利益和长远利益、局部利益和全局利益、一般利益与根本利益的统一出发，使人民群众得到实实在在的利益。江泽民在党的十三届七中全会闭幕时的讲话中强调指出："要通过改革正确处理各种利益关系，比如中央和地方，沿海和内地，城市和农村，大中型国营企业和其他企业，以及全局和局部，长远和眼前，国家、集体和个人等等之间的利益关系。改革一定要涉及这些利益关系。基本的原则应该是，从全国人民的共同利益出发，统筹兼顾，适当安排，发挥社会主义制度能够调动各方面积极因素、激发各方面创造精神的优越性，能够集中必要的人力、物力、财力办一些大事情的优越性。这就是说，既要照顾各个方面的利益，又要坚持局部利益服从全局利益，眼前利益服从长远利益。"③ 在这里，他较为全面地谈到了各种利益的兼顾问题，其中包括中央和地方，沿海和内地，城市和农村，大中型国营企业和其他企业，以及全局和局部，长远和眼前，国家、集体和个人等之间的利益关系。

第四，社会主义实践在实现人民群众根本利益上所真正体现的是人民主体论思想。马克思主义认为，社会历史发展的自然历史过程是有规律可循的，但它的规律不是自发地起作用，而是通过人民群众的活动来实现。人民群众是创造物质财富和精神财富的主体，是历史发展的主体，是历史

① 《马克思恩格斯文集》第 1 卷，人民出版社 2009 年版，第 42 页。
② 《马克思恩格斯文集》第 3 卷，人民出版社 2009 年版，第 320 页。
③ 《十三大以来重要文献选编》（中），人民出版社 1991 年版，第 1431 页。

的真正创造者。他们理所当然地应该享受自己创造的物质和精神财富。我们要从历史规律实现的特殊性上理解人民的历史主体性，从人民的历史主体性上把握历史发展的规律，从历史规律性和历史主体性的结合上，深刻理解实现社会主义是实现人民群众根本利益的重要保证的真理性。在任何时候任何情况下，社会主义都必须坚持尊重社会发展规律与尊重人民历史主体地位的一致性，坚持为崇高理想奋斗与为最广大人民谋利益的一致性，坚持完成社会主义的根本目标与实现人民群众根本利益的一致性。坚信人民群众是真正英雄的历史唯物主义观点不能丢。

（四）"三个代表"重要思想是唯物史观的继承与创新

前面笔者深入分析了"三个代表"重要思想的具体内容。从唯物史观的角度来看，"三个代表"重要思想不仅是唯物史观的创造性运用，同时也是对其的创造性发展。通过"三个代表"重要思想，人类社会发展合规律性与合目的性得到了更进一步的统一；生产力、文化与利益之间形成了综合统一关系；全面、整体推进社会进步，成为社会主义发展的主旋律。

1. "三个代表"重要思想实现合规律性与合目的性辩证统一

在马克思主义哲学诞生以前，在唯心主义哲学家那里，社会历史（确切地说是社会历史过程）的合规律性、合目的性与人的活动的合规律性、合目的性是两个完全不同的问题。社会历史的合规律性、合目的性，要解决的是历史的必然性、进步性与人的自由意志的关系问题，是从人类历史总体、从历时态来说的。在维科、康德和黑格尔那里就是如此。在他们看来，特殊的个人的活动往往是不合目的的，他们追求自己的特殊目的的活动只不过是神、自然或理性实现自己的无限的目的的工具。

合规律性强调的是客观的方面，合目的性强调的是主观的方面。从这个侧面看，两者肯定是对立的。但从另一侧面看，它们又是一致的。因为自由意志的合目的性活动，本质上不过是被意识到了的合规律性的活动。排斥了合规律性的内容，合目的性就会成为不可理解的。作为唯物史观的创始人，马克思、恩格斯的出发点是"现实的人"和"物质生产"，他们不抽象地谈论"社会"和"历史"，他们眼中的历史指的是处于一定性质的社会、一定生产方式之中的人的活动。因而，在他们那里，合规律性与合目的性是人的有意识、有目的的活动，区别于动物的本能活动的特性。

社会的发展并不是一种外在于人的活动，人的目的性活动内在于其中。在马克思、恩格斯看来，社会发展的历史就是人的有目的的活动的历史。自有阶级的社会产生以来，人类社会的发展始终是在阶级之间的对抗中运动发展的。马克思指出："当文明一开始的时候，生产就开始建立在级别、等级和阶级的对抗上，最后建立在积累的劳动和直接的劳动的对抗上。没有对抗就没有进步。这是文明直到今天所遵循的规律。到目前为止，生产力就是由于这种阶级对抗的规律而发展起来的。"① 讨论人类社会发展的客观规律性，无论如何也不能离开对人的目的性分析。离开了人的目的性，也就无所谓人类社会的发展规律。那种一谈到规律，就自然地将社会发展的规律性与人的目的性相分离的观点，不能说是正确掌握了历史唯物主义关于社会发展规律的精神实质。

波普尔在《历史决定论的贫困》和《科学发现的逻辑》的《跋：二十年以后》等著中，否定了作为整体的社会历史发展的规律性及可预测性。马克思主义历史观认为，同其他一切运动形式一样，社会发展也是有其内在规律性的，人类社会历史首先是合规律的历史。但也正如波普尔所批评的那样，"不能错误地模仿自然科学的方法"②，把社会实体等同于自然物。所谓社会规律，是一定社会前提条件与其结果之间的、本质的、必然的联系。构成社会历史前提条件的除纯粹自然因素外，主要的是主体的实践活动及其结果。所以，从某种意义上说，社会发展的规律，就是主体——人的实践活动的规律。把社会发展规律看作主体实践活动的规律并不能否定社会规律的客观性。首先，从实践结果看，前人实践的成果，已经以客体的形式构成了下一代人发展的前提条件。它作为一种客观的、先天的、既得的力量，具有不可选择性。其次，从实践的目的性看，源于个体的需要、动机，似乎是主观性的东西。但是，现代社会心理学已证明需要的客观性。所以主观目的性亦不是为所欲为的主观臆想，其背后亦有着深刻的"物质"方面的原因。可见，作为主体实践活动的规律——历史规律亦是不以人的意志为转移的客观规律。其实，合规律性、必然性并不就是唯一现实性。社会历史发展的条件及其之间的联系都是极为复杂的，

① 《马克思恩格斯全集》第 4 卷，人民出版社 1958 年版，第 104 页。

② ［奥地利］波普尔：《历史决定论的贫困》，杜汝楫、邱仁宗译，上海人民出版社 2009 年版，第 83 页。

一事物可同许多事物发生本质的联系。因此各种历史事件的发展规律往往交叉纠缠在一起，形成一张错综复杂的"规律之网"。因而，任一存在联系、发展规律都要受到各种意想不到的"干扰"。正是这种"干扰"，为社会历史发展提供了多种可能，即"必然纯粹由偶然构成"，并寓于偶然性之中。

唯物史观指出社会发展是合规律性与合目的性的统一，是决定性和选择性的统一。从"三个代表"重要思想中，人们可以清楚地看到尊重社会发展的客观规律与充分发挥人的主观能动性的辩证统一。首先，承认社会历史发展的客观规律性，是"三个代表"重要思想的基本原则。江泽民认为，"先进生产力的发展要求""先进文化的前进方向""最广大人民群众的根本利益"都是历史发展中的客观因素、必然趋势。人们不能左右"先进生产力的发展要求"，不能改变"先进文化的前进方向"，不能背离"最广大人民群众的根本利益"。我们党必须以决定论原则去观察一切客观的事物及其发展过程，实事求是地认识人类社会的历史，看清社会历史发展的方向性和规定性，顺应历史的潮流，坚持"三个代表"，严格按客观规律办事。其次，强调调动人的主观能动性，是"三个代表"重要思想的思想核心。"三个代表"中的"代表"，以动词形式出现，是一种主体行为，就是人的主观能动性的发挥。而且，这里的"代表"，不是一般的"代表"，是"始终""自觉"地"代表"。在毛泽东那里，强调人的主观能动性的发挥是与强调尊重客观规律紧密相连的，因此，他明确地指出了"实事求是"的重要性。在邓小平那里，通过提出"解放思想，实事求是"，不仅强调了尊重客观规律的重要性，同时也明确了作为人自身在思想认识上发挥主观能动性的重要性。江泽民认为，贯彻"三个代表"重要思想，关键在"代表"。在这里"代表"一词更加重视的是主体在实践与认识上的引领作用，是对毛泽东、邓小平关于人的主观能动性思想的进一步深化。我们党作为执政党，要知道社会发展虽然是一种客观过程，但却不是纯粹自发的过程，而是自发过程与人的自觉活动的统一；我们不能违背客观规律，但可以利用客观规律；我们党必须以选择性原则来确定自己行为的方向和方式，来思考自己的历史使命；要在历史发展的"可能性空间"中做出正确的抉择，积极创造有利条件，通过自己的积极努力，在21世纪，实现中华民族新的腾飞。

唯物史观强调人的实践活动是受动性和能动性的统一，"三个代表"

重要思想依据这一原理，为我们党确立了一种全新的理论视角和崭新的思维方式。即中国目前处在社会主义初级阶段，生产力落后，科学技术不发达，教育文化水平低，而且发展很不平衡。这就是我们社会主义现代化建设的现有的社会历史条件，是制约中国特色社会主义事业发展的主要因素。我们不能超越这一历史条件，否则就会陷入盲目性，欲速则不达。这方面，我们已有深刻的历史教训。我们虽然不能自由选择自己的历史条件，但是，可以通过自己的能动性、创造性的活动创造出更加适合自己和下一代发展的新的历史条件。

既然社会发展是合规律性与合目的性的统一，社会实践是受动性与能动性的统一，那么，在建设中国特色社会主义的实践活动中，怎样才能做到既要尊重历史的必然性，又要充分发挥人的主观能动性呢？"三个代表"重要思想为我们提供了具体的行动指南和实践方略。

第一，在"始终代表中国先进生产力的发展要求"中，历史的必然性表现为生产力是最活跃、最革命的因素，是社会发展的最终决定力量。生产力与生产关系、经济基础与上层建筑的矛盾，构成社会的基本矛盾。这个基本矛盾的运动，决定着社会性质的变化和社会经济政治文化的发展方向。强调我们党要尊重历史的必然性，在这里，就是要遵循生产力发展的规律，反映并代表先进生产力的发展要求，坚定不移地以经济建设为中心，把解放与发展先进生产力作为执政兴国的第一要务。主体的能动性则表现为如何根据生产关系一定要适合生产力状况的规律，提出科学的理论和纲领，制定出符合先进生产力发展要求的路线、方针和政策，正确选择经济体制和发展战略。具体体制和战略的选择，可以表现出巨大的能动性，不同的选择对于主体目的的实现和客观规律的符合会有所差别，甚至截然不同。所以，要特别慎重。实践证明，我们选择社会主义市场经济体制、科教兴国战略和可持续发展战略，是正确的抉择，是发挥主体能动性的重要体现。

第二，在"始终代表中国最广大人民的根本利益"中，首先要明确，人民群众是社会实践和社会历史的主体。人民群众作为社会物质财富、精神财富的创造者和社会变革的推动者，对历史的发展起决定作用。历史乃是人民群众自己的历史，历史发展的客观规律也就是人民群众创造历史的活动的规律。在这里，尊重社会发展规律，就要尊重人民群众的历史主体地位，尊重人民群众的首创精神；就要坚持党的群众路线和群众观点；就要立党为公，执政为民，把人民群众的根本利益作为出发点和归宿，全心全意为人民谋利益。其次要懂得，实现好、维护好和发展好最广大人民的利益，是离不开人的主观能动性发挥的，需要提出科学的理论和纲领，制定出符合最广大人民根本利益的路线、方针和政策，并且要努力做好各项工作，为人民群众办实事、办好事。当前，要把人民群众的经济利益、政治利益和文化利益全面统一起来，推进国民经济持续快速健康发展，不断提高人民群众的生活水平和生活质量；推进政治体制改革，充分保证人民群众的民主权利；推进社会主义精神文明建设，努力满足人民群众的精神文化生活需要。要正确处理好人民群众的整体利益和各方面具体利益的关系，在努力兼顾和妥善处理各方面的利益关系时，首先考虑和满足最大多数人的利益要求。要正确处理好眼前利益和长远利益的关系，既要充分满足人民群众的现实需要，尽快提高他们的生活水平和生活质量，又要全面考虑人民群众的长远利益，确保国民经济的可持续增长和资源环境的永续利用。要坚持不懈地对党员干部进行党的宗旨教育，帮助他们坚持党的群众工作路线，掌握做好新形势下群众工作的本领和方法，保持共产党人的蓬勃朝气、昂扬锐气、浩然正气，永远与人民群众心连心。

第三，在"始终代表中国先进文化的前进方向"中，要认识到社会存在决定社会意识，社会意识是社会存在的反映，但社会意识一经产生就有自己的特殊发展形式和发展规律，具有相对独立性，这种相对独立性突出表现为社会意识对社会存在有能动的反作用；精神文明是社会意识中积极的、精华的部分，精神文明以物质文明为基础，又对物质文明有巨大的反作用，是物质文明得以巩固和发展的条件；人创造文化，文化又塑造人，文化的发展可以促进社会和人的发展等都是社会发展中的客观规律。尊重这些社会发展中的客观规律，就要高度重视意识形态的科学研究和正确开展思想领域的斗争；在发展社会主义经济、政治的同时，加强社会主义精神文明建设；坚持先进文化的前进方向，全面建设和繁荣我国的文化事业。还要看到，社会意识对社会存在的反作用有性质的不同，先进的社会意识对社会发展起促进作用，落后的社会意识对社会发展起阻碍作用，这里有一个甄别、选择的问题；高度的社会主义精神文明有一个重在建设的问题；先进文化有一个扶植和培育的问题。解决这些问题，都离不开人的主观能动性的发挥，需要提出科学的理论和纲领，制定出符合先进文化前进方向的路线、方针和政策，采取积极有效的发展措施。当前，要大力发展面向现代化、面向世界、面向未来的，民族的、科学的、大众的社会主义文化。坚持和巩固马克思列宁主义、毛泽东思想、邓小平理论在意识形态领域的指导地位，用"三个代表"要求统领社会主义文化建设。要立足于改革开放和现代化建设实践，着眼于世界科学文化发展前沿，积极进行文化创新，不断增强中国特色社会主义文化的吸引力和感召力。要把培育和弘扬民族精神作为文化建设的一个极为重要的任务，使广大人民在建设中国特色社会主义的征途上，始终保持奋发有为、昂扬向上的精神状态。

2. "三个代表"重要思想实现生产力、文化与利益的综合统一

坚持唯物史观比发展唯物史观要来得容易一些，去掉具体内容，丢掉唯物史观的灵魂，单以命题和教条去讲授、宣传、传播唯物史观，都可以称为坚持。然而这种坚持恰恰忘掉、丢掉甚至毁掉了马克思唯物史观的灵魂。只有发展它才能很好地坚持它。不变的是唯物史观的精神，变的是唯物史观的对象。变的理由可分为思想的逻辑和历史的逻辑两种。从思想逻辑看，马克思发现唯物史观、表述唯物史观都是在进行大量的具体研究之后，而不是预先给予的；而对我们今天的绝大部分马克思主义哲学工作者来说，在对社会结构、社会运动进行具体研究之前，实际上已经预先地被唯物史观化了。他们以为，只要把马克思形成并表述唯物史观的心路历程"清晰"地描述出来，并把唯物史观的具体内容准确地复述出来，就算地道的马克思主义哲学工作者甚至是马克思主义哲学家了。这种本末倒置的思维方式和研究方式，使我们陷入了马克思和恩格斯当年批判黑格尔哲学的情境：面对黑格尔哲学除了吟诵、欣赏、崇拜之外，就再也无事可做了。事实上，从思想的逻辑进程中，马克思的哲学方法和哲学观是在从事具体研究之后给出的，而不是预先给予。

在第二章中我们曾经分析了邓小平对于唯物史观的重要贡献之一，就是解决了将经济问题与政治问题混同起来的问题，将被毛泽东所遗忘的生产力予以了明确恢复，从而实现了对于生产力在社会发展中重要作用的重新认识。与此同时，我们也强调邓小平纠正了将和平建设时期的经济利益关系及其调节机制混同于战争时期军事共产主义条件下的利益关系的问题，使群众利益以其本应有的方式进入人们的视线，从而将群众利益提到了其应有的高度。因此，应当看到的是，当"三个代表"重要思想将生产力、文化以及利益以并列的方式提出时，所起到的是提纲挈领的作用，

所反映出来的是对唯物史观的重大创新。在"三个代表"重要思想中生产力、文化与利益被统一到全面理解社会发展的动力机制之中,从而使社会发展成为融先进生产力、先进文化与群众利益为一体的有机统一整体。

在生产力、文化与利益三者的关系中,生产力是根本,文化是主导,利益是诱因。尽管马克思主义唯物史观从未排斥过利益,但是利益问题在相当长的时间内却是被忌讳提起的,利益问题往往被当作伦理学、政治学或者经济学的内容而被排斥在马克思主义哲学的视域之外。邓小平对于利益问题的重提,是对马克思主义唯物史观本意的恢复,而"三个代表"重要思想将利益问题与生产力、文化并列起来,充分表明了利益问题的重要性以及不可回避性。应当看到的是,随着改革开放的日益深入,人们不仅不再回避利益,甚至提出马克思主义的利益分析方法,力求运用马克思主义关于利益的观点去观察社会生活,"三个代表"重要思想重视利益问题正是这一思路的重要成果。

在"三个代表"重要思想的思想体系中,先进生产力是根本,因为没有先进的生产力,先进文化与满足人民群众利益都是无法得到保证的;先进文化是主导,因为没有先进的文化,先进生产力是无法存续与发展的,同时满足人民群众的根本利益需求也会最终成为一句空话;满足人民群众的根本利益既是发展先进生产力与先进文化的主要诱因,又是它们的目的。准确地说,在推动社会发展过程中,生产力、文化与利益三要素是缺一不可的。如果人们忘记了发展生产力的重要性,文化与利益就会只是空中楼阁,只会是空谈,这是晚年毛泽东所犯的主要错误;如果人们忘记了文化的重要性,生产力与利益就会无法得到持久的保证,即使引入外来生产力,社会发展也只会是昙花一现;如果人们忘记了人民群众的利益,生产力与文化的发展就会缺少持续的发展动力。

3. "三个代表"重要思想体现事实尺度与价值尺度的综合统一

在第二章中我们分析了晚年毛泽东在唯物史观上的重大失误就在于忘记了生产力标准,而只是用价值尺度衡量社会发展,致使社会主义发展遭受了挫折;邓小平理论的重大贡献就是对于马克思主义唯物史观的双重判断尺度的恢复,拾起了被毛泽东遗忘的生产力标准。但是,应当看到的是,如果说邓小平理论恢复了马克思主义唯物史观双重社会判断尺度的话,那么,"三个代表"重要思想则是让马克思主义唯物史观的双重社会判断尺度切实地体现在中国共产党人的指导思想之中,从而使得中国共产党人的社会主义建设指南有了具体的行动目标。

在"三个代表"重要思想中，除了强调发展先进生产力的重要性之外，特别强调了发展先进文化与群众利益的重要性。对于先进文化与群众利益重要性的重视，所体现出来的就是对于价值尺度的重视，因为文化与利益都是有价值指向的。代表先进文化与群众利益的提出，反映出中国共产党人对于建立优秀的社会主义文化与满足最广大人民群众的根本利益，是充满自信的。

4. "三个代表"重要思想实现生产力与上层建筑的辩证统一

社会生产是人类社会存在和发展的基础，同时也是马克思考察、分析人类社会，建构唯物史观的客观根据。马克思逝世后，由于时代的局限（主要是受物质生活资料匮乏的制约），特别是马克思的后人的"误读""误解"，他们在整理、宣传、捍卫、阐释、传播马克思主义哲学的过程中把马克思上述观点、方法绝对化、教条化了。因此，在传统的唯物史观视野中，社会生产成为物质生产的同义语。所谓一部人类社会发展史就成为物质生产方式的发展史，成为物质生活资料生产者的历史，成为体力劳动者和脑力劳动者对抗的历史。对此，斯大林在1938年9月所著的《论辩证唯物主义和历史唯物主义》一文中曾把其经典地概括为："社会发展史首先是生产的发展史，是各种生产方式在许多世纪过程中依次更迭的历史，是生产力和人们生产关系的发展史。这就是说，社会发展史同时也是物质资料生产者本身的历史，即作为生产过程中的基本力量、生产社会生存所必需的物质资料的劳动群众的历史。"①

上述观点具有一定的真理性。一方面，它反映了人类社会自原始社会末期以来，直至资本主义社会，特别是社会主义社会产生以前，人类社会整体上处于物质生活资料匮乏、精神生产和精神生活尚未充分展开的状态，揭示了物质生产、物质生产的主体——体力劳动者（特别是农民、工人）在社会物质财富的创造和人类历史发展过程中的主导作用。另一方面，它也揭示了在阶级社会里，精神生产长期游离于社会的发展之外，以及物质生产者与精神生产者之间对抗的事实。但是这种观点，只是马克思关于人类社会发展的特定阶段，即阶级社会的分析和论述。因此，不能用它来代替整个马克思主义的历史观。

---

① 《斯大林文集》，人民出版社1985年版，第220页。

从今天的视角看，这种观点有其历史局限性。主要表现为：第一，对精神生产在人类社会发展过程的重要作用认识不足。根据唯物史观，精神生产是一个历史范畴。它在人类社会发展的不同阶段所起的作用是不同的。但抛开具体的历史条件不谈，精神生产的主要作用表现为：一是生产精神产品满足人们的精神需求；二是为物质生产、社会发展提供理论观点、实践观念、价值取向、行为规范，从而保证人类社会发展的合规律性和合目的性的统一。因此，历史上的思想家们十分重视精神生产的研究。在马克思主义哲学产生以前，思想家们在理论上的主要历史局限，不在于他们承认了精神生产在人类社会发展中的重要作用，或从精神生产的角度考察了人类的历史，而是他们在社会物质生活资料极其匮乏的时代，片面夸大精神生产、忽视了物质生产在人类社会发展中的基础作用。正是由于这一点，马克思针对旧哲学的上述局限，特别是根据当时社会物质生活资料匮乏的特点，重点论述并突出了物质生产在当时人类社会发展中的首要的决定作用。但是，马克思是十分重视精神生产及其产品在近代资本主义工业发展中重要作用的。他认为近代工业革命以来资本主义生产力的发展主要取决于三个决定性的因素：一是"劳动的社会性质"；二是"社会内部的分工"；三是"智力劳动"。对此，马克思明确指出："生产力的这种发展，最终总是归结为发挥作用的劳动的社会性质，归结为社会内部的分工，归结为脑力劳动特别是自然科学的发展。"①

然而由于历史的和认识的原因，在传统的历史唯物主义教科书视野中，社会生产成了物质生产的同义语。精神生产、人类自身生产长期被排除在社会生产之外。整个一部人类社会发展史，被理解为人仅靠自己的四肢、经验和简单的生产工具与自然界斗争的历史。其实这种观点只能部分地说明人类精神尚未充分发展的过去，而不能说明"知识就是力量"的近代以及"科学技术是第一生产力"的今天，更不能说明人类精神高度发展的未来。与此相适应，用这种观点指导社会，只能是一种历史的倒退。

第二，对知识分子在人类社会发展过程中的重要作用重视不够。知识分子作为精神生产的主体，其命运是与精神生产在人类社会发展过程中的地位和作用紧密联系在一起的。在资本主义社会产生以前，由于物质生活

---

① 《马克思恩格斯文集》第7卷，人民出版社2009年版，第96页。

资料的匮乏，精神生产规模和发展水平狭小的限制以及阶级的局限，知识分子与体力劳动者往往处于对立状态。自资产阶级工业革命产生以来，随着社会分工的深入和扩大，精神生产作为一种独立的社会力量纳入现实的社会生产过程，知识分子才成为"总体工人"①的一部分。然而在实践中，人们对知识分子的阶级属性及其在人类社会发展过程中的重要地位和作用的认识有过误区：一是从理论上承认知识分子是"劳心者"或"脑力劳动者"，但现实中又不承认他们的劳动是社会劳动，把之排除在"社会劳动者"之外。二是在社会实践中，现实的需要迫使人们认识到"没有知识分子的参加，革命的胜利是不可能的"②，但又认为"知识分子的大多数世界观基本上是资产阶级的，是资产阶级知识分子"③。

在"三个代表"重要思想的思想体系中，"代表中国先进生产力的发展要求"，强调的是我们党必须坚持以解放生产力和发展生产力为根本任务，必须遵循生产关系一定要适应生产力发展要求的客观规律，改革和完善社会主义生产关系，使生产力和生产关系在"相适应"中推动社会主义社会不断前进；"代表先进文化的前进方向"，强调的是我们党必须大力发展中国特色社会主义的文化，必须遵循上层建筑一定要适应经济基础发展要求的客观规律，改革和完善社会主义上层建筑，使经济基础和上层建筑在"相适应"中推动社会主义社会全面进步，就此代表和实现最广大人民的根本利益。

"三个代表"重要思想创造性地把先进生产力、先进文化与群众利益融为一体并且加以完整提出，从而实现了生产力和生产关系、经济基础和上层建筑的辩证统一。马克思主义认为，人类社会是由生产力、生产关系（经济基础）、上层建筑三大基本要素构成的有机整体，生产力决定生产关系、进而决定上层建筑，上层建筑反作用于生产关系、进而反作用于生产力，由此构成了生产力和生产关系、经济基础和上层建筑的社会基本矛盾运动，推动人类社会有规律地发展进步。一个革命的阶级，一个先进的政党，只有始终代表先进生产力的发展要求，代表先进文化的前进方向，坚持生产力和生产关系、经济基础和上层建筑的适应统一，才能不断推动

---

① 《马克思恩格斯文集》第 6 卷，人民出版社 2009 年版，第 95 页。
② 《毛泽东选集》第 2 卷，人民出版社 1991 年版，第 618 页。
③ 《邓小平文选》第 2 卷，人民出版社 1994 年版，第 66 页。

社会历史的前进，才能永远保持革命性和先进性。在人类社会发展的历史上，所有的剥削阶级，即奴隶主阶级、地主阶级和资产阶级，在他们取得统治权力以前和取得统治权力以后的一段时间内，都曾经代表先进生产力的发展要求，起过非常重要的革命作用，一定程度上推动了社会历史的进步。但由于他们并不代表劳动人民的根本利益，随着生产力的进一步发展要求，这些剥削阶级就逐渐走向反面，成了维护统治地位和剥削利益、固守腐朽的政治制度和没落的思想文化、严重阻碍和破坏先进生产力发展的反动力量，最终只能被新的革命力量所推翻。历史上的被剥削阶级中，奴隶阶级、农民阶级，在推翻奴隶社会、封建社会的斗争中是革命的主力军，是社会变革的重要力量。但由于他们不是新的生产关系的代表，不是先进生产力的代表，奴隶阶级最后随着奴隶社会的瓦解而消亡；农民阶级随着封建社会的瓦解大多数破产而加入无产阶级队伍。唯有无产阶级是彻底革命的阶级，他与最先进的经济形式——社会化大生产相联系，既是先进生产力的代表者，又是先进生产关系的代表者。他们的历史使命和革命彻底性，代表着社会化大生产发展的客观要求，代表着人类社会发展的必然趋势，体现着生产力和生产关系、经济基础和上层建筑的历史统一。关于这一点，正如马克思所指出的："在当前同资产阶级对立的一切阶级中，只有无产阶级是真正革命的阶级。其余的阶级都随着大工业的发展而日趋没落和灭亡。"①

"三个代表"重要思想中，蕴含着马克思主义的社会基本矛盾理论，坚持了生产力和生产关系、经济基础和上层建筑的辩证统一。它不但是新时期党的建设的根本指导思想，也是党领导社会主义改革开放和现代化建设的根本指导思想。"代表先进生产力的发展要求"，其基本精神就是要求我们必须把解放生产力和发展生产力作为社会主义的根本任务，坚持以经济建设为中心不动摇；必须适应生产关系一定要适应生产力的发展要求、上层建筑一定要适应经济基础的发展要求的客观规律，坚持改革开放不动摇；必须以最广大人民的根本利益为宗旨，坚持四项基本原则不动摇。"代表先进文化的前进方向"，其基本精神就是要求我们必须发展面向现代化面向世界面向未来的、民族的科学的大众的社会主义文化，坚持为人民服务、为社会主义服务的方向，必须建设立足中国现实、继承历史

---

① 《马克思恩格斯文集》第 3 卷，人民出版社 2009 年版，第 437 页。

文化优秀传统、吸收外国文化有益成果的社会主义精神文明，为物质文明建设提供思想保证和精神动力。而发展社会主义生产力，建设中国特色社会主义文化，目的正是为了满足人民群众日益增长的物质文化生活需要，这样就使社会主义的生产力和生产关系、经济基础和上层建筑在人民根本利益的基础上实现了合乎规律的统一。这表明，江泽民提出的"三个代表"重要思想，不但坚持和发展了邓小平关于社会主义本质的重要论断，而且把它创造性地应用于党的建设实践，科学揭示了无产阶级政党的本质属性，进一步回答了"建设一个什么样的党、怎样建设党"的问题，其理论创新意义和实践指导意义与邓小平提出的社会主义本质理论同样重要。我们弄清了"什么是社会主义、怎样建设社会主义"，又弄清了"建设一个什么样的党、怎样建设党"这样两个时代课题，建设中国特色社会主义就有了明确的方向，实现党的建设新的伟大工程就有了根本保证。

5. "三个代表"重要思想与社会进步

"三个代表"重要思想把社会主义社会看作一个以生产方式为基础的由经济、政治、文化等社会因素构成的相互联系、相互促进的有机统一的整体。江泽民指出："物质文明和精神文明，是人类社会实践的两种相互联系的伟大成果，是社会生产和社会生活的两个密切相关的组成部分。"[①]"社会主义社会是全面发展、全面进步的社会。"[②] 由此，我们强调加强物质文明建设与精神文明建设两手抓的重要性，具体地说就是要注重社会主义社会发展的全面性。社会主义社会的全面发展不仅包括经济的发展、文化的发展，而且包括政治的发展和人的全面发展。社会因素的各个方面互为条件、互为目的。缺少任何一个方面，社会就是畸形的，就不可能健康地向前发展。党必须带领全国人民加强社会主义物质文明、政治文明、精神文明建设，促进人民素质的提高，全面地、整体地推进社会进步。这是党保持自身先进性的必然要求。

适应社会主义全面发展、全面进步的客观要求，必须加强社会主义物质文明建设。加强社会主义物质文明建设，就是要发展当代中国的先进生产力，把经济建设搞好。社会主义物质文明的发展是社会主义政治文明和精神文明发展以及人民群众创造历史所必需的物质条件；是实现最广大人

---

① 《江泽民文选》第 1 卷，人民出版社 2006 年版，第 575 页。

② 同上书，第 571 页。

民根本利益的前提条件；是解决当前我国社会主义社会各种问题的关键；是实现共同富裕目标，为共产主义创造雄厚物质基础的唯一途径。

适应社会主义全面发展、全面进步的客观要求，必须加强社会主义政治文明建设。加强社会主义政治文明建设，就是要发展中国特色社会主义的民主政治。江泽民指出："建设社会主义政治文明，是社会主义现代化建设的重要目标。"① 这是因为民主政治建设在社会主义全面发展、全面进步中有着极其重要的作用。社会主义作为人类历史上较之资本主义更为先进的社会制度，不仅要创造出更发达的生产力和更高的劳动生产率，建设高度的社会主义物质文明，还要随着生产力的进步和经济的发展，建设高度的民主和健全的法制，建设高度的社会主义政治文明，为生产力的进步和经济的发展提供良好的制度条件。在社会主义社会，人民群众是社会历史的活动主体，要求自我选择、自我主宰，表现出历史的主动性，发展社会主义民主政治，保证人民群众的主人翁地位，是人民群众自觉创造历史的政治条件；人民群众又是社会历史的价值主体，作为价值主体的人民群众有多方面的利益需求，政治利益的需求是最重要的需求之一，人民群众所要求的政治利益从根本上说，就是当家作主。

适应社会主义全面发展、全面进步的客观要求，必须加强社会主义精神文明建设。加强社会主义精神文明建设，就是要发展面向现代化、面向世界、面向未来的，民族的、科学的、大众的社会主义文化。江泽民指出："我们进行现代化建设，无疑要致力于发展生产力，把物质文明建设好。同时，必须把社会主义精神文明建设提到更加突出的地位。要把物质文明建设和精神文明建设作为统一的奋斗目标，始终不渝地坚持两手抓，两手都要硬。任何情况下，都不能以牺牲精神文明为代价去换取经济的一时发展。"② 在这里不仅强调了邓小平所提倡的物质文明与精神文明两手抓的重要性，同时还点明了必须清醒地认识到任何时候都不能以牺牲精神文明作为代价去换取经济的一时发展，后者的提出体现了江泽民的理论创新。江泽民强调"我们党要始终代表中国先进文化的前进方向"③，这一观点的提出也表明了精神文明建设在社会主义全面发展、全面进步中有着

---

① 《十五大以来重要文献选编》（下），人民出版社 2003 年版，第 2416 页。
② 《十四大以来重要文献选编》（中），人民出版社 1997 年版，第 1475 页。
③ 《十五大以来重要文献选编》（下），人民出版社 2003 年版，第 1906 页。

极其重大的意义。江泽民指出："人类社会发展的历史证明，一个民族，物质上不能贫困，精神上也不能贫困，只有物质和精神都富裕，才能成为一个有强大生命力和凝聚力的民族。精神文明建设搞好了，人心凝聚，精神振奋，经济建设和其他各项事业就会全面兴盛。精神文明建设搞不好，人心涣散，精神颓废，经济建设和其他各项事业也难以搞好。社会主义精神文明，是我们进行改革开放和现代化建设的重要目标，也是搞好改革开放和现代化建设的重要保证。建设社会主义精神文明，关系党和国家的前途和命运，关系中华民族自尊、自信、自强地屹立于世界民族之林。全党必须从这样的高度来认识精神文明建设的重大意义。"①在这里人们可以对搞好精神文明建设的原因有更明确的认识。人民群众不仅有物质需求，而且有精神文化需求，不断满足广大人民日益增长的精神文化需求，也是实现广大人民利益的重要内容。

适应社会主义全面发展、全面进步的客观要求，必须努力促进人的全面发展。促进人的全面发展，就是要促进人民素质的提高。江泽民指出："我们建设有中国特色社会主义的各项事业，我们进行的一切工作，既要着眼于人民现实的物质文化生活需要，同时又要着眼于促进人民素质的提高，也就是要努力促进人的全面发展。这是马克思主义关于建设社会主义新社会的本质要求。我们要在发展社会主义社会物质文明和精神文明的基础上，不断推进人的全面发展。"②因为人与社会是统一的，人是社会唯一的有机构成要素，社会的发展是由人来实现的；人是社会发展的主体、动力、尺度和目的，人的全面发展是社会进步的综合标准；社会发展问题，归根到底是人的发展问题。"推进人的全面发展，同推进经济、文化的发展和改善人民物质文化生活，是互为前提和基础的。人越全面发展，社会的物质文化财富就会创造得越多，人民的生活就越能得到改善，而物质文化条件越充分，又越能推进人的全面发展。"③

6. "三个代表"重要思想与社会整合

社会整合作为实现社会良性运行与协调发展的一个条件与机制，对我国正处于转型加速期这样一个特定的社会历史时期而言，其意义尤为重

① 《江泽民论有中国特色社会主义（专题摘编）》，人民出版社2002年版，第382页。

② 《十五大以来重要文献选编》（下），人民出版社2003年版，第1925页。

③ 同上书，第1926页。

要。在全面改革的过程中，必然会出现一部分社会集团从改革中受益，另一部分社会集团由于改革使既得利益受损，而且从改革中又得不到利益，这样随着社会的发展势必会影响改革的深入。因而社会整合问题是十分重要的。江泽民认为，实施有效的社会整合是保证社会实现良性运行与协调发展的基本条件，社会整合对中国改革开放和社会主义现代化事业具有十分重要的意义，因此他十分重视我国社会转型期的社会整合问题。

社会整合手段就是用以协调和调整社会利益，使社会达成一体化的方式和途径，它是社会整合机制中最基本的要素，对实现社会良性运行和协调发展具有最重要的作用。从整体上看，"三个代表"重要思想提供了社会整合手段大的指导方略，强调了先进生产力、广大人民群众的根本利益以及先进文化三个重要因素在社会整合中的重要意义。但是，如果展开来说，在江泽民那里，社会整合手段是多层面、多角度的。具体来说，江泽民的社会整合手段主要包括经济整合、政党整合、法律整合以及文化价值整合等形式。

第一，经济整合。经济是全部社会关系的基础，经济整合在社会中具有基础性与决定性的意义。江泽民指出："我们要建立的社会主义市场经济体制，就是要使市场在社会主义国家宏观调控下对资源配置起基础性作用，使经济活动遵循价值规律的要求，适应供求关系的变化；通过价格杠杆和竞争机制的功能，把资源配置到效益较好的环节中去，并给企业以压力和动力，实现优胜劣汰；运用市场对各种经济信号反应比较灵敏的优点，促进生产和需求的及时协调。同时也要看到市场有其自身的弱点和消极方面，必须加强和改善国家对经济的宏观调控。"[1] 在这里江泽民强调了资源配置在经济整合中的重要性，同时还指出要看到市场的弱点与消极方面，加强和完善国家对经济的宏观调控。江泽民认为，要充分发挥市场机制的经济整合功能，就必须"继续发展各类市场，着重发展资本、劳动力、技术等生产要素市场，完善生产要素价格形成机制。改革流通体制，健全市场规则，加强市场管理，清除市场障碍，打破地区封锁、部门垄断，尽快建成统一开放、竞争有序的市场体系"[2]。同时要积极地深化国家计划、财税和金融体制改革，为经济系统的安全、高效、稳健运行提

---

① 《江泽民文选》第1卷，人民出版社2006年版，第226—227页。
② 《江泽民文选》第2卷，人民出版社2006年版，第23页。

供稳固、平衡和强大的宏观支持。

第二，政治整合。政治整合在社会整合中具有主导地位和直接作用，江泽民的政治整合思想突出表现在发挥执政党对中国社会的整合功能上。所谓执政党的整合功能，主要指的是在一定历史时期，执政党能够充分表达和实现社会中的各种不同的利益要求，并利用各种有效的政治资源，运用政治、经济、法律等手段，有效地协调社会中的各种利益矛盾与冲突，从而改变社会的无序和混乱状况，树立全社会对共同体的价值认同，促使社会良性发展的作用和能力。江泽民指出："要把十几亿人的思想和力量统一和凝聚起来，共同建设有中国特色社会主义，没有中国共产党的统一领导是不可设想的。"① 在这里，可以看到江泽民对于执政党在社会整合中的重要地位给予了充分肯定，甚至强调了中国共产党的统一领导是共同建设有中国特色社会主义的根本保证。

第三，法律整合。依法治国基本方略是江泽民法律整合思想的具体体现。江泽民上任伊始就郑重宣布："我们决不能以党代政，也决不能以党代法，这就是新闻界讲的究竟是人治还是法治的问题，我想我们一定要遵循法治的方针。"② 1994 年 12 月，江泽民第一次提出了"依法治国"的概念；1997 年 9 月，"依法治国"写入了党的十五大报告；1999 年 3 月，依法治国的战略目标被写进了修改后的宪法。

第四，文化价值整合。文化整合是形成社会凝聚力的源泉，是实现社会秩序的重要基础，是民族团结的纽带。江泽民认为，文化整合就是要大力发展先进文化，支持健康有益文化，努力改造落后文化，坚决抵制腐朽文化；就是要在坚持为人民服务、为社会主义服务的方向的前提下，贯彻"百花齐放，百家争鸣"的方针，弘扬主旋律，提倡多样化，正确处理好不同文化形态、文化形式的关系。

四 "三个代表"重要思想的政治哲学意义

"三个代表"重要思想是在种种不利的国内与国际形势之下，以江泽民为核心的中国共产党人排除万难取得了举世瞩目的成就的情况下提出

---

① 《江泽民文选》第 2 卷，人民出版社 2006 年版，第 262 页。

② 江泽民：《在中外记者招待会上的讲话》，《人民日报》1989 年 9 月 27 日。

的。由此，"三个代表"重要思想，也具有极具时代特色的政治哲学意义。

（一）"三个代表"重要思想与党的执政理念的整合

执政理念是一个执政党指导执政实践最核心、最基本的观点、思想的综合，执政理念是党的核心灵魂。我党在 60 多年的执政实践中，其执政理念从发端到经历曲折，再到正本清源，最终"三个代表"重要思想实现了执政理念的高度整合。尽管党的执政理念是不断发展的，但"三个代表"重要思想在执政理念的整合上起到了思想示范作用。

1. "三个代表"重要思想是对中国共产党执政政治合法性的正面回应

现代政治与传统政治的重大区别之一，就是政党政治的迅猛发展。中国共产党是建设中国特色社会主义事业的坚强领导核心。中国共产党成为执政党，是历史的选择，人民的选择。加强党的执政能力建设，是时代的要求，人民的要求。合法性是任何政治体系中最为重要的政治资源。政治合法性这一政治哲学问题由来已久。古希腊时期的亚里士多德认为，"一个政体要达到长治久安的目的，必须使全邦各部分（各阶级）的人民都能够参加而且怀抱着让它存在和延续的愿望"[1]。近代著名政治哲学家马克斯·韦伯指出，没有一种统治"仅仅以价值合理性的动机，作为其继续存在的机会。毋宁说，任何统治都企图唤起并维持对它的'合法性'的信仰"[2]。当代政治学家李普塞特则指出："合法性是政治系统使人们产生和坚持现有政治制度是社会的最适宜制度的能力。"[3] 哈贝马斯认为，"合法性意味着某种政治秩序被认可的价值"[4]。

中华人民共和国成立初期，武装斗争的胜利是中国共产党执政的最根本的合法性基础。除此之外，在长期武装斗争中产生的党和国家领导人的个人魅力以及中国共产党在长期的武装斗争中积累的巨大的组织资源，都

---

① ［古希腊］亚里士多德：《政治学》，吴寿彭译，商务印书馆 1996 年版，第 188 页。

② ［德］马克斯·韦伯：《经济与社会》（上），何兆武、林荣远译，商务印书馆 1998 年版，第 239 页。

③ ［美］西摩·马丁·李普塞特：《政治人：政治的社会基础》，张绍宗译，上海人民出版社 1997 年版，第 55 页。

④ ［德］哈贝马斯：《交往与社会进化》，张博树译，重庆出版社 1989 年版，第 184 页。

加重了这种合法性。在中共第二代领导人执政期间，我国一方面通过宣传社会主义的美好和对社会主义现有制度的赞扬，在意识形态上达到合法性；另一方面通过自己的实际建设成果，证明了自己执政的合法性。在中共第三代领导人执政期间，政治合法性危机仍不存在，中国共产党执政仍然有牢固的基础。

但毋庸讳言，中国共产党的执政合法性也受到一定的挑战。首先，政治腐败构成了对政治合法性的最大威胁，当前我国的政治腐败在一定地区呈现出范围广、层次高、集团化等特征。政治腐败使干群关系脱离、疏远甚至对立，党员的道德力量丧失，严重威胁我国政权体系的合法性基础。其次，我国原有的依靠意识形态方法的作用有所削弱。意识形态的最基本的特点就是将世俗的目标化为神圣的信仰，同时在追随者中形成一种强大的凝聚力和义务感。改革开放以来，市场经济渐渐发育，个人利益普遍觉醒，文化和意识形态开始世俗化和理性化，原有的依靠意识形态产生的作用有所削弱。再次，改革开放以来，人们的经济、政治、文化生活有了更多的自由，政府所能掌握的经济资源、组织资源和文化资源逐渐向社会流散，中国政府在这些方面的基础也遭到了削弱。最后，社会转型中的社会结构分化也构成了对政治合法性的威胁。转型时期，工人、农民相对以前来说，在社会中的地位有所下降，在一定程度上产生了被剥离的政治离心心理，而新兴社会阶层的力量日益壮大，提出了经济、政治等方面的要求，而政治参与意识的膨胀与参与渠道的有限之间的矛盾却客观存在，这样造成了参与冷漠与参与膨胀并存。哈贝马斯曾指出，"阶级冲突是各种合法性解体现象的基础"①。此外，中国政府的绩效性的合法性也存在着不确定因素。

我国目前虽然不存在执政合法性的危机，但也出现了潜在的威胁。"三个代表"重要思想，就是直接针对这一问题做出的正面回答。首先，我国改革开放的经验和东欧剧变的历史表明，发展是硬道理，只有在发展中才能解决问题，才能加强中国共产党执政的政治合法性。"三个代表"重要思想首先强调要代表先进生产力的发展要求，就是要中国共产党及其领导下的政权体系适应生产力的发展要求，以满足人民群众日益增长的物质生活需要，从而增加中国共产党执政的合法性基础。"三个代表"重要

---

① 欧力同、张伟：《法兰克福学派研究》，重庆出版社 1990 年版，第 343 页。

思想进一步确认了人民群众世俗的物质性的功利需求，将政治的合法性建立在坚实的物质基础之上，从而超越了以往单纯将政治合法性建立在意识形态上的做法。同时，这也是客观的辩证唯物主义的实践运用。其次，"三个代表"重要思想提出了中国共产党始终要代表先进文化的前进方向这一重大问题。众所周知，物质决定意识，但意识也有重要的反作用，中国共产党人在大力发展生产力的同时，也没有忽视文化的重要作用，建立先进的文化体系是实现社会经济持续发展的重要保证。物质利益是政治合法性资源结构中最为根本的部分，而意识形态则是政治合法性资源中最为直接的部分。"三个代表"重要思想提出党要代表先进文化的前进方向，是从精神的、文化的角度提出了加强党执政的政治合法性基础。先进文化的核心只能是社会主义的意识形态，其合法性意义在于从人们的信仰方面获得对政治权力的自愿认同、支持与服从。在改革开放利益发展的今天，在西方的各种意识形态对我们包围的今天，这一点尤其重要。最后，"三个代表"重要思想提出了要代表最广大人民的根本利益这一最终目的性问题。这一点涉及中国共产党的角色转换问题。新中国成立以来，中国共产党长期是以工人阶级以及农民阶级和知识分子等的利益代表出现，一直是一个革命党的角色。时代在变化，环境在变化，21世纪的今天，党作为一个实际的执政党，必须进行角色转换，如果不进行角色转换，就直接影响到党的执政合法性。正如学者亨廷顿所说："如果政府制度只代表利益集团的利益，只代表社会组织的利益，那么政府行为就只有局部的合法性，而不可能有普遍的合法性。"[①]"三个代表"重要思想正是敏锐地发现了这一问题，鲜明地提出了中国共产党要始终代表最广大人民的根本利益。与此相适应，通过提出加强非公有制企业的党的建设问题，积极主张"要把承认党的纲领和章程、自觉为党的路线和纲领而奋斗、经过长期考验、符合党员条件的其他社会阶层的先进分子吸收到党内来，增强党在全社会的影响力和凝聚力"[②]，"三个代表"重要思想也使党的群众基础得到了进一步的扩大。应该看到的是，通过扩大党的群众基础，使党由一个代表几个阶级利益的党顺利转型为代表最广大人民利益的执政党，其历史意

---

① ［美］亨廷顿：《变革社会中的政治秩序》，李盛平等译，华夏出版社1989年版，第27页。

② 《江泽民文选》第3卷，人民出版社2006年版，第572页。

义极为深远。

2. "三个代表"重要思想与党的纲领统一论

"三个代表"重要思想强调党必须把最低纲领和最高纲领统一起来。江泽民指出："在革命、建设和改革的各个历史阶段中，我们党既有每个阶段的基本纲领即最低纲领，也有确定长远奋斗目标的最高纲领。我们是最低纲领与最高纲领的统一论者。"① 我们党的纲领包括最高纲领和最低纲领两个部分。最高纲领是实现共产主义，这是始终不变的；最低纲领则根据革命或建设的发展阶段的客观实际不同而有所不同。我国社会主义初级阶段的基本纲领，是建设中国特色社会主义经济、政治、文化的基本目标和基本政策。这是整个社会主义初级阶段的奋斗纲领。最低纲领与最高纲领是辩证统一的。

马克思、恩格斯在《共产党宣言》中指出："共产党人为工人阶级的最近的目的和利益而斗争，但是他们在当前的运动中同时代表运动的未来。"② 这是无产阶级政党理解最低纲领与最高纲领辩证关系的一个基本思想。一是最高纲领是最低纲领的目标和方向。党在革命或建设的每一发展阶段的基本纲领都必须以最高纲领即以实现共产主义为根本目标、前进方向，都必须始终不移地坚持朝着共产主义这一未来发展方向发展。如果一个无产阶级政党放弃了共产主义的最终目标，就必然要改变党的性质，失去先进性。二是最低纲领是最高纲领的基础和前提。最高纲领的最终实现，有赖于党在革命或建设的每一发展阶段的最低纲领的实现的积累，每一个最低纲领的实现，都为实现最高纲领迈出了坚实的一步。如果一个无产阶级政党不顾最低纲领，脱离现实地空谈共产主义理想，也会改变党的性质，失去先进性。这就要求我们要脚踏实地，把党的最终奋斗目标落实到一个个具体的奋斗目标上来，切实做好每一项工作。可见，党的最低纲领与最高纲领的统一，就是理想与现实的统一、目的与手段的统一、革命精神与科学态度的统一。"三个代表"重要思想是实现党的最低纲领与最高纲领统一的根本途径。共产主义是物质财富极大丰富的社会，由此规定了社会主义初级阶段的根本任务是发展生产力，只有努力发展中国特色社会主义的经济，建立起强大的经济发展体系，才能为向共产主义过渡进一

---

① 《江泽民文选》第 3 卷，人民出版社 2006 年版，第 292—293 页。
② 《马克思恩格斯文集》第 2 卷，人民出版社 2009 年版，第 65 页。

步创造物质条件；共产主义是人民精神境界极大提高的社会，由此规定了社会主义初级阶段在抓好物质文明建设的同时必须抓好精神文明建设，只有努力发展中国特色社会主义的文化，才能为向共产主义过渡进一步创造精神条件；共产主义是人类获得彻底解放，每个人自由而全面发展的社会，由此规定了人民群众的社会主人地位，规定了人民群众利益的根本性。共产主义是人民群众的事业，只有全心全意依靠人民群众，才能有实现共产主义的现实力量。这些是对我们党提出实践"三个代表"重要思想的客观要求。

　　3. "执政之基"论与共产党执政规律认识的深化

　　国家政权问题是政治哲学的基本问题。政治哲学的主要内容是着重围绕如何认识国家政权、如何组织国家政权、如何执掌国家政权等问题展开的。马克思主义政治哲学的核心内容主要是政党学说和国家政权学说。这种政治哲学主要"研究和阐述工人阶级政党产生、发展和自身建设的客观规律，党领导人民夺取政权、巩固政权、运用政权和建设社会主义的客观规律"①。在马克思主义政治哲学发展史上，经典作家对无产阶级政党建设及无产阶级政党如何通过革命夺取政权等问题形成了极其丰富的理论，并有力地指导了世界各国无产阶级政党的建设，指导了各国共产党领导人民夺取政权、巩固政权和建设社会主义的实践。同时，这种政治哲学也随着历史实践的不断推进而不断向前发展，其中一个重要的发展脉络就是随着社会主义政权的建立，由起初侧重于夺取政权的革命理论逐渐转向侧重于如何巩固政权、怎样执掌政权、全面推进社会主义建设的理论。邓小平理论与"三个代表"重要思想作为马克思主义政治哲学在当代中国的最新科学成果，其重要的理论贡献就是对共产党执政规律与社会主义建设规律的探索的深化。

　　邓小平理论主要围绕"什么是社会主义、如何建设社会主义"这一基本问题对共产党执政规律做了多方面的阐发，其要点包括：第一，社会主义的首要任务与共产党执政的坚实基础就是要大力发展生产力，把经济建设搞上去。邓小平指出，"一个真正的马克思主义政党在执政以后，一定要致力于发展生产力"②。同时他还站在政治本质论高度强调指出："社

　　① 《江泽民文选》第1卷，人民出版社2006年版，第102页。
　　② 《邓小平文选》第3卷，人民出版社1993年版，第28页。

会主义现代化建设是我们当前最大的政治,因为它代表着人民的最大的利益、最根本的利益。"① "就我们国内来说,什么是中国最大的政治?四个现代化就是中国最大的政治。"② 这些论述充分反映出,邓小平并不是简单地强调发展生产力的重要性,而是站在执政党的高度来把握它与阐述它。第二,在政治实践原则与治国战略上,提出"一个中心,两个基本点"的重要思想,认为巩固和发展社会主义制度与政权,关键就是要坚持"一个中心,两个基本点"。邓小平指出:"不坚持社会主义,不改革开放,不发展经济,不改善人民生活,只能是死路一条。基本路线要管一百年,动摇不得。只有坚持这条路线,人民才会相信你,拥护你。"③ 也就是说,人民群众的拥护是共产党执政的根基,"一个中心,两个基本点"是国家长治久安的根本之道。第三,在政治实践的方向与价值评价标准上,提出要坚持"一个标准""两个建设""三个有利于"。"一个标准"就是生产力标准;"两个建设"就是物质文明建设与精神文明建设两手抓、两手都要硬;"三个有利于"即判断改革开放中我党各项方针政策是否正确的标准,"应该主要看是否有利于发展社会主义社会的生产力,是否有利于增强社会主义国家的综合国力,是否有利于提高人民的生活水平"④。从本质上说,上述三个评价标准是辩证统一的关系。生产力标准是根本,其他两个标准是对这个标准的重要补充。"两个建设"标准是从社会主义建设整体角度来谈论问题的,"三个有利于"则是社会主义建设的具体的操作准则。第四,主张"党要管党",提出了在改革开放与社会主义现代化建设新的历史时期全面加强党的自身建设的系统理论。这方面的内容十分丰富,包括加强思想建设、组织建设、作风建设、制度建设,努力提高党的执政能力和执政水平,以及坚决惩治腐败,等等。

以江泽民为代表的中国共产党人在科学地判断党的历史方位的基础上,在努力开创中国特色社会主义事业新局面和全面推进党的建设新的伟大工程的实践中,在国际局势发生深刻变化的条件下,总结汲取世界范围内各国共产党执政的经验教训,创造性地提出了"三个代表"重要思想,

---

① 《邓小平文选》第 2 卷,人民出版社 1994 年版,第 163 页。
② 同上书,第 234 页。
③ 《邓小平文选》第 3 卷,人民出版社 1993 年版,第 370—371 页。
④ 同上书,第 372 页。

科学地指出：始终做到"三个代表"是党的立党之本、执政之基、力量之源，是我们党在任何时期、任何情况下执掌政权都必须遵循的重要指导思想。换言之，"三个代表"是中国共产党执政必须遵循的基本规律。

具体来说，"三个代表"重要思想从以下三个方面深化了对共产党执政规律的认识。首先，"三个代表"重要思想站在政治哲学的高度，从经济、政治、文化等方面全方位地揭示了共产党执政的基础与基本规律。"始终代表中国先进生产力的发展要求"从经济基础上揭示了中国共产党执政的基本规律。中国共产党从建立之初就是作为先进生产力代表者走上历史舞台的，她作为中国工人阶级、中国人民和中华民族的先锋队，在中国革命、建设、改革、发展的各个阶段都致力于解放和发展生产力。在当代中国，共产党的执政地位、执政任务、领导作用，以及党自身的存在和发展，都与中国先进生产力的发展要求紧密相连。"始终代表先进生产力的发展要求"，不断促进生产力的发展，是党执政兴国的第一要务。"始终代表中国先进文化的前进方向"从思想文化基础上揭示了中国共产党执政的基本规律。社会主义是一个全面发展、全面进步的社会，是经济、政治、文化协调发展的社会。作为建设中国特色社会主义的领导核心，党必须始终代表中国先进文化的前进方向，保持文化的先进性，在推动经济发展和物质文明建设的同时，努力推进社会主义精神文明建设，只有这样，才能在思想文化上树立先进的旗帜，才能对党员和群众产生巨大的凝聚力和感召力，才能巩固共产党的执政基础。"始终代表最广大人民的根本利益"从群众基础上揭示了中国共产党执政的基本规律。全心全意为人民服务一直是共产党奉行的基本原则和根本宗旨，我们党也只有始终保持自身同人民群众的密切联系，始终代表最广大人民的根本利益，才能为党的长期执政奠定坚实的政治基础和群众基础，如同江泽民所说："我们的改革和建设，只有得到人民群众的理解、支持和参与，充分发挥人民群众的积极性和创造性，才能顺利推进；党的领导地位，只有赢得人民群众的信赖和拥护，才能巩固和加强。"①

其次，要以改革的精神加强与改进党的自身建设。在这方面，"三个代表"重要思想包括了一系列崭新的观点与论断，是对上述三条基本规律的进一步深化和拓展。其中主要包括：其一，强调要通过不懈的努力，

---

① 《江泽民文选》第 1 卷，人民出版社 2006 年版，第 407 页。

保证我们党始终是中国工人阶级的先锋队，同时是中国人民和中华民族的先锋队。"两个先锋队"的提法，是总结国际共产主义运动和中国共产党90多年的历史经验而得出的科学结论，是唯物史观在党建实践中的具体运用，是我们党对执政规律认识的重大成果。其二，强调要不断地增强党的阶级基础和扩大党的群众基础。江泽民指出："贯彻'三个代表'要求，我们必须坚持党的工人阶级先锋队性质，始终保持党的先进性，同时要根据经济发展和社会进步的实际，不断增强党的阶级基础和扩大党的群众基础，不断提高党的社会影响力。"① 在此进一步明确了不断增强党的阶级基础与扩大党的群众基础，是适应时代发展的需要。其三，继续坚持党要管党、从严治党的方针，切实加强和改进党的作风建设与制度建设。从严治党，推进党的作风建设与制度建设，"核心是保持党同人民群众的血肉联系"②。历史和现实都表明，人心向背，是决定一个政党、一个政权盛衰的根本因素。党和人民群众的血肉联系一旦失去，党的执政地位就有丧失的危险，党就有可能走向自我毁灭。

最后，要努力加强党的执政能力建设。江泽民指出："我们党是执政的党，党的领导要通过执政来体现。我们必须强化执政意识。"③ 强化执政意识，是加强党的执政能力建设的重要前提。对于一个执政党来说，执政能力和领导水平的高低直接决定了执政党对国家政权的控制和维系能力，关系到能否有效巩固、持久维持政权的存在和运行。在我们这样一个拥有13亿多人口的多民族的发展中大国，党能否带领全国人民实现全面建设小康社会的宏伟目标，能否把各项工作做好，能否在激烈的国际竞争中占据主动，能否巩固执政地位，关键在于加强党的自身建设，并且在很大程度上取决于党的执政能力和领导水平，改进党的领导方式与执政方式。党的各方面建设，包括思想建设、组织建设、作风建设、制度建设等，最终都要体现与落实到党的执政能力上来，体现与落实到巩固党的执政地位上来。

"党的执政能力，就是党提出和运用正确的理论、路线、方针、政策和策略，领导制定和实施宪法和法律，采取科学的领导制度和领导方式，动员和组织人民依法管理国家和社会事务、经济和文化事业，有效治党治

---

① 《江泽民文选》第 3 卷，人民出版社 2006 年版，第 284 页。

② 同上书，第 572 页。

③ 《江泽民文选》第 1 卷，人民出版社 2006 年版，第 92 页。

国治军，建设社会主义现代化国家的本领。"① 这一定义，阐明了党的执政能力的科学内涵。其中蕴含着五个关系：一是执政能力与领导水平的关系；二是执政能力与领导制定和实施宪法和法律的关系；三是执政能力与领导制度、领导方式的关系；四是执政能力与党制定和运用正确的理论、路线、方针、政策和策略的关系；五是执政能力与党领导的伟大事业和党自身建设新的伟大工程的关系。上述五个关系构成了加强党的执政能力的基本方面，把对执政规律的认识深入到执政能力内在的主体向度，强化了我党的执政党意识，为加强和改进党的执政能力指明了方向。

4. "执政为民"论与政治价值观的新境界

政治哲学意义上的价值论具有特殊的内涵，它主要关注的是国家政权的获取、巩固和发展对于社会政治生活以及整个社会生活的重要意义和作用，其主要任务是论证政治变革与发展的合理性，探索理想的社会政治生活及其规范等。邓小平的政治价值论是邓小平政治哲学的有机组成部分，它首先涉及的是对政治体制、政治结构的评价标准问题。邓小平指出，为了发展社会主义民主，推进中国特色社会主义民主政治的建设，必须进行政治体制改革，而改革顺利进行又应遵循一些重要原则，如坚持四项基本原则，坚持三个评价标准等。在"怎样评价一个国家的政治体制"一文中，邓小平指出："我们评价一个国家的政治体制、政治结构和政策是否正确，关键看三条：第一是看国家的政局是否稳定；第二是看能否增进人民的团结，改善人民的生活；第三是看生产力能否得到持续发展。"② 在邓小平看来，一个好的政治体制应该具有完善、有效的机制和功能，能够保持政局的稳定，即使出现了不稳定因素或不稳定问题，也能够及时、合理、有序地加以解决；能够调节和处理各种社会矛盾，从而提高人民对执政党和国家政权的满意度、信任度，增进人民的团结；能够调动人民积极性，解放生产力，使生产力得到持续发展。

邓小平政治价值观的本质特征是人民性，它继承并发展了马克思主义关于人民群众是历史的创造者，是推动社会发展的根本动力的基本观点，坚持人民本位的政治价值取向，认为人民群众是社会发展的价值主体和评价主体，主张把人民群众的利益、要求和实践始终作为判断各项工作得失

---

① 《十六大以来重要文献选编》（中），中央文献出版社 2006 年版，第 272 页。
② 《邓小平文选》第 3 卷，人民出版社 1993 年版，第 213 页。

成败的最高评价标准，把"人民拥护不拥护""人民赞成不赞成""人民高兴不高兴""人民答应不答应"作为制定各项方针政策的出发点和归宿。邓小平还十分重视人的全面发展，指出社会主义建设的最终目的就是为了实现人的全面发展，在坚持以经济建设为中心，建设社会主义物质文明的同时，强调精神文明建设同样重要，即既要满足人民群众物质生活方面的需要，又要满足人民群众精神生活方面的需要。他曾指出："我们一定要根据现在的有利条件加速发展生产力，使人民的物质生活好一些，使人民的文化生活、精神面貌好一些。"[1] 总之，邓小平的政治价值观核心在人民，"民本主义"是他的政治价值观最鲜明的特征。

　　"三个代表"重要思想在继承邓小平政治价值观的基础上，根据形势的变化，对我党政治价值观的核心内容做了迄今为止最清晰、最完备的总结和概括，这集中体现为"立党为公、执政为民"八个大字。强化执政为民意识，就必须代表人民掌好权、用好权，坚持掌权为民，用权为民，"在任何时候任何情况下，与人民群众同呼吸、共命运的立场不能变，全心全意为人民服务的宗旨不能忘，坚信群众是真正英雄的历史唯物主义观点不能丢。必须始终把体现人民群众的意志和利益作为我们一切工作的出发点和归宿"[2]。江泽民指出，全心全意为人民服务，立党为公，执政为民，是我们党同一切剥削阶级政党的根本区别。"立党为公、执政为民"是"三个代表"重要思想的本质，立党为公、执政为民也是中国共产党人对历史赋予的神圣使命做出的价值选择，集中地体现了中国共产党人的政治世界观和价值观。实现人民的愿望、满足人民的需要、维护人民的利益，是"三个代表"重要思想的根本出发点和落脚点，始终做到"立党为公、执政为民"，是中国共产党赖以生存与发展的立足之本，是保持党的先进性的根本要求，也是巩固党的执政地位的前提条件。共产党必须始终深深植根于人民群众之中，把"执政为民"这个根本要求作为衡量党的方针政策是否正确、评价党的作风是否端正的重要标准，坚持尊重社会发展规律与尊重人民历史主体地位的一致性，坚持为崇高理想奋斗与为最广大人民谋利益的一致性，坚持完成各项工作与实现人民利益的一致性，在全面建设小康社会、推进社会主义现代化建设的伟大实践中，不断实现好、维护好、发

---

① 《邓小平文选》第 2 卷，人民出版社 1994 年版，第 128 页。
② 《江泽民文选》第 3 卷，人民出版社 2006 年版，第 271 页。

展好最广大人民的根本利益，促进社会的全面发展与人的全面发展。"三个代表"重要思想同时强调，在实践中紧紧把握"执政为民"这个根本要求，就要积极采取切实有效的措施，全心全意地为人民掌好权、用好权，不折不扣地把执政为民落到实处。坚持执政为民就是要始终坚持用人民拥护不拥护、赞成不赞成、高兴不高兴来衡量我们的一切决策，在社会不断发展进步的基础上，不断让人民群众得到实实在在的经济、政治与文化利益。坚持执政为民还必须牢记党的宗旨，坚持群众路线，切实增强为人民谋利益的自觉性、主动性和坚定性，要深怀爱民之情、恪守为民之责、善谋富民之策、多办利民之事。最后，坚持执政为民，必须加强和改进党的作风建设，树立正确的权力观，自觉接受人民群众的监督，加强党内民主，畅通参政渠道，切实做到"权为民所用，情为民所系，利为民所谋"。

总之，"三个代表"重要思想是对我党的人民利益观的新总结，把共产党人的执政价值理念提高到了一个新境界。江泽民指出："我们建设有中国特色社会主义的各项事业，我们进行的一切工作，既要着眼于人民现实的物质文化生活需要，同时又要着眼于促进人民素质的提高，也就是要努力促进人的全面发展，这是马克思主义关于建设社会主义新社会的本质要求。"在这里，江泽民把社会主义建设的"各项事业""一切工作""本质要求"都归结为实现人的全面发展这一价值目的，深刻揭示了江泽民政治哲学的根本价值取向。江泽民强调，作为执政党，"在发展社会主义社会物质文明和精神文明的基础上，不断推进人的全面发展"[1]。这样，江泽民将人的全面发展纳入了社会主义本质范畴，从而实现了对邓小平以生产力为中心的社会主义本质理论的新推进。在十六大报告中江泽民进一步强调："共产党执政就是领导和支持人民当家作主，最广泛地动员和组织人民群众依法管理国家和社会事务，管理经济和文化事业，维护和实现人民群众的根本利益。"[2] 这就使得人民民主不仅是社会主义民主政治的本质要求，也是人民本位得以体现的根本途径。

（二）"政治文明"论与社会主义民主政治建设的新探索

所谓政治文明主要是指一种与政治生活相连的文明状态。它是人类社

① 《江泽民文选》第3卷，人民出版社2006年版，第294页。
② 《十六大以来重要文献选编》（上），中央文献出版社2005年版，第24页。

会政治生活的进步状态的重要表征，是人类认识与改造社会政治生活的积极成果，是人类文明的重要组成部分，是人类政治智慧的结晶。一般地说，政治文明具有以下特征：第一，它不同于政治意识。政治意识是社会政治生活、政治关系和政治现象的主观反映，政治文明是政治意识进步状态的表征。第二，它不能与制度文明相等同。制度文明的外延较为广泛，包括政治制度文明、经济制度文明、文化制度文明等，因此，人们不能简单地从制度文明的角度来谈论政治文明。第三，它不能被精神文明所包容。精神文明是上层建筑的主要内容，但并不等于上层建筑中所有的组成部分都是精神文明。在上层建筑中还有政治制度和政治设施等要素，因此，人们需要在上层建筑中做出精神文明与政治文明这种细分。第四，它是一个褒义概念。政治文明应是人类政治生活的进步状态的反映，野蛮的、落后的、颓废的政治生活不能划入政治文明之列。第五，它与政治文化有区别。政治文化是个中性词，不包括价值内涵，而政治文明基本上是一个褒义概念。第六，人类的政治文明的建设过程是一个不断剔除那些野蛮的、落后的、颓废的政治生活，而将那些鲜活的、进步的政治生活保留下来的过程，因此，政治文明建设是人类社会最具智慧的建设工程，如何有效地推进政治文明建设的发展，已成为一切政治家、思想家与政治哲学家最具挑战性的问题。

马克思曾经在1844年使用过"政治文明"一词，他在《关于现代国家的著作的计划草稿》中把建设"政治文明"作为废除集权制的手段。江泽民在十六大报告中明确指出，发展社会主义民主政治，建设社会主义政治文明，是全面建设小康社会的重要目标。应当说，江泽民鲜明地提出"建设社会主义政治文明"，这种提法本身不仅为全面建设小康社会增添了新的目标，而且使唯物史观中有关文明观的认识被进一步推向前进，使社会主义建设的内容变得更加丰富、完善与全面，使人们能够站在建设社会主义政治文明的战略高度正确看待发展社会主义民主政治的重要性。

由于在上层建筑内部存在着结构性内容，需要做出精神文明与政治文明这种细分，因此，历史唯物主义中的文明观的主要组成要素应该包括三个方面，即物质文明、精神文明与政治文明。正因为政治文明具有如此重要的地位，因此，将"社会主义政治文明"作为全面建设小康社会的重要目标的现实意义是极其重大的：第一，进一步完善与发展了社会主义建设的基本内容。物质文明建设是社会主义建设的物质保证，精神文明建设是社会主义建设的精神保证，而政治文明建设则是社会主义建设的必要的政治先导。第二，进一步丰富与完善了社会主义建设的发展格局。长期的实践证明，在社会主义的发展进程中，物质文明、精神文明与政治文明的建设是缺一不可的，其中任何一种文明建设的缺位或不到位都会产生极其深远的负面影响。

江泽民的"三个文明"论是对邓小平的"两个文明"论的推进、完善与发展。在第三章中曾谈到，邓小平"两个文明"论是对物质与精神相互依存关系的理论说明。从历史的、动态的视角出发来分析和把握社会文明的，邓小平"两个文明"论认为一定社会的文明是一个开放的系统，包括物质文明和精神文明两个双向互动的子系统，其理论表达式为"一定社会的文明 = 一定社会的（物质文明 + 精神文明）"，由此避免了"对象化成果"与"不同领域"的不对称关系。但是，一方面，一定社会的文明必定包括一定社会的政权性质、政权组织形式及与此相关的政治法律制度成果；另一方面，不管把这种政治实践成果纳入物质文明的范畴还是纳入精神文明的范畴，在理论上都有欠妥之处，会带来理论逻辑上"不自洽"问题。这一理论上的矛盾，在"三个文明"论中得到很好的解决。一方面，"三个文明"论从经济、政治和文化三个相通的领域来分析一定社会的文明状态；另一方面，它又从人类实践的对象化成果角度来逻辑一贯地系统分析一定社会的文明构成，并把建设社会主义政治文明与建设社会主义物质文明和精神文明，确立为社会主义文明建设的目标，其总的理论表达式为"一定社会的文明 = 一定社会的（物质文明 + 政治文明 + 精神文明）"，即认为人类文明的进步主要体现在物质文明、政治文明和精神文明三个方面的协调发展。其中，物质文明体现的是与一定的生产关系即经济制度相依存的生产力的发展状况和进步程度；精神文明体现的是教育科学文化和思想道德等精神成果和意识形态的发展状况和进步程度；政治文明体现的是人们改造社会的政治实践的成果，主要是社会政权性质、政权组织形式和与此相联系的政治法律制度的发展状况和进步程度，它是反映特定社会物质文明建设、精神文明建设的制度化、规范化水平的重要标尺。就此而言，江泽民的"三个文明"论，不仅继承了马克思有关"政治文明"的思想，还进一步完善和发展了中国社会主义文明建设理论。不仅如此，它更从理论上回应了 21 世纪我国进入全面建设小康社会、加快推进社会主义现代化建设新的历史阶段后加快政治文明发展强烈的实践要求。江泽民曾经明确指出："物质文明和精神文明，是人类社会实践的两种相互联系的伟大成果，是社会生产和社会生活的两个密切相关的组成部分。"① 在此江泽民进一步提出"三个文明"论是对其所强调的物质文明与精神文明是人类社会实践伟大成果的进一步肯定与发展。

江泽民在中国社会科学院建院 25 周年座谈会上明确讲道："建设有中国特色社会主义，应该是我国经济、政治、文化全面发展的进程，是我国社会主义物质文明、政治文明、精神文明全面建设的进程。"② 物质文明、政治文明、精神文明对应于构成社会的经济、政治、文化三大组成部分，是一个有机的统一整体。物质文明、政治文明、精神文明是人类长期改造客观世界和主观世界过程中积累的积极有益成果的反映，它们所代表的是人类社会在经济、政治、文化上的进步状态。从人类社会发展规律的角度来看，三者显然是互为条件、相互影响、相互制约、相互促进的。在"三个文明"之间，物质文明是处于基础性地位，起着决定性作用的。关于这一点，正如前面我们一再提到的马克思所指出的："物质生活的生产方式制约着整个社会生活、政治生活和精神生活的过程。"③ 因此，江泽民指出，我们"必须始终重视物质文明的发展，牢牢把握经济建设这个中心，努力把国民经济搞上去。这是实现民族振兴和国家富强的基础，是任何时候都不能动摇的"④。一般而言，物质文明的发展，必然会推进政治文明和精神文明的发展，但是这里也存在着不同步性或不一致性，也就是说，政治文明和精神文明不是立即随着物质文明的发展而自然地、亦步亦趋地发展，这一点所表明的是，这两个文明作为上层建筑具有相对的独立性，有自身发展的规律。这就是"三个文明"在发展过程中暂时地表现为不平衡的一面。因此，在注重物质文明发展过程中，我们也必须始终重视社会主义政治文明和精神文明的发展，"这是促进经济社会全面进步的重要保证，也是任何时候都不能动摇的"⑤。"三个文明"互为条件、相互促进，形成一种良性循环，从而推动社会的全面进步，促进人的全面发展。

---

① 《江泽民文选》第 1 卷，人民出版社 2006 年版，第 575 页。
② 《江泽民文选》第 3 卷，人民出版社 2006 年版，第 490—491 页。
③ 《马克思恩格斯文集》第 2 卷，人民出版社 2009 年版，第 591 页。
④ 《江泽民文选》第 1 卷，人民出版社 2006 年版，第 575 页。
⑤ 同上书，第 575—576 页。

政治文明的重要组成部分是民主政治，我们党之所以要发展社会主义民主政治，主要是因为它是社会主义政治文明建设的重要内容之一。原来我们谈发展民主政治时主要面临的难题是如何正确定位问题。江泽民"建设社会主义政治文明"重要思想提出之后，在发展民主政治的问题上，我们便拥有了一个全新的、具有指导性的维度。它帮助我们认清了问题，理顺了思路，坚定了方向，使我们能够站在建设社会主义政治文明的战略高度上正确看待发展社会主义民主政治的重要性。我们党要大力发展民主政治，但这并不是因为民主政治与资本主义社会的发展存在着千丝万缕的联系，而是因为它是社会主义政治文明的主要组成部分，是人类政治文明的重要内容。民主政治作为一种政治制度文明，反过来说，它也是衡量一个社会政治文明程度的客观尺度之一。在社会主义社会中，民主政治的发展程度较高，标志着政治文明的发展程度也是相对较高的；健全的民主政治是社会主义政治文明高度发展的重要标志之一。

"三个代表"重要思想作为共产党执政规律的新总结，不仅是指导党的建设的理论武器，也是指导社会主义建设的理论纲领。政治文明建设是社会主义建设的重要组成部分，社会主义是物质文明、政治文明、精神文明相互促进、协调发展的社会。"三个代表"重要思想中的"政治文明"论是对人类社会政治发展规律的新探索，是对改革开放30多年来我国民主政治建设实践经验的新总结，也是对指导这一实践的邓小平社会主义民主政治理论的进一步创新和发展。政治文明是社会文明的重要组成部分，也是社会文明的重要表现。在一般的意义上，政治文明是指人类在改造自身、改造社会的过程中所取得的积极政治成果，是人类社会政治生活的进步状态，它包含三个层次的内容：政治意识文明、政治制度文明、政治行为文明。

邓小平没有明确使用过"政治文明"一词，但是他一生的思想论述和政治实践，生动地体现了他对政治文明的深刻理解。第一，在民主政治与社会主义的关系上，提出"没有民主就没有社会主义，就没有社会主义的现代化"[①] 的思想，把民主作为社会主义政治发展的基本目标，强调要"建设有中国特色的社会主义民主政治"，这为社会主义政治文明论的提出做了直接的理论铺垫。第二，强调民主政治建设的关键在于制度文明

---

① 《邓小平文选》第 2 卷，人民出版社 1994 年版，第 168 页。

建设。邓小平始终把"制度"作为分析和解决社会政治问题的基本立足点，他指出，建设社会主义民主政治，必须改革与完善党和国家领导制度，"必须使民主制度化、法律化，使这种制度和法律不因领导人的改变而改变，不因领导人的看法和注意力的改变而改变"①。"我们过去发生的各种错误，固然与某些领导人的思想、作风有关，但是组织制度、工作制度方面的问题更重要。这些方面的制度好可以使坏人无法任意横行，制度不好可以使好人无法充分做好事，甚至会走向反面。"因此他告诫全党："领导制度、组织制度问题更带有根本性、全局性、稳定性和长期性。这种制度问题，关系到党和国家是否改变颜色，必须引起全党的高度重视。"② 第三，在政治行为上，邓小平强调要在建设有中国特色社会主义的过程中，要根据新的实践，坚定不移地进行政治体制改革，要加强法制建设，实行依法治国，使党和国家的各项活动以及公民在各个领域的行为都依法进行，做到"有法必依，执法必严，违法必究，在法律面前人人平等"③。

"三个代表"重要思想在继承邓小平社会主义民主政治思想的基础上，创造性地提出了"社会主义政治文明"概念，丰富与发展了邓小平的社会主义民主政治理论。

第一，鲜明地提出了"发展社会主义民主政治，建设社会主义政治文明，是全面建设小康社会的重要目标"④ 的新论断。这一论断从人类社会发展规律与社会全面发展的理论高度，将人类社会文明从"两个文明"区分为"三个文明"，并把人类社会进步的进程理解为"三个文明"相互促进、协调发展的过程。从 2001 年全国宣传部长会议上首次提出政治文明概念，经过 2002 年 5 月 31 日讲话的进一步阐释，到党的十六大报告，江泽民在对"三个代表"重要思想的阐发中系统地论述了政治文明与社会主义的关系、政治文明与物质文明和精神文明的关系、政治文明与社会主义民主政治的关系以及政治文明的基本内涵等各方面重大问题，极大地丰富了马克思主义政治哲学理论。

---

① 《邓小平文选》第 2 卷，人民出版社 1994 年版，第 146 页。
② 同上书，第 333 页。
③ 同上书，第 254 页。
④ 《江泽民文选》第 3 卷，人民出版社 2006 年版，第 553 页。

　　第二，"社会主义政治文明"的论断，为建设社会主义民主政治提供了全新的理论思路和更加宽广的实践视域。如果说物质文明的本质在于先进的生产力，精神文明的本质在于先进的文化，那么，政治文明的本质就在于先进的政治制度，体现公平、正义、自由、民主的各种政治制度安排是政治文明最集中的反映。党的十六大报告对体现政治文明的政治体制改革的论述涉及民主政治的各个方面，对公民的广泛政治参与、政策的科学制定、司法的公平公正等诸多问题做了大量论述，这些制度的落实将极大地推进我国的民主政治进程。同时，政治文明还包含更加丰富的内容，政治意识文明、政治制度文明和政治行为文明等共同构成政治文明的全面内涵。这就大大拓展了人们对政治民主的理解视域，深化了人们对政治民主的认识。

　　第三，"社会主义政治文明"理论深刻地阐明了中国特色社会主义政治文明的基本框架和核心内容，为发展社会主义民主政治、建设社会主义政治文明指明了正确的方向。江泽民在党的十六大报告中指出："发展社会主义民主政治，最根本的是要把坚持党的领导、人民当家作主和依法治国有机统一起来。"①　这一科学论断在继承邓小平理论关于社会主义民主政治建设的思想基础上，辩证地阐明了中国特色社会主义政治文明的主体框架及其相互关系，其中，"党的领导是人民当家作主和依法治国的根本保证，人民当家作主是社会主义民主政治的本质要求，依法治国是党领导人民治理国家的基本方略"②。这些精辟的论述为我们在社会主义中继续积极稳妥地推进政治体制改革，建设中国特色社会主义政治文明指明了方向。

　　江泽民指出："建设社会主义民主政治，是逐步发展的历史过程，需要从我国的国情出发，在党的领导下有步骤、有秩序地推进。"③　民主是一个历史过程，说的是民主政治建设总是受到现实的经济、政治、文化和社会等客观条件的制约，人们不应期盼一蹴而就的民主政治建设。我国目前正处于社会主义初级阶段，民主政治发展的经济文化等条件还比较落后，这种国情就决定了我国民主建设的长期性、渐进性和循序性。首先，

---

① 《江泽民文选》第 3 卷，人民出版社 2006 年版，第 553 页。

② 同上。

③ 《江泽民文选》第 2 卷，人民出版社 2006 年版，第 32 页。

从时间上来说，必须遵循民主发展的客观规律，逐步地发展我国的社会主义民主，推进我国的民主政治建设进程。即使认识到了适合更高发展阶段的民主形式，也不能跳过民主发展必经的、现实的阶段，否则，就要犯超越阶段的错误，势必会出现欲速则不达的结局。其次，从空间上来说，民主是一个逐步社会化的过程，是一个逐步扩大公民有序参与的过程，这也是民主发展的规律。因此，只有确立现实主义的眼光，从国情出发，科学地认识当前民主建设所具备的条件、应采取的方式和步骤，才能真正推进民主政治的建设。

总之，"三个代表"重要思想把我国改革开放 30 多年的政治民主建设的实践经验和措施及时上升到更高的理论层面，把我国的政治体制改革、民主法制建设等内容纳入政治文明的范畴中来，站在政治哲学高度，从社会全面协调发展的视角对人类社会发展规律与中国社会政治发展规律进行了新的探索，提出建设社会主义法治国家、加强政治文明建设等一系列新理论、新观点，指出在建设中国特色社会主义的实践中，必须辩证地处理好社会政治发展中的一系列关系，包括依法治国与以德治国的统一，党的领导、人民当家作主与依法治国的辩证统一，物质文明、精神文明与政治文明的统一等，这是在继承邓小平政治哲学的基础上，在新的历史条件下围绕国家治理问题对于马克思主义政治哲学所做出的创造性理论贡献。

（三）"三个代表"重要思想与对知识分子历史作用的新思考

随着知识社会的到来以及"知识阶层"的出现，知识分子的社会地位问题已成为当代政治哲学中备受重视的重要研究课题。"三个代表"重要思想是和马克思列宁主义、毛泽东思想、邓小平理论一脉相承的，是对马克思主义基本理论的继承与发展。就知识分子问题而言，"三个代表"重要思想的重要意义之一在于，它为人们考察知识分子社会历史作用提供了三个重要的客观维度，使人们对知识分子社会历史作用的认识更全面、更客观、更深入。

1. "三个代表"重要思想与考察知识分子社会历史作用的三个重要维度

何谓"知识分子"（intellectuals）？知识分子是不是有知识者的代名词？是不是但凡有知识者都可称为知识分子？知识分子的外延究竟有多

大？……在对这一系列问题提出追问的过程中，人们不难发现，尽管知识分子概念是一个使用频率极高的概念，但是，对于知识分子的内涵与外延，人们的理解实际上表现出很大的不精确性。当代著名社会学家刘易斯·科塞曾经一针见血地指出："现代用语中很少有像'知识分子'这样不精确的称呼。只要一提到它，往往就会引起涉及含义和评价的争议。"[1]当代知识分子研究专家古德纳对20世纪的知识分子赋予了广泛的重要性，认为他们形成新阶级的核心，并将逐渐取代旧的统治阶级。他认为，知识分子与知识阶层的职业生活的社会学与社会心理学是相当不一致的。通过运用库恩的规范科学以及范式观念，古德纳主张，技术的知识阶层"全神贯注于他们的学科范式内部的操作，探讨其内在的符号空间，将其原则扩大到新的领域，并使其有规则"。相比之下，知识分子的活动范围一般缺乏"共识性的合法化范式"，以及可以拥有"不同的竞争范式"，而且因为这一点，知识分子"经常侵犯了知识生活中的传统的劳动分配领域"[2]，他们属于传统人文科学。

　　1981年《关于建国以来党的若干历史问题的决议》在总结历史经验的时候，说了一句很重的话："要坚决扫除长期间存在而在'文化大革命'期间登峰造极的那种轻视教育科学文化和歧视知识分子的完全错误的观念。"党的十二大报告又说："过去由于'左'倾思想和小生产观念的束缚，在我们党内相当普遍、相当长期地存在着轻视教育科学文化和歧视知识分子的错误观念。"因此，如何正确对待教育科学文化和知识分子，在相当长的一段时间里一直是我们党需要从根本上解决的重大问题。

　　"文化大革命"结束后，我们党在端正知识分子政策方面做出了正确的努力。邓小平在1977年5月24日的讲话中，高瞻远瞩地提出："一定要在党内造成一种空气：尊重知识，尊重人才。要反对不尊重知识分子的错误思想。"[3] 1978年3月，邓小平在全国科学大会开幕式上发表了重要讲话，这个讲话是确定我们新时期的知识分子政策的纲领性文件。邓小平的讲话，着重对我国广大知识分子的阶级属性做出了符合实际的马克思主

---

　　① ［美］刘易斯·科塞：《理念人——一项社会学的考察》，郭方等译，中央编译出版社2001年版，前言，第1页。

　　② ［美］艾尔文·古德纳：《知识分子的未来和新阶级的兴起》，蔡嵘译，江苏人民出版社2006年版，第62页。

　　③ 《邓小平文选》第2卷，人民出版社1994年版，第41页。

义的估计。他指出我国的知识分子"总的说来，他们的绝大多数已经是工人阶级和劳动人民自己的知识分子，因此也可以说，已经是工人阶级自己的一部分。他们与体力劳动者的区别，只是社会分工的不同。从事体力劳动的，从事脑力劳动的，都是社会主义社会的劳动者"①。邓小平的估计，同以往把我国知识分子从整体上划入资产阶级范畴的估计，是完全不同的。那个估计，是 1957 年以来对待知识分子的"左"倾错误的理论基础。而邓小平的估计，则是我们党对待知识分子的正确政策的理论基础。自此之后，我们党的知识分子政策的历史揭开了新的篇章。

在我们党的知识分子政策的理论基础问题上，"三个代表"重要思想具有新的里程碑的性质，它提供了考察知识分子社会历史作用的三个维度。

第一，生产力维度。"三个代表"重要思想明确提出我们党要始终代表"中国先进社会生产力发展要求"。很显然，这是一个马克思主义的科学论断，它强调了社会生产力对社会发展的决定性作用。进言之，这一提法本身的进一步意义则在于它要求中国广大人民群众应该成为中国先进社会生产力的推动者，而不是拉后腿者。中国广大人民群众显然包括知识分子，因此，从发挥积极的、正面的社会历史作用的角度来看，力求成为先进社会生产力的促进者，应是中国广大知识分子的努力方向，广大知识分子应该争做促进先进社会生产力发展的急先锋。

前面提到邓小平明确提出"科学技术是第一生产力"论断，而知识分子在科学技术发展中的地位是不容置疑的。因此，代表先进社会生产力发展要求本身一方面涵盖着对于先进的科学技术的要求，另一方面也涵盖着肯定知识分子在发展生产力过程中的重要作用。1995 年 5 月 26 日，在全国科学技术大会上江泽民指出："科学技术人员是新的生产力的重要开拓者和科技知识的重要传播者，是社会主义现代化建设的骨干力量。实施科教兴国战略，关键是人才。"② 2001 年，江泽民在庆祝中国共产党成立80 周年大会上的重要讲话中进一步深刻地指出："人是生产力中最具有决定性的力量。包括知识分子在内的我国工人阶级，是推动我国先进生产力

---

① 《邓小平文选》第 2 卷，人民出版社 1994 年版，第 89 页。
② 《江泽民文选》第 1 卷，人民出版社 2006 年版，第 435 页。

发展的基本力量。"① 在这里，通过站在唯物史观的理论高度强调知识分子也是推动我国先进生产力发展的基本力量，江泽民不仅使我国知识分子在推动先进生产力发展中的重要地位凸显出来，还将我国知识分子在推动先进生产力发展中的积极作用予以明确肯定。

从现代意义上看知识分子主要是指知识的生产者与传播者，因此，在推动先进社会生产力发展方面，知识分子的社会历史作用主要体现在知识传播与知识创新上。科学技术从"间接的生产力"到"直接的生产力"到"第一生产力"反映了社会生产力内涵的深刻变化，同时也带来了知识分子社会历史作用的全新发展。江泽民明确提出了两种生产的概念："物质生产和知识生产"，这种提法本身就是立足于历史唯物主义对知识分子的知识生产能力在生产力发展中作用的充分肯定。此外，江泽民多次谈到创新问题，反复强调："创新是一个民族进步的灵魂，是一个国家兴旺发达的不竭动力。"② 随着知识经济时代的到来，知识，特别是创新型知识，已成为现代经济增长的青春泉。专家们预测，随着全球信息高速公路的全面开通，科技知识对经济增长的贡献率可以由 21 世纪初的 5%—20% 提高到 90%。

第二，文化维度。"三个代表"重要思想明确提到我们党要始终代表"中国先进文化的前进方向"，这是对社会主义精神文明建设的进一步强调。当代著名政治学家利普塞特在《政治人》一书中对知识分子下了一个著名的定义，他将知识分子界定为"那些创造、传播与运用文化的人，即人类象征性世界包括艺术、科学、宗教方面的人"③。利普塞特对知识分子的定义实际上展示了知识分子在文化的创造、传播与运用方面的特殊作用。不过，由于"三个代表"重要思想着重强调我们党要始终代表"中国先进文化的前进方向"，因此，在关于知识分子的文化创造、传播与运用方面的作用问题上，我们党所要求的是知识分子应成为中国先进文化前进方向的促进者，而不应该成为腐朽、没落文化的维护者。

文化是一个国家、民族根之所系、脉之所维，从本质上说，它是一定社会的经济和政治的反映，又对社会的经济和政治产生巨大影响。先进文

---

① 《江泽民文选》第 3 卷，人民出版社 2006 年版，第 274 页。
② 《江泽民文选》第 2 卷，人民出版社 2006 年版，第 392 页。
③ ［美］利普塞特：《政治人》，张绍宗译，商务印书馆 1993 年版，第 248 页。

化顺应历史潮流，反映时代精神，代表未来方向，是人类文明进步的结晶，是推动社会前进的精神动力。它包括先进的思想道德和先进的科学文化两个部分。其中思想道德规定着整个文化的性质和方向，是先进文化的核心内容。江泽民曾经指出："我们发展社会主义市场经济，建设有中国特色社会主义，除了要确立与之相适应的社会主义法律体系，还必须在全社会形成与之相适应的社会主义思想道德体系。……法是他律，德是自律。"① 在当代中国，先进文化就是中国特色社会主义文化。一般来说，建设中国特色社会主义文化主要包括五个方面的基本内涵：其一，必须始终坚持以马列主义、毛泽东思想、邓小平理论为指导；其二，必须以爱国主义、集体主义、社会主义的思想道德为核心；其三，必须继承与发扬中华民族优秀文化和革命文化传统，积极吸取和借鉴一切外国的优秀文化成果；其四，必须面向现代化、面向世界、面向未来，充分体现时代精神；其五，必须是民族的科学的大众的社会主义文化。中国特色社会主义文化的先进性最集中、最具体地表现在，它是社会主义社会的重要特征，是社会主义优越性的重要表现，是现代化建设的重要目标和重要保证，是凝聚和激励全国各族人民的重要力量，是综合国力的重要标志。这一文化渊源于中华民族五千年文明史，植根于中国特色的社会主义的伟大实践，不仅反映与体现社会主义经济和政治的本质要求，而且反映与体现最广大人民群众的根本利益，带有鲜明的社会主义意识形态特点，是社会主义的上层建筑的有机组成部分。因此，知识分子要成为中国先进文化发展的促进者，说到底，就是要成为中国特色社会主义文化的建设者与发展者。

第三，利益维度。代表最广大人民根本利益是我们党一切工作的出发点和落脚点，是"三个代表"重要思想的最终归宿。只有始终代表最广大人民根本利益，我们党才能同人民群众保持血肉联系；才能增加凝聚力、战斗力；才能巩固党的执政地位，提高党的领导水平，更好地带领广大人民群众奋勇向前。

邓小平符合实际的马克思主义估计解决了我国知识分子的利益代表与阶级归属问题，"三个代表"重要思想则向人们进一步展示了我国知识分子的利益是如何得到代表的，即中国知识分子的根本利益与广大人民群众的根本利益一样，是中国共产党人始终要坚持代表的。由于知识分子的利

---

① 《江泽民文选》第 2 卷，人民出版社 2006 年版，第 567 页。

益是中国最广大人民根本利益的一部分，因此，知识分子的根本利益得到代表与实现是同最广大人民根本利益得到代表与实现密切联系在一起的，中国知识分子不应该成为自己根本利益得到代表与实现的局外人，而应该以主人翁的姿态投身到社会主义现代化建设的大潮中，成为最广大人民根本利益得到代表与实现的积极促进者。列宁曾经指出：知识分子之所以叫知识分子，就是因为他们最自觉地、最彻底地、最准确地反映表现了整个社会的阶级利益的发展。因此，对于利益维度在考察知识分子的社会历史作用中的重要性，人们应该予以充分重视。

从整体上说，生产力维度、文化维度与利益维度三者是相互联系、相互补充、缺一不可的。无数事实证明，尽管生产力是推动人类社会发展的最终决定力量，但是生产力的发展离不开教育、科学、文化的发展，离不开思想道德建设和人民崇高精神的培养，教育、科学与文化的发展为生产力的发展提供精神动力和智力支持。在科技革命日新月异、突飞猛进的当代，尤其如此。而我们致力于推进生产力的解放和发展，致力于推进社会主义精神文明建设，归根到底，都是为了更好地代表最广大人民群众的根本利益，全心全意为人民服务。因此，在考察知识分子社会历史作用时，不仅需要生产力维度，也需要文化维度与利益维度。过去民间常说"百无一用是书生"，这个观点之所以是错误的，就在于它把生产力维度作为评价知识分子社会历史作用的唯一维度来对待。这种错误是需要加以避免的。

2. "三个代表"重要思想与对知识分子社会历史作用的深化认识

"三个代表"重要思想为考察知识分子社会历史作用，提供了生产力、文化与利益三个重要的客观性维度，同时也使人们对于知识分子社会历史作用基本特征的认识得到了进一步的深化。

第一，深化了人们对于知识分子社会历史作用全面性的认识。过去人们主要是从启蒙、教化、"世界解释者"以及"社会批判者"等方面谈论知识分子的社会历史作用，而在今天看来，这些观点显然是片面的。从"三个代表"重要思想提供的考察知识分子社会历史作用的三个重要的客观维度的角度来看，它使人们对于知识分子社会历史作用的全面性有了更进一步的认识。知识分子作为一个特殊的社会群体，它的作用不仅体现在生产力发展领域、文化发展领域，而且体现在利益代表与实现领域，因此，它的社会历史作用是多方面、多领域的。当然，应该看到，知识分子社会历史作用全面性的实现所依靠的主要是其所拥有的知识，知识是贯穿其中的主要发展线索，是知识分子所掌握的主要社会资源。知识分子一旦脱离知识或缺乏知识这种社会资源，他们的社会历史作用的实现就是不可能的。知识分子的社会历史作用的全面性发展是由知识、知识的价值和知识的力量所赋予的，知识分子应该注重在不断地从事知识的生产与传播中，将自己的社会历史作用全面向前推进，这也是时代与社会对知识分子提出的根本性要求。

第二，深化了人们对于知识分子社会历史作用的特殊性的认识。原来讲知识分子社会历史作用的特殊性主要是从知识分子在知识的生产与传播方面所具有的特殊性角度来谈论的，也就是说，正因为知识分子在知识的生产与传播方面具有其特殊性，因此，他们能够发挥特殊的社会历史作用。但是，通过"三个代表"重要思想提供的三个重要的客观维度，人们则可以进一步地认识到，知识分子之所以能够发挥特殊的社会历史作用，还有一个重要原因在于，他们的社会历史作用是较全面的。从某种意义上说，知识分子的社会历史作用由于日益走向全面而变得更加特殊。在当代社会，知识分子的社会历史作用能够体现在人们的社会生活领域的方方面面，他们不仅可以直接影响人们的物质生活，而且可以直接影响人们的精神生活。人们的社会生活能够广泛地体现他们的存在意义，他们对人类社会的存在及其发展的影响力是极其深远的。江泽民在纪念五四运动71周年报告会上讲道："知识分子作为工人阶级队伍中主要从事脑力劳动的一部分，在社会主义现代化建设中发挥着不可替代的作用，承担着重大的社会责任。毛泽东同志在新民主主义革命时期说过：'没有知识分子的参加，革命的胜利是不可能的。'今天，没有知识分子的参加，建设和改革的胜利更是不可能的。"① 这段话清楚地表明了具有特殊性的知识分子在我国的社会主义建设与发展中不可替代的特殊作用。

五 "三个代表"重要思想与马克思主义与时俱进理论品质的提出

江泽民指出："坚持解放思想、实事求是的思想路线，弘扬与时俱进

---

① 《江泽民文选》第 1 卷，人民出版社 2006 年版，第 124—125 页。

的精神，这是党在长期执政条件下保持先进性和创造力的决定性因素。"①
在此不仅谈到了坚持解放思想、实事求是的思想路线，同时也明确提出了
弘扬与时俱进的精神。从本质上说，坚持与时俱进的科学态度，用发展着
的马克思主义指导新的实践，这就是"三个代表"重要思想的根本哲学
思想原则。马克思主义发展到今天，它的许多重要特征已经显示出来，与
时俱进的理论品质就是其逐步显示出来的最为重要的特征之一。透过
"三个代表"重要思想，人们不仅可以更加深入地理解马克思主义与时俱
进的理论品质，同时也可以对马克思主义与时俱进的理论品质与马克思主
义实践观之间的内在联系有更加深入的认识。

(一) 马克思主义实践观是马克思主义与时俱进理论品质的重要理论根据

实践观是马克思主义首要的、基本的观点。1848 年马克思的《关于
费尔巴哈的提纲》的问世，标志着人类实践观历史上一个新纪元的开始，
至此，人类实践思想史上第一次有了科学的实践观。通过批判地继承德国
古典哲学实践观的思想成果，马克思主义实践观最终将人类关于实践问题
的认识建立在辩证唯物主义基础上，而在马克思、恩格斯、列宁、毛泽东
等人的共同努力下，马克思主义实践观逐渐发展成为一个较为完整的理论
体系。从本质上看，马克思主义实践观内在地包含了本体论和唯物论的统
一、自然观和历史观的统一、唯物论和辩证法的统一，因此，只有坚持马
克思主义的实践观，才能坚持马克思主义的唯物论和辩证法，才能坚持马
克思主义的世界观、价值观、认识论、方法论。作为一个完整的理论体
系，马克思主义实践观为马克思主义与时俱进理论品质所提供的理论根据
是多方面的，它不仅为马克思主义与时俱进理论品质提供了本体论根据，
而且还提供了认识论根据。

1. 本体论根据

所谓本体论，可概括为关于最高存在的学问。最高存在，亦即最后存
在，是存在之存在的根据。因此，阐明一种理论品质的本体论根据，对于
这种理论品质的确立是十分重要的。

第一，从马克思主义实践观本身的本体论意义来看，它为马克思主义

---

① 《十五大以来重要文献选编》(下)，人民出版社 2003 年版，第 2413 页。

与时俱进理论品质提供了社会生活方面的本体论根据。

马克思明确指出："社会生活在本质上是实践的。"① 由于实践与人的社会生活联系在一起，因此，在马克思主义实践观那里，实践在某种程度上具有了本体论意义，而正因为如此也使得马克思主义实践观具有了向马克思主义与时俱进理论品质提供本体论根据的意义。社会生活是活生生的，是每时每刻都在发生变化的。因此，马克思主义要想永葆生命力，就必须不断调整自己，以适应社会生活的变化。从根本上说，社会生活的本质特点之一就在于时代性，也就是说，社会生活会在不同的时代表现出不同的特点，它是以时代作为划分其不同阶段的客观标准的。这样一来，马克思主义与时俱进理论品质中所体现出的"时代性"，实际上可以说是以社会生活的"时代性"作为其本体论根据的。社会生活在不同的时代中发展着自己，马克思主义也以与时代的发展同步的姿态适应着不同时代的发展。一旦马克思主义对社会生活的时代发展特点表现出漠不关心的态度或丧失了兴趣，那么，它的生命力势必会大打折扣，它的存在意义也会受到威胁。

第二，从马克思主义实践观的发展基础来看，它为马克思主义与时俱进理论品质提供了来自物质性方面的本体论根据。

尽管马克思主义实践观自身有着本体论意义，但是，它是建立在辩证唯物主义基础上的，它仍然在更根本的意义上坚持着"物质第一性"原则。正因为马克思主义实践观是建立在科学的、辩证唯物主义基础之上的，因此，它为马克思主义与时俱进理论品质提供的本体论支持是极其坚实的。从物质决定意识、意识是物质的反映这种简朴的道理来看，马克思主义作为一种理论形态，它需要不断地根据客观存在的变化而做出相应的反应，它的与时俱进理论品质也是由其辩证唯物主义立场所决定的。我们知道，黑格尔是唯心主义哲学的集大成者，他的哲学的本质特点就在于主张意识决定物质。正因为黑格尔哲学具有上述特点，因而它在根本上是否定理论应该随着客观存在的变化与发展而发生变化，由此它同与时俱进理论品质是无缘的。从黑格尔哲学诞生后的 200 多年历史来看，尽管许多西方学者都希望通过理论上的努力使黑格尔哲学具有与时俱进的特点，但是，在黑格尔哲学的唯心主义性质的决定下，这种努力实际上是徒劳的。

① 《马克思恩格斯文集》第 1 卷，人民出版社 2009 年版，第 505 页。

2. 认识论根据

毛泽东指出："主观和客观、理论和实践、知和行"的统一是"具体的历史的统一"①。因此，经过毛泽东的努力，马克思主义实践观建构了一个以社会实践为基础，以主观和客观、理论和实践、知和行的具体的历史的统一为核心的认识论体系。正是通过这个理论体系，我们对马克思主义与时俱进理论品质的认识论根据有了较清楚的认识。

第一，从理论与实践的关系来看，马克思主义与时俱进理论品质是理论与实践、知和行之间的具体的、历史的统一所规定的。既然理论和实践、知和行的统一是具体的、历史的统一，那么，这种统一不仅表明了理论和实践、知和行之间的矛盾的复杂性，而且还表明了社会实践自身发展的时代性与阶段性。由于社会实践自身发展呈现出时代性和阶段性，因此，理论与认识需要不断地追随社会实践的发展，才能实现与社会实践的统一，否则理论和实践、知和行的统一只会是一句空话。第二，从认识自身的发展来看，马克思主义与时俱进理论品质是主观和客观之间的具体的、历史的统一所规定的。由于主观和客观的矛盾是作为认识过程的基本矛盾而存在的，因此，马克思主义作为一种理论形态要完成认识任务，就必须不断地克服主观和客观的矛盾，而不断地克服主观和客观的矛盾的过程就是一个与时俱进的过程。第三，从认识发展的总过程来看，马克思主义与时俱进理论品质体现了认识的曲折发展过程。毛泽东明确指出认识发展的总过程是"实践，认识，再实践，再认识……循环往复以至无穷"的过程。正因为人类认识的发展需要经历上述过程，所以，人类认识势必会体现出一个逐步完善的过程。对于马克思主义来说，这种认识逐步完善的过程就是一个与时俱进的过程。也就是说，它会根据实践的客观发展，不断地对客观事物加以认识上的概括与总结；根据实践发展的需要，不断地调整自己的原有认识，以便更好地指导实践。我们常说，马克思主义是在实践中不断完善自己的，其实，这种不断完善自己的过程就是一个与时俱进的过程。

（二）马克思主义与时俱进理论品质是马克思主义实践观的本质要求

原来我们常说马克思主义是发展的，现在我们又提出马克思主义是与

---

① 《毛泽东选集》第 1 卷，人民出版社 1991 年版，第 296 页。

时俱进的。因此，摆在我们面前的一个较为现实的理论问题是："与时俱进"概念与"发展"概念存不存在差异？毫无疑问，在"与时俱进"概念与"发展"概念之间存在着鲜明的差异。正是透过这种差异，我们看到了认识互动性的重要意义。认识的互动性使得马克思主义与时俱进理论品质有了其存在的客观根据，但是，就实践是认识的基础这一马克思主义实践观的基本观点来说，认识的互动性实际上是围绕实践活动展开的，而这一点恰好从另一个侧面说明与时俱进理论品质实质上是马克思主义实践观的一种内在要求。

1. "与时俱进"概念与"发展"概念的区别

"与时俱进"概念，顾名思义，是指与时代的发展同步。正是针对这种情况，我们首先应看到的一点是：与时俱进是有主体的，它所强调的是主体应该不断地要求自己与时代这个外在于自身的"客体"的发展保持同步。因此，从本质上说，所谓"与时俱进"主要是指主体应该与时代的发展同步。由此可见，"与时俱进"概念的最核心内容就在于它强调了主体去适应客体的发展，它主要揭示的是主客体之间的互动性关系问题。

"发展"是一个较为传统的概念，它有着较为固定的内涵。从传统意义上说，"发展"概念主要指客观事物自身并不是一成不变的，而是不断地发生变化的。显而易见，这里的客观事物不仅包括主体，而且包括客体。因此，"发展"概念所强调的是，不论主体还是客体，只要是客观存在的，它们都是发展的，即都是不断地发生变化的。正是从上面的诠释中，我们不难看出，"发展"概念主要强调的是，客观事物自身的变化特点。它主要揭示的是主体或客体自身的内在逻辑关系，着重说明的是一事物的现阶段是其过去发展的结果，同时也是其未来发展的起点。发展概念主要是对客观事物自身状态的演变情况的说明。

通过前面的简短分析，可以看出，"与时俱进"与"发展"是属于两大类别的概念。它们的侧重点是有所不同的。"与时俱进"概念的意义在于，使我们看到了主体在适应客体的过程中求得生存，求得进步。"发展"概念的意义则在于，使我们对主体或客体的存在状态的演变过程有了较清醒的认识。"发展"概念是针对机械的、静止的、形而上学的观点而言的，是对那些看不见量变、质变的人的思想上的否定。与时俱进则是针对割裂主客体关系的观点而言的，是对那些故步自封的人的思想上的否定。

　　从本质上说，"马克思主义是与时俱进的"这一提法比"马克思主义是发展的"这一提法所包含的规定性更多一些。首先，"马克思主义是与时俱进的"这一提法不仅强调了马克思主义是发展的，而且还着重强调了马克思主义是在与时代保持同步中发展，是在不断适应时代需要中发展，这种发展是在正确理解与处理主客体之间的互动性关系中实现的。"马克思主义是与时俱进的"这一提法是正确地理解主客体互动性关系的思想结晶。其次，"马克思主义是与时俱进的"这一提法使我们看到了"与时代保持同步发展"这一硬道理。马克思主义只有不断地与时俱进，才有可能在激烈竞争中赢得主动，取得发展，否则，问题已不是发展与不发展的问题，与时俱进所解决的是生存与死亡的问题，即适者生存的问题。

　　人们常说"大势所趋""识时务者为俊杰"等，这些都是对顺应潮流的强调。原来人们一般是从唯物史观的角度强调顺应潮流的重要性，但是，现在当我们对"马克思主义是与时俱进的"这一提法的本质有了进一步的了解之后，我们对顺应潮流的重要性也有了新的认识。潮流是比规律更具体的东西，是一种外部推动力。在它的推动下，认识与理论不得不发生变化，这种变化往往是不以人的意志为转移的。因此，对于马克思主义理论来说，潮流的推动是比主体的自发的认识冲动更为重要的动力形式。这种动力形式不仅冲击了主体的认识欲望，而且改变了认识活动的过程及结果。

　　2. 马克思主义与时俱进理论品质是马克思主义实践观的本质要求

　　正因为把握马克思主义与时俱进理论品质的关键在于正确理解主客体之间的互动性关系，因此，就认识与实践的各自本质及其相互关系来看，马克思主义与时俱进理论品质不仅反映了认识的互动性本质特征，同时也体现了马克思主义实践观的本质要求。马克思主义实践观主要强调了主体与客体之间的互动关系，因此，在马克思主义实践观的要求下，与时俱进成为马克思主义的题中应有之义，马克思主义只有是与时俱进的，才符合实践观的本质要求。

　　尽管旧唯物主义反映论十分重视主体对客体的变化做出反应，但是，这种反应只是机械地、被动地适应客体的变化，这种认识只是一种照相式的反应，因此，在事关与时俱进的问题上，旧唯物主义是不可能掌握理论发展的主动权的。这样一来，旧唯物主义在与时俱进问题上的命运可能有两条：一条是在形式上做到了与时俱进；另一条是即使在形式上做到与时俱进也是不可能的。对于前者，由于只是机械地、被动地反映客体的变化状况，因此，尽管旧唯物主义可以做到与时代发展同步，但是，这种同步却是被动的，只能算是形式上的与时俱进。对于后者，当大量的信息摆在旧唯物主义者面前时，旧唯物主义者可能会受到自己的认识论的局限而不能做到主动地反映客观事实，由此他们可能不仅不能正确地反映外界信息，反而会被外界信息所吞噬掉。

与传统认识论不同的是，马克思主义认识论充分看到认识是主体与客体相互作用的产物，因此，它为马克思主义与时俱进理论品质提供了科学的认识论基础。但是，值得注意的是，由于马克思主义认识论的发展基础是马克思主义实践观，因此，在有关主客体互动性问题上，它更多地体现了马克思主义实践观的本质。在马克思主义实践观看来，所谓实践就是主体能动地改造客体的社会物质活动，是"主观见之于客观"的活动，因此，认识之所以是主客体相互作用的产物，其根本原因并不在于认识活动自身，而在于实践活动中体现出了这种互动性关系，从而使得认识活动作为这种互动性的表现形式出现了。倘若实践活动中没有这种主客体互动性关系，认识活动就不可能表现出这种主客体互动性关系，因此，马克思主义的与时俱进理论品质从本质上说所体现的是马克思主义实践观的客观要求，而不是马克思主义自身凭空生成的。

（三）社会实践是实现马克思主义与时俱进理论品质的根本途径

如果马克思主义不具有与时俱进理论品质，那么，它便会很快因时代的变化而丧失其存在的意义。但是，值得注意的是，既然与时俱进是一种理论品质，那么，从认识与实践的关系来看，它肯定就不是自行实现的，它需要借助社会实践的帮助，也就是说，社会实践是实现马克思主义与时俱进理论品质的根本途径。

分析地说，社会实践是实现马克思主义与时俱进理论品质的根本途径的理由主要在于以下四点：第一，由于社会实践是检验马克思主义是否与时俱进的唯一标准，因此，马克思主义必须在社会实践中实现自己的与时俱进，否则，马克思主义与时俱进的道路将会缺失方向。第二，社会实践的形式与内容在不同的时代是有所不同的，这些不同会直接影响马克思主义与时俱进的具体内容。因此，马克思主义的与时俱进应该更多地结合社会实践的形式与内容的变化而发生变化。第三，马克思主义与时俱进理论品质并不是在书斋里实现的，从根本上说，它需要社会实践的帮助。西方马克思主义对于马克思主义的发展很大程度上是在书斋里进行的，这种发展由于与社会实践缺乏必然的、内在的联系，因此，它们的社会影响力是极小的。而毛泽东思想、邓小平理论对于马克思主义的发展是与中国革命与建设的具体实践联系在一起的，因此，它是鲜活的，具有极大的社会影响力的。第四，只有通过社会实践，才能真正使马克思主义与时俱进理论品质的互动性本质得到充分表现。前面谈到，马克思主义与时俱进理论品质与传统的发展观不同之处就在于，它强调了认识的互动性，而这种互动性又是以社会实践的互动性作为基础的，因此，进一步说，要想使马克思主义与时俱进理论品质的互动性本质真正表现出来，就应该通过社会实践。在社会实践中，主体主动地改造客体，并且通过这种改造活动实现对客体的认识，因此，这种活动能够带来马克思主义与时俱进理论品质的互动性本质的发生与发展。倘若不借助社会实践的帮助，马克思主义与时俱进理论品质的互动性本质只会是潜在的、受到埋没与忽视的存在，由此马克思主义的与时俱进就可能只是一句停留在口头上的空话。

（四）马克思主义与时俱进理论品质与坚持马克思主义实践观

马克思主义是与一项伟大的事业——社会主义与共产主义事业——联系在一起的，因此，它能否做到与时俱进并不是一个仅仅涉及其自身理论生命力的问题，而且是与社会主义、共产主义事业成败联系在一起的。历史经验表明，马克思主义与时俱进理论品质的实现与保持并不是一帆风顺的，它需要在坚持马克思主义实践观，反对教条主义、经验主义、机会主义等种种错误的思想认识基础上实现与保持自己。因此，反对教条主义、经验主义、机会主义等错误思想倾向，是实现马克思主义与时俱进理论品质的重要保证。

1. 坚持马克思主义实践观，反对教条主义

教条主义是在实现与发展马克思主义与时俱进理论品质的过程中所会遇到的最为常见、普遍的问题。它的存在一方面反映了人们对马克思主义的崇拜心理，另一方面也反映了由这种崇拜心理所带来的消极后果。倘若马克思主义没有足够强大的理论与实践魅力，势必不会在现实生活中出现所谓的教条主义现象，因此，对于教条主义，我们应该在看到其消极影响

的同时，充分认识到其产生的心理与认识论根源。为了反对教条主义，我们必须坚持马克思主义实践观，因此，反过来则可以进一步说，坚持马克思主义实践观，是反对教条主义的法宝，也是实现与发展马克思主义与时俱进理论品质的法宝。

毛泽东曾经认真剖析了教条主义。在他看来，教条主义的错误主要体现在三个方面：第一个方面是看重理论而轻视实际。第二个方面是看重一般而轻视特殊。第三个方面是看重间接经验而轻视直接经验。正因为教条主义主要有上述三个方面的错误，因此，它的消极影响是十分明显的。第二次国内革命战争时期是教条主义十分猖獗的时期，其主要特点是，不顾马克思主义与中国革命具体实践之间所存在的冲突，把共产国际的决议和苏联经验神圣化，而忽视了中国的国情。因此，教条主义曾经遭到毛泽东的严厉批判。

在实现与发展马克思主义与时俱进理论品质的过程中，教条主义错误的主要表现形式既与毛泽东上面所指出的三点有联系，也存在着一定的区别。一般来说，目前教条主义主要有四种表现形式：一是将马克思主义理论神圣化。现在，在一些人看来，只要是马克思主义经典作家没有说过的，我们最好不要说；当务之急的任务不是如何发展马克思主义，而是如何更好地诠释马克思。其实，尽管我们需要充分理解马克思，但是这种理解并不应该建立在为了理解而理解基础之上，我们需要的是让马克思主义更好地指导现实的社会实践活动，而不是把马克思主义当作教条供奉起来。马克思主义作为一种指导思想有着被当作教条的可能性，但是，我们需要做的是，不应该让这种教条发展成为一种教条主义。我们不应该以捍卫马克思主义的理论基础和基本原理作为托词，而反对马克思主义的与时俱进。二是将马克思主义作为一种摆设。目前，马克思主义在一些情况下被当成了一种摆设，当需要将马克思主义作为一面旗帜时，马克思主义才会被搬出来；而在其他情况下，马克思主义往往是被搁置在某个地方而不用的。三是将马克思主义口号化。将马克思主义口号化是教条主义的一种新的发展形式，这种形式极大地影响了马克思主义的发展。那种口号式的马克思主义看似发展了马克思主义，实际上是将马克思主义简单化。四是通过片面地强调时代并没有发生实质性的变化，从而片面地强调马克思主义尚且没有与时俱进的必要。

从毛泽东的许多重要分析中不难看出，击破教条主义的最重要的理论根据是马克思主义实践观。因此，要想实现与发展马克思主义与时俱进理论品质，不仅要反对教条主义，更重要的是要坚持马克思主义实践观。只有坚持马克思主义实践观，才能从根本上反对教条主义，才能在根本上实现与发展马克思主义与时俱进的理论品质。马克思主义应该与时俱进，这是社会实践的需要，而并不仅仅是马克思主义自身的一种发展要求。如果仅仅把马克思主义与时俱进理论品质当作马克思主义自身的一种要求，那么，这种发展有可能只是走走过场，与社会现实的实践活动缺乏必然的联系。因此，在有关马克思主义与时俱进理论品质的问题上，必须注意的问题是，充分认识到这是社会实践的需要。这一方面是为了总结社会实践的需要，另一方面是为了指导社会实践的需要。这两方面的需要都要求我们大力反对教条主义，让马克思主义保持与时俱进的理论品质，真正做到与时俱进。

2. 坚持马克思主义实践观，反对经验主义

毛泽东曾经将经验主义的错误总结为三个方面：第一个方面是看重实际而轻视理论。第二个方面是看重直接经验而否认理性知识。第三个方面是看重个别而轻视一般。尽管经验主义在今天的表现形式已与毛泽东时代有所不同，但是，在今天，经验主义仍然存在着，而且它主要出现在两大领域：一个是实践领域，另一个是理论领域。也就是说，无论在实践领域还是在理论领域，都存在着经验主义。这是与毛泽东时代有所不同的。在毛泽东时代，经验主义主要表现在实践领域。一些没有受过多少教育的人往往以经验作为发言的依据，结果是出现了"狭隘的经验主义"。今天的经验主义不仅表现在实践领域，而且表现在理论领域。在理论领域，一些人只注重个别的经验事例，而对一般性理论不感兴趣。一般来说，经验主义在当前的表现形式主要包括三类：一是以经验事实作为评价马克思主义是否应该与时俱进的标准。显然，这种过分强调经验事实的想法会导致毛泽东所说的"狭隘的经验主义"。二是以是否在实际工作中有指导作用作为衡量马克思主义是否应该与时俱进的标准。三是看重个别而轻视一般，即将大量的个别事实作为评价马克思主义是否应该与时俱进的标准。因此，在经验主义的干扰下，马克思主义与时俱进的进程受到了严重的影响。

从毛泽东的许多重要分析来看，击破经验主义的最重要的理论根据就是马克思主义实践观。因此，要想实现与发展马克思主义与时俱进理论品

质，不仅要反对经验主义，而且重要的是要坚持马克思主义实践观。尽管"实践"与"经验"存在着联系，但是它们在本质上是迥然有别的，经验是感性的东西，而实践则是主观见之于客观的东西，因此，我们需要反对经验主义，坚持马克思主义实践观。只有坚持马克思主义实践观，才能从根本上反对经验主义，才能在根本上实现与发展马克思主义与时俱进的理论品质。

3. 坚持马克思主义实践观，反对机会主义

机会主义是目前最让我们感到棘手的问题。所谓机会主义主要是指在缺乏原则性的情况下发展马克思主义。由于马克思主义需要与时俱进，已成为十分紧迫的任务，因此，在这种情况下，人们很容易为了使马克思主义与时俱进而发展马克思主义，从而导致机会主义的出现。机会主义往往会动摇马克思主义的发展基础，因此，是我们必须加以防范的严重错误。

今天我们所面临的许多实践问题都是马克思主义经典作家当年所没有遇到和所没有深入研究过的，因此，如何使马克思主义真正做到与时俱进，是我们当务之急所要解决的重大问题。但是，任务的紧迫是一回事，如何完成任务则是另一回事。机会主义地解决马克思主义的与时俱进问题，只会使事情变得更糟；机会主义地发展马克思主义只会导致将马克思主义的发展引向歧途。当年王明等人的事例已经十分清楚地表明了这一点。苏联的孟什维克的事例也十分清楚。回顾后马克思时代发展马克思主义的经验教训，可以使我们对机会主义的错误有更清醒的认识。当然，由于机会主义产生的认识论根源是主观与客观相脱离，因此，反对机会主义的有力武器仍然是马克思主义实践观。任何机会主义地解决马克思主义与时俱进的做法，都是经不起实践检验的。

第四章　科学发展观与构建
社会主义和谐社会

　　党的十六大以来，以胡锦涛同志为总书记的党中央坚持以邓小平理论和"三个代表"重要思想为指导，在准确把握世界发展趋势、认真总结我国发展经验以及深入分析我国发展阶段特征的基础上，提出了科学发展观、构建社会主义和谐社会等一系列重要思想，为党和人民事业的发展提供了科学的理论指导和有力的思想保证。贯彻落实科学发展观和构建社会主义和谐社会是建设中国特色社会主义的基本要求，是马克思主义与中国实际相结合的新发展，是马克思主义中国化的新成果。以人为本，科学发展，和谐发展，和平发展，是马克思主义哲学世界观和方法论的当代运用与发展，是中国特色社会主义理论体系哲学思想的重要组成部分，是马克思主义哲学发展观的新形态。

一　科学发展观的基本内涵

　　强调事物是发展的，是马克思主义哲学的基本特点，同时也是唯物辩证法的基本内容。马克思主义哲学认为发展是事物的上升性运动，发展的本质是旧事物的灭亡和新事物的产生，发展具有上升性、开放性、连续性。发展观是从哲学角度对发展问题进行的深入思考，是人们对发展问题总的看法与根本观点。我们党在我国的社会主义现代化的实践中，逐渐形成了中国特色的马克思主义发展观。党的十七大报告提出："科学发展观，是对党的三代中央领导集体关于发展的重要思想的继承和发展，是马克思主义关于发展的世界观和方法论的集中体现，是同马克思列宁主义、毛泽东思想、邓小平理论和'三个代表'重要思想既一脉相承又与时俱进的科学理论，是我国经济社会发展的重要指导方针，是发展中国特色社会主义必须坚持和贯彻的重大战略思想。科学发展观，第一要义是发展，核心是以人为本，基本要求是全面协调可持续，根本方法是统筹兼顾。"①上述总结标志着我国现阶段科学发展观理论的成熟。科学发展观为我们中国特色社会主义建设提供了重要方法论：科学发展观要求我们把发展看作一个可持续的过程，而不是一个终极目标；坚持以人为本的发展价值观；把发展看作辩证的发展。这是推进我社会主义现代化事业必须长期坚持的重要指导思想。

（一）发展的基本哲学含义

在辩证唯物主义哲学中，发展是事物的上升性运动，发展的本质是旧事物的灭亡和新事物的产生。发展的根本动因是事物内部的矛盾，发展的根源在于世界的普遍联系。发展具有上升性、开放性、连续性。

首先，发展具有上升性，这是发展与变化的根本区别。变化并不仅仅是一种方向，变化可能是上升的运动，还可能是下降的运动，也可能是平行的运动，而发展只能是前进的变化或进化。因此，社会变革必须符合社会历史的前进方向，才能称之为发展；一切落后的不能推动社会前进的变革，并不能称之为发展。当代中国的发展始于改革，经常是将改革与发展联系在一起，但改革具有方向性，只有推动中国特色社会主义前进的，符合广大人民群众根本利益的，才是真正意义上的改革，才是真正的社会发展。

其次，发展具有开放性，其根源就在于事物的普遍联系。唯物辩证法认为，内因是变化的根据，外因是变化的条件，外因只有通过内因而起作用。因此，任何事物离开了与其他事物的联系就不可能产生真正的发展。从系统论看，事物作为一个系统，其发展必须与外部环境进行物质、能量和信息的交换，只有这样才能进行自我调节和自我完善。因此，系统论认为，任何系统只有开放，与外界保持信息、能量和物质交换，才能趋于有序，保持活力，否则只能是无序或混沌状态。因此，一个国家要发展，必须融入世界"一体化"进程之中，实行对外开放。这也正是我们将改革与开放联系在一起的主要原因。

---

① 《十七大以来重要文献选编》（上），中央文献出版社 2009 年版，第 69 页。

　　最后，发展具有连续性，任何事物的发展都是一个过程。过程这一范畴揭示出自然界、社会和思维的一切事物都处于生成和灭亡的不断的变化中。恩格斯指出："一个伟大的基本思想，即认为世界不是既成事物的集合体，而是过程的集合体，其中各个似乎稳定的事物同它们在我们头脑中的思想映象即概念一样都处在生成和灭亡的不断变化中，在这种变化中，尽管有种种表面的偶然性，尽管有种种暂时的倒退，前进的发展终究会实现——这个伟大的基本思想。"① 唯物辩证法过程论的思想阐明了世界上一切事物的存在和发展都是一个特定的具体运动过程，没有抽象的事物；每一事物都有它的生成和灭亡，凡是产生的都是会灭亡的；每一事物的存在和发展都从属于一个更大的过程，是更大的过程的一个阶段、一个环节或一个部分。过程论深化了唯物辩证法关于任何事物都是发展的这一重要思想。

（二）发展观的基本内涵

　　从本质上说，所谓发展观是从哲学角度对发展问题进行的深入思考，是人们对发展问题的总的看法和根本观点，其中主要包括"什么是发展""为什么要发展""怎样发展""如何评价发展"四个方面的基本问题。从实践的角度来看，发展观又可以被视为人们对发展实践的理论自觉，它与一定的世界观和方法论、历史观和价值观密切相连并以此为基础。发展观并不是简单地理解发展，而是建立在对发展的全面理解基础上的，是人们在实践中对事物发展规律的理论性、系统性的认识。发展观与发展的关系体现在，发展是一个客观的辩证过程，而发展观则是从主体的角度出发去看待与规划发展，是人力图按照自己的利益和要求赋予发展过程以某种方式、目标和价值。所以，要使发展的客观进程有利于人自身与人类社会，必须要有正确的发展观。

　　在发展问题上，总体上存在着科学的发展观与非科学的发展观两种不同的思想认识倾向。从根本上说，非科学发展观的基本哲学基础是唯心主义和形而上学，所强调的是意识第一性，片面夸大意识的作用，其核心是指思想、意识、理念和绝对精神的发展，在实践中易犯"人有多大胆，地有多大产"的错误，忽视国情和具体实际。而且，非科学发展观一般

---

　　① 《马克思恩格斯文集》第4卷，人民出版社2009年版，第298页。

会表现为，用孤立、静止、片面的观点看问题，抓不住主要矛盾，容易"一刀切"，要么肯定一切，要么否定一切，做事忽左忽右。在社会发展观上，非科学发展观会表现为只看到英雄人物的作用，主张精英政治，忽视人民群众的作用，是典型的英雄史观和宿命论。与此相反，科学发展观奠定在辩证唯物主义和历史唯物主义的基础上，正确处理物质与意识的关系，强调物质第一性，意识第二性，意识具有能动作用，以全面、系统、联系、变化、发展的总观点看问题，实现了唯物论、辩证法、认识论和历史观的高度统一。可以说，科学发展观是辩证唯物主义和历史唯物主义的当代形态。同时，科学发展观也是科学的实践观，是马克思主义科学世界观和方法论在发展实践上的拓展和升华。

发展观在本质上又是价值观，是一定的价值抉择。不同的发展观和发展理论蕴含着不同的价值观，必会有不同的价值抉择。例如，在"快与好"的价值选择上，是"快"更重要，还是"好"更重要，就是两种不同的价值抉择。我们以往的发展观在快与好的价值选择上是主张又快又好，即快比好重要，快比好的价值度更高。这种又快又好的价值抉择是当时急于实现经济的快速增长，从而满足人们的基本生活需求的社会大环境所决定的。这在我国改革开放的一定阶段，具有积极的、进步的意义，对于我国社会快速解决温饱问题入步入小康社会，起到了十分重要的推动作用。

科学发展观必须以发展为前提，不能离开发展讲发展观，更不应反对发展，"发展极限论""悲观论""停滞论"等都具有形而上学的性质。实际上，自然界、人类社会和人自身都不可能永远停留在某一点上固定不变，问题是如何使有主体参与的发展过程有利于主体自身与人类社会自身，这就是科学发展观所要解决的根本问题。科学发展观必须能够正确处理人的主体地位和客观发展规律之间的关系。科学发展观必须坚持以人为本。无论是自然、社会和人自身的发展都有自己的客观规律。倘若不尊重自然规律、违背自然规律就会受到自然的惩罚；倘若不尊重社会发展规律，单纯追求经济增长，就有可能引发更多的社会冲突、矛盾与危机。因此，科学发展观是建立在正确认识人与世界的关系以及人类社会发展规律基础上的。这就是马克思主义发展观的科学性所在。科学发展观必须是唯物辩证法的发展观，强调全面、协调、可持续的发展。科学发展观以唯物辩证法的观点处理人与自然的关系、经济发展与社会发展的关系、社会发展与人的发展的关系。离开了对事物相互促进和相互作用辩证关系的认识就不可能确立科学而正确的发展观。

（三）科学发展观的形成与发展

尽管都强调发展的重要性，但是，与传统社会不同，现代社会所确立的是现代性发展观。因此，对于当今社会的发展观，人们需要明确的是其现代性本质。从历史的发展来看，现代性发展观并不是一成不变的，而是经历了四种不同的发展观的发展历程。第一种发展观可以简要地归结为，发展就是经济增长；第二种发展观认为，发展就是经济增长加社会变革；第三种发展观可概括为，发展就是可持续发展；第四种发展观可以概括为，发展就是以人为中心的综合发展。发展观的这种历史演进是人类对现代化实践在认识上不断提升的结果。但是，并不是先进的理论就一定推动本国的发展，就一定是科学的发展观。任何一种发展理论只有适合本国的实际，才能推动本国的经济、政治、文化和社会的进步和发展，才是适合本国的科学发展观。

在我国社会主义现代化实践中，我国现阶段逐渐形成了中国特色的马克思主义发展观。邓小平的发展理论为科学发展观的提出开了一个好头。通过提出"发展是硬道理"，邓小平将发展问题予以明确提出，使发展问题不仅得到了人们的充分重视，也使中国社会有了大的发展。"三个代表"重要思想极大地推进了这一科学发展观。在十六大上，江泽民提出了全面建设小康社会的任务，从而使发展有了指标性任务。应该说，科学发展观中的一些重要观点和概念，在这一时期已经提出。在此期间，江泽民深刻分析我党我国面临的新形势，敏锐地指出："综观全局，二十一世纪头二十年，对我国来说，是一个必须紧紧抓住并且可以大有作为的重要战略机遇期"[①]，我们"要集中全国人民的智慧和力量，聚精会神搞建设，一心一意谋发展"[②]。可以说，"三个代表"重要思想是指导社会主义现代化建设的战略统领，是实施和落实坚持以人为本，全面、协调、可持续发展观的指导思想。

党的十六届三中全会第一次明确提出"科学发展观"概念，并根据

[①] 《江泽民文选》第 3 卷，人民出版社 2006 年版，第 542 页。

[②] 同上书，第 539 页。

推进全面建设小康社会的迫切要求，对这一发展观做出了精辟的表述。《中共中央关于完善社会主义市场经济体制若干问题的决定》提出："坚持以人为本，树立全面、协调、可持续的发展观，促进经济社会和人的全面发展"，坚持"统筹城乡发展、统筹区域发展、统筹经济社会发展、统筹人与自然和谐发展、统筹国内发展和对外开放的要求"。党的十七大报告指出："科学发展观，第一要义是发展，核心是以人为本，基本要求是全面协调可持续，根本方法是统筹兼顾。"至此，标志着我国现阶段科学发展观理论的成熟。

1. 科学发展观坚持把发展作为"第一要义"

胡锦涛明确指出："强调第一要义是发展，是基于我国社会主义初级阶段基本国情，基于人民过上美好生活的深切愿望，基于巩固和发展社会主义制度，基于巩固党的执政基础、履行党的执政使命作出的重要结论。"① 发展，对于全面建设小康社会、加快推进社会主义现代化，具有决定性意义。要牢牢抓住经济建设这个中心，聚精会神搞建设、一心一意谋发展，不断解放和发展社会生产力。更好地实施科教兴国战略、人才强国战略、可持续发展战略，着力把握发展规律、创新发展理念、转变发展方式、破解发展难题；提高发展质量和效益，实现又好又快发展，为发展中国特色社会主义打下坚实基础。

2. 科学发展观坚持以人为本

全心全意为人民服务是党的根本宗旨，党的一切奋斗和工作都是为了造福人民。要始终把实现好、维护好、发展好最广大人民的根本利益作为党和国家一切工作的出发点和落脚点，尊重人民主体地位，发挥人民首创精神，保障人民各项权益，走共同富裕道路，促进人的全面发展，做到发展为了人民、发展依靠人民、发展成果由人民共享。

3. 科学发展观坚持全面协调可持续发展

要按照中国特色社会主义事业总体布局，全面推进经济建设、政治建设、文化建设、社会建设，促进现代化建设各个环节、各个方面相互协调，促进生产关系与生产力、上层建筑与经济基础相互协调。坚持生产发展、生活富裕、生态良好的文明发展道路，建设资源节约型、环境友好型社会，实现速度和结构质量效益相互统一、经济发展与人口资源环境相互

---

① 《十七大以来重要文献选编》（上），中央文献出版社 2009 年版，第 105 页。

协调，使人民在良好生态环境中生产生活，实现经济社会永续发展。

4. 科学发展观坚持统筹兼顾

要正确认识和妥善处理中国特色社会主义事业中的重大关系，统筹城乡发展、区域发展、经济社会发展、人与自然和谐发展、国内发展和对外开放，统筹中央和地方关系，统筹个人利益和集体利益、局部利益和整体利益、当前利益和长远利益，充分调动各方面积极性。统筹国内国际两个大局，树立世界眼光，加强战略思维，善于从国际形势发展变化中把握发展机遇，应对风险挑战，营造良好国际环境。既要总揽全局、统筹规划，又要抓住牵动全局的主要工作、事关群众利益的突出问题，着力推进、重点突破。

二　科学发展观的哲学特性

科学发展观是对中国共产党三代领导集体关于发展的重要思想的继承与发展，是马克思主义关于发展的世界观和方法论的集中体现，是同马克思列宁主义、毛泽东思想、邓小平理论和"三个代表"重要思想既一脉相承又与时俱进的科学理论，是我国经济社会发展的重要指导方针，是发展中国特色社会主义必须坚持与贯彻的重大战略思想，是马克思主义哲学发展观的新形态，同时也是中国特色社会主义理论体系哲学思想的重要组成部分。作为马克思主义哲学发展观的新形态，科学发展观体现为时代性、实践性、创新性、合规律性、合目的性、体系性、辩证性、开放性八个重要哲学特性的综合统一，而且也正因为这一点，它当之无愧地成为马克思主义哲学理论创新的重要成果，是既具有重要的理论意义又具有深远的现实意义的行动指南。

（一）科学发展观的时代性

马克思指出："一切划时代的体系的真正的内容都是由于产生这些体系的那个时期的需要而形成起来的。所有这些体系都是以本国过去的整个发展为基础的。"① 因此，对于任何科学理论，我们都应当看到其与时代之间的内在联系。中国共产党是一个善于根据时代的发展进行理论创新的

---

① 《马克思恩格斯全集》第 3 卷，人民出版社 1960 年版，第 544 页。

政党。科学发展观作为一种伟大的理论体系、时代精神的精华，是中国共产党根据时代的要求，回应时代的需要进行理论创新的结果。

马克思主义发展观的任何一种理论形态都反映了特定的历史背景和时代内涵，都是面向那个时代的问题的。顺应人类社会发展的客观规律，社会发展到新的阶段后，总会提出反映该阶段本质特征的时代性问题。因此，马克思主义发展观的任何一种理论形态所要解决的问题都具有时代性特征。马克思所处的时代是资本主义的自由竞争阶段，工人阶级与资产阶级的矛盾已成为社会的主要矛盾。工人阶级作为独立的政治力量走上历史舞台后，需要自己的理论武器。马克思的发展观要解决的主要问题是资本主义高度发展以后，冲破束缚生产力进一步发展的资本主义生产关系的桎梏，建立社会主义公有制和劳动者个人所有制。适合这种需要，马克思和恩格斯创立了无产阶级斗争的思想武器，即马克思发展观。马克思的全部理论就是运用最彻底、最完整和最周密的发展理论去考察现代资本主义的崩溃和未来共产主义的发展。

进入 21 世纪后，在和平与发展仍是当今时代主题的大背景下，国际局势正在发生冷战结束以来最为巨大而深刻的变化。求和平、谋发展、促合作、护人权是各国人民的共同愿望，也是日益强劲和不可阻挡的历史潮流。世界的多极化在曲折中向前发展，经济全球化趋势不可逆转，信息网络化趋势深入发展，科技进步日新月异，包括经济实力、科技实力、国防实力和民族凝聚力在内的综合国力的较量与竞争日趋激烈，各种矛盾错综复杂，不同的思想文化在同一时空中碰撞交融，人的主体意识和权利意识日益增强，不公正、不合理的国际政治经济旧秩序无法得到根本改变。同时，国际环境复杂多变，影响和平与发展的不稳定因素在增加，世界还很不安宁。我们仍将长期面对发达国家在经济上、科技上、军事上占优势的巨大压力；人类在创造了灿烂辉煌的物质文明和精神文明的同时，也经受着人口膨胀、资源短缺、环境污染、生态失衡等全球性问题的困扰。这些变化，深刻改变着人们的发展观念与发展模式，使人类不得不重新审视人与自然的关系、经济与社会的关系、当代与未来的关系，探索和寻求新的发展道路。

从国内视角来看，改革开放以来，我们党在社会发展理念上已经历两次根本性变革：从"以阶级斗争为纲"到"以经济建设为中心"，从"计划经济体制"到"社会主义市场经济体制"，使我国经济实力、科技实力、综合国力和国际地位显著提高。当人类社会跨入 21 世纪的时候，中国已胜利实现邓小平所倡导的现代化建设"三步走"战略的第一步、第二步目标，开始实施社会主义现代化建设的第三步战略部署，进入全面建设小康社会、加快推进社会主义现代化的新的发展阶段。目前，我国经济社会发展存在着一些突出矛盾和问题，发展呈现一系列新的重要阶段性特征，即"四个深刻"和"两个前所未有"：经济体制深刻变革，社会结构深刻变动，利益格局深刻调整，思想观念深刻变化；我们面临的发展机遇前所未有，面对的挑战也前所未有。这些阶段性特征表明，一方面我国取得了举国公认、举世瞩目的发展成就，继续保持强劲的发展势头；另一方面，我国仍处于并将长期处于社会主义初级阶段的基本国情没有变，人民日益增长的物质文化需要同落后的社会生产之间的矛盾这一我国社会的主要矛盾仍然没有变。

科学发展观的提出，是我们党在社会发展理念上超越传统发展观的第三次根本性变革，顺应了国内外形势的新变化，集中反映了当前国际国内形势对党和国家工作的新要求，把握了经济社会发展的趋势和规律，赋予了马克思主义关于发展的思想以新的时代内涵，深刻回答了当代中国"为什么要发展、为谁发展、靠谁发展、怎样发展"等重大问题，体现出鲜明的时代特征。科学发展观是一个深深打上时代烙印的科学论断。

（二）科学发展观的实践性

实践性是马克思主义哲学的最基本的特征。以人为本的科学发展观源于改革开放和发展社会主义市场经济的伟大实践，具有坚实的实践基础和明显的实践性特点。科学发展观的提出，是对 30 多年来我国改革开放和社会主义现代化建设实践经验的概括与总结。党的十一届三中全会以来，我们党逐步开辟了中国特色社会主义道路，使社会主义制度在中国焕发出勃勃生机和活力。在领导人民建设中国特色社会主义的过程中，我们党积累了十六大概括的十条基本经验。这些基本经验内涵丰富而深刻，是对以往实践经验的科学总结，从理论和实践的结合上回答了"什么是社会主义、怎样建设社会主义""建设什么样的党、怎样建设党"这两个基本问题，标志着我们党对"三大规律"的认识达到新的水平。科学发展观，就是在总结党领导人民建设中国特色社会主义的基本经验的基础上提出来的。科学发展观的提出，集中反映了我国在新的历史发展阶段的新趋势、新特点、新要求。我国在社会主义现代化建设取得巨大成就、广大人民的物质文化生活水平显著提高的同时，在发展中也出现了一些新的趋势和特点。胡锦涛把它们概括为八个方面。这就为引领当代中国发展的中国共产党人谋划经济社会发展全局、切实做到为了人民和依靠人民，提出了新的、更高的期望和要求。从世界上一些国家的发展历程看，在这个阶段，既有因为举措得当促进经济快速发展和社会平稳进步的成功经验，也有因为应对失误导致经济徘徊不前和社会长期动荡的失败教训。科学发展观的提出，正确总结了国际上的经验与教训，应对了我国发展实践中出现的各种矛盾和问题的需要。伴随我国经济的快速长足发展，物质文明大大提高，但也带来了诸多方面的失衡，引发出许多突出的社会矛盾和问题：一是经济高速增长而社会发展却严重滞后；二是城乡发展严重失衡；三是地区发展悬殊；四是生态环境破坏严重。更为严重的是，社会贫富差距明显拉大，对整个社会的发展形成极大的冲击，导致社会不稳定因素增加。同时，在发展实践中也存在着许多不以人为本的问题，如在发展动力问题上的重物轻人，在发展目的问题上的片面追求 GDP，在目的与手段之间出现了颠倒，等等，这些都直接关系到我国经济社会的健康持续发展，关系到广大人民各项权利的保障和实现。解决这些矛盾和问题，就必须要从经济增长论转向综合发展论；从重物轻人的物本论转向以人为中心的人本论；从增长极限论转向可持续发展论；从依附论、世界体系论转向多极发展主体论。科学发展观正是针对我国经济社会发展中存在的这些突出矛盾和问题提出来的。

（三）科学发展观的创新性

科学发展观是一种全新的发展观，它不仅关注正确把握发展规律，而且还着眼于丰富发展内涵、创新发展观念、开拓发展思路、破解发展难题。它的提出表明中国共产党人对于社会主义现代化建设的认识，已经从一般的经济技术层面上升到经济社会和人的全面发展的新高度，是马克思主义和我们党的社会发展理论的创新性发展。传统的发展观偏重于经济的增长和物质财富的积累，忽视人的全面发展和社会的全面进步；简单地把 GDP 的增长作为衡量经济社会发展的核心标准，忽视人文的、资源的、环境的指标；单纯地把自然界看作人类赖以生存和发展的索取对象，忽视自然界首先是人类赖以生存和发展的基础。在传统发展观的影响下，我们尽管积累了较为丰富的物质财富，但也为此付出了巨大而沉重的代价：资源浪费、环境污染和生态破坏的现象屡见不鲜；人们的生活水平和质量往往不能随经济增长而得到相应的提高，甚至出现严重的差距拉大和社会动荡；人们的物质生活丰富的同时，却出现了精神生活严重匮乏、道德信仰严重缺失等重大问题。解决这些历史发展进程中的矛盾和问题，必须摒弃传统的发展观念和发展模式的影响，创新发展观。

科学发展观不仅是对传统发展观的创新，而且也是对中共三代领导核心所主张的人民观的创新。毛泽东认为："共产党人的一切言论行动，必须以合乎最广大人民群众的最大利益，为最广大人民群众所拥护为最高标准。"① 邓小平认为，中国共产党人的含义或任务，就是全心全意为人民服务，一切以人民的利益作为每一个党员的最高准绳。江泽民强调，在任何时候、任何情况下，党员特别是领导干部与人民群众同呼吸、共命运的立场不能变，全心全意为人民服务的宗旨不能忘，坚信群众是真正的英雄的历史唯物主义观点不能丢。党的十六届三中全会则明确提出了将以人为本作为核心理念、以促进人的全面发展作为终极目标的科学发展观，指出从人民的根本利益出发来谋发展、促发展，让社会发展的成果惠及全体人民。由此可见，科学发展观的以人为本是对中共三代领导核心所倡导的人民观的高度概括与总结，是对党的三代中央领导集体关于发展的重要思想的创新性发展。

在社会全面协调发展方面，毛泽东进行过一些积极而有益的探索：提出"四个现代化"的社会发展战略目标；提出正确处理人民内部矛盾是党和国家政治生活的主题；提出要妥善处理经济社会发展中的十大矛盾、关系；强调走中国工业化道路，按农、轻、重次序安排国民经济和工农业并举的思想，等等。邓小平将党和国家的工作重心从阶级斗争转向经济建设，领导制定了党的"一个中心、两个基本点"的基本路线；指出发展才是硬道理、解决中国所有问题的关键在发展；提出了"科学技术是第一生产力"和发展要逐步实现共同富裕，以及要健全民主法制、加强精神文明建设等重要思想。江泽民根据新的发展实际提出了许多关于全面、协调、可持续，以及人的全面发展的思想，主要体现为：坚持发展是党执政兴国的第一要务；整体推进物质文明、精神文明与政治文明"三个文

---

① 《毛泽东选集》第 3 卷，人民出版社 1991 年版，第 1096 页。

明"的协调发展；始终加强和巩固农业的基础地位；实施西部大开发战略、科教兴国战略、以德治国与依法治国相结合战略、"引进来"和"走出去"相结合战略；正确处理改革、发展和稳定的关系；实现速度和结构、质量、效益相统一，经济发展与人口、资源、环境相协调的思想，等等。以人为本，全面、协调、可持续的科学发展观包含着更为丰富和完善的内涵，既涉及经济、政治、文化、社会与人的全面发展，又涉及人与自然的和谐相处；既包括物质文明、政治文明、精神文明和社会文明的全面推进，又不忽视生态文明的建设；既有生产力和生产关系问题，又有经济基础和上层建筑问题。因此，科学发展观是指导我国全面建设小康社会和现代化建设的全新发展理念。

（四）科学发展观的合规律性

任何事物都不是孤立的，它处于一个统一的系统之中，任何方面的发展都会对其他事物的发展产生影响，"经济发展、政治发展、文化发展和人的全面发展是相互联系、相互影响的，没有政治发展、文化发展和人的全面发展的不断推进，单纯追求经济发展，不仅经济发展难以持续，而且最终经济发展也难以搞上去"[1]。因此，我们谋求的发展必须考虑其对其他事物发展的影响，将其负面效应降到最低限度。但是与此同时，我们也要充分认识人的发展规律和客观事物的发展规律，并根据这些规律自觉调整自己的行为，利用规律为人的目的服务。

科学发展观的合规律性主要指的是，它积极要求发展要符合人类社会建构和发展的规律，符合客观条件，符合历史趋势和时代要求，符合人与自然的和谐关系。科学发展观的第一要义是发展，集中体现了科学发展观的合规律性内容。发展是人类社会进步的永恒主题，更是当代中国的主题。"科学发展观，是用来指导发展的，不能离开发展这个主题，离开了发展这个主题就没有意义了。"[2]

邓小平认为"发展才是硬道理"，虽然邓小平并没有使用"科学发展观"概念，但他的思想中实质上也包含了发展的"合规律性"思想。邓小平曾明确指出："我们要按价值规律办事，按经济规律办事。搞得好，

---

[1] 《十六大以来重要文献选编》（上），中央文献出版社 2005 年版，第 851 页。

[2] 同上书，第 850—851 页。

有可能为今后五十年以至七十年的持续、稳定、协调发展打下基础。"①
"要采取有力的步骤，使我们的发展能够持续、有后劲。"② 新中国成立以
来，特别是改革开放以来，尽管我们取得了举世瞩目的发展成就，但我国
仍处于并将长期处于社会主义初级阶段。这就要求我们党必须坚持把发展
作为执政兴国的第一要务。唯物史观将生产力视为社会发展的决定因素，
因此，就发展而言，最重要的、最合规律性的就是优先发展经济，即要牢
牢扭住经济建设这个中心，不动摇、不放松，要坚持聚精会神搞建设、一
心一意谋发展，不断解放和发展社会生产力，不断为发展中国特色社会主
义打下更为坚实的基础。对于我国来说，能不能保持较快的经济发展速
度，这不仅是重大的经济问题，而且是重大的政治问题，是关系中国特色
社会主义前途命运的问题。

（五）科学发展观的合目的性

　　科学发展观所要求实现的发展不是事物自然的发展，而是在认识和尊
重客观规律的前提下，充分发挥人的主体性的以人为目的的发展。也就是
说，科学的发展是一种有目标的发展，一种有控制的发展，一种符合人的
全面发展和人的本性的完善的发展。因此，科学发展观的合目的性主要指
的是，它积极要求发展要符合人的生存与发展的需要，有利于不断提升广
大人民的经济、政治、文化、社会等各方面的生活质量，以及改善人们生
存的生态环境。科学发展观的理论核心是以人为本，充分体现了科学发展
观的合目的性内容。马克思主义的唯物史观告诫我们，人民群众是历史的
创造者，是推动社会发展的决定性力量，是生产力中最活跃、最革命的因
素，创造了社会的物质财富和精神财富。我国现阶段提出的以人为本的思
想，是对唯物史观关于人民群众创造历史的规律的创造性运用，它既不同
于中国传统的民本思想，又有别于西方人本主义思潮。"坚持以人为本，
就是要以实现人的全面发展为目标，从人民群众的根本利益出发谋发展、
促发展，不断满足人民群众日益增长的物质文化需要，切实保障人民群众
的经济、政治和文化权益，让发展的成果惠及全体人民。"③

---

① 《邓小平文选》第 3 卷，人民出版社 1993 年版，第 130 页。
② 同上书，第 312 页。
③ 《十六大以来重要文献选编》（上），中央文献出版社 2005 年版，第 850 页。

按照马克思主义的观点，历史中的决定因素，归根结底是直接生活的生产和再生产。生产本身又分两种：生活资料即物的生产，人自身的生产。而生产就是不断地进行创造，这个创造就是发展。可见，人类生产和再生产自己所需生活资料的过程，不仅是物质资料的生产过程，同时也是人自身的发展过程。因此，从根本的意义上看，人类社会的发展也有两种：一种是生活资料即物的发展，另一种是人自身的发展。从发展的要求来看，人类要实现生活资料即物的生产的发展，必须认识客观事物的本质和规律，按照事物的本来面目去利用事物，才能实现自己的目的。因此，要实现物的发展，根本的一条就是按照实事求是的原则去认识和支配客观事物。同样，人类要实现自身的发展也必须按照人的本性和规律去认识人、发展人；必须按照人的本性及其发展要求全面改革社会关系，协调社会各方面的发展使之符合人的本性和尊严，以人的主体性为手段和目的全面推进社会进步，实现人自身的全面、协调和可持续发展，这就是通常人们所说的以人为本的内涵。因此，以人为本是实现人的发展的根本原则，同时实现以人为本也成为人类社会发展的最终目的。

在科学发展观中，坚持以人为本，就要始终坚持党的全心全意为人民服务的根本宗旨，使我们党的一切奋斗和工作都是为了造福人民；坚持以人为本，就要始终坚持立党为公、执政为民，实现好、维护好、发展好最广大人民的根本利益，做到权为民所用、情为民所系、利为民所谋，把最广大人民的根本利益作为党和国家一切工作的出发点和落脚点；坚持以人为本，就要始终做到尊重人民主体地位，发挥人民首创精神，最充分地调动人民群众的积极性、主动性和创造性以投身中国特色社会主义伟大事业；坚持以人为本，就要始终坚持缩小贫富差距、走共同富裕的道路，把改革发展取得的各方面的成果体现在不断提高人民群众特别是弱势群体的生活质量和水平上，体现在不断提高人民思想道德素质、科学文化素质和健康素质上，体现在不断保障人民经济、政治、文化、社会权益上，让经济社会发展成果惠及广大人民群众。我们推动科学发展，根本目的就是要坚持"四个一致性"，做到发展为了人民、发展依靠人民、发展成果由人民共享。

（六）科学发展观的体系性

科学发展观并不是内容单一的，从本质上说它构成了一个内涵丰富、博大精深的理论体系。2006 年 12 月，中央经济工作会议上明确指出，科学发展观是一个科学体系，全党要深刻领会和准确把握科学发展观的科学体系。

第一，科学发展观是理论层面上的理论体系。

科学发展观包括两个层面上的理论体系。第一个层面上的理论体系是围绕科学发展观的内涵本身而展开的思想理论体系。胡锦涛最初在党的十六届三中全会上明确提出"坚持以人为本，树立全面、协调、可持续的发展观，促进经济社会和人的全面发展"①。后来他在十七大报告中科学概括与深刻阐述科学发展观时指出，科学发展观第一要义是发展，核心是以人为本，基本要求是全面协调可持续，根本方法是统筹兼顾。这些论述表明，科学发展观具有丰富的科学内涵与严密的逻辑结构，是由第一要义、理论核心、基本要求和根本方法构建的科学体系。第二个层面上的理论体系是围绕科学发展观而发展起来的战略思想理论体系。党的十六大以来以胡锦涛为领导核心的党中央所提出的以科学发展观为核心的一系列重大战略思想，其中包括构建社会主义和谐社会、建设社会主义新农村、建设创新型国家、加强党的执政能力建设和先进性建设、建设社会主义核心价值体系、建设和谐世界等。这些重大战略思想，是科学发展观的必然要求，是指导我们建设中国特色社会主义的根本方针。它们紧紧围绕科学发展这个核心，从不同方面、不同领域展开和深化，彼此相互贯通、相互联系，形成有机的整体，构成了一个不断丰富和发展的开放的理论体系。

第二，科学发展观是实践层面上的理论体系。

科学发展观的提出，重在实践、贵在落实，因此，对于科学发展观，人们更应当关注的是其作为实践层面上的理论体系的意义。十七大报告要求我们，在深入贯彻落实科学发展观的过程中，必须把政治保证——坚持党的基本路线、社会保证——构建社会主义和谐社会、体制保证——深化改革开放及组织保证——加强和改进党的建设有机地统一起来。因此，科学发展观实践层面上的理论体系应包括政治保证、社会保证、体制保证与组织保证等多方面的内容。

坚持发展和坚持中国特色社会主义道路是科学发展观的双重主题。坚持发展，要求始终如一地充分认识到经济建设的重要性；与此同时，科学

---

① 《十六大以来重要文献选编》(上)，中央文献出版社 2005 年版，第 465 页。

发展观也要求中国特色社会主义事业的总体布局，应当是党的建设、经济建设、政治建设、文化建设、社会建设和生态环境建设的整体推进。物质文明、政治文明、精神文明、社会文明和生态文明共同发展，构成了科学发展观实践路径的理论体系。

（七）科学发展观的辩证性

科学发展观的建立与完善离不开唯物辩证法基础。科学发展观蕴含着深厚的辩证法底蕴，体现出多重的实践辩证法特征。

第一，科学发展观体现为实事求是与求真务实的辩证统一。实事求是是马克思主义的精髓，也是科学发展观的精髓。作为科学发展观精髓的实事求是，集中体现为求真务实的科学精神和政治品质。胡锦涛指出："求真务实，是辩证唯物主义和历史唯物主义一以贯之的科学精神，是我们党的思想路线的核心内容，也是党的优良传统和共产党人应该具备的政治品格。我们党一贯倡导求真务实。早在民主革命时期，毛泽东同志就号召全党要把革命气概和实践精神结合起来，告诫全党同志要老老实实地办事，在世界上要办成几件事没有老实态度是根本不行的。进入改革开放的新时期后，邓小平同志突出强调，世界上的事情都是干出来的，不干，半点马克思主义都没有，要坚决制止追求表面文章，不讲实际效果、实际效率、实际速度、实际质量、实际成本的形式主义，杜绝说空话、说大话、说假话的恶习。党的十三届四中全会以来，江泽民同志再三强调，形式主义、官僚主义是一大祸害，必须狠刹形式主义、官僚主义的歪风，时时处处坚持重实际、说实话、务实事、求实效，大力发扬脚踏实地、埋头苦干的工作作风。我们党八十多年的历程充分表明，求真务实是党的活力之所在，也是党和人民事业兴旺发达的关键之所在。什么时候求真务实坚持得好，党的组织和党员干部队伍就充满朝气和活力，党和人民的事业就能顺利发展；什么时候求真务实坚持得不好，党的组织和党员干部队伍就缺乏朝气和活力，党和人民的事业就受到挫折。"① 在这里不仅点明了求实务真是中国共产党的思想路线的核心内容，是中国共产党人成功的重要保证，是辩证唯物主义与历史唯物主义科学精神的贯彻与体现，同时还进行了从毛泽东到邓小平再到江泽民的历史回顾。

① 《十六大以来重要文献选编》（上），中央文献出版社 2005 年版，第 724 页。

胡锦涛还指出："在全党大力弘扬求真务实精神、大兴求真务实之风，关键是要引导全党同志不断求我国社会主义初级阶段基本国情之真，务坚持长期艰苦奋斗之实；求社会主义建设规律和人类社会发展规律之真，务抓好发展这个党执政兴国的第一要务之实；求人民群众的历史地位和作用之真，务发展最广大人民根本利益之实；求共产党执政规律之真，务全面加强和改进党的建设之实。"① 从这段论述中可以看到的是，科学发展观大力主张求真务实，其中主要包括三方面内容：其一，求社会主义建设规律和人类社会发展规律之真，务抓好发展这一执政兴国第一要务之实；其二，求人民群众历史地位与作用之真，务发展最广大人民根本利益之实；其三，求共产党执政规律之真，务全面加强和改进党的建设之实。更进一步地说，上述内容的阐明表明求真务实是规律性与求实性的统一。科学发展观坚持求真务实，体现了其作为科学理论体系的求实性特征，是实事求是与求真务实的有机统一。

什么是求真？所谓求真，就是求得客观事物的真实面貌，就是要求人的认识如实反映客观实际。求真之"真"，既是指真实存在的客观事物及其规律，又是指正确反映客观事物及其规律的科学真理。求真的主体是人民群众，而不是孤立的个人。求真的过程，是世代延续、先后相继的，而不是每一个人从头开始的。求真是继承前人与开拓前进的统一，是亲身实践与学习书本知识的统一。对于中国共产党人来说，求真，必须把认真学习马克思主义的科学理论同积极投身社会实践紧密结合起来。所谓务实，从本质上说，就是改变世界的实践活动，是主体对客体的能动的改造。在求真与务实的关系中，务实必须求真；求真是为了务实，不务实，就失去了求真的意义。大力弘扬求真务实，是坚持党的实事求是思想路线的根本要求与集中体现。

第二，科学发展观体现为解放生产力与发展生产力的辩证统一。革命是解放生产力，这是马克思主义一直强调的。但社会主义基本制度建立起来以后是否还要解放生产力，或者说是否还有一个继续解放生产力的问题，这是我们长期没有完全搞清楚的问题。通常认为，社会主义条件下只有发展生产力的任务，似乎不再存在解放生产力的问题了。毛泽东曾说过，社会主义革命的目的是解放生产力，而在社会主义改造任务完成以

---

① 《十六大以来重要文献选编》（上），中央文献出版社 2005 年版，第 728 页。

后，"我们的根本任务已经由解放生产力变为在新的生产关系下面保护和发展生产力"①。然而，社会主义建设的实践经验证明，社会主义基本制度是好的，是能够促进社会主义生产力发展的，但要形成能够真正具体体现这种基本制度优越性的各种体制包括经济体制、政治体制和文化体制，还会有艰难曲折的过程。这是因为我们过去建立起来的具体体制，首先和主要是经济体制，随着实践的发展，弊端日渐严重，仍然束缚着生产力的发展。因此，在社会主义制度条件下，要发展生产力，还有一个不断改革从而解放生产力的问题。关于这一点，也就是邓小平所强调的"改革是中国的第二次革命"②，"改革是社会主义制度的自我完善，在一定的范围内也发生了某种程度的革命性变革"③。江泽民也指出："进一步解放和发展社会生产力，是建设有中国特色社会主义的根本出发点。"④准确地说，在社会主义条件下解放生产力和发展生产力都是不可少的，解放生产力与发展生产力将贯穿社会主义建设的整个历史阶段，也是科学发展观必须深入体现的核心内容。

第三，科学发展观体现为"六大建设"的辩证统一。总体上说科学发展观所强调的六大建设主要是指党的建设、经济建设、政治建设、文化建设、社会建设、生态建设六个方面。党的建设是指坚持以党的执政能力建设和先进性建设为主线，坚持党要管党、从严治党，贯彻为民、务实、清廉的要求，以改革创新精神全面推进党的建设新的伟大工程；经济建设是指在坚持以经济建设为中心的基础上，加快转变经济发展方式，完善社会主义市场经济体制，大力发展社会主义市场经济，不断解放和发展社会生产力，努力实现国民经济又好又快发展；政治建设是指在坚持四项基本原则的前提下，积极稳妥地推进政治体制改革，把坚持党的领导、人民当家作主和依法治国有机统一起来，大力发展社会主义民主政治，努力实现生动活泼的政治局面；文化建设是指巩固马克思主义在意识形态领域的指导地位，大力发展社会主义先进文化，着力建设社会主义核心价值体系，巩固全党全国各族人民团结奋斗的共同思想基础；社会建设是指在经济发

---

① 《毛泽东文集》第 7 卷，人民出版社 1999 年版，第 218 页。

② 《邓小平文选》第 3 卷，人民出版社 1993 年版，第 113 页。

③ 同上书，第 142 页。

④ 《江泽民文选》第 1 卷，人民出版社 2006 年版，第 351 页。

展的基础上，加快推进社会建设，使经济发展成果更多体现到改善民生上，努力使全体人民学有所教、劳有所得、病有所医、老有所养、住有所居，大力构建社会主义和谐社会；生态建设是指坚持节约资源和保护环境的基本国策，正确处理人与自然的关系，统筹考虑经济发展与人口、资源、环境的关系，走生产发展、生活富裕、生态良好的文明发展道路，实现经济社会永续发展。作为科学体系，科学发展观是上述"六大建设"的统一。在中国特色社会主义事业总体布局中，党的建设是保障，经济建设是基础，政治建设是保证，文化建设是精神支撑，社会建设与生态建设是环境。

第四，科学发展观体现为"八个统筹"的辩证统一。总体上说，科学发展观强调的八大统筹是：统筹城乡发展；统筹区域发展；统筹经济社会全面发展；统筹人与自然和谐发展；统筹国内发展和对外开放；统筹中央和地方关系；统筹个人利益和集体利益、局部利益和整体利益、当前利益和长远利益；统筹国内国际两个大局。具体地说，统筹城乡发展，就要坚持以城带乡、以工促农、城乡互动、协调发展，逐步改变城乡二元经济结构，解决"三农"问题；统筹区域发展，就要积极推进西部大开发，促进中部地区崛起，鼓励东部地区加快发展，形成东中西互动、优势互补、相互促进、共同发展的新格局；统筹经济社会全面发展，就要坚持以经济建设为中心，积极推进各方面改革，为促进经济社会全面、协调和可持续发展提供体制和机制保障，实现速度、结构、质量和效益的统一，为社会全面进步和人的全面发展提供物质基础，努力解决经济社会发展中存在的"一条腿长、一条腿短"的问题；统筹人与自然的和谐发展，就要处理好经济建设、人口增长与资源利用、生态环境保护之间的关系，建设资源节约型和生态保护型社会，实现经济效益、社会效益和环境效益的有机结合与统一；统筹国内发展和对外开放，就要处理好内需与外需、利用外资与利用内资的关系，充分利用国内外两个市场、两种资源；统筹中央和地方关系，就要尊重基层和群众的首创精神，正确处理中央和地方关系，既维护中央的统一领导，发挥中央的积极性，又更好地发挥地方积极性；统筹个人利益和集体利益、局部利益和整体利益、当前利益和长远利益，就要既切实维护好最广大人民的根本利益，又着力解决好人民最关心、最直接、最现实的利益问题；统筹国内国际两个大局，就要在国际形势和国际条件的发展变化中，善于趋利避害，为我国发展营造良好国际环境。科学发展观体现为上述"八个统筹"的统一。

（八）科学发展观的开放性

科学发展观，立足于社会主义初级阶段基本国情，反映了当代世界的发展理念，借鉴和吸纳了国外发展的经验教训与当代发展理论的有益成果，具有明显的开放性特点。首先，科学发展观的开放性特点体现为它具有世界性眼光和全球化的思维特色。20世纪50年代以来，国外发展实践经历了从单一到综合、从重物到重人、从对社会和人的单向关注到人与自然的和谐共生的深刻转变。世界各国的发展实践特别是"拉美陷阱"昭示我们，必须走出一条有中国特色的发展道路。中国共产党深刻总结我国改革开放和现代化建设的成功经验，借鉴世界各国发展的历史经验，逐步深化了对"三大规律"的认识，从而提出科学发展观的要求。其次，科学发展观开放性特点还体现在其必须做到与时俱进。科学发展观作为马克思主义发展观中国化的最新理论成果，本身也是一个需要不断得到丰富和发展的开放的科学理论体系。科学发展观是面向世界、面向未来、面向现代化的发展观，必将随着世情、国情、党情、民情的演变而不断得到丰富和发展。

三　科学发展观与方法论

科学发展观不仅是中国共产党思想发展史上的重要思想，同时也是具有方法论特点与意义的重要哲学思想。

（一）科学发展观与四大转变

科学发展观是在我们国家经济、社会深刻变革的基础上提出的科学发展理论。要深入认识和理解科学发展观的重大意义，我们应该从整个经济社会发展的新的历史时期，即从四个转变来深入理解科学发展观。

第一个转变是从总体小康向全面小康的转变。党的十六大报告在总体达到小康的基础上提出，要在全国实现全面小康的总目标。从总体小康到全面小康需要我们跨越的是平均数。原来讲的总体小康是一个平均概念，在这个平均的背后，我国的发展还存在着一些不平衡、不协调、不全面等问题。因此，全面小康目标的提出，所反映的是要努力做到平衡、协调、全面地发展中国社会。

第二个转变是从工业化初级阶段向工业化中期阶段转变。一个国家的工业化水平是一个综合性概念。从产业结构来讲，工业化初期阶段是指一个国家农业和手工业还占有很大比重，第二产业和第三产业并不是很发达。目前我国已经走过工业化的初期阶段，进入中期阶段。中期阶段的一个重要表现就是第二产业得到快速发展，尤其是制造业，也就是重化工业得到快速发展。从工业化初期到中期的转变还有一个重大的变化，就是人均收入有很大提高，由收入提高带来的消费水平和消费结构的变化，进一步推动产业结构的调整。

工业化中期和初期相比，将会给政治领域、社会领域带来一些新的矛盾。我们的经济发展水平提高了，收入提高了，生活水平提高了，带来的一个重要变化就是人们的需要层次也进一步提高了。从政治上说，人们的民主意识、参与意识、维权意识进一步提高。随着生活水平的不断提高，我们的执政不是越来越容易，相反还会产生一些新的矛盾，需要我们进一步提高执政能力和执政水平，这也是我们应该注意的一个问题。

第三个转变是从经济大国向经济强国转变。目前我国经济总量已经超过日本，世界排名第二。从经济总量来看现在我国可以叫经济大国，但我国还不能称为经济强国。因为经济强国要看综合实力，不但要看经济，还要看政治、文化、国防等。而且我国在从经济大国向经济强国发展的过程中还存在着几个突出问题：一是总量高，人均低；二是投入高，产出低；三是产量高，科技低；四是排放高，循环低；五是代价高，实效低。

第四个转变是从建立社会主义市场经济向完善社会主义市场经济体制转变。改革开放30多年来，好改的、能改的已经改得差不多了。剩下需要完善的是需要攻坚，要打硬仗的。比如说政府职能转变和机构改革、行政管理体制改革、国企改革、农村改革等，我们还在打攻坚战。所以科学发展观不仅是个发展问题，还是个改革问题，没有体制、机制的保障，科学发展观很难贯彻落实。

（二）科学发展观的两大理论品格

从方法论角度来看，科学发展观的理论品格主要包括理论建构品格和理论发展品格两个方面。作为一种指导发展的科学理论，其理论本身要与实践相适应，并指导和推动实践不断发展。这种本质规定性决定了科学发展观在理论建构上必须是与时俱进的。另外，由于任何理论都是在一定的理论基础和实践基础上产生和发展的，这种本质规定性还决定了科学发展观在理论发展上必须是一脉相承的。具体来说，与时俱进的"时"是指历史的、具体的社会历史前提和现实社会实践；一脉相承的"脉"既包括历代马克思主义者关于发展的科学思想，又包括中国特色社会主义发展的特定历史进程。

1. 在理论建构上，科学发展观坚持与时俱进

科学发展观，是指导发展的科学理论与方法。科学发展观之所以科学，其最根本的原因在于理论本身与实践需要是相吻合、相适应的。也就是说，它在理论建构上既不能超越历史发展阶段，又不能落后社会实践发展要求，而必须适应特定的历史条件和现实的社会实践，不断实现理论自身的丰富和发展。简单地说，在一定时期作为指导科学发展的正确理论，并非永远地适应全部历史时期的实践需要。这就说明，科学发展观在理论建构上不是一劳永逸的，它是一个历史的、实践的过程，需要不断丰富和发展。否则，在一定时期可能是科学的发展观，运用到发生变化了的历史实践中可能就不完全是甚至不是指导发展的科学理论。因此，我们必须非常清醒地认识到，用科学发展观武装思想、指导实践、推动工作本身是一个与时俱进的历史过程和实践过程，科学发展观的科学内涵在理论建构上也需要根据实践的要求得到不断丰富与发展。

以毛泽东、邓小平、江泽民为主要代表的三代中国共产党中央领导集体都提出了关于科学发展的一系列重要思想，这些思想是那个历史时期与实践相适应的指导发展的科学理论。比如，在新民主主义革命时期，以毛泽东为核心的中国共产党人，就对社会的经济、政治、文化建设提出了发展的思路，形成了新民主主义革命纲领，为中国革命胜利奠定了基础。新中国成立之后，以毛泽东为核心的中国共产党人，提出了社会主义革命的目的是解放生产力，阐明了社会主义建设过程中关于发展必须正确处理十大关系的重大战略思想，并提出了四个现代化的宏伟目标。党的十一届三中全会以后，以邓小平为核心的第二代中国共产党人，提出要坚持解放思想、实事求是，真正认清社会主义初级阶段的基本国情；要根据我国的实际情况来确定实现四个现代化的具体道路、方针、方法和措施，提出了"三步走"的发展战略；要坚持发展这个硬道理，将发展作为社会主义阶段的最根本任务，作为体现社会主义优越性的最根本要求；要坚持改革开

放、大胆发展市场经济；要坚持物质文明和精神文明两手抓、两手都要硬；要坚持四项基本原则，积极稳妥地推进政治体制改革；要防止两极分化、实现共同富裕等关于科学发展的重要思想。同时，还做出了将科学发展的思想确立为党在社会主义时期的基本路线的伟大历史贡献。党的十三届四中全会以后，以江泽民为核心的第三代中国共产党人，明确提出对党的基本路线，要坚定不移、毫不动摇、全面执行、一以贯之，并提出发展是党执政兴国的第一要务，要发展社会主义市场经济，要扩大对外开放，实行"走出去"与"引进来"相结合，要搞好宏观调控，要坚持公有制为主体、多种所有制经济共同发展，要实行西部大开发战略、科教兴国战略、可持续发展战略，要发展社会主义民主政治，要建设中国特色社会主义文化，要建设国家创新体系，要坚持不断改善人民生活，要坚持推动社会全面发展、全面进步等关于科学发展的重要思想。党的十五大，科学总结了建设有中国特色社会主义的宝贵经验，提出了党在社会主义初级阶段的基本纲领，并将"三步走"战略的第三步进一步具体化，提出了三个阶段性目标，使"三步走"的战略和步骤更加明确具体。

党的十六大提出了要抓住21世纪头20年的战略机遇期来全面建设小康社会的宏伟目标。但是，实践在发展，指导实践的理论本身也需要与时俱进。党的十六大以来，以胡锦涛为核心领导核心的党中央，科学地总结了以毛泽东、邓小平、江泽民为核心的三代中国共产党人关于科学发展的思想，紧密结合国际国内局势发展的新情况、新变化，明确提出了科学发展观这个关于发展的科学思想，并不断丰富和发展了科学发展观的基本内涵。科学发展观的基本内涵的提出本身和具体要求，都是一个根据实践发展要求而在理论建构上不断完善和发展的过程。由于发展是人类社会的永恒主题，在推动科学发展的历史进程中，科学发展观在基本内涵的理论建构上还需要从实践中继续提升、总结新的思想、观点和方法，并上升到指导科学发展的理论层面上来，以此推动科学发展观在理论建构上的不断与时俱进。

2. 在理论发展上，科学发展观保持一脉相承

"科学发展观，是对党的三代中央领导集体关于发展的重要思想的继承和发展，是马克思主义关于发展的世界观和方法论的集中体现，是同马克思列宁主义、毛泽东思想、邓小平理论和'三个代表'重要思想既一脉相承又与时俱进的科学理论，是我国经济社会发展的重要指导方针，是发展

中国特色社会主义必须坚持和贯彻的重大战略思想。"① 这是胡锦涛在党的十七大报告中对科学发展观的产生、本质、意义所做的十分精辟而科学的论断。可以说，科学发展观既不是空穴来风，又不是空洞理论，它富有深厚的理论根基和实践根基。一方面，科学发展观是沿着马克思主义关于发展的科学观点这条"主脉"来推进的。作为马克思主义中国化最新理论成果，科学发展观提出了以往历代马克思主义者所没有提出的新观点、新思想，是对马克思主义的继续推进与发展，大大丰富了马克思主义关于发展的科学理论和方法，体现了以胡锦涛为的党中央理论创新的巨大勇气。但是，科学发展观并没有摒弃马克思主义的基本立场、观点和方法，并没有否定以往马克思主义关于实现科学发展的科学思想、观点和方法。恰恰相反，科学发展观建立在历代马克思主义者已有关于科学发展观点的基础之上，并对其进行了创造性的发展。今后，在实践中继续丰富和发展关于科学发展的观点和方法，必须以科学发展观为指导，不能背弃科学发展观的科学内涵和精神实质。唯有如此，才能不中断科学发展理论上的脉，才能在科学的基础上推进理论创新。另一方面，科学发展观还是沿着发展中国特色社会主义这条"主脉"来推进的。正如胡锦涛在党的十七大报告中所指出的："科学发展观，是立足社会主义初级阶段基本国情，总结我国发展实践，借鉴国外发展经验，适应新的发展要求提出来的。"② 改革开放 30 多年生动的实践已充分证明了，只有中国特色社会主义，才能发展中国、发展马克思主义。坚持和发展中国特色社会主义，是实现国家繁荣富强和人民共同富裕现实实践的根本要求。任何理论只有顺应实践的需要而产生和发展，才能具有生命力、感召力和影响力。科学发展观的提出，建立在对社会主义初级阶段国际国内的发展环境、我国发展的阶段性特征、我国经济社会发展面临的主要问题、实现我国经济社会又好又快发展基本要求的准确认识的基础之上，反映了中国特色社会主义实践的现实需要。我们必须清醒地认识到，随着实践的发展，科学发展观并不是一成不变的，它本身也将继续得到发展，但这个实践是发展中国特色社会主义的伟大实践，任何偏离这条道路的发展都是不科学的，任何试图中断中国特色社会主义这条"主脉"来创新发展的理论、思想和观点都是不可取的。

---

① 《十七大以来重要文献选编》（上），中央文献出版社 2009 年版，第 554 页。
② 同上书，第 104 页。

（三）科学发展观的方法论意义

科学发展观的提出不仅是顺应时代发展趋势以及总结我国现阶段发展特征的重要结果，而且还具有重要的方法论意义，体现为"七个坚持"的统一。也就是说，坚持目的与过程的统一、坚持社会发展与人的发展的统一、坚持发展的重点论与两点论的统一、坚持人与自然的统一、坚持公平与效率的统一、坚持科学与价值的统一、坚持稳定与发展的统一。

1. 坚持目的与过程的统一

进入 21 世纪以来，世界经济正在加速从工业社会向信息社会过渡。这表明，现代化作为一个动态的历史过程，已经不再单纯是一个由传统的农业社会向工业社会转变的过程，也是一个通过信息革命由工业社会向信息社会的跃迁过程。党的十六大根据世界经济科技发展新趋势和我国经济发展新阶段的要求，提出 21 世纪头二十年经济建设和改革的主要任务就是："基本实现工业化，大力推进信息化，加快建设现代化。"① 强调指出："信息化是我国加快实现工业化和现代化的必然选择"，我们要"坚持以信息化带动工业化，以工业化促进信息化，走出一条科技含量高、经济效益好、资源消耗低、环境污染少、人力资源优势得到充分发挥的新型工业化路子"②。这表明，我们党认识到了随着以信息技术为标志的新科技革命的兴起，随着信息化时代的到来，发展理应随之被理解为不仅是实现工业化的过程，而且包括工业化之后的信息化过程，以及在工业化和信息化基础上所发生的社会转型。就此而言，我们党不仅科学揭示了发展的内涵，而且对发展从何而来、向何而去的历史方位做出了科学判定，形成了全面协调可持续的发展观。

科学发展观是马克思主义中国化的最新理论成果，它继承了历史唯物主义观，充分发展了马克思主义实践观的重要内容，把马克思主义实践观与当前中国的实际情况相结合，深刻揭示了社会主义的本质及发展规律。历史唯物主义认为，人类的活动都是有意识、有目的的，对于人的活动来说，目的是十分重要的，但目的作为一种观念性的东西，它的实现必须通

---

① 《十六大以来重要文献选编》（上），中央文献出版社 2005 年版，第 16 页。
② 同上。

过一定的手段，即手段是实现目的的前提和基础。改革是社会发展的动力，改革开放以来，通过大力解放生产力、发展生产力，我国的经济与社会发展取得了举世瞩目的成就。但矛盾总是普遍存在的，随着改革开放的不断深入发展，在新的时期、新的阶段出现了一些新的矛盾和问题，科学发展观就是针对中国当前实际发展过程中存在的问题而提出的。

目的和手段，是反映人们在认识世界、改造世界的过程中，主观与客观关系的一对哲学范畴。目的是这样一种东西，它作为一种在观念中存在的主观的愿望或理想，要通过实践活动向客观现实转化，体现为物化的或实在的结果。因此，所谓目的，是主体依据外界情况和主观需要而提出的行动目标。所谓手段，是为达到目的，主体在其对象性活动中，作用于外界对象的一切中介的总和。目的和手段是相互区别、相互对应的，又是相互依存、相互联系的，在一定的条件下可以相互转化。从一定意义上说，目的决定手段，手段服从于目的。所谓目的决定手段，是指当某种目的确定之后，便要求根据目的采取一定的手段，手段是作为实现目的的手段；正是目的使某种事物成为手段，具有手段的性质。换句话说，某事物不能孤立自在地作为手段出现，而是由于为某种目的服务方才成为手段。同一个目的可能有一个甚至多个事物作为达到该目的的手段。特别是随着科学技术的日益发达，能达到同一目的的手段越来越多。这就是"同一目的—多种手段"的结构。手段反过来也制约着目的，从一定意义上说，手段还决定目的。也就是说，现有何种手段，或从现实条件出发能创造出何种手段，决定着人们确定某种活动将达到何种目的。如果有很高目的，而没有达到目的的足够手段，目的再高也只是幻想。现代科学技术的发展，才使人类确定了古人无法想象的实践目的。我国还处在社会主义初级阶段，生产力水平比较低，这是决定现阶段社会主义建设目标的主要根据。人们不能实现目的的通常原因，是脱离了现有条件可能提供的手段主观地决定目的。在这种情况下，就要仔细审查现有手段情况，适当调整追求的目标。这正好反映了手段决定目的的含义。

科学发展观中的发展既是目的又是手段，中国共产党提出科学发展观是针对当前我国国情提出的战略指导方针，其目的是为了发展，而发展则又需要通过大力发展生产力来推进与实现，所以，发展又是手段。因此，在科学发展观中不存在目的与手段相互脱节问题。这就是说，在中国特色社会主义建设中，人们必须通过发展这种手段来解决发展中的问题，从而实现发展这个战略目标。科学发展观的本质目的是人的自由全面发展，而人的自由全面发展的实现则需要一个长期的过程，这个过程是也是科学发展观理论不断成熟和完善的过程，是科学发展观在现实中的实践过程。因此，从这个维度来讲，科学发展观既是目的与手段的统一，又是目的与过程的统一。

2. 坚持社会发展与人的发展的统一

科学发展观的核心是"以人为本"，就是把人作为发展的根本。从价值目标上讲，科学发展观的最终目标是实现人的全面发展，这就决定了科学发展观的价值取向是尊重人民的主体地位，充分发挥人民的首创精神，不断实现好、维护好最广大人民的根本利益，走共同富裕的道路。任何目的的实现都需要一定的过程，都需要通过一定的手段和方式。通过实践科学发展观，最终实现人的全面发展，实现最广大劳动人民的根本利益必须建立在一定的基础之上，这个基础实践的过程也就是科学发展观目的实现的过程。实现人的全面自由的发展必须坚持以经济建设为中心，大力解放生产力、发展生产力，坚持走生产发展、生活宽裕、乡风文明、村容整洁、管理民主的发展道路，全面推进我国政治、经济、文化的综合协调发展。

社会发展与人的发展具有内在的统一性。第一，以人为本就是要把人作为发展的根本动力。人作为劳动者，是生产的最重要的组成要素。以人为本就是要把人力资源的开发作为我国发展的根本动力和根本途径，通过科教兴国战略的实施，把发展转移到提高劳动者素质的轨道上来，努力通过人力资源的开发，为我国的经济发展、文化发展和政治发展提供强大动力。第二，以人为本就是要把"人才强国"战略作为我国发展的根本性战略。人才问题是关系到党和国家事业发展的关键问题。当今世界，多极化趋势曲折发展，经济全球化不断深入，科技进步日新月异，人才资源已成为最重要的战略资源，人才在综合国力竞争中越来越具有决定性意义。因此，必须把人才强国战略作为我国发展的根本性战略。第三，以人为本就是要把满足人的全面需求和促进人的全面发展作为经济社会发展的根本的出发点和落脚点，围绕人们的生存、享受和发展的需求，提供充足的物质文化产品和服务，围绕促进人的全面发展，推动经济和社会的全面发展。实现人民的愿望、满足人民的需要、维护人民的利益，是我们坚持发展的根本出发点和落脚点。坚持以人为本，实现全面、协调、可持续的发展，是我国到 21 世纪中叶基本实现现代化的重要保证。

3. 坚持发展的重点论与两点论的统一

发展必须坚持以经济建设为中心，促进全面、协调、可持续发展。发展的任务是多方面的，存在各种错综复杂的矛盾，各个方面都需要综合平衡，但人民群众日益增长的物质文化需要与落后的社会生产的矛盾，是我国当前阶段和今后很长时期内的主要矛盾。解决这个主要矛盾，必须以解放和发展生产力为根本任务，坚持以经济建设为中心，统筹兼顾各方面的发展。邓小平指出："现代化建设的任务是多方面的，各个方面需要综合平衡，不能单打一。但是说到最后，还是要把经济建设当作中心。离开了经济建设这个中心，就有丧失物质基础的危险。其他一切任务都要服从这个中心，围绕这个中心，决不能干扰它，冲击它。"[①] 党的十六大确立了今后 20 年我国全面建设小康社会的宏伟目标，在坚持以经济建设为中心的基础上，突出强调了要和谐地处理好我国政治、经济、文化和社会发展等方面的关系，进一步树立了全面发展观，更加注重经济与社会协调发展、城乡协调发展、地区协调发展、人与自然协调发展。

第一，全面发展是科学发展观的重要内容和目标。全面发展包括经济发展，也包括社会发展；包括物质文明建设，也包括政治文明和精神文明建设。从根本上说，经济发展决定政治发展和文化发展，但政治发展和文化发展也会反过来对经济发展产生作用，在一定条件下还可以产生决定性的作用。可见，经济发展是其他社会发展的基础和条件，而其他社会发展又是经济发展的目的和保障。只有在经济发展和政治发展、文化发展的互动中，才能实现社会的全面发展和进步。

第二，协调发展是科学发展观的基本原则。协调发展，就是要在发展中实现速度与结构、质量与效益的有机统一，促进发展的良性循环。保持一定的经济增长速度，是推动经济发展的基础，是实现结构、质量、效益目标的重要前提。没有经济的数量增长，没有物质财富的积累，就谈不上发展。但增长并不简单地等同于发展，如果单纯扩大数量，单纯追求增长速度，而不重视质量和效益，不重视经济、政治和文化的协调发展，就会出现增长失调，最终制约发展。

第三，可持续发展，就是要在发展经济的同时，充分考虑环境、资源

---

① 《邓小平文选》第 2 卷，人民出版社 1994 年版，第 250 页。

和生态的承受能力，保持人与自然的和谐发展，实现自然资源的永续利用，实现社会的永续发展。实现可持续发展，就要正确处理人与自然的关系，用尽可能少的代价来获得经济的发展，在不牺牲未来需要的情况下，满足当代人的需求。这是迄今为止人类对发展内涵认识所达到的最高境界，是世界各国普遍认同的发展理念，也是科学发展观的重点所在。实现可持续发展，要把坚持以人为本与尊重自然规律相结合，努力为人类的长期生存和发展创造一个良好的环境条件。

第四，统筹兼顾是科学发展观的根本方法。树立全面、协调、可持续的发展观，就必须统筹兼顾。作为科学发展观的根本方法，统筹兼顾具有深刻的科学内涵。统筹兼顾不是简单地摆平各种关系，而是"既要总揽全局、统筹规划，又要抓住牵动全局的主要工作、事关群众利益的突出问题，着力推进、重点突破"[①]。前面我们谈到科学发展观体现为"八个统筹"的统一。"八个统筹"所涉及的发展矛盾背后，实际上是利益关系。它们所要解决的矛盾，就其性质而言，都是非对抗性的，矛盾双方有相互排斥的一面，但它们之间相互依存性更强一些。

4. 坚持人与自然的统一

科学发展观强调以人为本，把发展的本质归结到人的自由全面发展，把发展的成果和利益落实到全体人民，这个理念从实质上升华了发展的内涵。科学发展观的基本要求是全面、协调、可持续发展，事实上就是促进人与自然之间的和谐。发展观是对发展问题的总体看法和根本观点，有什么样的发展观，就有什么样的发展道路、发展模式和发展战略，从而会对发展实践产生根本性、全局性、战略性的影响。中国共产党提出的科学发展观明确了我国经济社会发展的总体思路、发展方式和基本要求，突出强调了人的发展，抛弃了把发展等同于经济增长的片面发展观。

传统的生产力理论把发展作为人们认识自然、改造自然的工具，人为地将人与自然割裂开来，认为人与自然之间的关系是主从关系，把人的需要列为第一位，过分强调人类对自然界的利用和需求，导致对自然环境的巨大破坏，最终危及人类自身的存在和发展。改革开放后，我国加快了现代化建设的进程，现代化的发展是和现代科学技术同步的，由此带来了人与自然的畸形发展。面对日益加剧的生态危机，中国共产党根据我国的现

---

① 《十七大以来重要文献选编》（上），中央文献出版社2009年版，第13页。

实国情适时地提出新的发展模式，即坚持可持续发展。可持续发展，就是要促进人与自然的和谐，注重社会、经济、文化、资源、环境等各方面协调发展，坚持走生产发展、生活富裕、生态良好的文明发展道路。这样，既能相对满足当代人的需求，又不对后代人的发展构成危害，使人民在良好生态环境中生活，实现经济社会永续发展。人类在认识自然发展的过程中也力求实现自身的发展。在追求自身发展过程中，如果不能正确把握人与自然之间的关系，有节制地对自然资源加以开发，保护生态环境，不仅会阻碍我国经济社会的健康持续发展，而且会受到大自然对人类的践踏和报复，危及人们的健康生存和发展，最终影响我国现代化建设的进程。科学发展观理念把人的发展和保护自然环境统一起来，在促进人的全面自由发展，保障发展成果由人民共享的同时，把当前的经济和社会发展同未来的经济和社会发展有机统一起来，实现可持续发展。科学发展观的自然和人本维度是对我国社会主义建设过程中正反两个方面经验的总结，是科学发展观理念的一体两面，是相互促进、相得益彰的辩证关系。

5. 坚持公平与效率的统一

改革开放初期，鉴于当时的经济发展水平及人民对加快发展经济、尽快解决人们的物质需求的强烈愿望，我们在分配制度方面，更多地强调效率优先，力图通过分配制度中对效率的强调，尽快把"蛋糕"做大，这也是1993年党的十四届三中全会提出"效率优先，兼顾公平"指导方针的时代背景。这一指导方针，切合了当时的社会需求，促进了生产力的发展和人们基本物质需求的尽快满足，具有历史的合理性。进入新世纪新阶段，随着改革开放实践的不断推进与社会物质财富的不断丰富，我国的社会状况发生了诸多重要的变化，贫富差别过大逐渐成为人们最为关注与反感的问题之一，一部分低收入群体、低收入行业人群的"被剥夺感"日益增强，这成为制约人们的生产积极性进一步提高、人们的幸福指数进一步提升的重要障碍。我们必须反思以往的分配制度及其指导方针，对效率与公平的关系进行再思考，对"效率优先，兼顾公平"的分配原则在现时代的合理性进行再认识。

伴随着对效率与公平的再思考与再认识的深化，我国对于分配制度及其指导方针的思路与表述也在不断发生变化，2005年10月，党的十六届五中全会强调分配制度要"更加注重社会公平"，首次对"效率优先，兼顾公平"的收入分配指导方针进行了修正；2007年党的十七大上，对分配制度进行了进一步修正，明确提出，初次分配和再分配都要处理好效率和公平的关系，再分配更加注重公平。从党的十四届三中全会的"效率优先，兼顾公平"到十六届五中全会的"更加注重社会公平"再到十七大的"初次分配和再分配都要处理好效率和公平的关系，再分配更加注重公平"，科学发展观提出之后对于公平的强调明显地体现在党的文件之中。讲求效率才能增添活力，注重公平才能促进社会和谐，坚持效率和公平有机结合才能更好体现社会主义的本质。

权利公平是社会公平的逻辑起点，机会公平是社会公平得以保证的基础和先决条件，规则公平是社会公平的程序保障和存在形式，分配公平是社会公平和正义的理想目标。胡锦涛提出"依法逐步建立以权利公平、机会公平、规则公平、分配公平为主要内容的社会公平保障体系"①，这一观点不仅极大地丰富了公平的内涵，同时也进一步明确了实现社会公平的四个具体途径，即权利公平、机会公平、规则公平、分配公平。社会主义和谐社会对公平正义的重视契合了全面建设小康社会人民群众对公平问题的诉求，是效率优先、兼顾公平的重大发展，实现了新的历史条件下效率与公平的有机统一。

6. 坚持科学与价值的统一

在科学发展观的视域中，科学维度与价值维度，并不是像科学主义和人文主义所主张的彼此孤立、相互割裂，而是有机统一的关系。我们应系统地把握科学发展观，正确解读科学维度与价值维度的辩证关系，从而创新发展观念、破解发展难题，顺利推进中国特色社会主义现代化建设事业。

第一，科学与价值统一于中国社会主义现代化进程。

科学与价值之所以能够有机统一，根源于实践的内在矛盾运动。唯物史观认为，实践作为主体与客体之间的双向对象化过程，内在包含着不可分割的两个方面：一是人类按照世界的本来面目去认识和改造世界（包括人自身）的过程，即追求真理的过程。二是人类按照自己的利益、需要、目的去认识和改造世界的过程，即实现价值的过程。

中国社会主义现代化建设要取得长足发展，就必须以科学发展观为指导，将科学与价值统一于一体。一方面，我们要深刻把握和遵循社会发展

① 《十六大以来重要文献选编》（中），中央文献出版社 2006 年版，第 736 页。

的全面发展规律、协调发展规律和可持续发展规律，按客观规律办事，坚持实事求是的科学精神；另一方面，社会的全面、协调和可持续发展，归根到底是为了人的全面发展。要坚持以人为本，不断提高人民群众物质文化生活水平和健康水平，注重保障人权，包括公民的政治、经济、文化权利，不断提高人们的思想道德素质、科学文化素质和健康素质，创造人们平等发展、充分发挥聪明才智的社会环境。相反，割裂科学与价值二者的辩证关系，则会陷入认识与实践的误区。片面强调前者而否定后者，就会导致机械决定论和宿命论，使社会主义现代化成为无主体的自组织过程；片面强调后者而否定前者，则导致唯意志论，只能使社会主义现代化变成空想，成为乌托邦。

　　前面笔者谈到"好与快"是与价值评价标准联系在一起的。在这里，可以进一步看到的是，"好"与"快"怎么摆的问题，是涉及科学与价值如何统一于经济建设之中的重大问题。所谓"快"是与科学相连的，所谓"好"是与价值相连的。1958年，"多快好省"作为社会主义总路线重要组成部分被提出。但是，由于"好"和"省"没有具体标准，因此，在实际建设中人们容易注重多、快而忽视好、省，甚至出现了将"快"字摆在压倒一切的核心环节的做法，造成了"大跃进"等错误。在科学发展观的指导下，我国明确将"又好又快"作为经济工作的指导方针。胡锦涛对此有精辟的说明：我们要"坚持走生产发展、生活富裕、生态良好的文明发展道路"[①]。把"好"字摆在优先位置，表明我国在推进经济发展的实践中，从新的实际出发，对正确处理经济增长的速度与结构、质量、效益的关系，经济效益与社会效益、环境效益的关系，形成了明确的新思路，更加注重的是科学性与价值性的统一，而不是简单地在科学性与价值性上有所偏颇，忽左忽右。胡锦涛对上面一字之易的重大意义予以了高度评价，认为这"是落实科学发展观、实现全面建设小康社会目标的必然要求，是调动各方面积极性、发挥各类生产要素潜力的有效途径，是紧紧抓住发展机遇、实现综合国力整体跃升的必由之路"[②]。把"又好又快"作为经济发展的内在要求，从科学与价值相统一的角度深化了发展概念的内涵，也是解决经济发展进程中遇到的突出矛盾和问题的一个新

---

① 《十六大以来重要文献选编》（中），中央文献出版社2006年版，第235页。
② 《十六大以来重要文献选编》（下），中央文献出版社2008年版，第806页。

思路。

第二，科学与价值统一于新的发展模式。诺贝尔经济学奖获得者阿马蒂亚·森曾经提出，发展最终是使人们享受"有理由珍视的那种生活的可行能力"，增进全体人民的福利。以科学发展观为指导的新的发展模式，扬弃了追求"增长优先"的传统模式，旨在通过全面、协调、可持续发展，实现最广大人民群众的共同富裕、共同发展。首先，由过去的倾斜式发展模式转变为统筹协调发展。过去的倾斜发展，即城市优先于农村、经济发展与社会发展不协调、发展与治理不兼顾、国内发展与对外开放不统一，加剧了发展中的不平衡问题。统筹协调发展则确立共同发展、平等发展的原则，而不是区别发展、歧视发展的原则。发达地区的发展不能以牺牲欠发达地区的发展为代价，而应当促进和带动欠发展地区共同发展。其次，由注重经济增长转变为经济、社会和人的全面发展。经济增长本身并不是发展的目的，而是发展的手段，增长的目的是提高以人的生活质量为核心的人类发展水平；增长为人服务，而不是人为增长服务。最后，由高投入、高消耗、高污染的粗放型经济发展转变为低能耗、低污染、高效益的集约型经济发展。粗放型经济发展主要依靠增加投入、扩大投资规模，付出资源浪费、生态破坏的巨大代价。集约型经济发展则依靠科技进步和提高劳动者素质，走科技含量高、经济效益好、资源消耗低、环境污染少、人力资源优势得到充分发挥的新型工业化道路，从而提高经济增长的质量和效益。

7. 坚持稳定与发展的统一

在邓小平理论中，"发展才是硬道理"；在江泽民发展理论中，发展是"党执政兴国的第一要务"；而在科学发展观中，"发展"则是"第一要义"。这说明，无论是邓小平理论、江泽民发展理论，还是科学发展观，"发展"都是核心内容，只是其中的某些侧重点有一定的区别。

尽管讲发展，但是"稳定"无论是在邓小平发展理论、江泽民发展理论还是在科学发展观中，都有着指导性的理论地位，坚持稳定与发展的统一，是它们的共同特点。在邓小平发展理论里面，"稳定"是国家发展的重要前提，"中国的问题，压倒一切的是需要稳定。没有稳定的环境，什么都搞不成，已经取得的成果也会失掉"①。江泽民明确指出："改革、

---

① 《邓小平文选》第 3 卷，人民出版社 1993 年版，第 284 页。

发展、稳定，好比是我国现代化建设棋盘上的三着紧密关联的战略性棋子，每一着棋都下好了，相互促进，就会全局皆活；如果有一着下不好，其他两着也会陷入困境，就可能全局受挫。所以把握好改革、发展、稳定的关系，是现代化建设的一项重要领导艺术。"① 在科学发展观之中，"构建社会主义和谐社会"是国家发展的目的，只有真正稳定、和谐、牢固的社会关系状态才是各种方针政策与经济发展方式的最终理论归宿。

邓小平理论中的"稳定"并非一种自然的、真正意义上的"稳定"，因为它更多的是依靠国家的强制力量。邓小平指出："改革要成功，就必须有领导有秩序地进行。没有这一条，就是乱哄哄，各行其是，怎么行呢？……中央定了措施，各地各部门就要坚决执行，不但要迅速，而且要很有力，否则就治理不下来。"② "加强控制是为了稳定，是为了更好地改革开放，进行现代化建设。"③ 江泽民更加重视的是改革、发展、稳定三者的协调一致与辩证统一。江泽民指出："改革是动力，发展是目标，稳定是前提。没有改革，我们就不可能走出一条建设有中国特色社会主义的正确道路，我们的事业就不可能顺利前进；没有发展，我们就不可能实现现代化，也就不可能保持党和国家长治久安；没有稳定，改革和发展都无从进行。"④ 在科学发展观中，"稳定"是一种自然的、具有丰富内涵的稳定："我们所要建设的社会主义和谐社会，应该是民主法治、公平正义、诚信友爱、充满活力、安定有序、人与自然和谐相处的社会。"⑤ 邓小平理论中的"稳定"比较强调国家的行政干预，即利用国家强制力量从而创造相对稳定的发展环境；江泽民谈稳定，更多强调的是它是改革与发展的前提；科学发展观中的"稳定"是作为科学发展的必然结果而出现的，即依靠科学的发展方式克服其发展历程中的各方矛盾，最终营造出一个真正意义上的"和谐社会"。

稳定与发展，在邓小平发展理论、江泽民发展理论和科学发展观中各自具有不同的侧重点，但是它们的指导思想是相通的，即都是为了解放生

① 《中国特色社会主义理论体系形成和发展大事记》，中央文献出版社 2011 年版，第 247 页。

② 《邓小平文选》第 3 卷，人民出版社 1993 年版，第 277 页。

③ 同上书，第 287 页。

④ 《江泽民文选》第 1 卷，人民出版社 2006 年版，第 365 页。

⑤ 《十六大以来重要文献选编》（中），中央文献出版社 2006 年版，第 706 页。

产力、发展生产力、消灭剥削、消除两极分化、最终达到共同富裕。邓小平曾一再强调指出："中国的最高利益就是稳定。"①"没有安定团结的政治环境，没有稳定的社会秩序，什么事也干不成。稳定压倒一切。"②邓小平发展理论中的"稳定"思想有着鲜明的目的性，即以稳定创造环境，从而为社会主义现代化事业的建设铺设道路。在邓小平发展理论中，"稳定"是发展的前提，国家使用一定强制性的力量是为了确保经济建设的顺利开展。在江泽民那里，稳定不仅是发展与改革的前提，更为重要的是在于"保持"。1994 年 5 月 5 日，江泽民在上海市考察工作时讲道："今年初，中央确定了全党全国工作的大局，这就是：抓住机遇、深化改革、扩大开放、促进发展、保持稳定。这二十字是经过反复推敲、认真研究后提出的，是指导我们当前和今后的全局工作和正确处理改革、发展、稳定三者关系的重要方针。"③科学发展观的"科学发展"理念是为了使"发展"能够更好更完善地进行下去，最终能够顺利地完成社会主义的建设目标，使稳定成为发展的重要结果。从这个意义上来说，无论是邓小平发展理论的"强制性稳定"还是江泽民发展理论中的"保持稳定"，以及科学发展观中的"自然和谐式稳定"，都是对于"发展"的促进。

　　在唯物辩证法之中，邓小平发展理论、江泽民发展理论和科学发展观中的"稳定"与"发展"都属于矛盾范畴。不仅如此，三种理论之间又构成了一个螺旋上升的关系。邓小平发展理论中"稳定"是发展的绝对前提，江泽民发展理论中的"稳定"与发展之间构成了相辅相成的关系，科学发展观中的"稳定"是作为"发展"的重要结果而出现的。因此，无论是邓小平发展理论、江泽民发展理论还是科学发展观，它们所阐述的"稳定"和"发展"都符合唯物辩证法在国家建设中的指导思想，都是马克思主义基本原理与中国实际相结合的产物，都是马克思主义在中国的创新与发展。

四　科学发展观与唯物史观

　　任何一种理论都有它的理论基础，科学发展观的提出也不例外。作为

---

①　《邓小平文选》第 3 卷，人民出版社 1993 年版，第 313 页。

②　同上书，第 331 页。

③　《江泽民文选》第 1 卷，人民出版社 2006 年版，第 365 页。

中国特色社会主义理论体系的重要组成部分，它的理论基础、理论前提就是马克思主义哲学，特别是唯物史观。

（一）马克思主义哲学史上三个层次的发展与发展观

对于马克思主义哲学来说，发展问题和发展观并不是今天才出现的新问题、新概念。马克思主义哲学从其产生的那天起，就研究着发展问题，就隐含着发展观的概念。从今天的视角来看，马克思主义哲学理论传统中所使用的发展和发展观概念，可以区分为三个对象域（或三个论域、三个层次）。

第一种意义上的发展和发展观，是指世界观、宇宙观意义上的发展和发展观。这层意义上的发展和发展观所研究、讨论的对象领域最为广泛、层次最高，其中包括了自然、社会和思维在内的整个世界、宇宙。关于这层意义上的发展观，我们可以从马克思、恩格斯关于辩证法的定义中得知。而在这层意义上明确地使用"发展观"概念的是列宁，他在《谈谈辩证法问题》一文中论述了两种发展观。"发展是对立面的'斗争'。有两种基本的（或两种可能的？或两种在历史上常见的？）发展（进化）观点：认为发展是减少和增加，是重复；以及认为发展是对立面的统一（统一物之分为两个互相排斥的对立面以及它们之间的相互关系）。按第一种运动观点，自己运动，它的动力、它的泉源、它的动因都被忽视了（或者这个泉源被移到外部——移到上帝、主体等等那里去了）；按第二种观点，主要的注意力正是放在认识'自己'运动的泉源上。第一种观点是僵死的、平庸的、枯燥的。第二种观点是活生生的。只有第二种观点才提供理解一切现存事物的'自己运动'的钥匙，才提供理解'飞跃'、'渐进过程的中断'、'向对立面的转化'、旧东西的消灭和新东西的产生的钥匙。"① 从上面的论述中可以看到，发展是与运动相连的，而且在此存在着两种不同的发展观：一种发展观关注的是运动本身，另一种发展观关注的是运动的泉源。前一种发展观是僵死的、平庸的、枯燥的；后一种发展观是活生生的。

第二种意义上的发展和发展观，是指社会历史观意义上的发展和发展观。

---

① 《列宁选集》第 2 卷，人民出版社 1995 年版，第 557 页。

在《反杜林论》中，恩格斯指出："现代唯物主义把历史看做人类的发展过程，而它的任务就在于发现这个过程的运动规律。"① 因而，历史唯物主义被概括为是关于社会结构及其发展的一般规律的科学。唯物史观本身就是社会发展观，是关于社会发展规律的总结与概括。它所讨论的社会发展，不仅包括量变阶段上的社会发展，而且包括质变阶段上的社会发展。不过，它所讨论的重点是质变阶段上的社会发展，因此，唯物史观成了工人阶级及其他劳动人民从事革命的精神武器。

很显然，我国现阶段提出的科学发展观，既不是第一种意义上的发展观，也不是第二种意义上的发展观，而是上述两种发展观的综合体现。我们所讨论的发展，不仅是指社会发展，而且还是指人与自然的和谐发展。也就是说，我们所讨论的，不仅是生产力的发展，经济上的发展，科学技术文化上的发展，人民群众物质生活、精神生活、社会生活与政治生活上的改善，社会秩序、社会风气、社会面貌上的进步，而且还包括环境与资源上的合理使用与保护。同时，这里讲的社会发展，主要是指社会形态处于量变阶段上的发展。虽然也会涉及生产关系、政治上层建筑，涉及经济制度和政治制度，但这种涉及并不意味着进行经济制度与政治制度上的革命，用一种社会形态去取代另一种社会形态，而是通过对现行体制或制度的改革、改良消除、克服经济、政治、文化、人和环境发展中所遇到的制度性障碍。对于现存的社会形态而言，这种发展观是一种建设性的发展观，我们可以把这种发展观称为马克思主义哲学中的第三种层次与意义上的发展观。也就是说，我国现阶段讨论的发展问题在马克思主义哲学的发展史上是没有得到正面提出与展开过的新问题，而我国现阶段提出的科学发展观在马克思主义哲学发展史上也属于新领域、新层次、新时期的新发展观，是建设性的发展观。可以说，我国现阶段提出的科学发展观正在成为马克思主义哲学的当代形态。

（二）唯物史观是科学发展观以人为本的理论依据

唯物史观关于社会历史主体的理论是科学发展观以人为本的理论依据。唯物史观揭开了宗教神学和唯心史观在人类社会历史上的神秘的、唯心主义的面纱，直接指出社会生活在本质上是实践的，人类社会是在人们

---

① 《马克思恩格斯文集》第 3 卷，人民出版社 2009 年版，第 543 页。

的社会实践活动中形成与发展起来的。马克思、恩格斯指出："以一定的方式进行生产活动的一定的个人，发生一定的社会关系和政治关系。经验的观察在任何情况下都应当根据经验来揭示社会结构和政治结构同生产的联系，而不应当带有任何神秘和思辨的色彩。"① 对于什么是社会，马克思则更明确地指出：社会"是人们交互活动的产物。人们能否自由选择某一社会形式呢？决不能。在人们的生产力发展的一定状况下，就会有一定的交换［commerce］和消费形式。在生产、交换和消费发展的一定阶段上，就会有相应的社会制度形式、相应的家庭、等级或阶级组织，一句话，就会有相应的市民社会。有一定的市民社会，就会有不过是市民社会的正式表现的相应的政治国家"②。历史是什么？马克思认为，历史什么事情也不做，它"并不拥有任何无穷尽的丰富性"，它并"没有在任何战斗中作战"！创造这一切、拥有这一切并为这一切而斗争的，不是"历史"，而正是人，现实的、活生生的人。"历史不过是追求着自己目的的人的活动而已。"③ 因此，在马克思、恩格斯看来，人们可以通过对人类所从事的实践活动、劳动加以分析，揭示人类社会历史发展的奥秘。

由于"现实的人"具有丰富的现实特征和发挥着多方面多层次的社会角色与功能，因此，在唯物史观看来，"以人为本"这个理论命题的内容是丰富的。在反对社会历史的神创论、主张人创论的时候，在反对神的权威、提出人的权威的时候，在反对将人不当人看待、强调人的类特性和维护人的基本权利的时候，唯物史观理解的以人为本与其他人道主义思潮、人本主义哲学的理解并无太多的区别。但在涉及人类内部谁是社会历史的主体和动力的时候，唯物史观的理解与唯心史观基本上的人道主义、人本主义、民本主义存在着根本区别。马克思、恩格斯认为："全部历史的过程不决定于活生生的人民群众本身的发展，他们本身自然为一定的、本身也在历史上产生和变化着的条件所左右，全部历史过程取决于永恒的永远不变的自然规律，它今天离开这一规律，明天又接近这一规律，一切都以是否正确地认识这一规律为转移。这种对永恒的自然规律的正确认识是永恒的真理，其他一切都是虚假的。根据这种观点，一切实际的阶级矛

① 《马克思恩格斯文集》第 1 卷，人民出版社 2009 年版，第 523—524 页。
② 《马克思恩格斯文集》第 10 卷，人民出版社 2009 年版，第 42—43 页。
③ 《马克思恩格斯文集》第 1 卷，人民出版社 2009 年版，第 295 页。

盾，尽管因时代不同而各异，都可以归结为一个巨大的永恒的矛盾，就是深谙永恒的自然规律并依照它行动的人。"① "历史活动是群众的活动，随着历史活动的深入，必将是群众队伍的扩大。"② 这就是说，在唯物史观看来，阶级社会中，人民群众是社会历史的创造者，任何阶级和个人，只有融入人民群众并代表他们的利益，才能成为历史发展的动力。这时的以人为本，就是以人民群众为本，就是承认人民群众的社会历史主体的地位，承认国家权力源于人民群众。

唯物史观主张以人为本，但并不认为人在自己的实践活动中可以随心所欲、肆意妄为。马克思指出："人们自己创造自己的历史，但是他们并不是随心所欲地创造，并不是在他们自己选定的条件下创造，而是在直接碰到的、既定的、从过去承继下来的条件下创造。"③ 由于人们是在面临不同的客观对象、客观实际与客观条件的情况下从事不同的实践活动，因此，实践活动的过程既是人们的主体性、目的性与能动性的实现过程，也是客观、对象以其自身的规律性对主体产生作用的过程。人们只有把对象、客体的改造建立在对对象、客体的规律加以认识与把握的基础之上，只有实现了合目的性与合规律性的统一，才能在实践中达到预想的目的。实践活动的前一特征要求人们讲以人为本、讲价值论、讲人文精神，实践活动的后一特性要求人们讲求客观存在与客观规律、讲认识论、讲科学精神。实践活动两方面的统一就是以人为本与客观存在的统一、价值论与认识论的统一、人文精神与科学精神的统一、目的性与规律性的统一。这就是为什么科学发展观中既有"以人为本"的内涵，又有"科学"规定的内涵。把科学发展观理解为不包含科学规定的纯人文发展或理解为排斥人文精神的纯科学发展观，都是不行的，都是片面的。

在人类历史中，任何物的生产是以人的生产为目的的，任何物的生产都必须服从和服务于人的生产。因为物的生产必须由人来实现，而任何人做任何事情都是从自己出发的。"各个人的出发点总是他们自己"④，"人始终是主体"⑤。既是生产的主体、生活的主体，也是发展的主体。人类

① 《马克思恩格斯全集》第10卷，人民出版社1998年版，第318页。
② 《马克思恩格斯文集》第1卷，人民出版社2009年版，第287页。
③ 《马克思恩格斯文集》第2卷，人民出版社2009年版，第470—471页。
④ 《马克思恩格斯文集》第1卷，人民出版社2009年版，第571页。
⑤ 同上书，第195—196页。

社会所实现的任何发展最终都是以人为目的、尺度和主体的。物的发展是为人的发展服务的。反过来，人的发展也要以物的发展为前提和基础，人的生命存在需要物质生活资料，只有在保存生命的前提下，才可能有人的发展。而人的发展过程是通过人的生活资料的生产来体现的。所以，没有物的发展，人的发展也不可能实现。因此，人的发展和物的发展是统一的，它们共同统一于人类社会的具体实践之中。作为指导人的发展和物的发展的根本原则的以人为本和实事求是同样是统一的。人类要生存，要发展，就必须有生活资料，而生活资料必须通过物的发展来提供。同样，物的发展是为人的发展服务的，离开了人的发展，物的发展既没有意义，也没有必要。马克思指出："产品只是在消费中才成为现实的产品，例如，一件衣服由于穿的行为才现实地成为衣服；一间房屋无人居住，事实上就不成其为现实的房屋；因此，产品不同于单纯的自然对象，它在消费中才证实自己是产品，才成为产品。"① 物的发展总是以人为目的的。也就是说，在人类社会的发展中，人的生产与物的生产是统一的，人的发展与物的发展也是统一的。可见，人的发展和物的发展的关系，实际上就是以人为本和实事求是的关系，是尊重客观规律与尊重人的主体性的关系。因此，坚持科学发展，实现人的发展与物的发展的协调和统一，就必须坚持事实与价值的统一，坚持以人为本和实事求是的统一，坚持尊重客观规律与尊重人的主体地位的统一。即不仅要科学地发展物，也要科学地发展人。

（三）唯物史观是科学发展观全面协调发展的理论依据

唯物史观关于社会有机体和社会结构的理论是科学发展观全面协调发展的理论依据。马克思、恩格斯对人类社会进行分析时，引进了当时生物学中已经较为流行的有机体概念。马克思指出："每一个有机体都由各种不同的组成部分构成；每一个组成部分都有特殊的作用，而相互作用的各个器官则紧紧地结合在一起。"② 恩格斯也指出，"黑格尔叫做相互作用的东西是有机体"③。马克思还使用了社会生产机体概念，称"这些古老的

---

① 《马克思恩格斯文集》第 8 卷，人民出版社 2009 年版，第 15 页。
② 《马克思恩格斯全集》第 6 卷，人民出版社 1961 年版，第 220 页。
③ 《马克思恩格斯全集》第 20 卷，人民出版社 1971 年版，第 654 页。

社会生产有机体比资产阶级的社会生产有机体简单明了得多，但它们或者以个人尚未成熟，尚未脱掉同其他人的自然血缘联系的脐带为基础，或者以直接的统治和服从的关系为基础"①。

马克思还多次谈到分工所造成的社会生产机体。他说，把自己的"分散的肢体"表现为"分工体系的社会生产有机体，它的量的构成，也像它的质的构成一样，是自发地偶然地形成的。所以我们的商品占有者发现：分工使他们成为独立的私人生产者，同时又使社会生产过程以及他们在这个过程中的关系不受他们自己支配；人与人的互相独立为物与物的全面依赖的体系所补充"②。在工场手工业的分工"不仅使社会总体工人的不同质的器官简单化和多样化，而且也为这些器官的数量大小，即为从事每种专门职能的工人小组的相对人数或相对量，创立了数学上固定的比例。工场手工业的分工在发展社会劳动过程的质的组成的同时，也发展了它的量的规则和比例性"③。"在机械工厂中，这个总机体的骨架却是由各种类型的机器本身组成的，其中每一个机器完成总生产过程所要求的特定的顺次进行的个别过程。"④ 而"工人本身只表现为机器的有自我意识的器官（而不是机器表现为工人的器官），他们同死器官不同的地方是有自我意识，他们和死的器官一起'协调地'和'不间断地'活动，在同样程度上受动力的支配，和死的机器完全一样"⑤。

总体来说，马克思、恩格斯所论述的社会结构就是由生产力、生产关系（经济基础）、上层建筑（意识形态）这三个层次的要素构成的。不过，以往那种把生产关系等同于所有制关系的理解，是不全面的。从马克思、恩格斯在《德意识意志形态》中的论述来看，生产关系除了所有制关系之外，还包括分工所形成的关系。从对生产关系的全面理解出发，我们可以将唯物史观的社会结构理论进一步描述为由两根相互联系着的链条组成的结构，这两根链条分别是：生产力的社会性质——所有制为基础的生产关系——政治上层建筑（意识形态）；生产力的技术工艺性质——分工为基础的生产关系——非政治上层建筑（社会科学）。在前一链条中，

---

① 《马克思恩格斯文集》第 5 卷，人民出版社 2009 年版，第 97 页。
② 同上书，第 129 页。
③ 同上书，第 401 页。
④ 《马克思恩格斯全集》第 47 卷，人民出版社 1979 年版，第 523—524 页。
⑤ 同上书，第 536 页。

人们因所有制关系上的不同地位而区分为不同的阶级；在后一链条中，人们因分工而从事着不同的社会职业。前一链条形成的是社会的利益性结构，后一链条形成的是社会的功能性结构。利益性结构与功能性结构的有机结合就构成了社会整体结构。

马克思、恩格斯当年提出社会有机体与社会结构理论，是为了揭示人类社会从一种形态到另一种形态的发展规律，而揭示这种社会发展规律的目的是从世界观、社会历史观的角度为无产阶级革命提供理论武器。但是他们的理论中所隐含的社会形态量变过程中的社会有机体存在和发展的理论，则成为我们今天科学发展观的理论基础。唯物史观关于生产力和生产关系构成一个社会的经济基础的理论是我们实行以经济建设为中心的理论依据；唯物史观关于物质生活的生产方式和人们的社会生活、政治生活、精神生活之间存在相互制约关系的理论，则要求我们在进行物质文明建设的同时，也要进行社会文明建设、政治文明建设、精神文明建设和生态文明建设，实现社会的全面进步和人的全面发展；唯物史观关于物质生产和精神生产，物质生活和精神生活，社会存在和社会意识，生产和交换、分配、消费，效率和公正，社会的所有制结构和分工结构之间，社会分工中的产业结构、职业结构、城乡结构、地区结构和人们的利益结构、需求结构之间，个人利益、群体利益、国家利益之间所存在的辩证关系，是我们实现全面协调发展的理论依据。只有全面协调发展，才能实现社会系统的有机性和整体性，才能在发展中保持社会和平与稳定。

（四）唯物史观是科学发展观可持续发展的理论依据

唯物史观关于人、社会对于自然界的依赖性以及社会历史的连续性是科学发展观可持续发展的理论依据。在《1844年经济学哲学手稿》中，马克思论述了人对于自然的依赖性。他指出："类生活从肉体方面来说就在于人（和动物一样）靠无机界生活，而人和动物相比越有普遍性，人赖以生活的无机界的范围就越广阔。从理论领域来说，植物、动物、石头、空气、光等等，一方面作为自然科学的对象，另一方面作为艺术的对象，都是人的意识的一部分，是人的精神的无机界，是人必须事先进行加工以便享用和消化的精神食粮；同样，从实践领域来说，这些东西也是人的生活和人的活动的一部分。人在肉体上只有靠这些自然产品才能生活，不管这些产品是以食物、燃料、衣着的形式还是以住房等等的形式表现出来。在实践上，人的普遍性正是表现为这样的普遍性，它把整个自然界——首先作为人的直接的生活资料，其次作为人的生命活动的对象（材料）和工具——变成人的无机的身体。自然界，就它自身不是人的身体而言，是人的无机的身体。人靠自然界生活。这就是说，自然界是人为了不致死亡而必须与之处于持续不断的交互作用过程的、人的身体。所谓人的肉体生活和精神生活同自然界相联系，不外是说自然界同自身相联系，因为人是自然界的一部分。"①

马克思曾经揭露资本主义条件下物质变换过程中对土地的滥用和对森林等自然资源的破坏。他指出："资本主义生产使它汇集在各大中心的城市人口越来越占优势，这样一来，它一方面聚集着社会的历史动力，另一方面又破坏着人和土地之间的物质变换，也就是使人以衣食形式消费掉的土地的组成部分不能回归土地，从而破坏土地持久肥力的永恒的自然条件。……资本主义农业的任何进步，都不仅是掠夺劳动者的技巧的进步，而且是掠夺土地的技巧的进步，在一定时期内提高土地肥力的任何进步，同时也是破坏土地肥力持久源泉的进步。一个国家，例如北美合众国，越是以大工业作为自己发展的基础，这个破坏过程就越迅速。"② 在此可以看到马克思对于资本主义社会中自然资源遭到破坏的形象描述。马克思在给恩格斯的信中还写道："耕作的最初影响是有益的，但是，由于砍伐树木等等，最后会使土地荒芜。"③

马克思、恩格斯论述了历史发展过程中的代际影响，"历史的每一阶段都遇到一定的物质结果，一定的生产力总和，人对自然以及个人之间历史地形成的关系，都遇到前一代传给后一代的大量生产力、资金和环境，尽管一方面这些生产力、资金和环境为新的一代所改变，但另一方面，它们也预先规定新的一代本身的生活条件，使它得到一定的发展和具有特殊的性质"④。

马克思、恩格斯还探讨了正确处理和解决人、社会和自然关系的理论和途径。马克思在《1844 年经济学哲学手稿》中说："这种共产主义，作

---

① 《马克思恩格斯文集》第 1 卷，人民出版社 2009 年版，第 161 页。

② 《马克思恩格斯文集》第 5 卷，人民出版社 2009 年版，第 579—580 页。

③ 《马克思恩格斯文集》第 10 卷，人民出版社 2009 年版，第 285 页。

④ 《马克思恩格斯文集》第 1 卷，人民出版社 2009 年版，第 544—545 页。

为完成了的自然主义，等于人道主义，而作为完成了的人道主义，等于自然主义，它是人和自然界之间、人和人之间的矛盾的真正解决，是存在和本质、对象化和自我确证、自由和必然、个体和类之间的斗争的真正解决。"① 由此可见，马克思特别提到了共产主义是完成了的自然主义，这种提法本身反映出他对人与自然关系的重视。在《资本论》中，马克思还指出："社会化的人，联合起来的生产者，将合理地调节他们和自然之间的物质变换，把它置于他们的共同控制之下，而不让它作为一种盲目的力量来统治自己；靠消耗最小的力量，在最无愧于和最适合于他们的人类本性的条件下来进行这种物质变换。"② 在此马克思进一步阐明的是人与自然之间的物质交换关系。恩格斯也指出："因此我们每走一步都要记住：我们决不像征服者统治异族人那样支配自然界，决不像站在自然界之外的人似的去支配自然界——相反，我们连同我们的肉、血和头脑都是属于自然界和存在于自然界之中的；我们对自然界的整个支配作用，就在于我们比其他一切生物强，能够认识和正确运用自然规律。"③ 恩格斯强调了人作为自然界一部分的存在意义。

作为可持续发展理论的先驱，马克思、恩格斯上述众多的看法，实际上提出和回答了为什么要实现可持续发展、怎样实现可持续发展等问题，因而成为我们坚持科学发展观、实现可持续发展的重要理论依据。

（五）唯物史观是科学发展观坚持生态文明建设的理论依据

坚持生态文明建设是科学发展观提出的创新观点，同时该观点的理论依据是唯物史观。总体上说，在马克思主义经典作家那里，对于人与自然的关系，主要是从三个层次上来谈论的：首先，人是自然的产物。在马克思主义经典作家看来，"整个所谓世界历史不外是人通过人的劳动而诞生的过程，是自然界对人来说的生成过程"④，"人本身是自然界的产物，是在自己所处的环境中并且和这个环境一起发展起来的"⑤。因此，人是自然之子。其次，人是自然存在物。在马克思主义经典作家看来，尽管从人

---

① 《马克思恩格斯文集》第 1 卷，人民出版社 2009 年版，第 185 页。
② 《马克思恩格斯文集》第 7 卷，人民出版社 2009 年版，第 928—929 页。
③ 《马克思恩格斯文集》第 9 卷，人民出版社 2009 年版，第 560 页。
④ 《马克思恩格斯文集》第 1 卷，人民出版社 2009 年版，第 196 页。
⑤ 《马克思恩格斯文集》第 9 卷，人民出版社 2009 年版，第 38—39 页。

的社会本质来看人是社会存在物,但人也是"自然存在物"①,是"现实的、肉体的、站在坚实的呈圆形的地球上呼出和吸入一切自然力的人"②,"连同我们的肉、血和头脑都是属于自然界和存在于自然界之中的"③。最后,自然界是人类生存和发展的外部环境。人离不开自然界,必须依靠自然界生活。"没有自然界,没有感性的外部世界,工人什么也不能创造。自然界是工人的劳动得以实现、工人的劳动在其中活动、工人的劳动从中生产出和借以生产出自己的产品的材料。"④

　　从本质上说,马克思的实践观体现为人的本质力量的对象化和对象的人化的统一过程,也就是人的自然化和自然的人化过程。首先人在他的类生活中把自己"化分为二",即分为他自己和他的对象;但是,由于这种"化分为二"是在同一个人的同一个实践活动(劳动)中做出的,所以这种"化分为二"同时就是合二为一。在其中,"通过实践创造对象世界,改造无机界,人证明自己是有意识的类存在物","动物只是在直接的肉体需要的支配下生产,而人甚至不受肉体需要的影响也进行生产,并且只有不受这种需要的影响才进行真正的生产……因此,人也按照美的规律来构造"⑤。按照美的规律重新塑造物体,也就是按照生态的标准重新塑造物体,其前提就是超越于动物性的需要之上,包括超越于物质利益的考虑之上。马克思眼中的这种感性的实践活动的超越性决不能还原为技术主义和物质主义的贪欲,也与人为地宰制自然的狂妄自大毫无关系,而恰好是致力于人与自然的和谐。但这也不是天然的和谐,而是人以理性的态度自由自觉地与自然界保持和谐,不是对古代世界和自然界"原生态"的一种乌托邦式的伤感和怀念,或对一切人为因素的拒绝和憎恶(这两种态度都是基于自然和人的对立),而是像保护自己的身体一样保护自然,像感觉自己的手足一样感觉植物动物的世界,并将自己的全部创造力用在日益扩展与自然界的对话中。人的本质力量的全面丰富性,给自然界的多样性和丰富性提供了展示的舞台;反之亦然。

　　在马克思看来,没有自然界、没有感性的外部世界,工人什么也不能

---

① 《马克思恩格斯文集》第1卷,人民出版社2009年版,第209页。

② 同上。

③ 《马克思恩格斯文集》第9卷,人民出版社2009年版,第560页。

④ 《马克思恩格斯文集》第1卷,人民出版社2009年版,第158页。

⑤ 同上书,第162—163页。

创造。在人与自然的关系上，自然界对于人类来说具有优先性和基础性。人靠自然界生存发展，人的精神生活的充实和物质生活的满足都以自然为基础。生产实践是人与自然辩证统一的基础。在马克思主义的视野中，人与自然不是抽象的统一，而是具体的、历史的统一。生产实践是人与自然对立的基础，也是人与自然统一的基础。"人不仅仅是自然存在物，而且是人的自然存在物，就是说，是自为地存在着的存在物，因而是类存在物。他必须既在自己的存在中也在自己的知识中确证并表现自身。"① 自然界是个有缺陷的存在物，人不能像动物那样直接生存在自然界，人要想从自然界获取生存和发展的物质、能量和信息，人与自然之间还需要一个变换过程，这一变换过程只能是能动的实践。人类通过能动的生产实践，把自然事物对象化、人化，使自然界成为现实的自然、属人的自然；自然界通过人类生产实践充分显示了自身存在的意义和价值，使自身的本质力量得到了确证。这一过程同时也深刻揭示了人类实践的两重性：人类实践既可以成为人与自然辩证统一的中介，又可能以异化形式造成人与自然对立，成为破坏自然的力量。人类工业革命以来的实践表明，那种一味强调以人类为中心、无视自然规律的工具理性的过度膨胀加剧了人与自然的对立，最终导致了地球资源的过度开发和生态环境的严重破坏；不顾环境正义理念而仅为满足人类私欲的实践，不仅破坏了人与自然、人与社会的可持续和谐发展及其辩证统一关系，而且还带来了危及人类生存的生态危机。根据辩证唯物论，合理的实践只能是物的尺度与人的尺度的统一、合规律性与合目的性的统一。因此，进行生态文明建设应以辩证唯物主义自然观为指导，以尊重自然规律为前提，关爱自然、保护自然、建设自然，最终实现人与自然的可持续和谐发展。

实质上，所有生态问题的出现都与认识上的偏差有关，要解决生态问题，必须加强科学理论对实践的指导，坚持辩证唯物主义的认识论，正确处理认识与实践的关系，把两者辩证地有机地结合起来，使人们牢固树立生态文明意识。我党提出的生态文明建设与科学发展观，包含了在坚持辩证唯物主义认识论的基础上实现人与自然和谐、人与人和谐、人与社会和谐的科学发展思想。建设生态文明是我党执政理念的又一次升华，更是我们对工业文明割裂认识与实践关系进行反思的结果。

---

① 《马克思恩格斯文集》第 1 卷，人民出版社 2009 年版，第 211 页。

　　人类社会是从自然界中分化出来的，但又离不开自然界，两者以实践为基础既对立又统一；社会由具体的人构成，而人之所以为人是因为人通过实践而成为社会的产物。这是人与自然及人与社会的基本关系，正确认识这种关系对于正确处理生态问题至关重要，因为生态问题表面上是人与自然界的关系问题而实际上是人与社会的关系问题，生态危机表面上是"天灾"而实质上是"人祸"。

　　人与自然之间的关系，从原始社会的和谐到近代的对抗再到现代重新努力走向和谐，这是一个否定之否定的过程。人与自然的关系总是与一定的生产方式相联系。在原始社会，人与自然总体上处于原始的和谐状态，不存在对抗及生态危机问题；在农业文明时期，人与自然的关系虽然出现了局部的紧张，但生态系统还具有自我修复的能力，人与自然仍保持着总体的平衡与和谐，没有出现全球性生态危机。进入工业文明之后，人类运用"现代自然科学和现代工业一起对整个自然界进行了革命改造，结束了人们对自然界的幼稚态度以及其他幼稚行为"①。特别是在资本主义时期，资本与技术成为历史的双刃剑，人类以自我为中心开始了对自然的全面征服，造成了资本对自然的最普遍的占有和掠夺，彻底改变了自然界，使自然界祛魅，也使人与自然的关系日趋紧张，最终造成了危及人类自身的生态危机。人类发展史给人类留下了太多的教训。1847 年德国植物学家和农学家、慕尼黑大学教授卡尔·尼古劳斯·弗腊斯在《各个时代的气候和植物界，两者的历史》一书中指出，文明是人与自然之间不可避免和无法解决的"对抗过程"，对此人类只能有两种选择：一种是终止经济的发展，回到蒙昧的原始状态；另一种是以损害自然环境为代价，继续推进文明的发展。这是一道世纪性的难题。② 马克思指出，人类文明之所以同自然生态发生对抗，其根本原因在于资本主义的生产方式和资本的逻辑。"生产上利用的自然物质，如土地、海洋、矿山、森林等等，不是资本的价值要素。只要提高同样数量劳动力的紧张程度，不增加预付货币资本，就可以从外延方面或内涵方面，加强对这种自然物质的利用。"③ 唯

---

　　① 《马克思恩格斯全集》第 10 卷，人民出版社 1998 年版，第 254 页。

　　② 参见韦建桦《在科学发展观指引下创建生态文明——经典作家的理论构想和厦门实践的生动启示》，《马克思主义与现实》2006 年第 4 期。

　　③ 《马克思恩格斯文集》第 6 卷，人民出版社 2009 年版，第 394 页。

利是图是资本家的本性，"每个人都知道暴风雨总有一天会到来，但是每个人都希望暴风雨在自己发了大财并把钱藏好以后，落到邻人的头上。我死后哪怕洪水滔天！这就是每个资本家和每个资本家国家的口号"①。

马克思根据西欧和北美资本主义农业发展的状况得出结论："资本主义农业的任何进步，都不仅是掠夺劳动者的技巧的进步，而且是掠夺土地的技巧的进步，在一定时期内提高土地肥力的任何进步，同时也是破坏土地肥力持久源泉的进步。"② 根据马克思的观点，上述问题的解决，即消除人与自然的紧张与对抗，消灭人与自然的异化，推进经济发展与人类文明进程而又不以损害自然环境为代价，就必须改变资本主义的生产方式，以共产主义代替资本主义——这是人类社会历史发展的必然——彻底结束人与自然的"对抗过程"。

（六）科学发展观与唯物史观的深化

前面我们深入分析了马克思主义唯物史观对于科学发展观的基础作用，但是，如果深入分析，则不难发现科学发展观的提出也起到了深化唯物史观的作用。

第一，科学发展观"以人为本"的核心丰富了马克思主义唯物史观的人本思想。

科学发展观提出以人为本，要实现的目标是人的全面发展。在此所谓人的全面发展包括三层意义：第一层是人民利益的全面性。通过发展社会生产力保障人民群众的物质利益，不断改善和提高人民生活水平。这是基础，舍去了这一点，全面发展便无从谈起，但是仅仅是物质利益还不够。胡锦涛曾经进一步指出："人民群众的权益涉及经济、政治、文化、社会等各个领域。"③ 第二层是人民利益的整体性。在我国，广大人民群众的根本利益是一致的，但在社会结构、利益格局深刻调整的过程中，各部分群体的利益必然会出现差距。以人为本、实现人的全面发展，是一个包括全体人民在内的整体性要求，不能允许社会出现两极分化。因此，在促进发展的同时，要"把维护社会公平放到更加突出的位置，综合运用多种

---

① 《马克思恩格斯文集》第 5 卷，人民出版社 2009 年版，第 311 页。

② 同上书，第 579—580 页。

③ 《十六大以来重要文献选编》（中），中央文献出版社 2005 年版，第 69 页。

手段，依法逐步建立以权利公平、机会公平、规则公平、分配公平为主要内容的社会公平保障体系，使全体人民共享改革发展的成果，使全体人民朝着共同富裕的方向稳步前进"①。第三层是人民利益的发展性。人民利益是一个历史范畴，在现实生活中总是发展变化的。不注意这一点，以人为本和人的全面发展就会落空。

科学发展观对于马克思唯物史观人本思想的丰富主要体现在两个方面：第一个方面是科学发展观指导下的社会主义经济建设更加注重对人的尊重。科学发展观中所讲的"以人为本"，"人"是指人民群众及其利益，所谓"为本"，就是放在首位。以人本位的"人"有着丰富的现实内涵。从经济人的角度思考，这个人必然是具有普遍价值利益取向的人，这种取向没有高低之分，是完全平等的，这就保障了在社会主义市场经济体制下，各个企业之间的自主经营、平等竞争。此外，以人为本的"人"还具有普遍的理性，虽然这种理性会受到许多条件的限制。但是，理性是人的天赋资源，任何正常的人都会利用这种资源实现自己的生活目标。十七大报告在讲到收入分配问题时指出，要"保护合法收入，调节过高收入，取缔非法收入"②，保护而且鼓励个人积极创业，使其成为"拥有财产性收入"的人，从而在全社会形成创造财富的互动局面，形成全面致富的良好状态。第二个方面是科学发展观指导下的社会主义经济建设更注重对人的研究。社会主义经济发展的目的是以人为尺度、以人为目标，我国目前对社会主义经济发展衡量的指标体系、对财富增长与人生活环境的关系、效率与社会公正的关系、对人自我完善的教育制度等都是从以人为本为出发点的，这正是科学发展观的基本内容。

第二，全面发展观发展了马克思主义唯物史观的基本观点。

全面发展是科学发展观的基本原则。经济社会的发展只有建立在全面的基础上，才能在发展中协调各方面的关系，从而实现可持续发展。马克思一直是把自然界和人类社会放在一起综合考察。他认为，世界是一个"统一的体系"，是一个"有联系的整体"，因此必然从两方面去认识和考察。"唯物主义者——马克思主义者——是最先提出不仅必须分析社会生

---

① 《十六大以来重要文献选编》（中），中央文献出版社 2005 年版，第 712 页。

② 《十七大以来重要文献选编》（上），中央文献出版社 2009 年版，第 30 页。

活的经济方面而且必须分析社会生活的各个方面这一问题的社会主义者。"① 马克思、恩格斯把经济社会看作各种矛盾的统一体，在分析社会结构及其变化时，不但分析了社会经济结构，而且分析了建立在此基础之上的社会政治结构及社会意识结构，把他们作为发展着的各种关系的总和。我国在改革和建设中也运用了全面发展的观点，从毛泽东"两个转变"社会主义革命与社会主义建设并举的发展战略、邓小平的"一个中心、两个基本点""两手都要抓，两手都要硬"的建设总方针，以及江泽民在党的十四届五中全会上明确提出的把社会全面发展放在重要战略地位的思想，都集中体现了我国对全面发展观的重视及贯彻。科学发展观秉承了这一发展理念，从"统筹城乡发展、统筹区域发展、统筹经济社会发展、统筹人与自然和谐发展、统筹国内发展和对外开放"出发，以政治、经济、文化为主要内容，全面涵盖经济建设中的各种关系，从而确保"经济更加发展、民主更加健全、科教更加进步、文化更加繁荣、社会更加和谐、人民生活更加殷实"② 的"惠及十几亿人口的更高水平的小康社会"的实现。

第三，协调发展观深化了马克思主义唯物史观的研究对象。

科学发展观中的协调发展是指社会系统和自然系统以及社会系统内部之间相互适应、相互促进、共同发展的状态，是实现科学发展观的核心内容，是保持社会发展全面性和可持续性的必要条件。

在马克思看来，社会的生产力和生产关系是需要协调的最重要的内容。在社会这个无比复杂的大系统中，任何一个环节或者领域的严重失调，都能在生产力与生产关系、上层建筑与经济基础的矛盾运动中找到原因。首先，生产力与生产关系之间必须协调发展。生产关系的主动改造会对生产力起到巨大的推动作用。因为生产关系调整的是人与人之间的关系，而人是生产力中最活跃的因素。生产关系的适时调整能够释放和调动人的积极性，从而解放和发展生产力。斯大林曾经指出："新生产关系是这样一种主要的和有决定性的力量，正是它决定生产力进一步的而且是强大的发展，没有这种新的生产关系，生产力就注定要萎缩下去。"③ 其次，

① 《列宁选集》第 1 卷，人民出版社 1995 年版，第 29 页。
② 《十六大以来重要文献选编》（上），中央文献出版社 2005 年版，第 317 页。
③ 《斯大林文集》，人民出版社 1985 年版，第 645 页。

生产关系的不协调会破坏生产力的发展。马克思在研究资本主义生产力和生产关系中曾指出，资本家为了追求更多剩余价值，贪婪地压榨劳动力和自然资源，这虽然在客观上促进了生产力的快速发展，但是，这是以为资本家带来剩余价值为目标的，必然是以破坏劳动力和自然资源为代价创造社会财富的，必然导致对生产力源泉（劳动力和自然资源）的不合理使用。正如马克思所说："劳动生产力的提高和劳动量的增大是以劳动力本身的破坏和衰退为代价的。此外，资本主义农业的任何进步，都不仅是掠夺劳动者的技巧的进步，而且是掠夺土地的技巧的进步，在一定时期内提高土地肥力的任何进步，同时也是破坏土地肥力持久源泉的进步。一个国家，例如北美合众国，越是以大工业作为自己发展的基础，这个破坏过程就越迅速。因此，资本主义生产发展了社会生产过程的技术和结合，只是由于它同时破坏了一切财富的源泉——土地和工人。"① 因此，科学发展观从改造生产关系入手，毫不动摇地坚持社会主义改革，努力实现经济体制改革与政治体制改革、文化体制改革、社会领域改革相协调，宏观改革与微观改革相协调，城市改革与农村改革相协调，进一步健全社会主义市场经济体制，促进生产力的发展。

第四，可持续的发展观深化了马克思主义唯物史观的经济增长理论。

科学发展观的可持续发展观，是指既要考虑当前发展的要求，又要考虑未来发展的需要，不以牺牲后代人的利益来满足当代人的利益，经济的发展不能影响自然环境和生态环境的健康发展。可持续发展意味着人与自然、人与人的关系在不断优化的前提下，实现经济效益、社会效益、生态效益的有机协调，从而使社会的发展获得可持续性。在党的十六届三中全会上，胡锦涛指出："增长是发展的基础，没有经济的数量增长，没有物质财富的积累，就谈不上发展。但增长并不简单地等同于发展。"② 这里对增长与发展的区分，带有重要的理论意义。这种区分纠正了原来人们在有关增长与发展关系问题上所犯的混淆错误，盲目追求增长的发展观显然是错误的。

马克思、恩格斯在《德意志意识形态》一书中写道："人对自然的关系这一重要问题……这是一个产生了关于'实体'和'自我意识'的一

① 《马克思恩格斯文集》第 5 卷，人民出版社 2009 年版，第 579—580 页。
② 《十六大以来重要文献选编》（上），中央文献出版社 2005 年版，第 484 页。

切'神秘莫测的崇高功业'的问题。然而，如果懂得在工业中向来就有那个很著名的'人和自然的统一'，而且这种统一在每一个时代都随着工业或慢或快的发展而不断改变，就像人与自然的'斗争'促进其生产力在相应基础上的发展一样，那么上述问题也就自行消失了。"① 在这里我们可以看到对于人与自然统一关系的充分肯定。在马克思看来，"人本身是自然界的产物，是在自己所处的环境中并且和这个环境一起发展起来的"②。因此，马克思把社会生产看成是社会存在的基础，而社会生产是以自然为基础的，离开了自然，人类社会生产将无法进行；如果人类对自身发展过程中所造成的环境污染和破坏毫无意识，最终必将受到大自然无情的惩罚。因此，深刻认识自然规律，认识人类自身和自然界的一致性，在经济社会发展的同时保护好生态环境，是实现可持续发展的必然要求。

科学发展观突出了马克思再生产理论的本质，从企业再生产和社会再生产运动入手，把经济效益、社会效益和生态效益有机结合起来，注重生产耗费的补偿机制，保持全面、协调和可持续的发展。科学发展观改变了传统的发展模式，将关于可持续发展的人口、资源、环境等结合起来，将当前发展与长远结合起来，实现从传统的计划经济向社会主义市场经济体制的转变，实现经济增长方式从粗放型向集约型转变，从片面追求经济增长向经济社会全面发展转变，为我国保持经济持续、快速、健康发展指明了新道路。

五　科学发展观的伦理意蕴

在秉承了"以人为本"精神实质的情况下，科学发展观拥有了极其深刻的伦理意蕴，也使得人们需要以伦理的维度去深入地挖掘其所具有的伦理内涵。科学发展观在新的历史条件下提出何为发展及其发展的伦理价值诉求，强调全面、协调、可持续是构建发展伦理的前提和基础，以人为本、实现社会与人的全面发展是发展伦理的目的与价值追求，因此科学发展观凝练与深化了马克思主义的发展伦理观。

---

① 《马克思恩格斯文集》第 1 卷，人民出版社 2009 年版，第 528—529 页。
② 《马克思恩格斯文集》第 9 卷，人民出版社 2009 年版，第 38—39 页。

（一）科学发展观体现马克思主义伦理学的基本立场

马克思主义伦理学认为，伦理道德现象是一种普遍的社会历史现象，伦理关系是一种特殊的社会关系，经济关系和道德现象之间有着内在的联系，生产力对道德的产生和发展起着决定性的作用。这是马克思主义伦理学的基本立场。在科学发展观体系中，"发展"是前提，是第一要义，科学发展观所要求的发展，是要牢牢抓住经济建设这个中心，坚持聚精会神搞建设、一心一意谋发展，不断解放和发展社会生产力，把以经济建设为中心的社会和人的全面发展，也就是把发展经济、发展先进生产力，作为发展的首要的、基本的要求，作为社会其他方面发展的物质基础。这一发展思路充分体现了马克思主义伦理学的基本立场。

（二）科学发展观体现"以人为本"的人道主义伦理精神

如何认识和处理发展过程中的人与物之间的关系，是任何一种发展观都必须正面回答的基本问题。概括来看，对这一问题的回答，大致可归为两种：一种是"以物为本"的传统发展观；一种是"以人为本"的科学发展观。"以物为本"是指以单纯的经济增长作为发展的根本目的和唯一的价值尺度。其根本特征是把发展等同于经济增长，偏重于社会物质财富的增长和人们物质生活条件的改善，而忽视了人和人的全面发展。1956年，刘易斯在《经济增长理论》一书中就认为："发展中国家经济落后的原因在于工业化程度不够，经济馅饼不大；而加快工业化的步伐，提高工业化的程度，把经济馅饼做大，就会导致经济增长和社会进步。"这种发展观在历史上对促进经济快速增长、迅速积累物质财富起到了积极的作用。但由于它"重物轻人""见物不见人"，在根本上忽视人的存在、人的地位、人的发展。因此，实践证明，这种发展观不仅没有给人们带来所期望的福祉，相反却出现了经济结构畸形、通货膨胀加剧、失业人数增加、贫富悬殊加剧、社会动荡、环境恶化等一系列的社会问题，严重违背了"以人为本"的人道主义伦理精神。与"以物为本"的传统发展观不同的是，科学发展观以"以人为本"为核心。"以人为本"是指以中国最广大的人民群众的根本利益为出发点和落脚点。胡锦涛指出："要始终把实现好、维护好、发展好最广大人民的根本利益作为党和国家一切工作的出发点和落脚点，尊重人民主体地位，发挥人民首创精神，保障人民各项权益，走共同富裕道路，促进人的全面发展，做到发展为了人民、发展依靠人民、发展成果由人民共享。"① 可见，"以人为本"的科学发展观把实现好、维护好、发展好最广大人民群众的根本利益作为发展的最高价值取向，把发展的目标定位于造福全体人民，体现了人是发展的主体和目的的伦理思想，体现了在价值理性上对人的终极关怀的原则，体现了以人为本的人道主义伦理精神。

（三）科学发展观体现"公正、公平"的伦理精神

如何认识和处理发展过程中人与人的关系，也是任何一种发展观都必须回答的基本问题。概括起来看，对这一问题的回答，大致可归为两种：一种是注重"效率"的传统发展观；另一种是注重"公正、公平"的科学发展观。

各国的发展实践表明，认识和处理好发展过程中人与人的关系，关键是把握好效率与公平的关系。目前学术界对效率有三种不同的理解：一是指生产经营上的投入产出效率；二是指社会资源配置效率，又称帕累托效率；三是指社会整体效率，指社会生产对提高社会全体成员生活质量、促进社会发展的能力。所谓公平，其含义是多向度的。在伦理关系范畴中，公平作为社会伦理道德原则，和社会法律体系、社会政策体系以及社会舆论氛围等一起维护和保证人们在社会生活中享有平等的地位和公正合理的收益。亚里士多德说，公正是具有均等、相等、平等、比例性质的那种回报、交换行为，是平等（相等、同等）的利害相交换的善的行为，是等利（害）交换的善的行为。反之，不公正则是不平等（不相等、不同等）的利害相交换的恶行，是不等利（害）交换的恶行。一般来说，传统发展观在认识和处理人与人的关系时，注重的是效率，往往把效率作为分配的原则，而忽视地域性、资源性、政策性等原因所导致的起点不公平的事实，造成社会分配不公、贫富差距拉大的现象和结果，严重违背了公正、公平的伦理精神。

邓小平总结了我国过去在分配问题上的经验教训，提出了"效率优先，兼顾公平"的思想。他强调效率优先并不是不讲公平，效率的提高可以为公平准备物质基础，公平可以为效率的提高提供社会保证。邓小平认为"共同富裕"可以使效率与公平有机结合起来。要"富裕"就要有

---

① 《十七大以来重要文献选编》（上），中央文献出版社2009年版，第12页。

效率，要"共富"就必须公平。部分先富是效率，先富帮后富，最终达到共同富裕是公平。他提出建设社会主义市场经济体制，可以运用包括市场在内的各种调节手段，既鼓励先进，促进效率，合理拉开收入差距，打破平均主义，又缓解社会分配不公，提倡先富带动后富，逐步实现共同富裕。同时，还可以通过完善社会保障制度，完善税收制度，保护劳动者的基本权益等措施，整顿不合理收入，调节过高收入，使收入差距逐步趋向合理，防止两极分化。

1990 年，江泽民在党的十三届七中全会闭幕时的讲话中说道："贫穷不是社会主义。少数人富起来，大部分人穷，也不是社会主义。社会主义制度最大的优越性就在共同富裕，防止两极分化。社会主义的本质也主要体现在这里。"① 在这里江泽民不仅继承了邓小平"贫穷不是社会主义"观点，同时还明确指出存在着巨大的贫富差异也不是社会主义。社会主义一定要保证共同富裕，防止两极分化，这也是社会主义制度最大的优越性。1995 年在党的十四届五中全会上，江泽民继续明确指出："实现共同富裕是社会主义的根本原则和本质特征，绝不能动摇。要用历史的辩证的观点认识和处理地区差距问题。一是要看到各个地区发展不平衡是一个长期的历史的现象。二是要高度重视和采取有效措施正确解决地区差距问题。三是解决地区差距问题需要一个过程。应该把缩小地区差距作为一条长期坚持的重要方针。"② 在这里江泽民不仅深入地讲明了实现共同富裕的不可动摇性，同时还着重谈到了地区发展平衡问题。

在邓小平发展理论与江泽民发展理论基础上，科学发展观摆脱了单一的只注重效率的传统发展观，而是通过充分正视发展进程中的社会公正、公平问题，从而力求实现效率与公平的有机统一。科学发展观在认识和处理中国社会发展过程中人与人的关系上，坚持效率与公平有机统一的基本原则，在注重效率的同时维护社会公平，体现了公正、公平的伦理精神。

第一，科学发展观中的"以人为本"思想体现了公正、公平的伦理精神。在科学发展观体系中，"以人为本"思想在认识和处理人与人的关系上要求发展的成果由全体人民共享，体现了公正、公平的伦理精神。科学发展观强调按照立党为公、执政为民的要求，坚持权为民所用、情为民

① 《十三大以来重要文献选编》（中），人民出版社 1991 年版，第 1433 页。
② 《江泽民文选》第 1 卷，人民出版社 2006 年版，第 466 页。

所系、利为民所谋，始终把实现好、维护好、发展好最广大人民的根本利益作为党和国家一切工作的出发点和落脚点；要做到发展为了人民、发展依靠人民、发展成果由人民共享。这为实现真实的社会公正确立了科学的指导思想，使实现真实的社会公正具有了现实性。

第二，科学发展观中的"全面、协调"思想体现了公正、公平的伦理精神。在科学发展观体系中，"全面、协调"思想在认识和处理人与人的关系上要求统筹区域之间、城乡之间协调发展，体现了公正、公平的伦理精神。全面协调发展的重点是要统筹城乡发展和区域发展。协调发展要坚持"三个共同"原则，即共同发展原则、共同分享原则和共同富裕原则。共同发展原则，即发达地区与欠发达地区、城市与农村要相互支持、相互带动、共同发展；共同分享原则，即让全体人民共同分享发展的成果，特别要注意低收入者和弱势群体的共享；共同富裕原则是社会主义的本质和最大优越性，应该贯穿到发展实践的全过程，重点是分配领域。"三个共同"原则坚持效率与公平、功利尺度与道义尺度的有机统一，在注重效率的同时，维护社会公正、公平。

第三，科学发展观中的"可持续"思想体现了公正、公平的伦理精神。在科学发展观体系中，"可持续"思想在认识和处理人与人的关系上要求代内、代际的公正、公平，体现了公正、公平的伦理精神。"可持续"发展观认为，人类的发展具有无限性的趋势，然而资源环境从总体上讲是有限的。环境、资源是人类的共同财富，不仅属于当代人，也属于子孙后代。前人给我们留下这片古老的土地，当代人必须加以珍惜和爱护，给后代人留有休养生息的余地。如果我们无所顾忌地暴殄天物，即使有幸逃脱大自然的报复和惩罚，留给后代人的也只会是一个满目疮痍的贫瘠世界，这对他们是不公平的。因此，可持续发展观强调要正确处理好当前与未来、当代人与后代人的利益关系，这体现了公正、公平的伦理精神。

（四）科学发展观体现和谐共处的生态伦理精神

如何认识和处理发展过程中人与自然的关系，也是任何一种发展观都必须回答的又一基本问题。概括起来看，对这一问题的回答，大致可归为两种：一种是"人类中心主义"的传统发展观；另一种是"人与自然和谐共处"的科学发展观。传统发展观在认识和处理人与自然的关系上，往往奉行的是"人类中心主义"观点。"人类中心主义"是伴随着人类对自身在宇宙中的地位的思考而产生并随着时代的发展而不断变化的。"人类中心主义"的基本含义是：人类是世界的中心。在西方近代文化中，这种人类中心主义的思想集中体现为一切从人的利益和价值出发，以人为根本尺度去评价和对待其他所有事物。这是植根于西方工业文明内部的基本价值观念。它意味着人类可以随意支配主宰自然，意味着人类可以通过对自然的征服来满足人类日益增长的物质需求。受此发展观的影响，世界上大多数国家在工业化的进程中把经济增长建立在贪婪地掠取自然资源、大量消耗能源的基础上，结果加速了生态系统的破坏，引起了环境污染、资源匮乏、生态失衡等诸多问题。实践证明，这种发展观严重违背了人与自然和谐共处的生态伦理精神，照此下去，社会发展显然是不能持续的。与"人类中心主义"的传统发展观不同的是，科学发展观在认识和处理人与自然的关系上，遵循的是人与自然和谐共处、可持续发展的准则。和谐共处是指人与自然的关系不是单纯的利用和被利用、征服和被征服的关系，而是要继承"天人合一"的中国优秀传统文化的精髓，将人与自然看作一个整体，在这个整体中，人与自然和谐相处、互动共存。

在肯定发展的必要性的前提下，承认自然界的价值和权利，以求得经济、社会、资源、环境四大系统和谐共处、协调发展。这种旨在实现人与自然和谐共存、可持续发展的发展观，体现了先进伦理文化发展要求，蕴含着和谐共处的生态伦理道德。

六　构建和谐社会与推进马克思主义政治哲学中国化

"构建和谐社会"重要思想是科学发展观的重要组成部分，也是马克思主义政治哲学中国化的重要成果。从马克思主义政治哲学发展史的角度来看，它的提出是对马克思主义政治哲学思想宝库的巨大贡献，标志着政治导向上的巨大转变。

（一）构建和谐社会与政治导向转变

马克思主义政治哲学主要是围绕着阶级斗争而展开的，这一点是具有公认性的，而且也是它与其他政治哲学有着本质区别的主要表征。在马克思主义政治哲学那里，阶级斗争不仅被视为分析社会现象的重要前提，而且也被视为分析政治现象的重要前提。当然，也正因为如此，所以，当我们以马克思主义政治哲学作为出发点去深入地剖析构建和谐社会重要思想提出的政治哲学意蕴时，首先必须认真关注的就应是它所引发的与阶级斗争相关的政治导向的重大转变。

第一，"从一切人对一切人的战争"状态转变为人们之间的和睦相处和宽容相待。

在过去的阶级斗争时代，强调所谓的斗争哲学，把哲学上的斗争与统一的范畴不适当地运用到社会生活中来，实际上造成了"一切人对一切人的战争"状态。特别是在一个接一个的政治运动中，人为制造对立面，使人们之间相互不信任，彼此保持着高度的警惕，似乎周围都是阶级敌人。"以阶级斗争为纲"定阶级、划成分，这是一种人际关系的畸形状态。毛泽东也感到这种状态的不正常，因此，在20世纪60年代曾提出过一种理想的政治局面：既有集中又有民主，既有纪律又有自由，既有统一意志又有个人心情舒畅的政治局面。但是这种政治局面不但始终没能成为现实，而且很快就被新一轮的阶级斗争所淹没。所以，和谐社会的构建意味着应该实现毛泽东所提出的那样一种政治局面，使社会从过去的"一切人对一切人的战争"状态彻底转变为人们之间的相互宽容与和睦相处的状态。这是构建和谐社会的政治前提。

可以说，马克思立足于传统资本主义发展史所进行的阶级分析，为后来社会学家、政治学家、政治哲学家研究阶级结构和社会冲突等问题开了学术与实践探索的先河。但马克思在其阶级斗争理论中论述的几个问题，却一直持续地困扰着后来的学术研究。这几个问题是：在现实社会生活中，阶级是一个真实的存在还是人们用以分析社会结构时构建的理论框架？如果阶级是一个涂尔干意义的社会事实，那么，其是否可以团结为一个整体？另外，一个客观阶级的全部成员，都能够意识到自己是属于这个阶级的吗？如果假定他们能够意识到自己是属于他们本该归属的阶级，那么，他们的社会冲突意识能够趋向于相同吗？如果前面几个问题都能够得到肯定的话，那么，阶级行动在现代社会的可能性何在？[①]

---

① 参见李培林等《社会冲突与阶级意识》，社会科学文献出版社2005年版，第42页。

应当看到的是，当我们明确提出构建和谐社会思想时，一方面意味着我们开始重新认识和谐在社会发展中的意义，另一方面其实也就意味着我们已经开始在新的层面上重新理解阶级与阶级斗争，而其目的就在于促进社会主义社会中人与人之间关系的和睦相处、宽容以待。在传统阶级研究中，比如在马克思研究资本主义社会无产阶级的构成及其阶级意识形成的过程中，物质性冲突与价值性冲突分别代表着阶级形成的不同历史阶段的冲突。自在阶级所采取的阶级行动，往往是物质性冲突的行动；自为阶级所采取的阶级行动，则更多地集中于价值性冲突之上。很显然，阶级研究是与冲突研究紧密相连的，但是可以进一步指出的是，当强调构建和谐社会的重要性时，我们不仅已经重新理解了冲突的意义，同时也已经重新理解了阶级与阶级斗争的意义。构建和谐社会思想的提出，是我们在政治层面上迈向促进社会主义社会中人与人之间和睦相处、宽容相待方向的重大努力。

第二，从人们之间的社会分裂转变为各社会阶层之间的合作。

过去的阶级斗争时代是社会分裂的时代。在阶级社会，阶级利益的对立不可避免地会造成社会的分裂。即使这样，对立的阶级之间仍然可以在一定条件下进行某种合作，如中国抗日战争中的国共合作或欧洲的组合主义模式。但是我们恰恰是在大规模的阶级斗争已经结束、剥削阶级在我国已经不存在的历史条件下强调阶级斗争。由于无产阶级专政下继续革命的提出，社会被人为地分裂为互相不调和的对立的各个部分。革命的阶级充满了自豪感并享有政治特权，而作为被专政对象的人们，则背负着怨恨和不幸。处于两者之间的人们，也受到各种社会的和政治的歧视。这种社会裂痕严重影响了社会的进步，使不同阶层之间无法沟通，更无法合作。和谐社会的构建就意味着应该根本改变过去的社会分裂状态，实现各个社会阶层之间的平等合作。这是构建和谐社会的基本政治生活秩序的基础。

第三，从相互仇恨转变为相互友爱。

在过去的阶级斗争时代，强调阶级之间的对立和斗争在历次政治运动中都造成了人与人之间的相互伤害，以至于建立在阶级斗争基础上的社会心理教育是与爱的教育相反的恨的教育。对于那些被扣上阶级敌人帽子或被怀疑为阶级敌人的人，人们必须学会去恨。由于阶级敌人并没有写在人们的脸上，因此在弄不清谁是阶级敌人的情况下，人们便只能在心理上做好恨的准备，否则便有丧失阶级立场的危险。与此同时，在社会范围内不断地、反复地批判所谓抽象的爱，特别是强调对敌人的爱就是对人民的残忍。久而久之，在人们心里留下的便只有恨了。因此，要构建和谐社会就意味着，必须使社会心理发生一个根本性的改变，即从人们之间的相互仇恨转变为相互友爱，使爱成为社会的普遍共识，这是构建和谐社会的政治心理基础。

第四，从社会和国家对人们人格的忽视转变为对人们人格的尊重。

在阶级斗争年代，每个人都是阶级斗争的工具，都是依附于群体的一个零件，因此，人们没有独立的人格。既然没有独立的人格，也就不存在对人格的尊重问题。特别是被怀疑为阶级敌人的人们和处于边缘地带的人们，更没有人格可言。社会和国家不允许有个人隐私，保留隐私被认为是要保留见不得人的东西。连思想中的不正确的东西都要受到口诛笔伐。在那个年代，做任何事情都只讲应该而不讲自愿，因此没有个人选择的权力。如果要求个人选择那就被认为是个人主义，而个人主义是万恶之源。总之，在那个年代，随着个人的消失，每个人的人格也因为被否定而消失了。因此，构建和谐社会就意味着要从过去对人格的忽视和否定转变为对每个人人格的尊重。不论是领导人还是普通百姓，不论是城里人还是乡下人，不论是富人还是穷人，不论是有地位的人还是处在社会底层的人，不论是普通人还是罪犯，每一个人的人格都应该受到平等的尊重。这是构建和谐社会的政治伦理基础。

第五，从否定传统转变为承认传统。

过去的阶级斗争时代，由于曲解马克思主义，把一切传统都视为反动的东西。虽然我们表面上也说去其糟粕、取其精华，也说批判继承，但实际上却只有批判而没有继承，把传统都当作糟粕抛弃了。这使整个社会失去传统文化的支撑，以致社会缺乏精神上和道德上的凝聚力，变得十分浅薄与散漫。因此，构建和谐社会就意味着要很好地保护和恢复传统文化中的精华，并使之在社会中深深地扎下根。这是构建和谐社会的政治文化基础。

第六，从否定私人的权利转变为肯定私人的权利。

过去的阶级斗争时代，私人的权利是被否定的。私人权利的基础是个人利益。当时，由于强调个人利益对集体利益的服从，因而在实际生活中个人利益处于被否定的地位。与个人利益被否定相联系，个人在经济上的财产权自然也处于被否定的地位。同时，个人在政治上的自由权利甚至个人的生命权也常常被忽视。造成这种状态的根本原因是以人治代替了法治，特别是因为没有宪政，私人权利处于无保障的状态，因而社会失去了动力。而构建和谐社会就意味着要从人治转变为法治，真正实现宪政。这是构建和谐社会的政治法治基础。

第七，从单纯的政治管理转变为治理。

在阶级斗争年代，虽然我们也提民主基础上的集中和集中指导下的民主，但是实际上主要是单纯的政治管理，即党和政府单纯地自上而下地对人民进行管理，在这个前提下，仅仅在一定程度上征求人民群众的意见。而作为名义上的最高权力的人民代表大会则形同虚设。那时，基本上没有人民的政治参与。而构建和谐社会就意味着要从单纯的政治管理转变为治理和善治，即政治管理主体的多元性、政治参与的广泛性和政府与人民之间的良性互动并使之相结合。这是构建和谐社会的政治民主基础。

（二）政治导向转变与政治哲学

上面主要是围绕构建和谐社会重要思想的提出所引发的政治导向转变而展开的深入分析。更进一步说，正因为构建和谐社会这一社会学视域下的重要提法具有引发政治导向重大转变的功能，因此，它所具有的政治哲学意义不仅是显而易见的，而且这种重要意义也带来了当代中国政治哲学观念的巨大变化。

第一，有关"从一切人对一切人的战争状态转变为人们之间的和睦相处和宽容相待"这一政治导向的变化，不仅使我们对政治本质有了新的认识，同时也使我们对马克思主义政治哲学的本质有了新的认识。

从历史的角度来看，关于政治本质的认识主要经历了三个重要阶段：一是关于政治就是国家组织的认识；二是关于政治就是权力的认识；三是关于政治就是价值分配的认识。① 这三个阶段的历史跨度是古代、近代到现代。第一个阶段是由古希腊罗马时期的亚里士多德所开辟的，第二个阶

---

① 参见欧阳英《走进西方政治哲学——历史、模式与解构》，中央编译出版社 2006 年版，第 502 页。

段是由文艺复兴时期的马基雅维里所开辟的，第三个阶段是由著名现代美国政治学家伊斯顿所开辟的。在亚里士多德看来，"这种至高而广涵的社会团体就是所谓'城邦'，即政治社团"①；在马基雅维里看来，"政治是夺取权力、掌握权力的必要方法的总和"②；在伊斯顿看来，"政治研究是与众不同的，因为它一直想要揭示权威性的分配方法如何影响价值的问题"③。

　　从后现代的"共时性"结构的角度来看，上述三种有关政治本质的认识是可以同时共存的，它们都具有理论上的合理性，是无法进行相互替代的。不过，应当看到的是，当人们强调关于政治的本质是围绕权力斗争而展开时，人们势必会将目光投向"斗争"，会在某种程度上去积极承认人与人之间的关系是"一切人对一切人的战争"状态，这也是霍布斯之所以提出"人与人是豺狼"的主要原因所在。当我们明确了构建和谐社会的重要思想之后，这不仅意味着"从一切人对一切人的战争状态转变为人们之间的和睦相处和宽容相待"这一政治导向的变化的存在，而且反过来也反映了我们对于政治本质有了新的认识，也就是说，我们已经进一步积极接受了关于政治就是价值分配这一认识结论。从本质上说，国家是权力聚集的产物，而权力是用来分配价值的，价值分配则是在价值评价中实现，因此，关于政治就是价值分配可以被视为围绕政治而展开的政治理解的高层次的发展。在价值分配中作为价值评价的主要根源的价值观念是居于首要地位的，合理的价值分配来源于正确的价值观念。中国共产党是一个为广大人民群众谋利益、谋幸福的政党，是以"三个代表"作为其行动宗旨的政党，而正因为中国社会是在中国共产党领导下广大人民群众有着共同信仰与共同价值观的社会，所以，中国社会的政治发展势必是围绕着共同信仰与共同价值观而展开的。当然，也正是在这种情况下，如果我们坚持政治就是价值分配这一思想认识、坚持正确的价值观念，人们之间的和睦相处和宽容相待就会成为一种客观的必然，因为在对共同信仰与共同价值观的坚守之下任何个人利益都会服从集体利益，任何个人

①　[古希腊]亚里士多德：《政治学》，吴寿彭译，商务印书馆1965年版，第3页。
②　王浦劬主编：《政治学基础》，北京大学出版社1995年版，第4页。
③　[美]伊斯顿：《政治体系》，马清槐译，商务印书馆1993年版，第125页。

(乃至集团) 之间的权力斗争最终都会让位于中国共产党所为之奋斗的共同信仰与共同价值观。

马克思主义政治哲学与阶级斗争之间存在着紧密的关系。其实,应当进一步看到的是,围绕阶级斗争而展开的政治观念,实际上也是与关于政治本质的权力认识有着一定联系的,它使人们对阶级之间围绕权力而展开的殊死斗争有了更为清晰的认识。很显然,马克思主义政治哲学对于阶级斗争在政治生活中重要作用的揭示,是具有积极意义的。当然,马克思主义政治哲学也存在着一个与时俱进的问题,而且与时俱进本身就是马克思主义政治哲学的本质特征。马克思主义政治哲学的无产阶级立场决定了它代表无产阶级利益的价值观与价值取向,因此,它包含着从价值层面上理解政治本质的重要特征。为着无产阶级的根本利益而奋斗的马克思主义政治哲学在无产阶级已经取得政权之后,势必会随着社会形势发展的需要而逐渐地让阶级斗争、权力斗争服从于无产阶级的根本利益。一旦人与人之间的和睦相处和宽容相待能够起到维护无产阶级根本利益的作用,是无产阶级最为需要的社会状态,那么,强调和睦相处和宽容相待,就会成为马克思主义政治哲学的重要选择。

第二,有关“从人们之间的社会分裂转变为各社会阶层之间的合作”以及“从相互仇恨转变为相互友爱”这两种政治导向的变化,使我们对政治合作有了新的认识。

在“一切人对一切人的战争”状态下,社会分裂是一种常态,由此即使存在着政治合作,这种政治合作往往也只不过是一种形式上的。但是,伴随着构建和谐社会重要思想的提出,政治合作势必会在新的层面上展开,人们对政治合作势必会有新的认识。这种新的认识主要包括:其一,在共同信仰与共同价值观之下统合利益冲突,努力实现实质意义上的政治合作。前面笔者曾提到,构建和谐社会重要思想的提出,意味着我们对待利益矛盾的态度发生了根本性的变化,即从力图将利益矛盾引向利益对立、冲突和利益斗争,转变为力图将利益矛盾引向矛盾的缓和与化解。进一步说,正因为在共同信仰与共同价值观之下,人们的利益冲突能够得到统合,较为实质意义上的政治合作的发生也就势在必得。其二,努力实现多阶层共同推进的政治发展进程。就目前来看,中国政治发展进程的阶层性背景是较为复杂的、多元的,也正是在这种情况下,中国政治发展进程要取得突破性发展,就必须要求有着共同信仰与共同价值观的不同阶层精诚合作，共同完成中国政治发展任务的伟业。

第三，有关"从社会和国家对人们人格的忽视转变为对人们人格的尊重"与"从否定私人的权利转变为肯定私人的权利"这两个政治导向的变化，使我们对尊重人权有了新的认识。

尊重人格、尊重私人权利的重要的思想前提是尊重人权，也就是说，只有建立起尊重人权的思想观念，才会有真正意义上的尊重人格、尊重私人权利的发生。构建和谐社会重要思想的提出，表明尊重人格、尊重私人权利的政治导向已经形成，倒过来看也就意味着我们已经建立起有关尊重人权的思想认识，这是我们对尊重人权有了新的认识的重要反映。

人权本质上是一种道德权利，它是一个人的正常生活所必需的。这些"必需的"权利主要是由人类根据自己的人性、人格、理性和道德加以判定的，而不是由哪个人或团体赋予的或法律规定的。但是，如果这些道德权利不转化为成文的法律权利，它们就没有基本的保障。区别人权的道德性与法律性的意义在于：其一，不应使人权适合于法律，而应使法律适合于人权，如果法律违背人权，则人民有权违背法律；其二，人权不能根据法律规定来确证，而应根据道德判断来证实，即使没有相应的法律条文，也不能将正当的人权要求视为非法。

真正的人权本身就是人类的一种基本价值和目的，而不是达到其他任何目的的手段。人权就其本质来说是人性的政治要求，充分发展人性是全人类的永恒价值，这种价值在政治上体现为不断实现人权。因此，践踏人权就是抹杀人性，摧残人道。

人权作为人类的基本价值，也是评价社会进步和发展的综合性尺度。社会的进步体现为政治、经济、文化的发展，政治发展的首要标志是政治民主，而政治民主的核心内容恰恰就在于实现人类的自由、平等。经济发展的标志是生产力的发达和物质财富的富裕，社会物质财富的增加恰恰应当是为了增进人类的福利。文化发展的标志是高度的精神文明，精神文明的主要表现就是使人们能享受优裕的精神文化生活。因此，人权的实现程度集中地体现了社会发展的程度，从上述意义上说，是否有利于人权的实现也是评价一种政治制度先进与落后的重要标尺。①

---

① 参见俞可平《权利政治与公益政治》，社会科学文献出版社 2005 年版，第 134—135 页。

　　第四，有关"从否定传统转变为承认传统"这一政治导向的变化，使我们对尊重政治传统与政治智慧有了新的认识。

　　马克思主义政治哲学对于中国传统社会来说，是一种全新的政治理念，但是我们却不能因为接受了马克思主义政治哲学而对中国传统的政治智慧持否定态度。中国化的马克思主义政治哲学应该是马克思主义政治哲学与中国传统文化在中国革命与社会主义建设实践中密切结合的产物。

　　中国传统政治思想的根本出发点就是"民本君主"，即把政治体看作由君主和臣民这两个部分组成的统一整体，君主与臣民作为整个政治体的组成要素，密不可分。其中，君主是这个"政治体"的"主"，而臣民则是这个政治体中的"本"。从这个根本原则出发，一些人强调"主"在这个政治统一体中的作用，另一些人则强调"本"在这个政治统一体中的作用。强调"主"的思想体系被称为君主主义，强调"本"的思想体系被称为民本主义。因此，民本主义与君主主义并不是像通常所认为的那样是根本对立的思想体系，相反，它们在实质上是一致的，是一个问题的两个方面。它们相辅相成，一起构成了中国传统政治思想的主流。

　　在相当长的一段历史时期里，由于对封建主义持完全否定的态度，因此，在对待中国传统政治思想上持完全否定的态度也便在所难免，不仅君主主义的理论价值被作为糟粕加以否定，连同民本主义的理论价值也被加以否定。现在随着构建和谐社会思想的提出，中国传统政治思想中的许多内容也随之重新回到了人们的关注视野之中。作为统治阶级成员，"尊主安国"论者也好，"惠民安国"论者也好，"尊君爱民"论者也好，他们最终都是为了达到天下太平、秩序井然的政治统治局面。而这显然是与目前我们提倡构建和谐社会有着共通性的，我们可以在剔除封建主义政治思想糟粕的情况下汲取其思想的精华。

　　秩序在封建统治中具有至关重要的意义，一旦封建秩序崩溃，则封建国家的安定、统一就无从谈起。"臣事君、子事父、妻事夫，三者顺则天下治，三者逆则天下乱。"（《韩非子·忠孝》）正因为秩序在整个封建统治过程中具有如此关键的地位，所以，它就理所当然地成了传统政治思想家的政治理想。在中国传统政治思想中，政治的安定即是社会生活的和谐，政治安定的实质就是统治者与被统治者相安无事。安定的价值对于统治者来说是不言而喻的，只有安定才能保持其长久的统治地位。在"君主民本"思想的熏陶下，政治安定对于人民而言也是可欲的价值，因为社会的不安一般常会加剧统治者对人民的专制，而只有在政治安定的前提下，作为"主"的君主才有可能"惠"及作为其"本"的民。由此可见，中国传统政治思想中有关政治安定的思想对于当前构建和谐社会来说是极具借鉴意义的。

第五，有关"从单纯的政治管理转变为治理"这一政治导向的变化，使我们对政治管理的本质有了新的认识。

从政治是关于国家组织的认识角度来看，政治的重要功能就是进行国家组织的管理。由于"管理"一词本身存在着管理者与被管理者之分，因此，伴随着构建和谐社会重要思想的提出，将"单纯的政治管理"用"治理"一词来取代，就成为一种必需与必然。1989 年世界银行在概括当时非洲的情形时，首次使用了"治理危机"，此后"治理"一词便广泛地被用于政治发展研究中，特别是被用来描述殖民地和发展中国家的政治状况。英语中的治理（governance）一词源于拉丁文和古希腊语，原意是控制、引导和操纵。长期以来它与统治（government）一词交叉使用，并且主要用于与国家的公共事务相关的管理活动和政治活动之中。但是，自20 世纪 90 年代以来，西方政治学家与经济学家赋予 governance 以新的含义，不仅其涵盖的范围远远超出了传统的经典意义，而且其含义也与 government 相去甚远。它不再仅仅限于政治学领域，而被广泛运用于社会经济领域；不再仅在英语世界使用，并且开始在欧洲各主要语言中流行。正如当代研究治理问题的专家鲍勃·杰索普所说的那样："过去 15 年来，治理一词在许多语境中大行其道，以致成为一个可以指涉任何事物或毫无意义的'时髦词语'。"①

20 世纪 90 年代以来，西方学者特别是政治学家和政治社会学家，对治理一词做出了许多新的规定。治理理论的主要创始人之一罗森瑙在其代表性著作《没有政府统治的治理》和《21 世纪的治理》等文章中将治理定义为一系列活动领域中的管理机制，它们虽未得到正式授权，但却能有效发挥作用。与统治不同，治理指的是一种由共同的目标支持的活动，这

---

① ［英］鲍勃·杰索普：《治理的兴起及其失败的风险：以经济发展为例的论述》，《国际社会科学杂志》1999 年第 2 期。

些管理活动的主体未必是政府，也无须依靠国家的强制力量来实现。① 罗茨认为，治理意味着"统治的含义有了变化，意味着一种新的统治过程，意味着有序统治的条件已经不同于以前，或是以新的方法来统治社会"。接着，他还详细列举了六种关于治理的不同定义：其一，作为最小国家的管理活动的治理，它指的是国家削减公共开支，以最小的成本取得最大的效益。其二，作为公司管理的治理，它指的是指导、控制和监督企业运行的组织体制。其三，作为新公共管理的治理，它指的是将市场的激励机制和私人部门的管理手段引入政府的公共服务。其四，作为善治的治理，它指的是强调效率、治理、责任的公共服务体系。其五，作为社会控制体系的治理，它指的是政府与民间、公共部门与私人部门之间的合作与互动。其六，作为自组织网络的治理，它指的是建立在信任与互利基础上的社会协调网络。②

从上述各种关于治理的定义中可以看到，治理一词的基本含义是指在一个既定的范围内运用权威维持秩序，满足公众的需要。治理的目的是指各种不同的制度关系中运用权力去引导、控制和规范公民的各种活动，以最大限度地增进公共利益。从政治哲学的角度来看，治理主要是指政治管理的过程，它包括政治权威的规范基础、处理政治事务的方式和对公共资源的管理。③ 但与单纯的政治管理有所不同的是，治理所特别关注的是在一个限定的领域内维持社会秩序所需要的政治权威的作用和对行政权力的运用，同时它所强调的是在管理中的合作，其中不仅包括公共机构与私人机构的合作，而且包括强制与自愿的合作，等等。治理的主要特征"不再是监督，而是合同包工；不再是中央集权，而是权力分散；不再是由国家进行再分配，而是国家只负责管理；不再是行政部门的管理，而是根据市场原则的管理；不再是由国家'指导'，而是由国家和私营部门合作"④。所以，治理是一个比一般意义上的管理更为宽泛的概念，它所拥有的管理机制不再是单一地依靠政府的权威，而是合作网络的权威。其权

---

① 参见〔美〕罗森瑙《没有政府统治的治理》，剑桥大学出版社 1995 年版，第 5 页；《21世纪的治理》，《全球治理》1995 年创刊号。

② 参见〔英〕罗茨《新治理：没有政府的管理》，《政治研究》1996 年第 154 期。

③ 参见俞可平《权利政治与公益政治》，社会科学文献出版社 2005 年版，第 142 页。

④ 〔瑞士〕弗朗索瓦—格扎维尔·梅理安：《治理问题与现代福利国家》，《国际社会科学》(中文版) 1999 年 2 月号。

力向度是多元的、相互的，而不是单一的和自上而下的。

当然，治理也存在着失效的可能性，而为了解决治理失效问题，不少学者和国际组织纷纷提出了"元治理""健全的治理""有效的治理"和"善治"等概念与理论，以寻求解决治理失效的方案与途径，其中"良好的治理"或"善治"的理论最有影响。从本质上说，善治是提出构建和谐社会重要思想的一个必然的政治归宿，这主要是因为：当单纯的政治管理转变为治理之后，追求善治就是一种具有根本性的政治诉求。一般来说，善治是国家的权力向社会的回归，善治的过程就是一个还政于民的过程。善治表示国家与社会或者说政府与公民之间的良好合作，从全社会的范围看，善治离不开政府，但更离不开公民。善治有赖于公民自愿的合作和对权威的自觉认同，没有公民的积极参与和合作，至多只有善政，而不会有善治。从这个意义上说，市民社会是善治的现实基础，没有一个健全和发达的市民社会，就不可能有真正的善治。①

七　国家、阶级与和谐社会

对于马克思国家学说的理解，一直以来人们更多的是与列宁关于国家的著名定义联系在一起，即认为"国家是一个阶级压迫另一个阶级的机器，是迫使一切从属的阶级服从于一个阶级的机器"②。但是，通过科学发展观对于和谐社会的提出，我们不仅可以重新反思马克思的国家观与阶级观，同时也可以对于和谐社会的意义有更进一步的认识。

（一）人与社会

在还原思想发展史的过程中可以看到，马克思最初进行的政治理论工作是批判黑格尔的法哲学，其意义在于帮助马克思充分把握了德国国家哲学、法哲学以及德国国家本身的本质，但在其中马克思并没有建立起属于他自己的较为完整的国家观与社会观，写于1843年夏的《黑格尔法哲学批判》只算是马克思认识国家与社会本质的起步。从建立新社会观的角度来看，《1844年经济学哲学手稿》是马克思思想至关重要的转折点，其

---

① 参见俞可平《权利政治与公益政治》，社会科学文献出版社2005年版，第142页。

② 《列宁选集》第4卷，人民出版社1995年版，第33页。

中他鲜明地提到了"人是类存在物""个体是社会存在物"① 等重要观点。而在写于 1845 年春的《关于费尔巴哈的提纲》中，马克思以更精辟的方式指出："费尔巴哈把宗教的本质归结于人的本质。但是，人的本质不是单个人所固有的抽象物，在其现实性上，它是一切社会关系的总和。"② 尽管只是出现在一个简短的提纲中，但是，作为一种具有结论性的话语，人的本质"是一切社会关系的总和"这一论点的提出，却是马克思新社会观正式登场的重要标志。

在马克思之前社会契约论极为盛行，因而，马克思社会观的发展初期势必有一个清理传统社会契约论的过程。在早期写于 1843 年秋的《论犹太人问题》中我们看到了马克思对于卢梭的《社会契约论》关于政治人的抽象论述的肯定，同时，他反复提到霍布斯的"一切人反对一切人的战争"（"a war of all against all"）这一论断，甚至明确指出："人把宗教从公法领域驱逐到私法领域中去，这样人就在政治上从宗教中解放出来。宗教不再是国家的精神；因为在国家中，人——虽然是以有限的方式，以特殊的形式，在特殊的领域内——是作为类存在物和他人共同行动的；宗教成了市民社会的、利己主义领域的、一切人反对一切人的战争的精神。"③ 不过需要强调的一点是，虽然充分重视社会契约论，但是马克思却通过重新认识人的社会性本质，超越了传统的有关社会契约论的认识，直接进入一个崭新的社会观领域。在《1844 年经济学哲学手稿》中，马克思写道："社会性质是整个运动的普遍性质；正像社会本身生产作为人的人一样，社会也是由人生产的。活动和享受，无论就其内容或就其存在方式来说，都是社会的活动和社会的享受。"④ 在这里马克思实际上告诉人们，正因为社会不仅生产作为人的人，而且也是由人生产出来的，所以，社会反过来也便可以说是人的存在方式本身。也就是说，在人与社会之间存在着直接同一关系，即有了人便有了社会，而有了社会也便有了人。因此，从根本上说，对于马克思而言，社会本身是伴随着人的存在而出现的，人类并不需要犹如霍布斯、洛克、卢梭等所认为的那样通过订立

---

① 《马克思恩格斯文集》第 1 卷，人民出版社 2009 年版，第 162、188 页。
② 同上书，第 505 页。
③ 同上书，第 32 页。
④ 同上书，第 187 页。

契约的方式来建立社会。

在通常用语中，社会被说成是任何一种个体的联合或集合，但马克思却并不这样认为。马克思主张，在"社会"一词的含义下包含的意思是，处于由某一经济方式所产生的相互作用和相互影响的圈子，其成员通过某些由经济所决定的生活关系而彼此发生关系。这样一来，社会生活并不是任意一种共同生活，而是为了满足一般的经济需要并在一定经济条件下的共同生活和协作。马克思认为整个经济过程的意义是保持和更新社会，为此他有时干脆把生产过程称为"社会生活过程"。在《资本论》第 1 卷中，马克思曾经明确写道："只有当社会生活过程即物质生产过程的形态，作为自由联合的人的产物，处于人的有意识有计划的控制之下的时候，它才会把自己的神秘的纱幕揭掉。但是，这需要有一定的社会物质基础或一系列物质生存条件，而这些条件本身又是长期的、痛苦的发展史的自然产物。"[1]　在这里，"社会生活过程"和"物质生产过程"这两个词的意思被解读为完全一致。应当看到的是，尽管将"社会生活过程"和"物质生产过程"等同起来，有将"社会生活过程"过于简单化处理之嫌，但是，这种处理方式却使人们对于社会形成的自然性有了更直接的认识。在马克思那里，人们"为了生活，首先就需要吃喝住穿以及其他一些东西"[2]，因此，从原初意义上说，社会正是在这一过程中形成的自然结果。

（二）社会与国家

马克思新国家观的建立是与他的新社会观的建立相伴随的，也就是说，当马克思重新诠释了社会之后，他的新的国家观便应运而生。众所周知，在霍布斯那里，人与人是豺狼，因而为了避免人类的自相残杀，人类需要订立契约以便建立社会。由于在订立契约从而建立社会的过程中，需要作为第三方的国家以公共权力的形式出现，于是也便有了现代国家的诞生。但是，在马克思那里，与霍布斯迥然有别的是，他首先认为人的本质是"社会关系的总和"，因此，在他看来，社会对个人而言并不是一种外在的存在，在此人们甚至"首先应当避免重新把'社会'当做抽象的

---

①　《马克思恩格斯文集》第 5 卷，人民出版社 2009 年版，第 97 页。
②　《马克思恩格斯文集》第 1 卷，人民出版社 2009 年版，第 531 页。

东西同个体对立起来"①。当然也正因为拥有上述认识，所以，在马克思看来，社会的建立并不需要通过订立契约来完成，真正需要订立契约的是国家，而不是社会。

马克思认为，国家相对于社会完全是两码事。国家不是社会，也不是某一种社会形态，而是一种公共的共同体，是一种政治集合体，一种宪法组织。当然，这里所讲的宪法不是一种成文法，而是任何一种将共同体成员联系起来并使其相互负有义务的法律调节。由此，对于马克思来说，国家也并不是像十七八世纪的政治哲学家所认为的那样，是一种单纯的社会形式，早先的前国家社会形式在一定的社会发展阶段就消失于这种形式之中。在马克思看来，国家也不是社会的组成部分，国家与社会是并存的。无论就其范围，还是就其界限，抑或就其生活内容来说，它们都不是相互重叠的。

尽管曾经反复强调国家的独立性，但在《神圣家族》中马克思却明确指出："现代国家是由于自身的发展而挣脱旧的政治桎梏的市民社会的产物"②。他甚至强调："现代的'公共状况'的基础、发达的现代国家的基础，并不像批判所认为的那样是特权的社会，而是废除和取消了特权的社会，是使在政治上仍被特权束缚的生活要素获得自由的发达的市民社会。"③由此可见，对于马克思来说，决定现代国家的是市民社会，而且这种市民社会并不是一般意义上的"社会"，而是使在政治仍被特权束缚的生活要素获得自由活动场所的"发达的市民社会"。

在《评一个普鲁士人的"普鲁士国王和社会改革"》一文中，马克思解释道："从政治的观点来看，国家和社会结构并不是两个不同的东西。国家就是社会结构。如果国家承认社会弊病的存在，它就认为社会弊病的原因或者在于任何人类力量都不能消灭的自然规律，或者在于不依赖于国家的私人生活，或者在于从属于国家的行政管理机构的不妥当措施。"④此外，他在《神圣家族》一文中还说道："现代国家承认人权和古代国家承认奴隶制具有同样的意义。就是说，正如古代国家的自然基础是奴隶制

①　《马克思恩格斯文集》第1卷，人民出版社2009年版，第188页。

②　同上书，第313页。

③　同上书，第316页。

④　《马克思恩格斯全集》第3卷，人民出版社2002年版，第385—386页。

一样，现代国家的自然基础是市民社会以及市民社会中的人，即仅仅通过私人利益和无意识的自然必然性这一纽带同别人发生联系的独立的人，即为挣钱而干活的奴隶，自己的利己需要和别人的利己需要的奴隶。"① 在《神圣家族》一书的最后，他甚至写道："的确，拿破仑已经了解到现代国家的真正本质；他已经懂得，资产阶级社会的无阻碍的发展、私人利益的自由运动等等是这种国家的基础。"② 从上面这些论述中可以看到，对于社会决定国家这一原理，马克思并没有简单地加以理解，他甚至通过积极承认"国家就是社会结构"，从而使"社会决定国家"这种框架模式，有了一种全新的诠释方式。当马克思强调"从政治的观点来看，国家和社会结构并不是两个不同的东西"时，他实际上已经将国家的建立完全地奠定在社会结构的基础之上。在他看来，国家从根本上说是缺乏独立完整的存在意义的，它只是依附于社会结构的一种存在，是适应社会结构发展需要的一种必然结果。

马克思指出："国家不消灭自身，就不能消灭存在于行政管理机构的任务及其善良意愿为一方与行政管理的手段和能力为另一方之间的矛盾，因为国家本身是建筑在这个矛盾上的。国家是建筑在社会生活和私人生活之间的矛盾上，建筑在普遍利益和私人利益之间的矛盾上的。因此，行政管理机构不得不局限于形式上的和消极的活动，因为市民生活和市民活动在哪里开始，行政管理机构的权力也就在哪里告终。"③ 在这里，马克思从更加普遍的意义上明确地强调了国家是建筑在两种矛盾之上的，这两种矛盾分别是"社会生活和私人生活之间的矛盾"与"公共利益和私人利益之间的矛盾"；同时，马克思还将国家的自我消灭同行政管理机构的任务及其善良意愿与行政管理的手段和能力之间的矛盾的消灭联系在一起。

（三）阶级与国家

如果说霍布斯通过揭示存在着"一切人反对一切人的战争"，开启了社会契约论的发展历史的话，那么，马克思则通过区分等级与阶级，积极揭示出社会中存在着"阶级反对阶级的斗争"，从而从新的角度更深入回

---

① 《马克思恩格斯文集》第 1 卷，人民出版社 2009 年版，第 312—313 页。
② 《马克思恩格斯全集》第 2 卷，人民出版社 1957 年版，第 157 页。
③ 《马克思恩格斯全集》第 3 卷，人民出版社 2002 年版，第 386 页。

答了国家与阶级之间的内在联系。

最初马克思并没有将等级和阶级严格区分开来，在《〈黑格尔法哲学批判〉导言》中，他在回答"德国解放的实际可能性到底在哪里呢？"这一问题时写道："就在于形成一个被戴上彻底的锁链的阶级，一个并非市民社会阶级的市民社会阶级，形成一个表明一切等级解体的等级，形成一个由于自己遭受普遍苦难而具有普遍性质的领域，这个领域不要求享有任何特殊的权利，因为威胁着这个领域的不是特殊的不公正，而是普遍的不公正，它不能再求助于历史的权利，而只能求助于人的权利，它不是同德国国家制度的后果处于片面的对立，而是同这种制度的前提处于全面的对立，最后，在于形成一个若不从其他一切社会领域解放出来从而解放其他一切社会领域就不能解放自己的领域，总之，形成这样一个领域，它表明人的完全丧失，并因而只有通过人的完全回复才能回复自己本身。社会解体的这个结果，就是无产阶级这个特殊等级。"① 在这里，马克思是将等级与阶级等同起来的。准确地说，对于青年马克思来说，无产阶级只不过是一个"特殊等级"。

但是，当马克思撰写《哲学的贫困》时，情况发生了变化，他已经开始把"等级"和"阶级"区别开来，并在《哲学的贫困》中进行了清楚的表达。马克思明确指出："劳动阶级解放的条件就是要消灭一切阶级；正如第三等级即市民等级解放的条件就是消灭一切等级一样。"② 后来，恩格斯在为《哲学的贫困》1885 年德文版所加的注中还补充道："这里所谓等级是指历史意义上的封建国家的等级，这些等级有一定的和有限的特权。资产阶级革命消灭了这些等级及其特权。资产阶级社会只有阶级，因此，谁把无产阶级称为'第四等级'，他就完全违背了历史。"③

无疑，也正是从恩格斯后来的补充性注释中我们可以更深入地看到，对于马克思与恩格斯来说，只有在资产阶级社会中才存在消除了"等级"身份的较为纯粹的"阶级"，也就是说"资产阶级社会只有阶级"；在资产阶级社会之前，阶级关系实际上受到了等级身份的遮蔽。当然，也正因为资产阶级社会只有阶级，所以这一点不仅帮助马克思与恩格斯充分认识

---

① 《马克思恩格斯文集》第 1 卷，人民出版社 2009 年版，第 16—17 页。

② 同上书，第 655 页。

③ 同上书，第 194 页，脚注。

了阶级的本质，而且还帮助他们看清了阶级斗争在社会发展中的作用。在马克思那里，阶级最初被定义为一种社会关系，而不是一种社会中的地位或等级。在马克思的分析中，离开了无产阶级，资产阶级是不能存在的。概言之，尽管阶级与等级只有一字之差，但是，将阶级与等级区分开来，在马克思阶级斗争认识史上却具有划时代的意义。从本质上说，正因为马克思最终区分了阶级与等级，完成了将阶级概念从等级概念中剥离出来的工作，因而他能够从繁杂的社会中看到阶级的存在以及阶级斗争的本质，从而能够深刻地揭示出社会发展与阶级斗争之间的内在联系，并且由此深入地揭示出国家的阶级本质。

产生于社会劳动抑或经济过程中的任何阶级，起初都是社会组织，是"社会阶级"（不是国家阶级）；一个阶级和另一个阶级的关系，不同阶级成员之间的关系，从其普遍性来看，是一种社会关系，不是国家关系；然而，国家将社会阶级的组成作为国家制度用法律固定下来，并赋予某些阶级以特殊的政治权利和义务，亦即建立了国家的"等级制度"。确切地说，从社会阶级中最初涌现的是由国家加以确立的"等级"，然后才在等级的基础上涌现出由国家加以确立的"阶级"，而后者的确立即意味着现代国家的诞生，其所确立的阶级也就是消除了等级身份的"资产阶级"。由此，从一个侧面出发，我们可以说等级是从阶级之中产生出来；但从另一个侧面出发，我们又可以说阶级是从等级中产生的。不过，尽管是同一个概念，但前一个"阶级"概念与后一个"阶级"概念在内涵上是有着值得注意的本质性区别的。前者是指社会阶级，所体现的是一种社会性；而后者则是指国家阶级，所体现的是一种国家性。但是，它们却共同构筑了阶级斗争在人类社会历史发展中的推动作用。需要指出的是，在马克思那里，一方面是从普遍意义上承认阶级的存在，因此提出"至今一切社会的历史都是阶级斗争的历史"[①]；但是另一方面他也特别强调了资产阶级作为国家阶级的特定意义，因而明确指出"因为资产阶级已经是一个阶级，不再是一个等级了，所以它必须在全国范围内而不再是在一个地域内组织起来"[②]。

在《德意志意识形态》中，马克思写道："国家是统治阶级的各个人

---

①　《马克思恩格斯文集》第 2 卷，人民出版社 2009 年版，第 31 页。
②　《马克思恩格斯文集》第 1 卷，人民出版社 2009 年版，第 583 页。

借以实现其共同利益的形式，是该时代的整个市民社会获得集中表现的形式。"①　在这里，马克思清楚地阐明了对于国家是统治阶级实现其共同利益工具的看法。但是，马克思又指出："目前国家的独立性只有在这样的国家里才存在：在那里，等级还没有完全发展成为阶级，在那里，比较先进的国家中已被消灭的等级还起着某种作用，并且那里存在某种混合体，因此在这样的国家里居民的任何一部分也不可能对居民的其他部分进行统治。"②　由此可见，对于马克思来说，当等级还没有完全地发展成为阶级之前，国家是可以具有某种独立性的，但是，一旦等级完全地发展成为阶级，那么国家的独立性就不可能存在，在这个时候它才会真正成为"统治阶级的各个人借以实现其共同利益的形式"③。

　　准确地说，在马克思那里实际上存在着两种国家形式：第一种是"等级还没有完全发展成为阶级"的国家。这种国家具有某种独立性，而且倘若换句话还可以说，尽管是国家，但此时的国家并不是现代意义上的国家，资产阶级国家之前的国家都属于这种性质的国家。第二种是等级已经完全发展成为阶级的国家，如资产阶级国家。在这种国家中是不存在国家的独立性的，也就是说，国家只是统治阶级实现其利益的工具。马克思指出："现代国家是与这种现代私有制相适应的。现代国家由于税收而逐渐被私有者所操纵，由于国债而完全归他们掌握；现代国家的存在既然受到交易所内国家证券行市涨落的调节，所以它完全依赖于私有者即资产者提供给它的商业信贷。因为资产阶级已经是一个阶级，不再是一个等级了，所以它必须在全国范围内而不再是在一个地域内组织起来，并且必须使自己通常的利益具有一种普遍的形式。"④　如此看来，进一步说，对于马克思来说，只有资产阶级国家是等级已经完全发展成为阶级的国家，因此只有资产阶级国家是严格意义上的现代国家。当然，也正因为上述情况的存在，所以，人们并不应该从绝对意义上理解国家与阶级之间的关系，也就是说，不需要完全地从阶级的角度出发来理解国家存在及其意义。

　　前面讲到列宁明确地指出"国家是一个阶级压迫另一个阶级的机器，

---

① 《马克思恩格斯文集》第 1 卷，人民出版社 2009 年版，第 584 页。
② 同上。
③ 同上。
④ 同上书，第 583 页。

是迫使一切从属的阶级服从于一个阶级的机器"①。其实，从马克思本人国家观发展史的角度来看，马克思的国家观最初强调的是国家是从市民社会中分离出来的。只是到了后来，他才强调了阶级与国家的关系。因此，对于马克思来说，相对于国家与阶级的关系，国家与市民社会之间的关系对于国家来说具有更为根本的意义。在《共产党宣言》中，马克思曾指出："当阶级差别在发展进程中已经消失而全部生产集中在联合起来的个人的手里的时候，公共权力就失去政治性质。"② 在这里，马克思特别强调了阶级消失与国家消失之间的内在关联，从而进一步深化了关于阶级与国家关系的理解。不过，从后面的分析中我们将会看到，即使在国家消亡的问题上，国家与社会的关系也是更根本的。

（四）国家消亡与和谐社会

马克思与恩格斯都期盼国家的消亡。在为马克思的《法兰西内战》的 1891 年单行本所写的导言中，恩格斯曾经深入地阐述道："按照哲学概念，国家是'观念的实现'，或是译成了哲学语言的尘世的上帝王国，也就是永恒的真理和正义所借以实现或应当借以实现的场所。由此就产生了对国家以及一切同国家有关的事物的盲目崇拜。尤其是人们从小就习惯于认为，全社会的公共事务和公共利益只能像迄今为止那样，由国家和国家的地位优越的官吏来处理和维护，所以这种崇拜就更容易产生。人们以为，如果他们不再迷信世袭君主制而坚信民主共和制，那就已经是非常大胆地向前迈进了一步。实际上，国家无非是一个阶级镇压另一个阶级的机器，而且在这一点上民主共和国并不亚于君主国。国家再好也不过是在争取阶级统治的斗争中获胜的无产阶级所继承下来的一个祸害；胜利了的无产阶级也将同公社一样，不得不立即尽量除去这个祸害的最坏方面，直到在新的自由的社会条件下成长起来的一代有能力把这国家废物全部抛掉。"③ 从这段论述中可以看到，在恩格斯看来，社会并不是永远不能脱离国家的，它将会自动地向一种摆脱了国家强制的自由经济状态推进；在这种情况下，国家的调节作用几乎没有什么必要，社会可以将它承担

---

① 《列宁选集》第 4 卷，人民出版社 1995 年版，第 33 页。
② 《马克思恩格斯文集》第 2 卷，人民出版社 2009 年版，第 53 页。
③ 《马克思恩格斯文集》第 3 卷，人民出版社 2009 年版，第 111 页。

起来。

　　摆脱了国家的社会能够独立存在，这一方面意味着国家的存在对于社会来说并不是一种必需，另一方面也意味着国家的消亡对于社会来说并不就是一件坏事。而且所有这一切的发生，显然应该是建立在社会已不再需要国家的基础之上。从根本上说，社会不再需要国家的一个重要前提是，社会已经没有了对抗性的矛盾冲突。之所以这样说，其中一个重要根据就是如恩格斯在《家庭、私有制和国家的起源》中所表达的那样："一个这样的社会，只能或者存在于这些阶级相互间连续不断的公开斗争中，或者存在于第三种力量的统治下，这第三种力量似乎站在相互斗争着的各阶级之上，压制它们的公开的冲突，顶多容许阶级斗争在经济领域内以所谓合法形式决出结果来。氏族制度已经过时了。它被分工及其后果即社会之分裂为阶级所炸毁。它被国家代替了。"① 在恩格斯看来，国家是作为氏族制度的替代物而出现的，同时国家实际上也是作为解决社会无法解决的对抗性矛盾冲突的第三种力量而出现的。由此可见，根据恩格斯的解释，倘若社会不再需要国家，就只能说明这个社会已经不再存在对抗性矛盾，它已不再需要国家这第三种力量的支持了。

　　在《哲学的贫困》中，马克思深刻指出："劳动阶级在发展进程中将创造一个消除阶级和阶级对抗的联合体来代替旧的市民社会；从此再不会有原来意义的政权了。因为政权正是市民社会内部阶级对抗的正式表现。"② 在这里我们看到的是，对于马克思来说，国家作为政治权力是作为"市民社会内部阶级对抗的正式表现"而出现的，倘若出现了一个消除阶级和阶级对立的"联合体"以取代旧的市民社会，那么就意味着国家将会失去其存在意义。当然，更进一步说，这一点也表明马克思在关于国家消亡问题上既与恩格斯相同，也与恩格斯略有不同。这主要是因为，尽管马克思犹如恩格斯一样明确肯定了国家是会消亡的，但是与此同时，他却充分承认国家消亡后所存在的是一个消除阶级和阶级对立的"联合体"，并且强调指出这种消除阶级和阶级对立的"联合体"所取代的是旧的市民社会。由此可见，通过提出国家消亡学说，马克思实际上圆满完成了自己思想上的一个逻辑循环，也就是说，从由最初强调社会决定国家，

---

① 《马克思恩格斯文集》第4卷，人民出版社2009年版，第188页。
② 《马克思恩格斯文集》第1卷，人民出版社2009年版，第655页。

到最后以充分肯定社会的最终存在意义作为终结。当然，应当看到的是，对于马克思来说，作为最终存在的社会并不是旧的市民社会，而是作为取代旧的市民社会而出现的消除阶级和阶级对立的"联合体"。

原来人们一直强调马克思的社会理论以"社会冲突论"见长，但从本质上说，当马克思积极主张国家将会自行消亡时，这既是他的"社会冲突论"的延续，也是他的"社会和谐"思想的起点。首先，之所以说是马克思"社会冲突论"的延续，是因为在马克思那里，国家的消亡只是社会冲突终结的一种必然表现方式，承认社会冲突是马克思国家消亡学说的基本认识前提。其次，之所以说是马克思"社会和谐"思想的起点，是因为对于马克思来说，国家的消亡所表明的是社会的对抗性矛盾冲突已不再存在，社会不再需要国家来帮助自己解决自己无法解决的矛盾，这在一定程度上又反映了马克思已充分认识到社会和谐是国家消亡基本的、必需的客观前提。

国家意志在形式上的普遍性、独立性，并不否定市民社会的关系结构对这种意志的实质内容的牵制性。虽然从根本上说国家的出现是为了满足解决社会冲突的需要，但更确切地说，这一点只意味着社会冲突对于国家来说是其存在的必要条件，而并非充足条件。之所以这样说，主要是因为，从马克思积极倡导的"社会决定国家"原则中我们可以看到，社会是国家存在的主宰，国家只是具体地针对社会冲突存在的附属品。一方面，从社会与国家的关系中，我们可以充分地领略到社会冲突对于国家存在的重要意义；但另一方面，从对"社会决定国家"原则的具体分析中，我们却又可以充分地感受到社会本身对于国家的决定性作用。当前我国明确提出构建和谐社会的重要性，正是对于马克思国家消亡学说的积极呼应。人类只有通过不断地构建和谐社会，才能真正实现国家的消亡。

在参阅《马克思恩格斯全集》历史考证版（MEGA^2）中马克思《法兰西内战》的原文（注：原文为英文，pp. 140 - 141）之后，我们看到，对于马克思来说，重要的是，当旧政权的纯属压迫性质的机关被铲除之后，那些由旧政权完成的合法职能应该不再由凌驾于社会之上的机构加以执行，而应由社会自身的负责任的代理人（agent）来执行。在这里马克思指出社会自身是能够解决国家消灭之后的管理职能空白的。马克思认为国家的压迫性机器被打破之后并不可能存在返回到国家更高一级的对经济的限制上，所存在的只是社会从国家中解放出来，从而自己解决自己的管理问题。［注意：2009 年中文版《马克思恩格斯文集》将上面观点译为，"旧政权的纯属压迫性质的机关予以铲除，而旧政权的合理职能则从僭越和凌驾于社会之上的当局那里夺取过来，归还给社会的承担责任的勤务员"①。其实从整体上看这种译法是带有局限性的，因为对马克思来说这里并不存在着"夺取"问题，所表现出来的只是凌加于社会之上的国家机器可以不再发挥管理职能，社会可以自己解决自己的管理问题。值得一提的是，具体针对"勤务员"这一译法从英文原文来看更应译为"代理人"（agent），因为从"勤务员"这种译法中，人们很难看到"代理人"所反映出来的委托关系，也就是说，这里存在着社会将合法职能委托给其所认为负责任的代理人来执行的问题。2009 年中文版《马克思恩格斯文集》中"勤务员"译法相对于 1972 年中文版《马克思恩格斯选集》中"公仆"② 译法是有所发展的。然而应当看到的是，用"勤务员"取代"公仆"这种译法凸显了其中存在的服务性特征，但是马克思英文原文 agent（"代理人"）中所希望表达的委托关系并没有得到充分体现。因此，本书认为，马克思《法兰西内战》原文中"agent"的中文的准确译法是有待商榷，并认为更应该译为"代理人"。］

马克思曾对人们在共产主义社会中的具体生活进行了美好的憧憬。他认为："在共产主义社会里，任何人都没有特殊的活动范围，而是都可以在任何部门内发展，社会调节着整个生产，因而使我有可能随自己的兴趣今天干这事，明天干那事，上午打猎，下午捕鱼，傍晚从事畜牧，晚饭后从事批判，这样就不会使我老是一个猎人、渔夫、牧人或批判者。"③ 很显然，共产主义社会是一个带有统治色彩的职权国家已经消亡的社会，因此，这种社会的到来也便意味着社会和谐的实现，甚至犹如上面马克思所描述的那样，在其中，人们随自己的兴趣去做自己想做的事情，会成为社会的常态。不过正是基于这种情况，我们又可以进一步说，作为一种理想的社会状态，和谐社会并不单纯地只是前面提到的国家消亡的基本客观前提，同时也应被视为国家消亡的结果呈现。也就是说，国家最终是通过自

---

① 《马克思恩格斯文集》第 3 卷，人民出版社 2009 年版，第 156 页。
② 《马克思恩格斯选集》第 2 卷，人民出版社 1972 年版，第 376 页。
③ 《马克思恩格斯文集》第 1 卷，人民出版社 2009 年版，第 537 页。

己的消亡，让人类真正迎来和谐社会这样一个崭新的结果。与共产主义社会一样，追求和谐社会是人类社会自始至终的主题。

八　合规律性、合目的性与构建和谐社会

前面我们从政治哲学的角度分析了构建和谐社会的意义，现在我们再从唯物史观角度分析构建和谐社会的意义。前面我们强调了科学发展观是合规律性与合目的性的统一，而进一步说，从唯物史观的角度来看，构建和谐社会既具有符合人类社会发展规律的一面，又具有符合人类社会发展目的的一面，是理性认识和价值取向的高度统一，是合规律性和合目的性的高度统一。

（一）　构建和谐社会的合规律性

所谓构建和谐社会的合规律性，主要是指构建和谐社会是符合人类社会的发展规律的。合规律性重点指向的是人的活动的具体做法是否恰当、合理，属于人的理性认知方面。构建和谐社会作为我国现阶段的重大社会建设战略举措，从认知上和理性上讲具有符合人类社会发展规律的一面。我们说人类社会从低级向高级发展，历史发展到今天，生产力发展到现在的水平，在现阶段构建社会主义和谐社会既符合人类社会发展规律，又符合我国生产力发展的特点。社会主义代替资本主义是不以人的意志为转移的客观规律，社会主义社会处于共产主义社会的第一阶段，社会主义社会在代替资本主义社会之后，随着生产力的发展，必然要走向共产主义社会。这是马克思主义早就证明了的结论。结合我国所处的社会主义初级阶段，结合我国的具体国情和实际，构建社会主义和谐社会是符合人类社会发展规律的重大战略部署。因此，构建和谐社会符合人类社会发展的客观规律，具有合规律性的一面。

（二）　构建和谐社会的合目的性

所谓合目的性，是指人的社会实践活动，从长远上看，必须符合既定的价值目标和理想追求，活动的最终目的是现实活动的终极目标，现实活动要符合和服务于最终的价值目标。合目的性要求的是人的现实活动与最终目标的一致性，这属于人的活动的价值取向方面。构建和谐社会，最终

的目的是要实现人的全面而自由的发展，在现阶段重点关注的是人的现实的权利和利益的实现。在长时期的推进过程中，和谐社会建设最终是为了人。构建和谐社会在全社会逐步实现诚信友爱、充满活力、安定有序，有助于为人的发展和实现人的利益提供良好的保障。构建和谐社会在全社会逐渐实现民主法治、公平正义，实现人与自然的和谐，在很大程度上都是从人的基本权利出发，不断发展和实现人的利益。当和谐社会的各项目标逐渐得以实现，整个社会达到充分和谐状态以后，人就会实现自己的全面发展，构建社会主义和谐社会也就达到了既定的目的。因此，构建和谐社会符合马克思主义的价值目标，具有合目的性的一面。

（三）构建和谐社会中的合规律性与合目的性

构建和谐社会既具有合规律性，又具有合目的性，是合规律性与合目的性的统一。构建和谐社会符合人类社会发展规律，符合社会主义社会建设规律，其价值目标是要不断实现人的权利和利益，实现人的全面发展，符合马克思主义关于人类社会发展的价值目标。把握构建和谐社会，就要紧紧抓住这两个方面，把二者统一起来加以认识。只有这样，才能把对构建和谐社会的理解提高到新的认识水平，达到新的理论境界。规律是人类运用正确的途径、方法和手段不断实现既定目标所形成的普遍的正确的认识。目标则是人类活动按照对规律的认识，不断要实现的任务、想得到结果以及想实现的价值。只有把二者结合起来，才能更好地推进社会活动的顺利进行，不断实现既定的发展战略目标。因此，在把握构建和谐社会时，要把构建和谐社会的合规律性与合目的性结合起来认识，做到既明确构建和谐社会的规律，又明确构建和谐社会的价值目标。要在合规律性与合目的性的统一中准确把握构建和谐社会，不断推进和谐社会向着既定目标前进。从合规律性与合目的性的统一层面上来认识和把握构建和谐社会，有助于我们少走弯路，积极稳妥地推进和谐社会建设。

充分认识构建和谐社会是合规律性与合目的性的统一，从人类历史发展规律的角度和人类发展的价值目标的高度出发来审视与把握构建和谐社会，有助于我们在建设社会主义和谐社会过程中把握方向，明确目的，推动社会发展逐步走向和谐社会。总体上说，在构建和谐社会中我们应注意以下几点。

第一，构建和谐社会要充分尊重人类社会历史发展规律。在构建和谐社会过程中要把发展生产力放在第一位，把发展作为第一要务，促进经济的持续快速健康发展。同时，还要注重生产关系及上层建筑的反作用，不断调整和变革生产关系和上层建筑，以适应我国社会生产力发展水平和经济社会发展的需要。要牢牢把握我国的国情和所处的阶段，从我国的生产力水平和社会发展阶段实际出发全面系统地推进构建和谐社会。由于我国人口众多，生产力水平较低，且处于社会主义初级阶段，因此，会存在各种不和谐的现象，存在各种问题和矛盾。这就要求我们在具体工作中要实事求是，求真务实，与时俱进，从实际出发，不断克服困难，解决问题，化解矛盾，促进生产力提高，推动经济社会协调发展，促使社会不断走向和谐。

　　社会历史进程合规律性与合目的性相统一的基本原理启示我们要从人类历史发展的过程中把握构建和谐社会。社会形态是客观的、物质的，社会形态的发展具有合规律性的一面；同时，社会规律是在人的有意识、有目的的实践活动中形成和发展的，社会形态的发展还具有合目的性的一面。因此，我们在构建和谐社会的进程中，要从整个人类社会历史发展的长过程予以审视。既要明确构建和谐社会具有合规律性的一面，又要注意构建和谐社会要充分发挥人的主观能动性，体现社会发展合目的性的一面。合规律性要求我们在构建和谐社会过程中要尊重客观规律，避免盲目蛮干。合目的性要求我们要充分发挥人的主观能动性，充分调动人的积极性，推进社会不断走向和谐。

　　第二，构建和谐社会要充分发挥人在促进社会和谐过程中的作用。人是社会历史进程的主体，是推动社会历史进程发展的主体力量和决定因素。社会的不和谐在很大程度上在于没有处理好人与人之间的关系。构建和谐社会，就是要调动各阶层、各团体、各派别的人们的积极性和主动性，协调他们之间的利益关系，促使他们都产生有利于构建和谐社会的合力，减少离心力，增加向心力，最终推动整个社会变得更加和谐。要妥善处理和协调各方面的人际关系，使人际关系处于一种和谐、融洽、友爱的状态。处理好人际关系，发挥人的积极作用，有利于推动和谐社会建设。

　　首先，要不断促进人人平等。社会主义社会的基本特征之一就是人与人之间是团结互助关系。在社会主义社会，广大人民都是国家的主人，因而，人与人之间是平等的关系，要不断促进和保障这种人与人之间的平等关系。形成平等的人际关系，有助于发挥人的主观能动性，有助于更好地推动社会趋向和谐。其次，还要坚持做到"和而不同"。和谐是多样性和差异性的统一。人际关系和谐并不意味着没有差异。社会主义和谐社会应该是既尊重多样性和个性差异，又能在多样性和个性差异中寻求统一性和互补性的社会。只有这样的社会才能实现真正的和谐、安定和团结，才能形成全体人民各尽其能而又各得其所的和谐社会。最后，要做到互惠互利。社会各阶层、群体和成员之间能够保持一种互利互惠的关系，是社会和谐发展的有力保证。互利互惠才能够促进人与人之间关系的和谐和稳定，才能够充分调动各方面的积极性，促进社会和谐局面的出现。总之，把握构建和谐社会，要突出和体现人的价值，保障人的权利和利益，不断实现人与人之间的和谐，最终实现人的自由而全面发展。

第三，构建和谐社会要充分尊重历史进程的结果，不断促进社会更加和谐。构建和谐社会过程中要保持对历史进程的尊重，主要可以从两个方面来谈论：第一个方面是要尊重具有客观性的历史进程的结果。历史结果总是不以人的意志为转移，具有客观强制性。不论历史主体的人的主观愿望是什么，最后出现的结果往往是谁都没有希望过的事物，这是马克思主义历史唯物主义的基本原理。构建和谐社会也要充分注意和遵循这一原理。构建和谐社会，既不是一蹴而就、易如反掌的事情，也不是说说就能够达到整个社会全面而充分和谐的过程。构建和谐社会要坚持做到在合规律性与合目的性的统一中处理各种关系，促进社会发展。在构建和谐社会的长过程中，不同时间、不同阶段出现的结果往往无法预料，这就要求我们既要坚持人类社会发展规律，不断克服困难，化解矛盾，推动社会不断向着和谐的大方向前进，又要把握人类社会发展的最终价值目标，使和谐社会建设和社会主义现代化建设在遵循人类社会发展规律的条件下逐步实现人的全面发展。

第二个方面是要在尊重历史结果的基础上发挥人的主观能动性。我们要尊重历史结果，遵循人类社会发展规律，但是，尊重历史结果并不等于碌碌无为，不等于坐等其成，更不等于接受历史宿命论。对待历史结果，要像尊重人类社会发展的客观规律一样，既要尊重，又要善于利用。社会历史是一个不断发展的过程，如果我们不尊重社会发展规律和历史发展结果，就会受到惩罚。而一味地尊重，也会迷失历史的主体——人自身。这就要求作为历史主体的我们在构建和谐社会过程中，在尊重人类社会发展规律、尊重社会历史发展结果的基础上，还要充分发挥主观能动性，按照历史发展的规律和结果，不断调整方式，改变手段，更新策略，促进社会向着更接近人们既定的目标前进。构建和谐社会要不断调整人与人、人与社会以及人与自然之间的关系，促进人与人、人与社会、人与自然之间的和谐。这是一个漫长的历史过程，在这个过程中，发挥人的主观能动性，社会发展会变得越来越和谐，越来越接近目标，直到生产力高度发展，人类进入共产主义社会，社会进入充分和谐的状态，人也就能够得到自由而全面的发展。

从唯物史观基础上审视和把握构建和谐社会，有助于我们从认识论和方法论意义上来指导现实的和谐社会建设。一方面，它能够使我们明确构建和谐社会要尊重人类社会发展规律和历史发展结果，同时更要充分发挥人的主观能动性，减少人与人之间的摩擦和矛盾，推动社会走向和谐；另一方面，它还能够使我们认清构建和谐社会前进的方向，注重推进和谐社会建设的方式和方法，尊重历史主体的人，调整人与人之间的利益关系，协调解决人与社会之间的各种矛盾和问题，不断实现人的权利和利益，促进人与自然的和谐相处，从而把我们的社会建设得更加和谐，最终实现人的全面发展。

（四）合规律性、合目的性与自由王国

人的实践活动是"合目的性"与"合规律性"的逻辑统一，因此，人类历史呈现出一种静态与动态相互伴随的发展面貌，并且呈现出现实的人对真、善、美的无限追求，而在马克思、恩格斯看来，这正是促使现实的人从"必然王国"过渡到"自由王国"的一种内在依据。

无论是"合目的性"与"合规律性"范畴，还是"必然王国"与"自由王国"范畴，都内含了人的自由价值的展现。在许多人看来，人的实践活动的"合目的性"范畴标识的是人的需求被满足，是对人的自由价值的肯定；而人的实践活动的"合规律性"范畴则是对人的活动及其需求的约束，因而是对人的自由价值的否定。但事实上，这种认识是片面的。"合规律性"同"合目的性"一样，也是人的自由价值的肯定，因为所谓人的实践活动的"合目的性"其实是指合规律的目的性，而马克思所强调的"人的本质力量的外化"也正是在二者内在统一的逻辑展开过程中逐步实现的。可以说，现实的人的具体的感性活动，无论在多大程度上合其"目的"的，都会在不同层次上促成人的本质力量得到展现，促

使人的自由价值得到提升，因为现实的人在其具体的感性活动中为了实现其活动的"合目的性"，总是会努力地利用现有的社会生产力在具体的活动过程中发挥其最大的功效，以将"确实显示出自己的全部类力量"，也就是说，"只有通过人的全部活动、只有作为历史的结果才有可能"①。这样一来，人的本质力量不仅会得到彰显，也会得到激发、得到提升。同时，通过"合目的性"与"合规律性"相统一的具体的感性活动，人类逐渐地将外在的"天然世界"转化成为"人化世界"，继而又逐渐地促使其转化成为真正的"人的世界"。正是在这种无限转化的过程中，人的本质力量得以不断地增强，自由领域不断地扩展，从而促使人逐步地从"必然王国"走向"自由王国"。当然，并不是在人类历史的每一个阶段都能实现人的实践活动的"合目的性"与"合规律性"的完全统一，因为人的认识并不是在每一历史阶段都能达到完整与科学的水平，在很多时候，人的认识会偏离规律本身的特点，使得其"目的"不能实现，从而难以促进人的自由价值的展现与升华，以致使社会呈现出各种各样复杂的矛盾。因此，马克思主义实践观规定人的实践活动是以"合目的性"与"合规律性"相统一为根本取向的具体的历史活动，在这种具体的历史活动过程中蕴含着各种社会关系链，而在这些关系链中又不可避免地隐藏着各种影响社会历史进程的因素，使人处于"必然王国"的"支配"之下。这就是人的自由自觉活动价值展现的根本规律。恩格斯曾指出："自由就在于根据对自然界的必然性的认识来支配我们自己和外部自然；因此它必然是历史发展的产物。最初的、从动物界分离出来的人，在一切本质方面是和动物本身一样不自由的；但是文化上的每一个进步，都是迈向自由的一步。"② 这里暗示了自由实质上是人通过对自然力的认识和改造而展示出来的一种肯定自我价值的能力，这种能力的展示和积累乃是一种历史过程，也是由人的自然属性与社会属性所决定的。从这个角度类推下去也就不难对必然的基本含义有一定的把握，即必然实质上是由于人的认知和利用外在世界能力的低下或不够完善，而受到自然界和社会规律约束的一种状况，是迫使人的本质力量的展示和完善沿着一定方向继续下去的客观力量。但受人的实践活动的类特性所决定，这种制约性会随着实践活动的开

---

① 《马克思恩格斯文集》第 1 卷，人民出版社 2009 年版，第 205 页。
② 《马克思恩格斯文集》第 9 卷，人民出版社 2009 年版，第 120 页。

放性发展而得到改变，而且，当历史延伸到一个较高的阶段时，其制约性也会降到一个较低的点上。在这一阶段，人的社会制约性对个体的人来说已经不存在了，而自然制约性则由于人的支配力量的增强而相对地降到了最低的限度，这时，自由的特征就会明显地盖过必然的特征，使人的自我价值获得最充分的展现。

简单地说，人的自然属性决定了人的生理机能等的成熟要受到客观条件的制约，而人的社会属性又决定了随着人的生理机能等的不断成熟，人的受制约性会相应地减弱，人的自由发展会得到加速。无论人的发展是受约束还是相对自由的，都是受人的具体的感性活动的"合目的性"与"合规律性"的特性所决定的，它决定着人类"自由王国"的扩大。可以说，只有在对"必然王国"与"自由王国"的内在逻辑进行了合理剖析之后再来给二者的基本特征加以界定，才会不至于走向片面化。

在马克思、恩格斯看来，"必然王国"与"自由王国"都是推动人的自我力量发展的"王国"，只是这里所谓的"王国"并不是一般意义上的部族或国家，而是人存在的一种特殊的历史状态：前者是还未完全具有自由独立个性的人的存在状态，后者则是已经完全具有了自由独立个性的人的存在状态。在后者中，个人的存在与发展同社会联合体、外在自然界、自身是处于完全统一的、和谐的关系之中的，人的自我价值在这里也将得到其最高的展现，此时出现的是真正的和谐社会。当然，由不断变革世界的实践活动所决定的人的发展并不是一种终极的、点对点式的发展，而是一种过程的、线性的发展，作为主体的人的自由的获得不只是在"自由王国"里才行得通，在"必然王国"里也同样可以实现。这是自由与必然范畴的根本属性。事实上，"必然王国"与"自由王国"在内涵上都是以人的自我力量的提升作为根本的，二者的差异不在于活动方式上，而在于活动性质、活动目的与活动内涵上，因此，"必然王国"与"自由王国"的划分只是在人的自由价值是否获得其全面性发掘这一点上才具有意义，人的自由价值的全面性发掘又是以人的劳动时间和劳动目的为标识的。因此，在《资本论》中，马克思从经济学的角度全面地阐述必要劳动时间与自由劳动时间问题时即明确地提出了所谓"必然王国"与"自由王国"的划分问题，并阐述了其基本特征。

从根本上说，马克思实践观内含的人类从"必然王国"向"自由王国"迈进的具体逻辑就在于：随着人的实践活动能力的增强，实践活动范围的扩大，人的需求越来越丰富，而在需求度与满足度此消彼长的过程中，"必然王国"不但没有消退，相反会日益凸显出其基本特征，但在实现"必然王国"里的自由价值的过程中，由于生产力的日益提高，人的实践活动的必要劳动时间逐渐减少，剩余劳动时间逐渐增多（尤其是在旧式分工和私有制被消灭后），必要劳动将从异化劳动转化为自由自觉的劳动，剩余劳动也就不复存在，从而，必要劳动时间也就全部转化为自由劳动时间，成为个人自由全面地展现其本质力量的第一需要而由个人自由地支配，这时，"自由王国"的特征就会逐渐地凸显出来。

可以说，自由与必然之间矛盾的不断产生与解决，是在人类生产实践基础上进行的。而且社会实践是一个无限发展的过程，只要人类社会存在下去，自由与必然的辩证统一也就是一个无限发展的历史过程。虽然人的需求推动了人的实践活动的展开，而实践活动的展开又进一步推动满足这些需求的生产力水平的提升，从而推动了这两种"王国"里的自由度的提升，但是，由于"自由王国"里的自由也因人类能力本身发展的无限性而具有非终极性，因而"自由王国"的构建亦是一个无限的过程，这个无限的过程是维系人的自我价值无限展现与提升的现实逻辑，是维系人的自由全面发展的现实条件。因此，只有推动科学的实践活动的展开，才能更好更快地改变人自身的发展效率，增强人的各种活动力量及活动素养，为人的自由度的极大提高争得自由的时间。所以，马克思指出："时间实际上是人的积极存在，它不仅是人的生命的尺度，而且是人的发展的空间。"[1] 人对自由时间的合理占有和利用，乃是实现人的自由发展的先决条件。事实上，从人类社会的演进历史来看，通过必要时间里的必要劳动的积累来获得自由时间里的自由创造活动，是人的实践无限开放的潜在使命。尽管通过人的实践活动，一切人化的世界都不断地得以改观，人类亦不断地拥有更多的自由时间，但在传统的分工模式下，这种自由时间并没有完全带来人的自由发展。因为一方面，在阶级社会里，这种自由时间由于不合理的社会制度与社会分工，而被统治阶级中的一部分人通过否定人的价值本质的方式而消磨掉了，这样一来，也就经常引起社会各个被压迫阶层为从社会提供的有限劳动时间中得到更多的物质财富而展开争斗，从而使得整个社会不得不成为霍布斯所说的"一切人反对一切人"的战

---

[1] 《马克思恩格斯全集》第47卷，人民出版社1979年版，第532页。

场，而这种争斗的最后结果必然是造成必要劳动时间和自由享受时间的双重损失；另一方面，在现代的、非阶级性的社会里，人的这种自由时间由于生产力发展水平的有限性，也不能完全推动人的自由发展，因为人的具体的感性活动依然会受制于一定的必要劳动时间，也就是说，这里的自由时间还并不能成为完全展现人的自由全面发展的享受时间。因而，依据马克思的内在价值旨趣：现实的人在具体的感性活动中必须以扬弃异化劳动为主要目标，将其与推动社会生产力的发展统一起来，相互推进，以促使社会历史主体的人彻底地从"必然王国"走向"自由王国"，成为真正独立的自由个体。只有把握了这个真谛才能合理地解决人类社会各个历史阶段现实的、复杂的社会矛盾，推动人类社会真正地走向和谐。

（五）构建和谐社会与四大思维误区

前面我们具体分析了在合规律性与合目的性的统一中构建和谐社会。应当看到的是，正因为上述情况的存在，所以，在"构建和谐社会"的过程中，我们一定要避免四大思维误区的出现。

第一，"道德主义"误区。"道德主义"误区是合目的性的极端发展形式，其主要特点是扔掉合规律性，而只将合目的性中的道德尺度作为衡量和谐社会的唯一尺度与标准。"道德主义"从本质上来看具有两层含义：其一，是诉诸抽象的人性原则、以超历史语境的伦理尺度或道德标准对现实的生活、生活关系与生活原则进行外在的道德判断与伦理评价；其二，对现实生活进行道德还原，以道德为终极尺度，从而表征为泛道德主义的"道德本体"价值立场。"道德主义"对人性的先验设定，导致"道德主义"的反历史性与抽象本质，从而造成生成于前现代的这种思维模式的强大惯性，固化了人们的思维。在目前和谐社会的研究中，这种思维模式表现得极为突出。

这种思维模式认为当代中国要建设的"和谐社会"与中国古代人伦意义上的"圆融"生活之间具有内在价值的一致性或同质性，认为和谐社会即是"大同"社会，是一个温情脉脉、人伦有度、宗法有序、地域有界、恬淡自足、人际和睦的"小国寡民"社会或"太平盛世"；实现和谐社会最重要的方式与手段是依赖道德教化，使伦理的规范力量释放出来规制当下"人心不古"的道德困境，并且将社会现实生活中的矛盾道德化与内在精神化，强调通过提高个体的道德素养与品质，培养个体的宽容与忍让，从而即可以化解人们的利益差异乃至社会的不公平、不正义等一系列异化现象。

如果深入分析这种思维模式，不难发现其内在的思维逻辑与价值立场是：将"道德主义"作为对现实生活进行道德评判的客观根据，以道德教化作为治疗、缓解社会不和谐的良方，以个体的道德"宽容"为中介，以抽象道德本位为其价值尺度，以化解各族类、个体之间的道德冲突为目标，以社会伦理秩序的和谐为宗旨，以"道德审美"为取向，来展开对社会状况的整体判断。这是泛道德社会的思维模式在当代的复活与变种。这种思维模式的根本错误在于忽略当代中国建设的"和谐社会"与古代的"和谐社会"之间的时代差异，无视当代中国构建和谐社会是根基于社会发展规律，是植根于现代性历史活动之中的，社会主义市场经济条件下的社会和谐绝不同于原始"平均主义"和道德主义基础上"道德幻象"中的"和谐"，其中所生成的一系列不可通约的利益差异、利益对抗，是用道德力量难以化解的。由此，"道德主义"实际上陷入时代错位与价值倒置的误区之中，其思维是一种向后的、反现代的、本质上遵循道德"复古"的价值原则。不可否认，因民族的文化心理等多种原因的影响，"道德主义"思维模式在当下中国构建和谐社会的理论审视与现实实践中，依然很顽固地扎根于人们的观念中，甚至主宰着人们的思维方式与价值判断，我们必须对之高度重视，并应对之的负面影响加以肃清。

第二，"阶级斗争"误区。简单地说，"道德主义"漠视当今时代因利益差异带来的生存方式、价值立场的多样性及其复杂的变化，将构建和谐生活的基础的当代性特质简单还原为以古代生活或小农经济为主导的生活方式，并以此作为和谐社会建构的前提与事实起点，把伦理、道德作为判定生活是否和谐的准则。不过，如果说"道德主义"犯了超历史、抽象的道德主义错误的话，那么，"阶级斗争"误区则走向了另一个极端。从社会发展规律的角度来看，阶级社会以及阶级斗争都是合规律性的存在，因此，"阶级斗争"误区的出现并不是无源之水、无本之木，它所反映出来是将合规律性引向极端发展，将阶级社会中势必存在阶级斗争这一社会发展规律直接引入到社会主义之中。"阶级斗争"误区把中国现实经济生活中因二元结构所生成一系列利益矛盾、人民内部的矛盾扩大与扩展到政治领域、观念领域，强调社会产权结构的变化，认为原本应该"专政"的对象目前已进入"人民"阵营，认为"私营企业主"就是"资本家"，而不能判定为是合法的劳动者范畴之内，等等；将一系列通过社会制度调整、创新可以缓和、化解的矛盾刚性化，指出时刻都不能忘却"剥削者"与"被剥削者"之间的对立性甚至对抗性，并将这种对立性或对抗性泛化为"政府与民众""党与非党"、个人与社会之间的对抗性矛盾。在这种思维模式中，构建和谐社会就是要不断地展开阶级斗争。客观地说，这种思维模式看到了社会的利益差异、社会矛盾的尖锐性、复杂性与多样性。因为随着社会主义市场经济的发展，利益分化、阶层分化的经济生活领域出现了一系列异化现象，"物"成了目的，大量的人被边缘化乃至被排除在外；在社会主义政治文明建设过程中，腐败、特权以及一系列权力异化没有得到及时清理，人民的合法权益未能得到适当的保障；社会生活中的公共生活领域还处于发育初创时期，社会监督还没有健全。从发现社会矛盾的角度看，这种思维模式是积极而有意义的，但是它在价值原则与思维方式上却存在着严重的问题。

这种思维模式将社会主义初级阶段误断为资本主义原始积累阶段，造成了时代背景确认的历史倒置。同时，它极端的思维特性以及依然遵循着对抗性的思维，显然是二元对峙的旧的阶级斗争思维的当代翻版。这种思维模式对一系列现实矛盾现象的描述与搜集，扩大了矛盾的范围，把非对抗性矛盾错误地划界为对抗性矛盾，把发展中的问题静态化、凝固化，是经验主义思维方式的具体表现。

第三，"实证化"误区。这种思维模式侧重于对各领域、各行业、各职业、各区域自身内部的和谐以实证化的方式加以研究，却缺乏对行业间、职业间、区域间的内在关系和谐的考察，使和谐社会的建设呈现出条块分割的图景。这样一来，其结果只能是局部的和谐、片断性的和谐。这种思维模式以行业、区域等为边界进行和谐社会的建设，使各行业、区域之间处于外在性的关系，带来的消极效果就只能是行业保护与地方保护，导致各行业、各区域之间的差异与矛盾更为尖锐与复杂，这恰好是违背和谐思维整体性原则的。在此手段与目的之间的关系陷入深深的背离之中。同时，这种思维模式按照某种量化原则，将构建和谐社会下降为可数字化、可指标化的物化标准，主张一个社会是否和谐，其重要的参数与指标就在于"基尼系数"的变化情况，在于 GDP 指数的提高，在于公众的政治参与度、政府活动的公开度以及国民的满意度甚至是社会治安发案率，等等。诚然，这些可量化的指标能在一定程度上折射并呈现出社会生活各领域矛盾关系是否协调的现实状况及这些矛盾变化的可能性，然而，"和谐社会"绝不仅仅是社会生活的技术化、量化标准的发展状况，即绝不是一项技术化的工程，而是现实社会整体性的、自我改造的合目的性运动，其中蕴含着系统的价值原则的确立、替换、实施与新价值形式的生成。这样，构建和谐社会本质上即是对现实生活中一系列矛盾的积极扬弃。实证研究模式忘记了社会发展的价值尺度与合目的性，把社会的价值改造运动简单地等同于一个具体化的社会"工程"实践，停留于认识论意义上的知性层面，注重社会关系状况感性的外在表征，贯彻着工具理性原则，弱化或未能上升到对和谐社会价值根本的追问。这种技术化与实证化思维模式必然导致对于一些表象性东西的追求，是一种有待深化与提升的思维范式。

　　第四，"乌托邦式"误区。从社会发展的角度来看，乌托邦思维模式是合目的性的极端发展，但它是一种面向未来的解放性思维，以对现实的批判成就了其超越性与未来性的品质。罗纳德·克雷在《美国的试验地》一文中指出："乌托邦的作用在于激励人民摆脱历史的束缚，反对常规，打破事情的既定秩序。乌托邦思想从本质上就具有'颠覆性'，它使人民敢于想象，不受任何限制。"① 正因为乌托邦具有从未来的视角与立场出发对现实限定的突破等内在特质，因此它具有特殊的引导作用，能激发、焕发出强大的精神力量。然而，乌托邦的天然缺陷就在于缺乏现实的基础与条件，撕裂"实然"与"应然"的内在统一，侧力于"应然"，设定了永恒的"至善"，忽略了物质力量的支撑作用与"实然"，将理想的历史规定性与未来目标视为当下，从而陷入理想主义，乃至空想。这与马克思主义强调的现实主义未来开拓路径有着原则性的区别。不可否认，在构建"和谐社会"的研究中，存在着我们称为"乌托邦式"的误区。这种思维模式不是将构建和谐社会视为一项现实的、在实践中不断生成的活动，不是将其视为社会生活自我否定、自我扬弃与自我塑造的历史过程，不是将其看成是否定现实社会不和谐因素的一个不断调整、完善与提升的过程。这样一来，这种思维模式在构建和谐社会的过程中，就会将"应然"当作"必然"，"理想"当作"现实"，未来目标当作当下具体的"目标事实"。正因为如此，所以，这种思维模式必然会忽略对中国特色

---

　　① 张穗华：《大革命与乌托邦》，中国对外翻译出版公司 2003 年版，第 131 页。

社会主义实践过程中现实矛盾的复杂性、尖锐性的系统调查与深刻把握，"以想象代替现实"，最后建构和谐社会所设定的价值目标也就丧失了其价值规范力与现实引导力。

　　总体上说，我们将"构建和谐社会"研究中存在的思维误区的基本倾向概括为四种，但这并不意味着仅仅只限于这四种误区。事实上，在现实生活中存在着表征形态复杂多样的思维误区，往往是这四种基本思维范式的变种。由于理论与现实的关系逻辑决定了思维误区必将引导出不恰当的实践活动，从而给现实的构建和谐社会活动带来不必要的代价。因此，对之加以厘清，不仅具有理论上的意义，而且具有直接的现实意义。

参考文献

《马克思恩格斯文集》第1—10卷，人民出版社2009年版。

［德］马克思、恩格斯：《费尔巴哈》，人民出版社1988年版。

《毛泽东选集》第1—4卷，人民出版社1991年版。

《毛泽东著作选读》上、下，人民出版社1986年版。

《邓小平文选》第1—2卷，人民出版社1994年版。

《邓小平文选》第3卷，人民出版社1993年版。

《陈云文选》第1—3卷，人民出版社1995年版。

《江泽民文选》第1—3卷，人民出版社2006年版。

《十二大以来重要文献选编》上、中、下，人民出版社1986—1988年版。

《十七大以来重要文献选编》上、中、下，人民出版社2009—2013年版。

江泽民：《论"三个代表"》，中央文献出版社2001年版。

《江泽民论有中国特色社会主义》（专题摘编），人民出版社2002年版。

《中国特色社会主义理论体系形成与发展大事记》，中央文献出版社2011年版。

中共中央文献研究室：《科学发展观重要论述摘编》，中央文献出版社、党建读物出版社2008年版。

吴冷西：《十年论战》，中央文献出版社1999年版。

薄一波：《若干重大决策与事件的回顾》上、下，人民出版社1999年版。

［意］葛兰西：《葛兰西文选1916—1935》，人民出版社1992年版。

［德］康德：《批判力批判》上册，商务印书馆1964年版。

［德］哈贝马斯：《作为"意识形态"的技术与科学》，李黎等译，学林出版社1999年版。

［美］列奥·施特劳斯等：《政治哲学史》，李天然等译，河北人民出版社

1993 年版。

［德］伯恩斯坦:《社会主义的前提和社会民主党的任务》,生活·读书·
　新知三联书店 1965 年版。

齐欣等:《世界著名政治家、学者论邓小平》,上海人民出版社 1999 年版。

唐宝林主编:《马克思主义在中国 100 年》,安徽人民出版社 1997 年版。

张一兵:《回到马克思》,江苏人民出版社 1999 年版。

石仲泉:《马克思主义哲学形态中国化与世界眼光》,《中央党校学报》
　2011 年第 2 期。

王伟光:《论艾思奇对马克思主义哲学中国化的重要贡献》,《哲学研究》
　2008 年第 7 期。

雍涛:《李达与马克思主义哲学中国化——纪念李达诞辰 115 周年》,《马
　克思主义研究》2006 年第 8 期。

邢贲思:《真理标准问题讨论及其启示》,《求是》2008 年第 11 期。

杨耕:《"实践唯物主义"概念的由来及其与"辩证唯物主义"的关系》,
　《北京社会科学》1998 年第 1 期。

黄枬森:《不能把实践唯物主义和辩证唯物主义对立起来》,《天津社会科
　学》1988 年第 4 期。

龚育之:《马克思主义中国化与"异端"问题》,《中共党史研究》2007
　年第 3 期。